GSAT

최신 경향 & 합격 전략
한눈에 보기

GSAT 최신 출제 경향, 해커스가 공개합니다.

1. 기출 유형 반복 출제

2. 영역별 과락 존재

3. 영역별 세부 출제 경향

GSAT 최신 출제 경향 한눈에 보기

1. 기출 유형 반복 출제

매번 새로운 문제들로 출제되는 GSAT, 그러나 실제로 출제되는 문제 유형은 '정해져' 있습니다. GSAT에 출제되는 대부분의 유형에서 이전 시험과 동일한 유형의 문제들이 출제되었습니다. 따라서 시험에 나올 유형을 미리 파악하고, 준비 전략까지 익혀두는 것이 좋습니다.

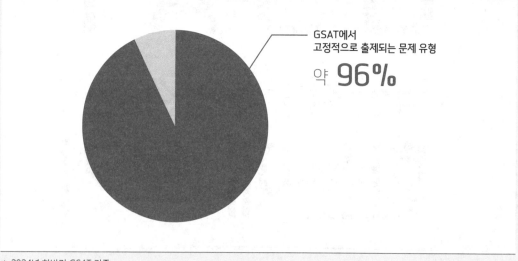

GSAT에서
고정적으로 출제되는 문제 유형

약 **96%**

※ 2024년 하반기 GSAT 기준

해커스가 제안하는 〈GSAT 합격 전략〉

최신 GSAT 출제 경향을 파악하고, 반복적으로 출제되는 문제 유형의 풀이 전략을 익힌다.

〈해커스 GSAT 삼성직무적성검사 실전모의고사〉에서 제공하는 '기출유형공략'을 통해 영역별 최신 출제 경향과 출제 유형을 파악할 수 있습니다. 또한, 영역별 학습 전략을 통해 각 문제 유형의 풀이법을 학습할 수 있습니다.

2. 영역별 과락 존재

GSAT는 2개의 영역(수리, 추리)으로 구성되며, 영역별 과락이 존재합니다. 영역별로 일정 점수 이하를 받게 되면 과락으로 처리되어 직무적성검사에 불합격하게 됩니다. 따라서 특정 영역의 점수가 기준에 미달하여 불합격하는 일이 발생하지 않도록 모든 영역을 골고루 학습해야 합니다.

영역	문항 수	시간
수리	20문항	30분
추리	30문항	30분

※ 2024년 하반기 GSAT 기준

해커스가 제안하는 〈GSAT 합격 전략〉

영역별 취약 유형을 파악하고 집중 학습한다.
〈해커스 GSAT 삼성직무적성검사 실전모의고사〉에 수록된 '취약 유형 분석표'를 통해 자신이 취약한 유형을 파악하고, '기출유형공략'을 반복 학습하여 약점을 극복할 수 있습니다.

3. 영역별 세부 출제 경향

■ 수리 (난이도: 보통)

수리는 응용계산, 자료해석 유형의 문제가 출제되었으며, 응용계산 2문제, 자료해석 18문제가 출제되었습니다. 응용계산은 방정식의 활용, 확률, 경우의 수 등 일반적인 공식을 활용하여 식을 세운 후 풀이해야 하는 문제가 출제되어 난도는 쉬운 편이었으며, 거리·속력·시간, 소금물의 농도 관련 문제는 출제되지 않았습니다. 자료해석은 주석으로 공식이 제시된 자료와 그래프를 활용하여 비율, 비중, 증감률 등 계산이 필요한 문제가 비중 높게 출제되었고, 문제 풀이 시 답이 명확하게 도출되도록 수치가 깔끔하게 출제되었습니다. 전반적으로 계산한 값의 대소 비교를 요구하는 선택지가 많아 체감 난도가 약간 높은 편이었습니다.

작년 A 농가의 사과와 배 재배량의 합은 총 450kg이었다. 올해 재배량은 사과가 전년 대비 15% 증가하였고, 배가 전년 대비 20% 증가하여 사과와 배 재배량의 합은 전년 대비 70kg 증가하였을 때, 올해 A 농가의 사과 재배량은?

① 400kg   ② 420kg   ③ 440kg   ④ 460kg   ⑤ 480kg

약점 보완 해설집 p.4

■ 추리 (난이도: 보통)

추리는 언어추리, 도형추리, 도식추리, 문단배열, 논리추론 유형의 문제가 출제되었으며, 언어추리 14문제, 도형추리 3문제, 도식추리 4문제, 문단배열 2문제, 논리추론 7문제가 출제되었습니다. 언어추리는 도출되는 경우의 수가 많고, 선택지가 조건문 형태로 제시되어 어려운 편이었습니다. 도형추리는 일부 문제에서 복잡한 규칙이 제시되어 약간 어려운 편이었습니다. 도식추리는 복잡하지 않은 규칙이 출제되어 쉬운 편이었으며, 문단배열과 논리추론 역시 답을 쉽게 추론할 수 있는 문제가 출제되어 매우 쉬운 편이었습니다.

A, B, C, D, E 5명은 빨간색, 파란색, 검은색 핸드폰 중 하나를 구매했고, 빨간색과 검은색 핸드폰은 각각 2개, 파란색 핸드폰은 1개가 있다. 5명 중 3명은 진실, 2명은 거짓을 말했을 때, 검은색 핸드폰을 구매한 사람을 모두 고르시오.

- A: 파란색 핸드폰을 구매한 사람은 D이다.
- B: 나와 E는 빨간색 핸드폰을 구매했다.
- C: 나는 빨간색 핸드폰을 구매했다.
- D: E의 말은 진실이다.
- E: A와 B는 검은색 핸드폰을 구매했다.

① A, B   ② A, E   ③ B, D   ④ C, D   ⑤ D, E

약점 보완 해설집 p.13

해커스가 제안하는 〈GSAT 합격 전략〉

1) GSAT 실전모의고사를 통해 충분한 실전 연습을 한다.

〈해커스 GSAT 삼성직무적성검사 실전모의고사〉에서 제공하는 '실전모의고사'를 제한 시간에 맞춰 풀어봄으로써 실전 감각을 익히고 취약한 유형을 파악할 수 있습니다.

2) 수리·추리 필수 이론 및 개념을 학습한다.

〈해커스 GSAT 삼성직무적성검사 실전모의고사〉의 '수리·추리 핵심 공략집'에 수록된 영역별 핵심개념정리를 통해 문제 풀이에 꼭 필요한 필수 이론 및 개념을 학습하고, 핵심 공략 Quiz로 복습할 수 있습니다.

해커스
GSAT
실전모의고사
삼성직무적성검사

해커스잡

GSAT 어떻게 준비해야 하나요?

많은 수험생들이 입사하고 싶어하는 삼성,
그만큼 많은 수험생들이 삼성 입사의 필수 관문인 GSAT를 어떻게 준비해야 할지 걱정합니다.

그러한 수험생들의 걱정과 막막함을 알기에 해커스는 수많은 고민을 거듭한 끝에
「해커스 GSAT 삼성직무적성검사 실전모의고사」 개정판을 출간하게 되었습니다.

「해커스 GSAT 삼성직무적성검사 실전모의고사」 개정판은

01 최신 GSAT 출제 경향을 반영한 교재로 실전모의고사 총 10회분(교재 6회분 + 온라인 4회분)
을 통해 단기간에 실전 감각을 키우고 문제 풀이 시간을 줄이는 연습이 가능합니다.

02 취약 유형 분석표를 활용해 자신의 약점을 파악하고, 영역별 기출유형공략을 학습함으로써
취약 유형을 극복할 수 있습니다.

03 온라인 GSAT 응시 서비스(교재 수록 1~3회)와 GSAT 온라인 모의고사(4회분)을 제공하여
실전처럼 연습이 가능하고, 수리·추리 핵심 공략집을 제공하여 온라인 GSAT에 자주 출제되는
이론과 개념을 확실하게 학습할 수 있습니다.

「해커스 GSAT 삼성직무적성검사 실전모의고사」라면
GSAT를 확실히 준비할 수 있습니다.

해커스와 함께 GSAT의 관문을 넘어 반드시 합격하실 "예비 삼성인" 여러분께 이 책을 드립니다.

해커스 취업교육연구소

목차

PART 1 기출유형공략

PART 2 실전모의고사

실전모의고사 1회

실전모의고사 2회

실전모의고사 3회

GSAT에 합격하는 여섯 가지 필승 비법!

1 최신 GSAT 문제로 전략적으로 실전에 대비한다!

GSAT 실전모의고사(10회분)

실전모의고사 총 10회분(교재 6회분 + 온라인 4회분)으로 실전을 완벽히 대비할 수 있다. 특히 교재 수록 모의고사는 가장 최근 시험의 출제 경향이 반영된 GSAT 실전모의고사로 구성하여 실전에 완벽하게 대비할 수 있다. 또한, 해커스잡 사이트(ejob.Hackers.com)에서 제공하는 '무료 바로 채점 및 성적 분석 서비스'를 통해 응시 인원 대비 본인의 성적 위치를 확인할 수 있다.

3일 완성 학습 플랜

하루에 2회씩 실전모의고사를 풀고, '수리·추리 핵심 공략집'을 학습한다. 실전모의고사를 모두 풀고 난 후 해설을 통해 틀린 문제와 풀지 못한 문제를 다시 한번 꼼꼼히 확인하고, '수리·추리 핵심 공략집'으로 GSAT에 출제되는 이론 및 개념을 복습한다.

1일	2일	3일
기출유형공략 □ 수리 □ 추리	**실전모의고사** □ 3회 □ 3회 복습 □ 4회 □ 4회 복습	**실전모의고사** □ 5회(고난도) □ 5회 복습 □ 6회(고난도) □ 6회 복습
실전모의고사 □ 1회 □ 1회 복습 □ 2회 □ 2회 복습	**수리·추리 핵심 공략집** □ 수리 □ 추리	**수리·추리 핵심 공략집** □ 수리 □ 추리

* 실전 연습을 더 하고 싶다면, 해커스잡 사이트(ejob.Hackers.com)에서 무료로 제공되는 GSAT 온라인 모의고사를 응시하여 실전 감각을 높일 수 있다.
* 영역별 이론 및 개념에 대한 지식이 부족하다면, 〈수리·추리 핵심 공략집〉을 먼저 암기한 후 문제를 푸는 것으로 학습할 수 있다.
* 유형별 보충 학습이 필요하다면, 〈해커스 GSAT 삼성직무적성검사 통합 기본서 최신기출유형 + 실전모의고사〉를 이용하여 더 많은 문제를 학습할 수 있다.
* 심화 학습을 원한다면, 해커스잡 사이트(ejob.Hackers.com)에서 유료로 제공되는 본 교재의 동영상강의를 수강하여 심화 학습을 할 수 있다.

3일 완성 맞춤형 학습 플랜

본 교재에서 제공하는 '3일 완성 학습 플랜'에 따라 학습하면 혼자서도 단기간에 전략적으로 GSAT를 대비할 수 있다.

2 철저한 유형 학습으로 문제 풀이 시간을 단축하고 고득점을 달성한다!

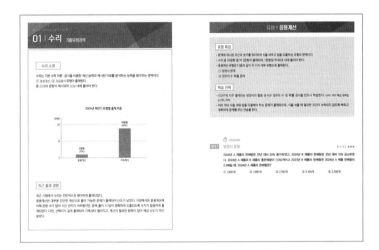

기출유형공략

GSAT 각 영역의 출제 유형과 최근 출제 경향, 유형별 학습 전략과 예제 등으로 구성되어 있어 GSAT 출제 유형을 완벽하게 익힐 수 있다. 또한, 실전모의고사를 풀기 전에 유형을 파악하거나 실전모의고사를 풀고 난 후 취약한 유형만 집중 학습하는 용도로도 활용할 수 있다.

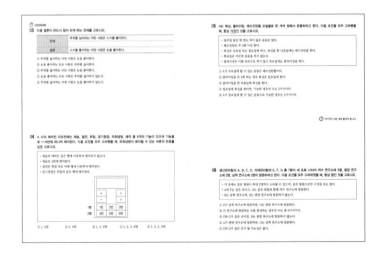

시간 단축 유형 · 시간 알림 표시

실전모의고사 1~2회에 표시된 '시간 단축 유형'과 '시간 알림'을 통해 체계적인 시간 관리 연습을 할 수 있다. 시간 단축 유형은 다른 유형보다 풀이 시간이 짧은 유형으로, 시간 단축 유형을 골라 먼저 푸는 연습을 통해 제한 시간 내에 많은 문제를 푸는 훈련을 할 수 있다. 또한, 문제 중간중간에 몇 분 내에 풀어야 하는지 표시되어 있어 제한 시간 내에 모든 문제를 푸는 연습을 할 수 있다.

3 빈출 이론과 개념은 수리·추리 핵심 공략집으로 철저히 학습한다!

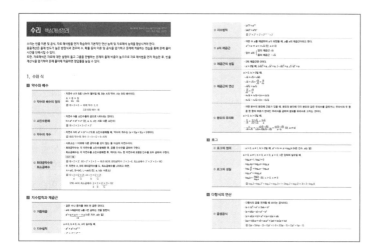

수리·추리 핵심 공략집

온라인 GSAT 출제 영역인 수리와 추리의 빈출 이론과 개념을 꼼꼼히 정리하여 '수리·추리 핵심 공략집'에 수록하였다. 영역별 빈출 이론을 통해 취약한 영역의 이론을 복습하거나 시험 직전에 최종 정리용으로 활용할 수 있다.

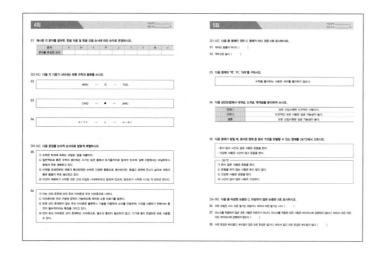

핵심 공략 Quiz

핵심개념을 학습한 후에는 '핵심 공략 Quiz'를 통해 학습한 내용을 다시 한번 점검해볼 수 있다. 독학이나 그룹 스터디 모두에 활용할 수 있어 체계적인 학습이 가능하다.

4 상세한 해설로 완벽하게 정리하고, 취약점은 반복 훈련으로 극복한다!

약점 보완 해설집

문제집과 해설집을 분리하여 보다 편리하게 학습할 수 있으며, 모든 문제에 대해 상세하고 이해하기 쉬운 해설을 수록하여 체계적으로 학습할 수 있다. 특히 '빠른 문제 풀이 Tip'을 통해 문제를 빠르게 푸는 방법까지 익힐 수 있다.

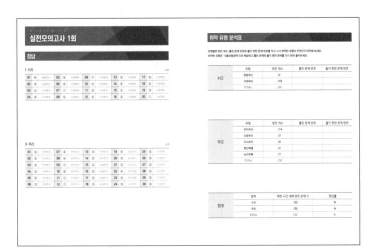

취약 유형 분석표

영역별로 자신이 취약한 유형을 파악하고, '기출유형공략'으로 복습한 후 틀린 문제나 풀지 못한 문제를 반복하여 풀면서 약점을 극복할 수 있다.

GSAT에 합격하는 여섯 가지 필승 비법!

5 온라인 GSAT에 최적화된 자료를 활용하여 실전 감각을 높인다!

온라인 GSAT 응시 서비스 & GSAT 온라인 모의고사

교재 내에 수록된 실전모의고사 1~3회를 온라인상으로 풀어 볼 수 있는 '온라인 GSAT 응시 서비스'와 최근 시험과 동일한 유형 및 난이도로 구성된 'GSAT 온라인 모의고사(4회분)'를 풀어 봄으로써 온라인 환경에 완벽하게 적응하여 실전에 대비할 수 있다.

모의 삼성 인성검사

해커스잡 사이트(ejob.Hackers.com)에서 제공하는 '모의 삼성 인성검사'로 면접전형에서 시행하는 인성검사까지 대비할 수 있다.

[1-72] 제시된 3개의 문장 중 자신의 성향과 가장 가까운 것과 가장 먼 것을 하나씩 선택하여 자신의 성향과 가장 가까운 것은 ①에, 가장 먼 것은 ②에 표기하시오.

1	A	가끔 모든 사람들과의 관계를 끊고 싶을 때가 있다.	①	②
	B	돈을 탕진하는 일이 있어도 하고 싶은 일은 해야 한다.	①	②
	C	나를 화나게 하는 사람에게 물건을 집어 던질 수 있다.	①	②
2	A	부모님께 화를 낸 적이 있다.	①	②
	B	평소에는 가족을 사랑하지만 가끔 가족이 미울 때가 있다.	①	②
	C	친구나 아는 사람이 슬퍼하면 같이 슬퍼진다.	①	②
3	A	집에서 멀리 떨어진 곳으로 떠나고 싶을 때가 있다.	①	②
	B	어떤 일을 피하려고 아픈 척한 적이 있다.	①	②
	C	별 이유 없이 감정이 상하고 화가 날 때가 종종 있다.	①	②
4	A	일을 빨리 끝내려고 조급해하는 편이다.	①	②
	B	환경보호에 관심이 많다.	①	②
	C	기분이 나쁘고 화가 날 때는 아무거나 던지고 싶은 충동이 생긴다.	①	②

6 동영상강의와 온라인 자료를 이용하여 학습 효과를 극대화한다!
(ejob.Hackers.com)

GSAT 인강

해커스잡 사이트(ejob.Hackers.com)
에서 유료로 제공되는 본 교재 동영상강
의를 통해 교재 학습 효과를 극대화할 수
있다.

최신 GSAT 무료자료·삼성채용 및 면접정보·합격가이드

해커스잡 사이트(ejob.Hackers.com)
에서는 다양한 무료자료를 제공하여 보
다 확실하게 GSAT 합격을 달성할 수 있
도록 하였다. 또한, 삼성채용정보, 면접기
출문제, 면접후기, 합격가이드를 통해 삼
성 취업에 한 걸음 더 다가갈 수 있다.

학습 플랜

자신에게 맞는 일정의 학습 플랜을 선택하여 학습 플랜에 따라 매일 그날에 해당하는 학습 분량을 공부하고,
매일 학습 완료 여부를 □에 체크해보세요.

3일 완성 학습 플랜

하루에 2회씩 실전모의고사를 풀고, '수리·추리 핵심 공략집'을 학습한다. 실전모의고사를 모두 풀고 난 후 해설을 통해
틀린 문제와 풀지 못한 문제를 다시 한번 꼼꼼히 확인하고, '수리·추리 핵심 공략집'으로 GSAT에 출제되는 이론 및 개념
을 복습한다.

1일	2일	3일
기출유형공략 □ 수리 □ 추리 **실전모의고사** □ 1회 □ 1회 복습 □ 2회 □ 2회 복습	**실전모의고사** □ 3회 □ 3회 복습 □ 4회 □ 4회 복습 **수리·추리 핵심 공략집** □ 수리 □ 추리	**실전모의고사** □ 5회(고난도) □ 5회 복습 □ 6회(고난도) □ 6회 복습 **수리·추리 핵심 공략집** □ 수리 □ 추리

* 실전 연습을 더 하고 싶다면, 해커스잡 사이트(ejob.Hackers.com)에서 무료로 제공되는 GSAT 온라인 모의고사를 응시하여 실전 감각을 높일 수 있다.
* 영역별 이론 및 개념에 대한 지식이 부족하다면, 〈수리·추리 핵심 공략집〉을 먼저 암기한 후 문제를 푸는 순서로 학습할 수 있다.
* 유형별 보충 학습이 필요하다면, 〈해커스 GSAT 삼성직무적성검사 통합 기본서 최신기출유형+실전모의고사〉를 이용하여 더 많은 문제를 학습할 수 있다.
* 심화 학습을 원한다면, 해커스잡 사이트(ejob.Hackers.com)에서 유료로 제공되는 본 교재의 동영상강의를 수강하여 심화 학습을 할 수 있다.

해커스
GSAT 삼성직무적성검사 실전모의고사

GLOBAL
SAMSUNG
APTITUDE
TEST

6일 완성 학습 플랜

하루에 1회씩 실전모의고사를 풀고, '수리·추리 핵심 공략집'을 학습한다. 실전모의고사를 풀고 난 당일 또는 다음 날에는 해설을 통해 틀린 문제와 풀지 못한 문제를 다시 한번 꼼꼼히 확인하고, '수리·추리 핵심 공략집'으로 GSAT에 출제되는 이론 및 개념을 복습한다.

1일	2일	3일	4일	5일	6일
기출유형공략 ☐ 수리 ☐ 추리	실전모의고사 ☐ 2회 ☐ 2회 복습	실전모의고사 ☐ 3회 ☐ 3회 복습	실전모의고사 ☐ 4회 ☐ 4회 복습	실전모의고사 ☐ 5회(고난도) ☐ 5회 복습	실전모의고사 ☐ 6회(고난도) ☐ 6회 복습
실전모의고사 ☐ 1회 ☐ 1회 복습	수리·추리 핵심 공략집 ☐ 수리 ☐ 추리		수리·추리 핵심 공략집 ☐ 수리 ☐ 추리		수리·추리 핵심 공략집 ☐ 수리 ☐ 추리

* 실전 연습을 더 하고 싶다면, 해커스잡 사이트(ejob.Hackers.com)에서 무료로 제공되는 GSAT 온라인 모의고사를 응시하여 실전 감각을 높일 수 있다.
* 영역별 이론 및 개념에 대한 지식이 부족하다면, 〈수리·추리 핵심 공략집〉을 먼저 암기한 후 문제를 푸는 순서로 학습할 수 있다.
* 유형별 보충 학습이 필요하다면, 〈해커스 GSAT 삼성직무적성검사 통합 기본서 최신기출유형＋실전모의고사〉를 이용하여 더 많은 문제를 학습할 수 있다.
* 심화 학습을 원한다면, 해커스잡 사이트(ejob.Hackers.com)에서 유료로 제공되는 본 교재의 동영상강의를 수강하여 심화 학습을 할 수 있다.

삼성그룹 알아보기

01
경영이념

인재와 기술을 바탕으로 최고의 제품과 서비스를 창출하여 인류사회에 공헌한다.

경영이념의 궁극적인 목표는 인류의 공동이익을 실현하여 인류사회에 공헌하는 것이다. 이러한 공헌을 실현하는 방안은 고객을 만족시키는 최고의 제품과 서비스를 제공하는 것이고, 이를 달성하기 위한 경영의 핵심요소가 바로 인재와 기술인 것이다. 즉, 경영이념은 삼성의 존재의 이유 및 사명이자 삼성이 추구하는 궁극적인 목표이다.

02
인재상

Passion 열정
We have an unyielding passion to be the best.
끊임없는 열정으로 미래에 도전하는 인재

Creativity 창의혁신
We pursue innovation through creative ideas for a better future.
창의와 혁신으로 세상을 변화시키는 인재

Integrity 인간미 · 도덕성
We act responsibly as a corporate citizen with honesty and fairness.
정직과 바른 행동으로 역할과 책임을 다하는 인재

해커스
GSAT 삼성직무적성검사
실전모의고사
GLOBAL
SAMSUNG
APTITUDE
TEST

03

삼성 계열사

전자

삼성전자	1969년에 설립되어 오늘날 전 세계 200개가 넘는 자회사를 거느린 글로벌 IT 기업으로, 사업 영역은 크게 CE 부문(영상 디스플레이/디지털 가전/건강 및 의료기기), IM 부문(이동 통신/네트워크), DS 부문(메모리/시스템 LSI/파운드리) 등으로 나뉨 • 비전: 인재와 기술을 바탕으로 최고의 제품과 서비스를 창출하여 인류사회에 공헌한다. • 핵심가치: 인재제일, 최고지향, 변화선도, 정도경영, 상생추구
삼성디스플레이	세계 최대의 디스플레이 생산업체로, 스마트폰, 노트북, 모니터, TV 등에 디스플레이 제품을 공급하고 있으며, 세계 최초로 플렉서블 OLED와 폴더블 디스플레이를 양산함 • 비전: 상상 속에서만 가능했던 디스플레이, 그 이상을 우리가 만듭니다. (DISPLAY BEYOND IMAGINATION) • 미션: 기술과 사람을 더욱 가치있게 연결하는 최고의 디스플레이를 만듭니다. • 핵심가치: 경계를 낮추자, 새로운 시도를 추구하자, 격이 다른 플레이를 하자
삼성SDI	친환경 초일류 소재·에너지 토탈 솔루션 기업으로, 사업 분야에는 크게 소형배터리, 자동차배터리, 에너지저장장치(ESS), 전자재료 등이 있음 • 비전: 경제, 환경, 사회 영역에서 리더십을 가지고 지속가능한 발전을 통해 인류사회에 공헌한다. • 핵심가치: 최고(Excellence), 고객(Customer), 혁신(Innovation)
삼성전기	1973년에 설립되었으며 첨단 전자부품에서 기계부품까지 생산하는 글로벌 종합 전자부품 기업으로, 사업 부문은 크게 컴포넌트 사업부, 광학통신솔루션 사업부, 패키지솔루션 사업부 등으로 나뉨 • 비전: 나도 일하고 싶고, 누구나 함께 일하고 싶어하는 최고의 성장기업 • 미션: 최고의 컴포넌트와 독창적인 솔루션으로 모두에게 가치있는 경험을 제공한다. • 핵심가치: 모두존중, 정도중심, 성장 마인드, 하모니, 기술중시, 도전
삼성SDS	1985년에 설립된 IT 솔루션/서비스 기업으로, 클라우드 서비스와 디지털 물류 서비스 등을 제공함 • 비전: Data-driven Digital Transformation Leader
삼성코닝어드밴스드 글라스	2012년에 삼성디스플레이와 미국 코닝의 합작으로 설립된 무기 소재 전문 기업으로, OLED 기판유리를 생산함

중공업·건설

삼성중공업	1974년에 설립된 선박 및 해양플랜트 전문 기업으로, 사업 부문은 크게 조선 분야(LNG선, 부유식 재기화설비, 유조선, 쇄빙유조선, 컨테이너선, 초대형 에탄운반선, 여객선)와 해양 분야(FLNG, FPSO, 부유식 해양구조물, 고정식 해양플랫폼, 드릴십, 잭업리그, 해양개발선, 풍력발전기 설치선)로 나뉨 • 핵심가치: 인재제일, 최고지향, 변화선도, 정도경영, 상생추구
삼성엔지니어링	1970년에 설립된 플랜트 엔지니어링 전문 기업으로, 사업 영역은 오일&가스 프로세싱, 정유, 석유화학, 산업, 환경, 바이오, 그린솔루션 등으로 나뉨 • 비전: 세계 1등의 기술경쟁력을 갖춘 EPC 회사 • 핵심가치: 확고한 기본, 기술의 축적, 존중과 협력, 끝없는 혁신
삼성물산(건설)	상사, 패션, 리조트 부문과 함께 삼성물산을 이루고 있는 건설 부문으로, 사업 영역은 크게 건축사업, 토목사업, 플랜트사업, 주택사업 등으로 나뉨 • 비전: Creating FutureScape

금융

삼성생명	국내 시장점유율 1위의 생명보험사로, 사업 영역은 크게 보험, 대출, 퇴직연금, 펀드, 신탁 등으로 나뉨 • 비전: 보험을 넘어, 고객의 미래를 지키는 인생금융파트너
삼성화재	국내 1위 손해보험회사로 화재, 해상, 자동차, 상해, 배상책임, 장기손해보험, 개인연금 등 다양한 보험상품과 종합 Risk Solution 서비스를 제공하고 있음 • 비전: Be the Future, Beyond Insurance
삼성카드	1983년에 설립되어 1988년에 삼성그룹으로 편입된 여신전문 금융회사로, 사업 영역은 크게 결제서비스, 금융서비스, 할부금융/리스, 생활편의서비스 등으로 나뉨 • 비전: 카드를 넘어 신뢰의 세상을 만든다.
삼성증권	대한민국 대표 종합 금융투자회사로, 증권중개 및 자산관리, 기업금융, 자금운용 등의 다양한 금융 서비스를 제공하고 있음 • 핵심가치: 고객중심, 변화선도, 전문성, 존중배려, 사회적 책임
삼성자산운용	국내 최대 규모의 자산운용사로, 증권투자신탁·금융·투자 자문, 콜거래 등의 사업을 영위하고 있음
삼성벤처투자	벤처기업 발굴 및 투자 전문 업체로, 신성장동력 발굴을 위한 미래 신기술 사업 투자 등의 사업을 영위하고 있음 • 핵심가치: 인재제일, 정도경영, 최고지향, 상생추구, 변화선도 • 경영원칙: 법과 윤리 준수, 환경·안전·건강중시, 깨끗한 조직문화 유지, 글로벌 기업시민으로서 사회적 책임 추구, 고객·주주·종업원 존중

서비스

삼성물산(상사)	삼성물산 상사 부문은 화학, 철강, 자원 등 산업소재 분야의 제품 트레이딩과 인프라, 신재생에너지, 발전 등을 중심으로 오거나이징 사업을 영위하고 있음 • 비전: 상상하고 실현하라, 글로벌 가치 창조 기업
삼성물산(패션)	삼성물산 패션 부문은 대한민국 패션의 역사를 주도하며 남성복과 캐주얼을 중심으로 성공 경험을 축적하였으며, 액세서리, 아동복, 아웃도어 등 라인을 확장하고 여성복 브랜드와 SPA 브랜드로 포트폴리오를 다각화해 국내 1위 패션기업으로 자리매김함 • 비전: Global Lifestyle Innovator • 핵심가치: Creativity, Commitment, Openness, Respect, Collaboration
삼성물산(리조트)	삼성물산 리조트 부문은 에버랜드 리조트, 골프클럽, 조경 등의 사업을 영위하고 있음
호텔신라	1973년에 설립된 관광호텔 업체로, 사업 분야는 크게 TR 부문(면세 유통 사업)과 호텔&레저 부문(호텔사업, 생활레저사업)으로 나뉨
제일기획	광고대행, 행사기획, 광고제작 등을 수행하는 글로벌 마케팅 솔루션 회사로, Strategy, Creative, Media, Digital, Experiential 등 통합적인 광고 서비스를 제공하고 있음
에스원	1977년에 설립된 국내 최초의 보안 전문 업체로, 주요 사업 분야는 시스템경비, 영상보안, 정보보안, 차량운행관리, 빌딩솔루션 등이 있음 • 비전: 글로벌 초일류기업
삼성글로벌리서치	삼성그룹이 운영하는 민간 경제연구소로, 국내외 경제·경영, 공공 정책, 마케팅, 기술 등 다양한 분야를 연구하고 경영 진단 등의 업무를 수행함 • 비전: Driving Change, Shaping the Future
삼성의료원	삼성생명공익재단이 운영하는 의료법인으로, 삼성서울병원, 강북삼성병원, 삼성창원병원, 성균관의과대학 등이 있음
삼성바이오로직스	바이오의약품 생산전문 기업으로, 국내외 제약회사의 첨단 바이오의약품을 위탁 생산, 개발, 실험하는 사업을 영위하고 있음 • 비전: 기술과 혁신으로 인류의 삶을 풍요롭게 한다.
삼성바이오에피스	바이오 제약 회사로, 바이오시밀러 의약품 연구개발 및 상업화를 통해 고품질 의약품에 대한 환자의 접근성을 높이는 데 주력하고 있음 • 비전: 인류의 건강을 위한 열정을 바탕으로 환자들의 삶의 질 향상에 힘쓴다.
삼성웰스토리	식음서비스 전문 기업으로, 사업 영역은 푸드서비스, 식자재 유통, 해외사업 등으로 나뉨 • 비전: 글로벌 식음 기업

〈출처: 삼성 채용 사이트 및 계열사별 사이트〉

삼성그룹 채용 알아보기

01 모집 시기

- 일반적으로 삼성 3급 신입공채(대졸 사원)는 연 2회(3월, 9월) 모집하나, 전형 절차별 일정은 계열사에 따라 다를 수 있으므로 각 계열사의 채용공고를 확인해야 한다.

02 지원 자격 및 우대 사항

- 지원 자격에 학점 제한이 없다.
- 모집전공은 직군에 따라 상이하므로 각 계열사 채용공고의 직군별 지원가능 전공계열을 확인해야 한다.
- OPIc이나 토익 스피킹 어학 성적을 보유해야 하며, 어학 성적 기준은 계열사 및 직군에 따라 상이하므로 각 계열사 채용공고에 명시된 지원가능 어학 성적 기준을 확인해야 한다.

삼성전자 지원직군별 지원가능 어학 최소등급 (2024년 하반기 공채 기준)

부문	직무	OPIc	토익 스피킹
DX 부문	회로개발/SW개발/기구개발/품질서비스/생산기술	IL	Level 5
	마케팅/해외영업	IH	Level 7
	국내영업마케팅/SCM물류/구매/환경안전/재무/인사	IM	Level 6
	제품 디자인/인터랙션 디자인/비주얼 커뮤니케이션 디자인	–	–
DS 부문	회로설계/신호및시스템설계/평가및분석/패키지개발/반도체공정설계/반도체공정기술/기구개발/SW개발/설비기술/인프라기술(건설/전기/Facility/Gas/Chemical)	IL	Level 5
	영업마케팅	IH	Level 7
	구매/생산관리/안전보건/경영지원(일반/재무)/인사	IM	Level 6

- 국가등록장애인 및 국가보훈대상자는 관련법 및 내부규정에 의거하여 평가 시 우대를 받는다.
- 다음 사항에 해당되는 경우, 내부규정에 의거하여 평가 시 우대를 받는다.

우대 기준 (2024년 하반기 공채 기준)

구분	우대 기준
중국어	필기: BCT 620점 이상, FLEX 중국어 620점 이상, 新 HSK 5級 195점 이상 회화: TSC Level 4 이상, OPIc 중국어 IM1 이상
공인한자능력	한국어문회 3급 이상, 한자교육진흥회 3급 이상, 한국외국어평가원 3급 이상, 대한검정회 2급 이상
기타	한국공학교육인증원이 인증한 공학교육 프로그램 이수자

해커스
GSAT 삼성직무적성검사
실전모의고사

GLOBAL
SAMSUNG
APTITUDE
TEST

03 채용전형 절차

지원서 접수 → 직무적합성 평가 → 직무적성검사 → 면접 → 건강검진

직무적합성 평가

- 지원서에 작성한 전공과목 이수내역과 직무 관련 활동경험, 에세이 등을 토대로 직무적합성평가를 진행하고, 이 결과에 따라 삼성직무적성검사(GSAT)의 응시 가능 여부가 결정된다.
- 직무적합성평가에서 직무와 무관한 스펙은 일체 반영되지 않으며, 특히 연구개발/기술/SW 직군은 전공 이수과목의 수와 난이도, 취득성적 등 전공 능력을 종합적으로 평가한다.

직무적성검사

- 삼성직무적성검사(GSAT)는 진취적이고 창의적인 인재를 선발할 수 있는 도구로서 총 2개의 영역(수리, 추리)으로 나누어 평가한다.
- SW 직군은 GSAT 대신 프로그램 코딩 실기 테스트인 SW 역량테스트를, 디자인 직군은 디자인 포트폴리오 심사를 시행한다.

면접

- 면접은 직무역량면접(30분), 창의성면접(30분), 임원면접(30분) 3가지로 구성된다. 단, 2024년 하반기에는 삼성전자 DX 부문만 창의성면접을 시행하였다.
- 면접 당일에 인성검사와 GSAT 약식 평가를 온라인으로 실시한다. GSAT 약식 평가는 수리 10문항, 추리 15문항으로 구성되며 시험 시간은 총 30분이다.
- 면접의 순서는 조에 따라 다르다.

직무역량면접	직군별 기본실무능력 및 활용 가능성을 중점 평가 * 직무역량면접의 경우, 계열사 및 직군에 따라 면접방식이 상이함
창의성면접	제시된 과제에 대한 해결방안 발표 및 질의응답을 통해 지원자의 독창적인 아이디어와 논리 전개과정을 평가
임원면접	개별질문을 통해 개인품성 및 조직적합성을 중점 평가

〈출처: 삼성전자 채용 사이트〉

※ 채용전형 및 평가내용은 계열사별 채용방침에 따라 변경될 수 있음

최신 GSAT 출제 유형 알아보기

1. 시험 구성

삼성직무적성검사는 단편적인 지식보다는 주어진 상황을 유연하게 대처하고 해결할 수 있는 종합적인 능력을 평가하는 검사이다.

영역	문항 수	시간	평가요소
수리	20문항	30분	수치계산, 자료해석력
추리	30문항	30분	분석적 사고력, 논리력

※ 2024년 하반기 GSAT 기준

2. 시험 특징

GSAT 온라인 시험 시행

GSAT는 2024년 하반기에도 온라인으로 진행되었다. 이에 따라 GSAT는 수리, 추리 2개 영역만 시행되었다. 또한, 면접 전형에서는 추가로 GSAT 약식 평가가 30분 동안 PC로 진행된다.

신유형 출제

2024년 하반기 GSAT에서는 신유형은 출제되지 않았으며, 수리 및 추리 영역 모두 이전 시험과 동일하게 출제되었다.

해커스
GSAT 삼성직무적성검사
실전모의고사

GLOBAL
SAMSUNG
APTITUDE
TEST

3. 시험 출제 유형

구분	문제 유형	유형 설명	문항 수	한 문항당 풀이 시간
수리 (총 20문항/30분)	응용계산	문제에 제시된 조건과 숫자를 정리하여 식을 세우고 답을 도출하는 유형의 문제	2문항	약 80초
	자료해석	제시된 자료에 있는 항목을 분석하거나 자료에 있는 항목을 이용하여 계산하는 유형의 문제	18문항	약 90초
추리 (총 30문항/30분)	언어추리	제시된 조건을 토대로 올바른 전제 또는 결론을 도출하거나 결론의 옳고 그름을 판단하는 유형의 문제	14문항	약 70초
	도형추리	제시된 도형의 변환 규칙을 파악하여 물음표에 해당하는 도형을 유추하는 유형의 문제	3문항	약 35초
	도식추리	제시된 암호 기호에 적용된 변환 규칙을 파악하여 물음표에 해당하는 문자나 숫자를 유추하는 유형의 문제	4문항	약 50초
	문단배열	제시된 문단을 논리적 흐름에 따라 배열하는 유형의 문제	2문항	약 45초
	논리추론	제시된 글을 바탕으로 추론한 내용의 진위를 판단하고, 논점에 관한 주장 및 근거를 파악하는 유형의 문제	7문항	약 60초

※ 2024년 하반기 GSAT 기준

GSAT 필승 공략법

01 GSAT 대비 학습 전략

최신 GSAT에 출제된 문제 유형 위주로 학습한다.

최근 3년간 GSAT의 출제 경향을 살펴보면 일부 유형은 새로운 형태로 출제되거나 삭제되는 등 변동되기도 했지만, 대부분은 기존에 출제된 유형이 고정적으로 출제되고 있다. 따라서 반복적으로 출제되는 문제 유형을 중점적으로 학습하고, 유형 변동에 대비하여 이전 시험에 출제된 적이 있는 유형도 폭넓게 학습하는 것이 좋다.

논리적 사고력을 기른다.

GSAT 평가 영역에서 언어논리, 시각적사고가 삭제됨에 따라 GSAT는 자료를 빠르게 분석한 후 계산을 요구하는 문제와 논리력과 추리력을 요구하는 문제의 비중이 커졌다. 따라서 평소에 다양한 자료와 문제를 접하며 내용을 분석적으로 이해하고 논리적으로 사고하는 연습을 하는 것이 좋다.

수리, 추리 영역의 모든 유형을 골고루 학습한다.

GSAT에는 과락이 존재하기 때문에 어느 한 영역이라도 합격 기준에 미치지 못하면 불합격할 수 있다. 또한, 매 시험 영역 및 유형별로 난도가 달라지므로 GSAT에 출제되는 수리, 추리 영역의 어떤 유형도 소홀히 하지 말고 빠짐없이 학습해야 한다.

시간 관리 연습을 한다.

GSAT는 문항 수 대비 풀이 시간이 짧은 편이기 때문에 실제 시험에서 모든 문제를 풀어내기 위해서는 평소에도 실전과 동일한 제한 시간을 두고 문제 푸는 연습을 해야 한다. 또한, 취약한 유형이 있다면 반복 학습을 통해 자신만의 풀이법을 터득하여 문제 풀이 시간을 단축할 수 있도록 해야 한다.

온라인 GSAT 응시 서비스와 GSAT 온라인 모의고사로 실전에 대비한다.

온라인 시험 특성상 단순히 문제를 풀이하는 것 외에도 여러 가지 변수가 발생할 수 있기 때문에 온라인으로 모의고사를 푸는 연습을 하여 보다 철저히 시험에 대비하는 것이 좋다.

해커스
GSAT 삼성직무적성검사
실전모의고사

GLOBAL
SAMSUNG
APTITUDE
TEST

02 학습 성향별 GSAT 대비 학습 전략

개별학습 혼자 공부해야 잘 된다!

1. 본 교재의 **학습 플랜**을 활용하여 매주, 매일 단위로 나만의 학습 플랜을 세운다.
2. 학습 플랜에 따라 **기출유형공략**을 익히고, **실전모의고사** 문제를 푼다.
3. 그날의 학습 분량을 마친 후, **수리·추리 핵심 공략집**의 수학공식, 명제이론 등을 암기한다.
4. 본 교재를 기본으로 학습하고 **해커스잡 사이트**(ejob.Hackers.com)에서 제공되는 **GSAT 온라인 모의고사**로 실전 연습을 한다.

스터디학습 여러 사람과 함께 공부하고 싶다!

1. 스터디 시작 전에 미리 공부할 분량을 정해 해당 부분을 각자 **예습**한다.
   그날 학습할 **수리·추리 핵심 공략집**의 수학공식, 명제이론 등을 미리 암기한다.
2. 예습해온 문제 중 틀렸거나 잘 모르는 문제는 스터디원들과 풀이 방법을 **논의**하여 완벽하게 이해한다.
3. 스터디가 끝난 후, 틀렸거나 잘 모르는 문제를 다시 풀어보고 **수리·추리 핵심 공략집**의 **핵심 공략Quiz** 에서 틀렸던 부분을 **복습**한다.

인강학습 동영상강의를 들으며 체계적으로 공부하고 싶다!

1. **해커스잡 사이트**(ejob.Hackers.com)에서 본 교재 인강의 강의 정보를 확인하고 자신의 학습 계획을 세운다.
2. 강의를 듣기 전 미리 그날 배울 문제를 풀어보고 **수리·추리 핵심 공략집**의 수학공식, 명제이론 등을 암기한다.
3. 강의를 들은 후, 그날 배운 문제를 **복습**한다.

시험 당일 Tip

1. 시험 진행 순서

시간		단계
오전	오후	
~09:00	~14:00	응시환경 세팅 및 PC/휴대전화 설정 상태 확인
09:00~10:00	14:00~15:00	삼성직무적성검사 시험 준비
10:00~11:05	15:00~16:05	삼성직무적성검사 실시 * 수리(30분) 종료 후 약 5분 동안 응시환경 점검 진행 후 추리(30분) 진행
11:05~11:30	16:05~16:30	답안 제출 여부 및 문제풀이 용지 확인 후 시험종료

※ 2024년 하반기 GSAT 기준

2. 시험 특이사항

- 시험 전 온라인 예비소집을 진행한다. 이는 시험 당일과 동일한 환경에서 전체 프로세스를 안내받고 점검하기 위한 단계이다.
- 응시자는 PC 또는 노트북, 휴대전화 거치대, 휴대전화 충전기, 필기도구와 서류합격자에 한하여 삼성 사이트에서 제공하는 문제풀이 용지를 시험 전 미리 준비해야 한다.

해커스
GSAT 삼성직무적성검사
실전모의고사
GLOBAL
SAMSUNG
APTITUDE
TEST

3. 시험 응시 당일 유의사항

- 휴대전화 거치대, 문제풀이 용지, 주의사항 안내문을 미리 준비한다.
- 삼성 채용 사이트에 있는 응시자 매뉴얼을 확인한 후 PC 및 휴대전화 환경을 설정한다.
- 휴대전화 화면에 모니터, 응시자의 얼굴과 양손이 보이도록 휴대전화의 위치를 고정한다.
  * 책상 위에는 개인 PC, 필기구, 문제풀이 용지, 휴대전화 거치대 외에 다른 물건은 비치가 불가능함
- 안내된 시간에 맞춰 응시 프로그램(PC) 및 감독 프로그램(휴대전화)에 접속한다.
- PC 및 휴대전화를 충전기에 연결한 상태에서 시험에 응시한다.
- 응시 중 상황에 따라 감독관이 시험을 중단시킬 수 있으며, 이 경우 감독관의 안내를 따라야 한다. 또한, 응시 중 특이사항 발생 시 조용히 손을 들고 감독관의 지시가 있을 때까지 대기한다.
- 응시 이후 검사가 종료될 때까지 응시 장소를 벗어나는 것은 원칙적으로 불가능하며, 응시 중 타인의 출입, 문제 메모 등 부정행위가 발생할 경우 불이익을 받을 수 있다.
- 휴대전화 와이파이 접속 시 비행기 모드로 설정한다.
  * 휴대전화 알림 소리가 날 경우 퇴장 조치됨
- 모니터에 손을 대는 행위는 가능하다. (단, 스크린 터치 기능 노트북은 사용 불가능하다.)
- 시험이 종료되면 문제풀이 용지의 모든 면을 촬영하여 지정된 이메일 주소로 발송한다.

4. 합격을 위한 Tip

- 별도의 시간 안내 방송은 없으며, 화면에 남은 시간이 제시된다.
- 화면 배율 조정이 가능하며, 스크롤 상하좌우 이동이 가능하다.
- 답안 체크란은 상단에 있으며, OMR 문제 번호 클릭 시 해당 문제로 이동한다.
- 한 페이지에 1~3문제가 제시되지만, 일부 자료해석 문제는 두 페이지에 제시된다.
- 영역별 제한 시간을 숙지하고 시간 내에 자신이 잘 풀 수 있는 문제를 먼저 풀고 나서 잘 모르는 문제를 푸는 방식으로 가능한 한 많은 문제를 빠르고 정확하게 푼다.
- 오답 감점제가 있으므로 모르는 문제나 시간이 부족해 풀지 못한 문제는 찍지 않는 것이 좋다.

GLOBAL SAMSUNG APTITUDE TEST

PART 1

기출유형공략

01 | 수리 기출유형공략

수리 소개

수리는 기본 수학 이론·공식을 이용한 계산 능력과 제시된 자료를 분석하는 능력을 평가하는 영역이다.
① **응용계산**, ② **자료해석** 유형이 출제된다.
총 **20개**의 문항이 제시되며 **30분** 내에 풀어야 한다.

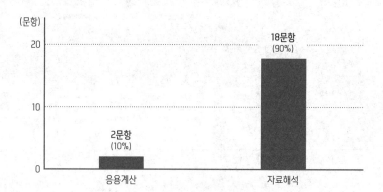

2024년 하반기 유형별 출제 비중

최근 출제 경향

최근 시험에서 수리는 전반적으로 평이하게 출제되었다.
응용계산은 대부분 간단한 계산으로 풀이 가능한 문제가 출제되어 난도가 낮았다. 자료해석은 응용계산에 비해 문항 수가 많아 시간 관리가 어려웠지만, 문제 풀이 시 답이 명확하게 도출되도록 수치가 깔끔하게 출제되었다. 다만, 선택지가 길게 출제되어 가독성이 떨어지고, 계산이 필요한 항목이 많아 체감 난도가 약간 높았다.

유형 특징

- 문제에 제시된 조건과 숫자를 정리하여 식을 세우고 답을 도출하는 유형의 문제이다.
- 수리 총 20문항 중 약 2문항이 출제되며, 1문항당 약 80초 내에 풀어야 한다.
- 응용계산 유형은 다음과 같이 두 가지 세부 유형으로 출제된다.
  ① 방정식 문제
  ② 경우의 수·확률 문제

학습 전략

- GSAT에 자주 출제되는 방정식의 활용 공식과 경우의 수 및 확률 공식을 반드시 학습한다. (수리·추리 핵심 공략집 p.293, 299)
- 여러 개의 식을 세워 답을 도출해야 하는 문제가 출제되므로, 식을 세울 때 필요한 조건이 누락되지 않도록 빠르고 정확하게 문제를 푸는 연습을 한다.

🕐 시간 단축 유형

예제 1 방정식 문제 출제 빈도 ★★★

2024년 A 제품의 판매량은 전년 대비 20% 증가하였고, 2024년 B 제품의 판매량은 전년 대비 15% 감소하였다. 2024년 A 제품과 B 제품의 총판매량이 7,050개이고 2023년 B 제품의 판매량은 2024년 A 제품 판매량의 2.5배일 때, 2024년 A 제품의 판매량은?

① 1,800개　　　② 1,880개　　　③ 2,160개　　　④ 2,184개　　　⑤ 2,256개

2023년 A 제품의 판매량을 x, 2023년 B 제품의 판매량을 y라고 하면

2024년 A 제품의 판매량은 전년 대비 20% 증가하였고, 2024년 B 제품의 판매량은 전년 대비 15% 감소하여

2024년 A 제품과 B 제품의 총판매량이 7,050개이므로

$1.2x + 0.85y = 7,050$ ⋯ ⓐ

이때 2023년 B 제품의 판매량은 2024년 A 제품 판매량의 2.5배이므로

$1.2x \times 2.5 = y \rightarrow 3x = y$ ⋯ ⓑ

ⓑ를 ⓐ에 대입하여 풀면 $1.2x + 2.55x = 7,050 \rightarrow 3.75x = 7,050 \rightarrow x = 1,880$

따라서 2024년 A 제품의 판매량은 $1,880 \times 1.2 = 2,256$개이다.

⏱ 빠른 문제 풀이 Tip

미지수를 한 개만 두고 풀이한다.
2023년 A 제품의 판매량을 x라고 하면 2024년 A 제품의 판매량은 전년 대비 20% 증가하였으므로 $1.2x$이다. 또한, 2023년 B 제품의 판매량은 2024년 A 제품 판매량의 2.5배이므로 $1.2x \times 2.5 = 3x$이고, 2024년 B 제품의 2024년 판매량은 전년 대비 15% 감소하였으므로 $3x \times 0.85 = 2.55x$이다. 이때 2024년 A 제품과 B 제품의 총판매량이 7,050개이므로
$1.2x + 2.55x = 7,050 \rightarrow 3.75x = 7,050 \rightarrow x = 1,880$
따라서 2024년 A 제품의 판매량은 $1,880 \times 1.2 = 2,256$개이다.

🕐 시간 단축 유형

예제 2 경우의 수·확률 문제　　　　　　　　　　　　　　　　　　　출제 빈도 ★★★

기획팀 신입사원 4명, 개발팀 신입사원 6명 총 10명 중 무작위로 3명을 선정해 장기 자랑에 출전하려고 한다. 선정된 3명의 신입사원 중 기획팀이 적어도 1명 포함될 확률은?

① $\frac{3}{4}$　　　　② $\frac{5}{6}$　　　　③ $\frac{11}{12}$　　　　④ $\frac{14}{15}$　　　　⑤ $\frac{29}{30}$

|정답 및 해설| ②

서로 다른 n개에서 순서를 고려하지 않고 r개를 뽑는 경우의 수 $_nC_r = \frac{n!}{r!(n-r)!}$임을 적용하여 구한다.

선정된 3명의 신입사원 중 기획팀이 1명인 경우의 수는 $_4C_1 \times _6C_2 = 4 \times 15 = 60$가지, 기획팀이 2명인 경우의 수는 $_4C_2 \times _6C_1 = 6 \times 6 = 36$가지, 기획팀이 3명인 경우의 수는 $_4C_3 = 4$가지로 총 $60 + 36 + 4 = 100$가지이며, 기획팀 4명, 개발팀 6명 총 10명 중 무작위로 3명을 선정하는 전체 경우의 수는 $_{10}C_3 = \frac{10!}{3!(10-3)!} = 120$가지이다.

따라서 선정된 3명의 신입사원 중 기획팀이 적어도 1명 포함될 확률은 $\frac{100}{120} = \frac{5}{6}$이다.

🕐 **빠른 문제 풀이 Tip**

어떤 사건 A가 일어날 확률을 p라고 하면 사건 A가 일어나지 않을 확률은 1 - p임을 적용하여 구한다.
선정된 3명의 신입사원 중 기획팀이 적어도 1명 포함될 확률은 1 - (선정된 3명의 신입사원이 모두 개발팀일 확률)과 같다. 이때 선정된 3명의 신입사원이 모두 개발팀일 경우의 수는 $_6C_3 = \frac{6!}{3!(6-3)!} = 20$가지이며, 기획팀 4명, 개발팀 6명 총 10명 중 무작위로 3명을 선정하는 전체 경우의 수는 $_{10}C_3 = \frac{10!}{3!(10-3)!} = 120$가지이다.

따라서 선정된 3명의 신입사원 중 기획팀이 적어도 1명 포함될 확률은 $1 - \frac{20}{120} = 1 - \frac{1}{6} = \frac{5}{6}$이다.

유형 2 **자료해석**

유형 특징

- 제시된 자료에 있는 항목을 분석하거나 자료에 있는 항목을 이용하여 계산하는 유형의 문제이다.
- 수리 총 20문항 중 약 18문항이 출제되며, 1문항당 약 90초 내에 풀어야 한다.
- 자료해석 유형은 다음과 같이 세 가지 세부 유형으로 출제된다.
    ① 자료의 내용과 일치/불일치하는 설명을 고르는 문제
    ② 자료의 특정한 값을 추론하는 문제
    ③ 제시된 자료를 다른 형태의 자료로 변환하는 문제

학습 전략

- 다양한 분야의 자료를 빠르고 정확하게 분석하기 위해 자료해석의 기본이 되는 자료 해석법을 반드시 학습한다. (수리·추리 핵심 공략집 p.302)
- 본 교재 해설의 '빠른 문제 풀이 Tip'을 적용하여 복잡한 계산 문제를 빠르게 푸는 연습을 한다.
- 자료의 내용과 일치/불일치하는 설명을 고르는 문제는 계산이 필요하지 않은 순위, 대소 비교, 증감 추이 등을 파악하는 설명부터 확인하여 풀이 시간을 단축한다.
- 자료의 특정한 값을 추론하는 문제와 같이 수치를 계산하는 문제는 실전에서 빠르고 정확하게 풀 수 있도록 기본적인 수열 공식을 반드시 암기한다. (수리·추리 핵심 공략집 p.292)
- 제시된 자료를 다른 형태의 자료로 변환하는 문제는 선택지에 제시된 그래프의 구성 항목을 먼저 파악한 후 자료에서 관련 있는 항목의 값을 찾아 비교하면서 문제를 빠르게 푸는 연습을 한다.

예제 1 자료의 내용과 일치/불일치하는 설명을 고르는 문제

출제 빈도 ★★★

다음은 Z 국의 연도별 해상 화물 실적에 대한 자료이다. 다음 중 자료에 대한 설명으로 옳지 <u>않은</u> 것을 고르시오.

[연도별 해상 화물 실적]

(단위: 만 건, 천 톤)

구분		2020년	2021년	2022년	2023년	2024년
수출	화물 건수	450	420	383	346	460
	화물 중량	29,400	29,000	27,500	25,000	26,800
수입	화물 건수	655	1,270	2,550	4,090	5,100
	화물 중량	69,230	70,400	71,500	74,200	65,790

① 2021년 이후 연도별 화물 중량의 전년 대비 증감 추이는 수출과 수입이 서로 정반대이다.

② 수출 화물 건수의 전년 대비 감소율은 2023년이 2022년보다 더 크다.

③ 2024년 수입 화물 중량은 4년 전 대비 3,440천 톤 감소하였다.

④ 2020년 수출 화물 건수와 수입 화물 건수의 합계에서 수출 화물 건수가 차지하는 비중은 40% 이상이다.

⑤ 2021년 이후 수입 화물 건수의 전년 대비 증가율이 처음으로 100% 이상인 해에 수출 화물 중량 대비 수입 화물 중량의 비율은 2.5 미만이다.

|정답 및 해설| ⑤

수입 화물 건수의 전년 대비 증가율은 2021년에 $\{(1,270-655)/655\} \times 100 ≒ 93.9\%$, 2022년에 $\{(2,550-1,270)/1,270\} \times 100 ≒ 100.8\%$로 처음으로 100% 이상인 해는 2022년이고, 2022년에 수출 화물 중량 대비 수입 화물 중량의 비율은 $71,500/27,500=2.6$으로 2.5 이상이므로 옳지 않은 설명이다.

① 2021년 이후 연도별 화물 중량의 전년 대비 증감 추이는 수출이 감소, 감소, 감소, 증가이고, 수입이 증가, 증가, 증가, 감소로 서로 정반대이므로 옳은 설명이다.

② 수출 화물 건수의 전년 대비 감소율은 2022년에 $\{(420-383)/420\} \times 100 ≒ 8.8\%$, 2023년에 $\{(383-346)/383\} \times 100 ≒ 9.7\%$로 2023년이 2022년보다 더 크므로 옳은 설명이다.

③ 2024년 수입 화물 중량은 4년 전 대비 $69,230-65,790=3,440$천 톤 감소하였으므로 옳은 설명이다.

④ 2020년 수출 화물 건수와 수입 화물 건수의 합계에서 수출 화물 건수가 차지하는 비중은 $\{450/(450+655)\} \times 100 ≒ 40.7\%$이므로 옳은 설명이다.

⏱ 빠른 문제 풀이 Tip

② 분자의 값이 동일할 때, 분모의 값이 작을수록 분수의 크기가 큼을 이용하여 비교한다.
분자에 해당하는 수출 화물 건수의 전년 대비 감소량은 2022년에 $420-383=37$만 건, 2023년에 $383-346=37$만 건으로 동일하고, 분모에 해당하는 전년도 수출 화물 건수는 2022년이 2021년보다 더 작으므로 전년 대비 감소율은 2023년이 2022년보다 더 큼을 알 수 있다.

⑤ 전년 대비 증가율이 100% 이상인 것은 전년 대비 2배 이상 증가하였음을 이용하여 비교한다.
2021년 수입 화물 건수는 1,270만 건으로 2020년 수입 화물 건수의 2배인 $655 \times 2=1,310$만 건보다 작으므로 전년 대비 증가율은 100% 미만이며, 2022년 수입 화물 건수는 2,550만 건으로 2021년 수입 화물 건수의 2배인 $1,270 \times 2=2,540$만 건보다 크므로 전년 대비 증가율이 처음으로 100% 이상인 해는 2022년임을 알 수 있다.

예제 2 자료의 특정한 값을 추론하는 문제   출제 빈도 ★★★

다음은 학생별 휴식 및 학업 시간에 따른 스트레스 지수를 나타낸 자료이다. 자료를 보고 a, b에 해당하는 값을
예측했을 때 가장 타당한 값을 고르시오.

[학생별 휴식 및 학업 시간에 따른 스트레스 지수]

(단위: 시간, 점)

구분	A 학생	B 학생	C 학생
휴식 시간	10	15	12
학업 시간	3	2	4
스트레스 지수	60	32	57

※ 스트레스 지수 $= \left(\dfrac{a}{\text{휴식 시간}}\right)^2 + \dfrac{\text{학업 시간}}{b}$ (단, a > 0)

	a	b
①	60	0.125
②	60	0.250
③	60	0.375
④	80	0.125
⑤	80	0.250

스트레스 지수 $=\left(\dfrac{a}{\text{휴식 시간}}\right)^2+\dfrac{\text{학업 시간}}{b}$ 임을 적용하여 구한다.

A 학생의 휴식 시간은 10시간, 학업 시간은 3시간, 스트레스 지수는 60점이므로

$60=\left(\dfrac{a}{10}\right)^2+\dfrac{3}{b} \rightarrow 60=\dfrac{a^2}{100}+\dfrac{3}{b}$ ··· ⓐ

B 학생의 휴식 시간은 15시간, 학업 시간은 2시간, 스트레스 지수는 32점이므로

$32=\left(\dfrac{a}{15}\right)^2+\dfrac{2}{b} \rightarrow 32=\dfrac{a^2}{225}+\dfrac{2}{b}$ ··· ⓑ

2ⓐ$-$3ⓑ에서 $120-96=\dfrac{450-300}{22{,}500}a^2 \rightarrow a^2=3{,}600 \rightarrow a=60$

이를 ⓐ에 대입하여 풀면

$60=\dfrac{60^2}{100}+\dfrac{3}{b} \rightarrow \dfrac{3}{b}=60-36 \rightarrow b=\dfrac{3}{24} \rightarrow b=0.125$

따라서 a는 60, b는 0.125인 ①이 정답이다.

⏱ 빠른 문제 풀이 Tip

제시된 선택지의 a 값을 공식에 대입하여 계산한다.

①, ②, ③ 선택지의 a=60을 대입하면 휴식 시간이 10시간, 학업 시간이 3시간, 스트레스 지수가 60점인 A 학생의 경우 $60=\left(\dfrac{60}{10}\right)^2+\dfrac{3}{b} \rightarrow 24=\dfrac{3}{b} \rightarrow b=0.125$이므로 ②, ③ 선택지는 정답에서 소거된다.

다음으로 ④, ⑤ 선택지의 a=80을 대입하면 휴식 시간이 10시간, 학업 시간이 3시간, 스트레스 지수가 60점인 A 학생의 경우 $60=\left(\dfrac{80}{10}\right)^2+\dfrac{3}{b} \rightarrow -4=\dfrac{3}{b} \rightarrow b=-0.750$이므로 ④, ⑤ 선택지도 정답에서 소거된다.

따라서 ①이 정답임을 알 수 있다.

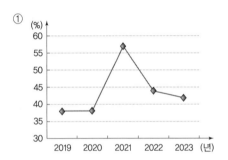 icon

시간 단축 유형

예제 3 제시된 자료를 다른 형태의 자료로 변환하는 문제   출제 빈도 ★★★

다음은 A~C 시험의 연도별 응시자 수 및 합격자 수를 나타낸 자료이다. 제시된 시험 중 2022년 합격률이 다른 시험에 비해 가장 큰 시험의 연도별 합격률을 바르게 나타낸 것을 고르시오.

[연도별 응시자 수 및 합격자 수]

(단위: 명)

구분		2019년	2020년	2021년	2022년	2023년
A 시험	응시자 수	3,550	3,500	4,800	3,500	3,800
	합격자 수	1,420	1,610	2,688	1,470	1,444
B 시험	응시자 수	7,500	9,600	6,400	10,500	9,600
	합격자 수	2,850	4,320	3,648	4,620	4,032
C 시험	응시자 수	5,000	5,800	5,500	5,250	5,400
	합격자 수	1,900	2,668	2,860	2,100	2,268

※ 합격률(%)=(합격자 수/응시자 수)×100

①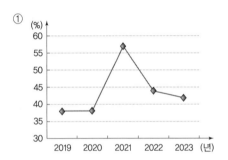

②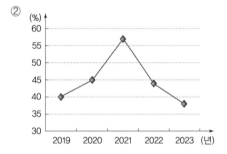

③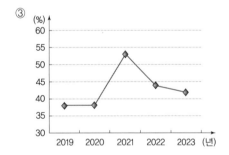

④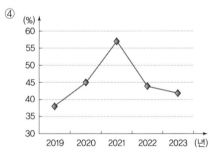

⑤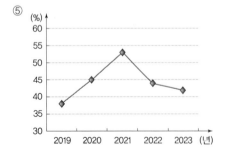

|정답 및 해설| ④

합격률(%)=(합격자 수 / 응시자 수)×100임을 적용하여 2022년 합격률을 계산하면 A 시험이 (1,470 / 3,500)×100=42%, B 시험이 (4,620 / 10,500)×100=44%, C 시험이 (2,100 / 5,250)×100=40%로 B 시험의 합격률이 가장 크다.

이에 따라 B 시험의 연도별 합격률을 계산하면 다음과 같다.

구분	합격률
2019년	(2,850 / 7,500)×100=38%
2020년	(4,320 / 9,600)×100=45%
2021년	(3,648 / 6,400)×100=57%
2022년	(4,620 / 10,500)×100=44%
2023년	(4,032 / 9,600)×100=42%

따라서 B 시험의 연도별 합격률이 일치하는 ④가 정답이다.

⏱ 빠른 문제 풀이 Tip

먼저 시험별 2022년 합격률에서 분자의 배율이 분모의 배율보다 더 크면 분수의 크기가 더 큼을 이용하여 비교한다.
합격률에서 분자에 해당하는 합격자 수는 A 시험이 B 시험의 1/3배 미만이고, 분모에 해당하는 응시자 수는 A 시험이 B 시험의 1/3배이므로 합격률은 A 시험이 B 시험보다 작다. 또한, 분자에 해당하는 합격자 수는 B 시험이 C 시험의 2배 이상이고, 분모에 해당하는 응시자 수는 B 시험이 C 시험의 2배이므로 합격률은 B 시험이 C 시험보다 크다. 이에 따라 A~C 시험 중 2022년 합격률이 다른 시험에 비해 가장 큰 시험은 B 시험임을 알 수 있다.
그 다음 B 시험 합격률의 분모에 해당하는 응시자 수가 동일한 2020년과 2023년을 우선적으로 비교한다.
B 시험 합격률의 분자에 해당하는 합격자 수는 2020년에 4,320명, 2023년에 4,032명으로 합격률은 2020년이 2023년보다 더 크므로 ①과 ③을 소거한다. 다음으로, 남은 선택지에 나타난 합격률 수치를 B 시험 응시자 수에 곱하여 합격자 수와 비교한다. B 시험의 2019년 합격자 수는 2,850명으로 응시자 수의 40%인 7,500×0.4=3,000명보다 적으므로 ②를 소거하고, 2021년 합격자 수는 3,648명으로 응시자 수의 55%인 6,400×0.55=3,200×1.1=3,520명보다 크므로 ⑤를 소거한다.
따라서 정답은 ④임을 알 수 있다.

02 | 추리 기출유형공략

추리 소개

추리는 주어진 조건을 종합하여 논리적으로 사고하는 능력, 제시된 도형이나 암호 기호에 적용된 변환 규칙을 유추하는 능력, 문단을 올바르게 배열하는 능력, 제시된 지문을 바탕으로 추론한 내용의 진위를 판단하는 능력을 평가하는 영역이다. ① **언어추리**, ② **도형추리**, ③ **도식추리**, ④ **문단배열**, ⑤ **논리추론** 유형이 출제된다. 총 30개의 문항이 제시되며 30분 내에 풀어야 한다.

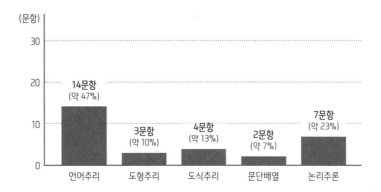

2024년 하반기 유형별 출제 비중

최근 출제 경향

최근 시험에서 추리는 전반적으로 평이하게 출제되었다.
명제추리는 전반적으로 난도가 낮았지만, 조건추리는 각 문제에서 도출되는 경우의 수가 많고 선택지가 조건문 형태로 제시되어 난도가 약간 높았다. 도형추리는 일부 문제에서 복잡한 규칙이 제시되어 난도가 약간 높았고, 도식추리는 복잡하지 않은 규칙이 출제되어 난도가 낮았다. 문단배열은 답을 쉽게 추론할 수 있는 문제가 출제되어 난도가 매우 낮았고, 논리추론도 반도체 등 전공 지식에 관한 지문 비중이 높았으나 지문의 길이가 짧고 정답을 명확하게 파악할 수 있도록 출제되어 문제의 난도는 매우 낮은 편이었다.

유형 특징

- 제시된 조건을 토대로 올바른 전제 또는 결론을 도출하거나 결론의 옳고 그름을 판단하는 유형의 문제이다.
- 추리 총 30문항 중 약 14문항이 출제되며, 1문항당 약 70초 내에 풀어야 한다.
- 언어추리 유형은 다음과 같이 두 가지 세부 유형으로 출제된다.
  ① 명제추리 문제
  ② 조건추리 문제

학습 전략

- 명제추리 문제는 명제와 삼단논법에 대한 기초적인 논리 이론을 반드시 학습한다. (수리·추리 핵심 공략집 p.308)
- 조건추리 문제는 문장으로 주어진 조건을 단어나 표로 간단히 정리한 후, 제시된 조건을 토대로 결론의 옳고 그름을 바로 판단할 수 있는지 먼저 확인하여 풀이 시간을 단축한다. 또한, 고려해야 하는 조건이나 경우의 수를 빠짐없이 확인하여 빠르고 정확하게 문제를 푸는 연습을 한다.

🕐 시간 단축 유형

예제 1 명제추리 문제 출제 빈도 ★★★

다음 전제를 읽고 반드시 참인 결론을 고르시오.

전제	버스를 타고 출근하는 모든 사람은 아침 식사를 거르지 않는다.
	아침 식사를 거르는 어떤 사람은 간식을 먹는다.
결론	

① 버스를 타고 출근하는 어떤 사람은 간식을 먹지 않는다.

② 버스를 타고 출근하지 않는 어떤 사람은 간식을 먹는다.

③ 버스를 타고 출근하는 모든 사람은 간식을 먹는다.

④ 간식을 먹는 모든 사람은 버스를 타고 출근하지 않는다.

⑤ 간식을 먹는 어떤 사람은 버스를 타고 출근한다.

버스를 타고 출근하는 모든 사람이 아침 식사를 거르지 않는다는 것은 아침 식사를 거르는 모든 사람이 버스를 타고 출근하지 않는다는 것이므로, 아침 식사를 거르는 어떤 사람이 간식을 먹으면 버스를 타고 출근하지 않으면서 간식을 먹는 사람이 반드시 존재하게 된다.

따라서 '버스를 타고 출근하지 않는 어떤 사람은 간식을 먹는다.'가 타당한 결론이다.

버스를 타고 출근하는 사람을 '버', 아침 식사를 거르지 않는 사람을 '아X', 간식을 먹는 사람을 '간'이라고 하면

① 버스를 타고 출근하는 모든 사람은 간식을 먹을 수도 있으므로 반드시 참인 결론이 아니다.

③ 버스를 타고 출근하는 모든 사람은 간식을 먹지 않을 수도 있으므로 반드시 참인 결론이 아니다.

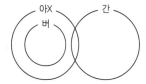

④ 간식을 먹는 어떤 사람은 버스를 타고 출근할 수도 있으므로 반드시 참인 결론이 아니다.

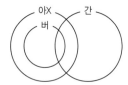

⑤ 간식을 먹는 모든 사람은 버스를 타고 출근하지 않을 수도 있으므로 반드시 참인 결론이 아니다.

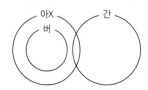

⏱ 빠른 문제 풀이 Tip

'모든'이 들어간 명제는 대우가 성립하므로, 제시된 전제 중 부정문을 대우로 바꿔 풀이한다.

버스를 타고 출근하는 사람을 A, 아침 식사를 거르는 사람을 B, 간식을 먹는 사람을 C, 부정형을 ~라고 하여 제시된 전제를 간략하게 정리하면

- 전제 1: 모든 A는 ~B이다. → 대우: 모든 B는 ~A이다.
- 전제 2: 어떤 B는 C이다.

따라서 '어떤 ~A는 C이다.' 또는 '어떤 C는 ~A이다.'가 반드시 참이 되는 명제임을 알 수 있다.

조건추리 문제 　　　　　　　　　　　　　　　　　　　　　　　　출제 빈도 ★★★

A, B, C 3명은 각각 초콜릿과 사탕을 먹었다. 다음 조건을 모두 고려하였을 때, 항상 거짓인 것을 고르시오.

> - A, B, C는 각각 초콜릿을 최소 1개에서 최대 3개, 사탕을 최소 1개에서 최대 4개까지 먹었다.
> - A와 C가 먹은 초콜릿 개수의 합은 B와 C가 먹은 사탕 개수의 합과 같다.
> - A, B, C가 먹은 사탕 개수의 합은 10개이다.

① B가 먹은 사탕 개수는 A가 먹은 초콜릿 개수보다 적다.
② A가 먹은 초콜릿과 사탕 개수의 합은 C가 먹은 초콜릿과 사탕 개수의 합보다 1개 더 많다.
③ B가 초콜릿을 2개 먹었다면, 가능한 경우의 수는 3가지이다.
④ C가 사탕을 2개 먹었다면, 가능한 경우의 수는 2가지이다.
⑤ A와 C가 먹은 초콜릿 개수의 합이 A와 B가 먹은 사탕 개수의 합과 같다면, 가능한 경우의 수는 3가지이다.

|정답 및 해설| ④

제시된 조건에 따르면 A, B, C가 먹은 사탕 개수의 합은 10개이며 A, B, C는 각각 초콜릿을 최소 1개에서 최대 3개, 사탕을 최소 1개에서 최대 4개까지 먹었으므로 3명은 사탕을 각각 (3개, 3개, 4개) 또는 (2개, 4개, 4개)를 먹었음을 알 수 있다. 이에 따라 A와 C가 먹은 초콜릿 개수의 합은 최소 2개에서 최대 6개이고 B와 C가 먹은 사탕 개수의 합은 최소 6개에서 최대 8개이다. 이때 A와 C가 먹은 초콜릿 개수의 합은 B와 C가 먹은 사탕 개수의 합과 같으므로 A와 C는 각각 초콜릿을 3개씩 먹었고, B와 C가 먹은 사탕의 개수는 각각 (3개, 3개) 또는 (2개, 4개) 또는 (4개, 2개), A가 먹은 사탕의 개수는 4개임을 알 수 있다. B와 C가 먹은 사탕의 개수에 따라 가능한 경우는 다음과 같다.

경우 1. B와 C가 사탕을 각각 (3개, 3개) 먹은 경우

구분	A	B	C
초콜릿	3개	1개 또는 2개 또는 3개	3개
사탕	4개	3개	3개

경우 2. B와 C가 사탕을 각각 (2개, 4개) 또는 (4개, 2개) 먹은 경우

구분	A	B	C
초콜릿	3개	1개 또는 2개 또는 3개	3개
사탕	4개	2개 또는 4개	2개 또는 4개

따라서 C가 사탕을 2개 먹었다면, 가능한 경우의 수는 3가지이므로 항상 거짓인 설명이다.

① B가 먹은 사탕 개수는 A가 먹은 초콜릿 개수보다 적거나 같거나 많으므로 항상 거짓인 설명은 아니다.

② A가 먹은 초콜릿과 사탕 개수의 합은 C가 먹은 초콜릿과 사탕 개수의 합보다 0개 또는 1개 또는 2개 더 많으므로 항상 거짓인 설명은 아니다.

③ B가 초콜릿을 2개 먹었다면, 가능한 경우의 수는 3가지이므로 항상 참인 설명이다.

⑤ A와 C가 먹은 초콜릿 개수와 A와 B가 먹은 사탕의 개수가 같다면, 가능한 경우의 수는 3가지이므로 항상 참인 설명이다.

⏱ 빠른 문제 풀이 Tip

항상 참/거짓인 것을 고르는 문제에서 경우의 수를 묻는 선택지는 항상 참이거나 거짓일 수밖에 없으므로 ③, ④, ⑤ 선택지를 우선적으로 확인한다. 또한, 경우의 수를 묻는 선택지에서 '~한다면' 형태의 조건이 제시되는 경우에는 문제에 추가되는 조건이라고 가정하고 풀이한다.

④ A, B, C는 각각 사탕을 최대 4까지 먹었으며 3명이 먹은 사탕 개수의 합은 10개이므로 C가 사탕을 2개 먹었다면, 먹은 사탕의 개수는 A가 4개, B가 4개, C가 2개이다. 이때 먹은 초콜릿의 개수가 최대 3개씩인 A와 C가 먹은 초콜릿 개수의 합이 B와 C가 먹은 사탕 개수의 합인 4+2=6개와 같으므로 A와 C는 초콜릿을 각각 3개씩 먹었다. B는 초콜릿을 최소 1개에서 최대 3개까지 먹었으므로 C가 사탕을 2개 먹었다면, 가능한 경우의 수는 3가지임을 알 수 있다.

유형 특징

- 제시된 도형의 변환 규칙을 파악하여 물음표에 해당하는 도형을 유추하는 유형의 문제이다.
- 추리 총 30문항 중 약 3문항이 출제되며, 1문항당 약 35초 내에 풀어야 한다.
- 도형추리 유형은 다음과 같이 한 가지 세부 유형으로 출제된다.

  ① 박스형 문제

학습 전략

- 기출 도형 변환 규칙을 반드시 학습한다. (수리·추리 핵심 공략집 p.311)
- 박스형 문제는 가장 먼저 규칙이 적용되는 방향을 파악해야 하므로 다양한 문제를 풀어보며 제시된 도형들 간의 규칙이 열과 열 사이에 적용되는지, 행과 행 사이에 적용되는지 정확히 파악하는 연습을 한다.

  예 제시된 도형들 간의 규칙이 열과 열 사이에 적용되는지, 행과 행 사이에 적용되는지 확인해보자.

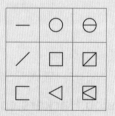

첫 번째 행의 두 번째, 세 번째 열에는 원이 포함되어 있고, 두 번째 행의 두 번째, 세 번째 열에는 사각형이 포함되어 있는 것을 통해 규칙이 적용된 방향을 파악할 수 있다.

①	②	①+②
③	④	③+④
⑤	⑥	⑤+⑥

〈규칙〉

따라서 위의 경우 규칙이 열과 열 사이에 적용되며, 첫 번째 열과 두 번째 열의 도형을 합치면 세 번째 열의 도형이 만들어지는 것을 알 수 있다.

예제 1 박스형 문제   출제 빈도 ★★★

다음 도형에 적용된 규칙을 찾아 '?'에 해당하는 도형을 고르시오.

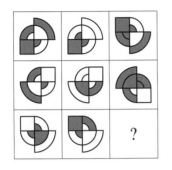

①   ②   ③

④   ⑤

|정답 및 해설| ①

각 행에서 3열에 제시된 도형은 1열과 2열에 제시된 도형을 결합한 후 상하 대칭한 형태이다.

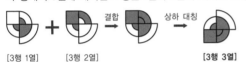

따라서 '?'에 해당하는 도형은 ①이다.

🕐 **빠른 문제 풀이 Tip**

먼저 선택지를 확인하면 사각형의 음영과 위치가 서로 다르므로 사각형만 확인하여 열과 열 사이의 규칙인지, 행과 행 사이의 규칙인지 확인한다.

규칙이 열과 열 사이에 적용된다면 1행에서 사각형의 음영은 모두 검정색이고, 2행에서 사각형의 음영은 모두 흰색이므로, 모두 같은 음영으로 통일하는 규칙이거나 음영을 결합하는 등의 규칙일 수 있다. 그러나 규칙이 행과 행 사이에 적용된다면 1열과 2열에서 사각형의 음영은 공통된 규칙이 없으므로 규칙은 열과 열 사이에 적용됨을 알 수 있다. 이때 열과 열 사이에 적용된 규칙이 모두 같은 음영으로 통일하는 규칙이라면 3행 1열과 3행 2열의 사각형 음영이 동일해야 하지만 서로 다르므로 음영을 결합하는 규칙임을 알 수 있다.

그 다음 1열과 2열의 전체 도형을 결합한 후 3열의 도형과 비교하여 규칙을 찾는다.

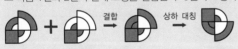

따라서 3행에 제시된 사각형에 규칙을 적용하면 정답은 ①임을 알 수 있다.

유형 특징

- 제시된 암호 기호에 적용된 변환 규칙을 파악하여 물음표에 해당하는 문자나 숫자를 유추하는 유형의 문제이다.
- 추리 총 30문항 중 약 4문항이 출제되며, 1문항당 약 50초 내에 풀어야 한다.
- 도식추리 유형은 다음과 같이 한 가지 세부 유형으로 출제된다.
  ① 암호 기호의 규칙을 적용했을 때 나오는 문자나 숫자를 고르는 문제

학습 전략

- 문제 풀이 시간을 단축할 수 있도록 문자 순서를 충분히 익힌다. (수리·추리 핵심 공략집 p.312)
- 기출 변환 규칙을 학습하고, 최대한 많은 문제를 풀어보면서 제시된 암호 기호에 적용된 변환 규칙을 빠르게 파악하는 연습을 한다. (수리·추리 핵심 공략집 p.312)

🕐 시간 단축 유형

예제 1 　암호 기호의 규칙을 적용했을 때 나오는 문자나 숫자를 고르는 문제 　　　출제 빈도 ★★★

[1-4] 다음 각 기호가 문자, 숫자의 배열을 바꾸는 규칙을 나타낸다고 할 때, 각 문제의 '?'에 해당하는 것을 고르시오.

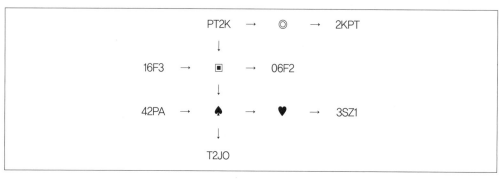

```
            PT2K   →   ◎   →   2KPT
                       ↓
    16F3   →   ▣   →   06F2
                       ↓
    42PA   →   ♠   →   ♥   →   3SZ1
                       ↓
            T2JO
```

1.

84GM → ♥ → ▣ → ?

① 79FK　　　② 88FK　　　③ 78HI　　　④ 87HJ　　　⑤ 87FI

2.

76CM → ◎ → ▣ → ♠ → ?

① M75B　　　② M57C　　　③ M75D　　　④ D65M　　　⑤ B75M

3.

| ? | → | ◎ | → | ♥ | → | TF86 |

① 99SC   ② 99UB   ③ 99CS   ④ 73SC   ⑤ 73UB

4.

| ? | → | ♥ | → | ♠ | → | ▣ | → | YGSP |

① RCFP   ② PWHV   ③ PWIW   ④ RCGQ   ⑤ RCHV

|정답 및 해설| 1. ⑤ 2. ① 3. ① 4. ②

◎: 첫 번째, 세 번째 문자(숫자)의 자리를 서로 바꾸고, 두 번째, 네 번째 문자(숫자)의 자리를 서로 바꾼다.
  ex. abcd → cdab
▣: 문자와 숫자 순서에 따라 첫 번째, 네 번째 문자(숫자)를 바로 이전 순서에 오는 문자(숫자)로 변경한다.
  ex. abcd → zbcc (a−1, b, c, d−1)
♠: 첫 번째 문자(숫자)를 네 번째 자리로, 두 번째 문자(숫자)를 첫 번째 자리로, 세 번째 문자(숫자)를 두 번째 자리로, 네 번째 문자(숫자)를 세 번째 자리로 이동시킨다.
  ex. abcd → bcda
♥: 문자와 숫자 순서에 따라 첫 번째 문자(숫자)를 바로 다음 순서에 오는 문자(숫자)로, 두 번째 문자(숫자)를 다음 세 번째 순서에 오는 문자(숫자)로, 세 번째 문자(숫자)를 바로 이전 순서에 오는 문자(숫자)로, 네 번째 문자(숫자)를 이전 세 번째 순서에 오는 문자(숫자)로 변경한다.
  ex. abcd → beba (a+1, b+3, c−1, d−3)

1.

84GM → ♥ → 97FJ → ▣ → | 87FI |

⏱️ **빠른 문제 풀이 Tip**

문자와 숫자를 순서에 따라 변경하는 규칙으로만 이루어진 문제는 두 규칙을 더하여 중간 과정을 생략한다.
♥ 규칙은 (+1, +3, −1, −3)의 규칙이고, ▣ 규칙은 (−1, 0, 0, −1)의 규칙이므로 ♥ 규칙과 ▣ 규칙을 더하면 (0, +3, −1, −4)이다.
따라서 84GM → ♥+▣ → 87FI이다.

2.

76CM → ◎ → CM76 → ▣ → BM75 → ♠ → | M75B |

3.

| 99SC | → ◎ → SC99 → ♥ → TF86

4.

| PWHV | → ♥ → QZGS → ♠ → ZGSQ → ▣ → YGSP

유형 특징

- 4개의 문단 간의 순서를 파악하는 유형의 문제이다.
- 추리 총 30문항 중 약 2문항이 출제되며, 1문항당 약 45초 내에 풀어야 한다.
- 문단배열 유형은 다음과 같이 한 가지 세부 유형으로 출제된다.
   ① 제시된 문단을 논리적 흐름에 따라 배열하는 문제

학습 전략

- 선택지를 먼저 확인하여 첫 번째에 해당하는 문단을 정확하게 파악하여 빠르게 정답을 찾는다.
- 문단의 앞부분에 접속어나 지시어가 포함되어 있으면 바로 앞에 연결될 수 있는 문단을 역으로 추적하는 방식으로 문제를 푸는 연습을 한다.
- 지문의 소재가 시간의 흐름에 따라 변화하는 내용일 경우, 지문 속 내용의 시간 흐름을 파악하여 문단 간의 순서를 유추하여 문제를 푸는 연습을 한다.

예제 1 제시된 문단을 논리적 흐름에 따라 배열하는 문제 🕐 시간 단축 유형

출제 빈도 ★★☆

다음 문단을 논리적 순서대로 알맞게 배열한 것을 고르시오.

> (A) 보치아의 매력은 볼이 흰색 표적구에 맞아 튕겨나갈 경우 예상치 못한 점수를 얻게 될 변수가 존재한다는 것 이다. 기술적 섬세함과 전략적 사고를 요구하는 이 종목은 가능성과 희망을 상징하며 장애인 스포츠의 대표 종목으로 자리매김하고 있다.
>
> (B) 패럴림픽은 하계와 동계 대회로 구분되며 올림픽과 동일하게 4년 주기로 개최된다. 그러나 올림픽에서는 진행 되지 않는 2가지 독자적 경기 종목이 있으며, 그중 하나가 바로 보치아이다.
>
> (C) 1948년 제2차 세계대전으로 인해 장애를 얻은 참전병들의 재활을 위한 스포츠 경기가 조직되었다. 이후 1960 년 참전병들 뿐 아니라 모든 장애인을 대상으로 하는 공식 대회가 국제적 인식을 확립하면서, 패럴림픽이라는 이름으로 오늘날까지 이어져오고 있다.
>
> (D) 보치아는 고대 그리스 시대의 공 던지기에서 유래한 스포츠로, 경기 방식의 유사성으로 인해 '땅 위의 컬링' 이라고도 불린다. 양 팀은 흰색 표적구를 겨냥하여 빨간색과 파란색 볼을 던지며, 가까운 공의 개수로 점수 가 계산된다.

① (A) – (C) – (B) – (D)
② (A) – (D) – (C) – (B)
③ (C) – (B) – (D) – (A)
④ (C) – (D) – (A) – (B)
⑤ (C) – (D) – (B) – (A)

|정답 및 해설| ③

이 글은 패럴림픽의 유래와 패럴림픽 종목 중 대표적인 스포츠 경기인 보치아에 대해 설명하는 글이다.
따라서 '(C) 패럴림픽의 유래 → (B) 패럴림픽에서 볼 수 있는 독자적 경기 중 하나인 보치아 → (D) 보치아의 경기 방식 → (A) 보치아의 스포츠로서의 의미와 가치' 순으로 연결되어야 한다.

🕐 **빠른 문제 풀이 Tip**

각 문단이 어떤 상위 혹은 하위 내용을 담고 있는지 확인한다.
선택지에 제시된 첫 번째 문단은 (A), (C)이다. 이때 (C)는 패럴림픽의 유래에 대해 설명하며, (C)를 제외한 나머지 문단에서 언급하고 있는 보치아는 패럴림픽의 하위 내용이므로 (C)가 첫 번째 문단임을 알 수 있다. 또한, 두 번째 문단이 될 수 있는 (B), (D) 중 (B)에서 패럴림픽의 특징 및 경기 종목에 대해 언급하고 있어 (C)의 내용과 연결되므로, (C) 다음으로 이어지는 문단은 (B)임을 알 수 있다.
따라서 '(C) → (B) → (D) → (A)' 순으로 연결되어야 한다.

유형 특징

- 제시된 글을 바탕으로 추론한 내용의 진위를 판단하고, 논점에 관한 주장 및 근거를 파악하는 유형의 문제이다.
- 추리 총 30문항 중 약 7문항이 출제되며, 1문항당 약 60초 내에 풀어야 한다.
- 논리추론 유형은 다음과 같이 두 가지 세부 유형으로 출제된다.
  ① 논리적 판단 문제
  ② 주장에 대한 반박 문제

학습 전략

- 논리적 판단 문제는 글이 전제와 결론으로 이루어져 있음을 유념하고, 글에 분명히 드러난 정보는 물론 숨은 전제까지 추론하는 연습을 한다.
- 논리적 판단 문제는 두 개의 글을 복합적으로 이해하고 추론하는 문제도 출제되므로 각 글이 말하고자 하는 바를 명확히 파악하고, 이와 대치되는 선택지를 소거하는 방법을 통해 문제 풀이 시간을 단축한다.
- 주장에 대한 반박 문제는 필자의 주장과 근거를 정리한 후 주장에 무조건 반대하는 진술이 아닌 근거의 허점에 대해 반박을 제기하는 진술을 찾는다. 이때 각 선택지가 필자의 주장에 대한 찬성 또는 반대 입장인지, 아니면 아무 관련 없는 진술인지를 먼저 표시한 후, 반대 진술에 해당하는 선택지만 서로 비교하여 문제 풀이 시간을 단축한다.

예제 1 논리적 판단 문제

다음 진술이 모두 참이라고 할 때 반드시 거짓일 수밖에 없는 것을 고르시오.

> 하이드로겔은 수분을 포함한 고분자 물질로 생체 친화적이라는 특징을 가지고 있다. 인체에 무해한 천연 성분으로 이루어져 있어 신체 거부 반응이 거의 없다. 또한 수분을 유지하면서도 가벼운 형태로 되어 있어 이식 수술이나 상처 치료에 효과적이다. 이러한 특징 때문에 의료용으로 활발히 활용되고 있으며, 최근 가장 주목받고 있는 것은 하이드로겔 기반 약물 전달 시스템(Drug Delivery System, DDS)이다. 예를 들어, 항암제는 암세포와 정상세포를 구분하지 못하고 모두 공격하여 빈혈, 식욕 저하, 구토, 탈모 등의 부작용을 일으킨다. 하지만 하이드로겔 기반 DDS는 세포 조직에 반응하여 특정 조건에서 약물을 선택적으로 방출한다. 암세포와 정상세포는 서로 다른 수소 이온 농도를 가지고 있는데, 하이드로겔 기반 DDS는 수소 농도가 높은 암세포와 반응하여 원자 구조가 느슨해지며 내부의 약물이 퍼지도록 한다. 이는 기존의 항암제가 정상세포까지 공격하여 발생하는 부작용을 최소화한다는 점에서 의의를 갖는다. 또한, 하이드로겔은 강도, 점도 등을 조절하는 등 다양한 형태로 제작될 수 있어 특정 치료 목표에 맞게 설계할 수 있다. 따라서 하이드로겔 기반 DDS는 항암 치료뿐만 아니라 다양한 질병의 치료 영역에서 혁신적인 접근법으로 주목받고 있다.

① 하이드로겔 기반 DDS는 항암 치료에서 부작용을 최소화하는 데 기여한다.
② 하이드로겔 기반 DDS는 수소 농도가 높은 세포에 선택적으로 반응한다.
③ 하이드로겔은 가벼우면서도 다양한 형태로 제작이 가능하다.
④ 하이드로겔은 생체 친화적이며 인체에 무해한 천연 성분으로 구성된 물질이다.
⑤ 하이드로겔은 의료용으로 사용될 경우 모든 상황에 동일한 방식으로 작용하여 부작용이 적다.

|정답 및 해설| ⑤

하이드로겔 기반 DDS는 수소 농도가 높은 암세포에서만 반응하여 약물이 퍼지도록 하므로 정상세포까지 공격하여 발생하는 부작용을 낮춘다.

따라서 모든 상황에 동일한 방식으로 작용하여 부작용이 적다는 것은 옳지 않은 내용이다.

① 하이드로겔 기반 DDS는 항암 치료에서 부작용을 최소화하는 데 기여한다고 하였으므로 옳은 내용이다.

② 하이드로겔 기반 DDS는 수소 농도가 높은 암세포에 반응하여 약물을 선택적으로 방출한다고 하였으므로 옳은 내용이다.

③ 하이드로겔은 수분을 유지하면서도 가벼운 형태로 되어 있으며 강도, 점도 등을 조절하는 등 다양한 형태로 제작이 가능하다고 하였으므로 옳은 내용이다.

④ 하이드로겔은 생체 친화적이며 인체에 무해한 천연 성분으로 구성되어 신체 거부 반응이 거의 없다고 하였으므로 옳은 내용이다.

⏱ 빠른 문제 풀이 Tip

진술이 모두 참이라고 할 때 반드시 거짓일 수밖에 없는 내용을 선택하는 유형의 문제는 제시된 글과 일치하지 않는 내용을 찾아내는 방식으로 풀어내야 한다.

예제 2 주장에 대한 반박 문제   출제 빈도 ★★★

다음 주장에 대한 반박으로 가장 타당한 것을 고르시오.

> 레그테크(RegTech)는 규제(Regulation)와 기술(Technology)의 합성어로, 인공지능, 빅데이터, 블록체인, 클라우드 컴퓨팅 등의 기술을 활용하여 금융 규제 업무를 효율적으로 관리하는 기술을 의미한다. 레그테크의 도입은 인간의 실수로 인한 위험성을 낮추며, 빅데이터 시대에 맞춰 신속하고 고도화된 시스템 관리를 가능하게 한다. 글로벌 금융 시장에서는 레그테크가 고객 본인 확인, 자금 세탁 방지, 이상 거래 감지, 사이버 보안 등 다양한 분야에서 사용되고 있다. 금융 기관은 레그테크를 통해 규제 준수 비용을 절감하고 법적 대응을 원활하게 진행하며 위험 요소를 사전에 식별하고 있다. 물론 규제와 법을 적용할 수 있도록 데이터를 디지털화하는 과정에서 기술적 오류가 발생할 가능성이 여전히 존재한다. 그럼에도 불구하고 금융 환경이 점점 더 복잡해지고 더 높은 기업 경쟁력이 요구됨에 따라 기존의 방식에는 분명한 한계가 존재한다. 빠르게 변화하는 규제 환경에 유연하게 대응하면서도 공익 실현이라는 궁극적 목적을 달성할 수 있는 지향점을 제시하는 것이 레그테크의 중요한 역할이 될 것이다.

① 레그테크는 규제 위험 요소를 사전에 식별하는 데 기여한다.
② 금융 환경의 복잡성이 증가함에 따라 레그테크의 도입은 필수적이다.
③ 레그테크의 도입은 금융 오프라인 거래를 완전히 대체할 수 있다.
④ 레그테크 활용 시 발생한 오류에 대해서는 책임의 주체가 존재하지 않는다.
⑤ 모든 금융 기관은 레그테크를 통해 동일한 규제를 준수해야 한다.

|정답 및 해설| ④

제시된 글의 필자는 금융 규제 업무를 효율적으로 관리하는 레그테크를 기술적으로 데이터화하는 과정에서 오류가 발생할 가능성이 있기는 하지만, 복잡해지는 금융 환경과 요구되는 기업 경쟁력을 고려할 때 가장 효율적인 기술이라는 주장을 하고 있다.

따라서 레그테크 활용 시 발생한 오류에 대해서는 책임의 주체가 존재하지 않는다는 반박이 가장 타당하다.

> ⏱ **빠른 문제 풀이 Tip**
>
> 해당 유형의 문제는 지문의 소재와 필자의 주장을 파악한 후 주장의 근거에서 보이는 한계를 분석해야 한다.
> 제시된 글의 필자는 레그테크의 장점과 필요성에 대해 주장하고 있으며, 아직까지는 인공지능이 규제와 법을 기술적으로 적용할 수 있게 데이터를 디지털화하는 과정에서의 오류가 발생할 수 있다는 내용을 언급하고 있다.
> 따라서 레그테크 활용 시 발생한 오류에 대해서는 책임의 주체가 존재하지 않는다는 내용이 필자의 주장에 대한 반박으로 가장 타당하다.

GLOBAL SAMSUNG APTITUDE TEST

PART 2

실전모의고사 1회

Ⅰ 수리

Ⅱ 추리

본 모의고사는 가장 최근에 시행된 온라인 GSAT 출제 경향에 맞춰 수리와 추리 두 영역으로 구성되어 있습니다. 교재에 수록된 문제풀이 용지와 해커스ONE 애플리케이션의 학습 타이머를 이용하여 실전처럼 모의고사를 풀어본 후, p.92에 있는 '바로 채점 및 성적 분석 서비스' QR코드를 스캔하여 응시 인원 대비 본인의 성적 위치를 확인해 보세요.
추가로 '온라인 GSAT 응시 서비스'를 통해 실전모의고사 1회를 온라인 GSAT와 동일한 환경에서 풀어봄으로써 실전 연습을 할 수 있습니다.

⏱ 시간 단축 유형

01 작년 A 농가의 사과와 배 재배량의 합은 총 450kg이었다. 올해 재배량은 사과가 전년 대비 15% 증가하였고 배가 전년 대비 20% 증가하여 사과와 배 재배량의 합은 전년 대비 70kg 증가하였을 때, 올해 A 농가의 사과 재배량은?

① 400kg   ② 420kg   ③ 440kg   ④ 460kg   ⑤ 480kg

⏱ 시간 단축 유형

02 A, B, C, D, E 5명은 설날 연휴 3일 중 각자 하루를 정해 당직을 서기로 하였다. 하루에 최대 2명이 당직을 설 때, 5명이 3일 동안 당직을 서는 경우의 수는?

① 30가지   ② 60가지   ③ 90가지   ④ 120가지   ⑤ 150가지

03 다음은 S 헬스장의 상반기 신규 가입자 수 현황에 대한 자료이다. 다음 중 자료에 대한 설명으로 옳지 <u>않은</u> 것을 고르시오.

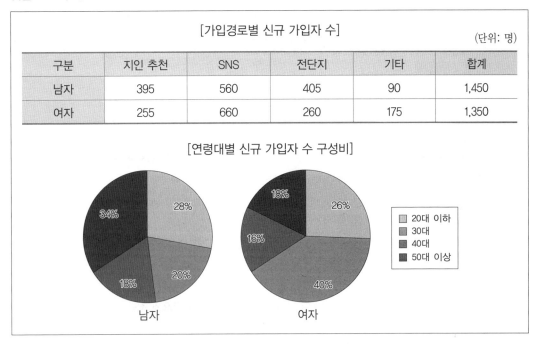

[가입경로별 신규 가입자 수]

(단위: 명)

구분	지인 추천	SNS	전단지	기타	합계
남자	395	560	405	90	1,450
여자	255	660	260	175	1,350

[연령대별 신규 가입자 수 구성비]

① 성별로 신규 가입자 수가 많은 순서대로 가입경로를 나열하면 그 순서는 남자와 여자가 서로 동일하다.

② 30대 신규 가입자 수는 남자가 여자보다 350명 더 적다.

③ 상반기 전체 신규 가입자 수에서 SNS를 통한 신규 가입자 수가 차지하는 비중은 45% 미만이다.

④ 40대 신규 가입자 수 대비 20대 이하 신규 가입자 수의 비율은 여자가 남자보다 크다.

⑤ 지인 추천을 통한 신규 남자 가입자 수는 전단지를 통한 신규 여자 가입자 수의 1.5배 이상이다.

04 다음은 H 국의 등급별 사회복무요원 소집 인원을 나타낸 자료이다. 다음 중 자료에 대한 설명으로 옳지 **않은** 것을 고르시오.

[등급별 사회복무요원 소집 인원]

(단위: 명)

구분	2020년	2021년	2022년	2023년	2024년
1급	1,100	950	1,020	1,380	1,520
2급	2,650	2,800	3,200	3,500	3,440
3급	1,500	1,400	1,650	1,750	1,880
4급	7,250	8,800	9,600	10,850	10,500

① 2020년 대비 2023년 4급 사회복무요원 소집 인원은 3,600명 증가하였다.

② 제시된 기간 중 3급 사회복무요원 소집 인원이 다른 해에 비해 두 번째로 적은 해와 4급 사회복무요원 소집 인원이 다른 해에 비해 가장 적은 해는 같다.

③ 제시된 등급 중 2022년 사회복무요원 소집 인원의 전년 대비 증가율이 가장 큰 등급은 2급이다.

④ 2022년 이후 사회복무요원 소집 인원이 매년 전년 대비 증가한 등급들의 2024년 사회복무요원 소집 인원의 합은 총 3,400명이다.

⑤ 제시된 기간 동안 2급 사회복무요원 소집 인원은 1급과 3급 사회복무요원 소집 인원의 합보다 매년 많다.

🕐 여기까지 6분 내에 풀어야 합니다.

05 다음은 지역별 폐기물 발생량 및 재활용량을 나타낸 자료이다. 다음 중 자료에 대한 설명으로 옳은 것을 고르시오.

[지역별 폐기물 발생량 및 재활용량]

(단위: 백 톤)

구분	2021년		2022년		2023년		2024년	
	발생량	재활용량	발생량	재활용량	발생량	재활용량	발생량	재활용량
A 지역	420	355	430	390	462	400	650	450
B 지역	580	285	382	350	590	335	520	390
C 지역	135	75	140	110	150	105	185	120
D 지역	820	665	750	670	760	650	1,040	810
E 지역	460	290	395	360	480	340	615	410

※ 폐기물 재활용률(%) = (폐기물 재활용량 / 폐기물 발생량) × 100

① 제시된 기간 동안 폐기물 발생량이 매년 증가하는 지역은 총 1곳이다.

② E 지역 폐기물 재활용량의 전년 대비 증가율은 2022년이 2024년보다 작다.

③ 제시된 기간 중 B 지역의 폐기물 재활용량이 다른 해에 비해 가장 많은 해에 D 지역의 폐기물 발생량은 A 지역 폐기물 발생량의 1.6배이다.

④ 제시된 지역 중 2021년 폐기물 재활용률이 다른 지역에 비해 가장 작은 지역은 C 지역이다.

⑤ 제시된 지역 중 2022년 폐기물 재활용량이 다른 지역에 비해 두 번째로 많은 지역의 2022년 폐기물 재활용률은 90% 미만이다.

06 다음은 A, B 지역의 연도별 비만인구 및 비만율을 나타낸 자료이다. 다음 중 자료에 대한 설명으로 옳지 <u>않은</u> 것을 고르시오.

[연도별 비만인구 및 비만율]

(단위: 명, %)

구분		2016년	2018년	2020년	2022년	2024년
A 지역	비만인구	9,325	10,665	11,438	14,200	12,000
	비만율	22.5	27.0	28.0	36.0	34.5
B 지역	비만인구	4,685	4,500	4,250	4,760	5,300
	비만율	30.0	32.5	28.0	40.0	36.5

※ 비만율(%) = (비만인구 / 응답인구) × 100

① 2022년 A 지역의 비만인구는 2016년 B 지역 비만인구의 3배 이상이다.

② 2020년 A 지역의 응답인구는 2년 전 대비 감소하였다.

③ 2024년 B 지역 비만인구의 4년 전 대비 증가율은 20% 이상이다.

④ 제시된 기간 중 연도별 A 지역의 비만율이 다른 해에 비해 가장 큰 해에 B 지역의 응답인구는 11,900명이다.

⑤ 제시된 기간 중 연도별 B 지역의 비만율이 다른 해에 비해 두 번째로 작은 해에 A 지역과 B 지역의 비만인구 차이는 4,640명이다.

07 다음은 일부 지역의 인구 및 인구밀도를 나타낸 자료이다. 2023년 인구가 전년 대비 감소한 지역의 2023년 면적은?

[지역별 인구 및 인구밀도]

(단위: 천 명, 명/km²)

구분	2022년		2023년	
	인구	인구밀도	인구	인구밀도
A 지역	9,906	16,600	9,900	16,500
B 지역	11,576	1,142	11,700	1,100
C 지역	1,487	89	1,490	90
D 지역	1,522	205	1,530	200
E 지역	1,794	223	1,800	223
F 지역	2,628	138	2,638	139

※ 지역별 인구밀도란 각 지역 총인구를 그 지역의 면적으로 나눈 값으로 1km²당 인구가 몇 명인지를 의미함

① 600km² ② 650km² ③ 700km² ④ 720km² ⑤ 780km²

다음은 연도별 DRAM과 NAND의 수요 및 공급을 나타낸 자료이다. 제시된 기간 동안 DRAM 공급 대비 NAND 공급의 비율이 가장 큰 해에 NAND 수요의 2년 전 대비 증가율은?

[연도별 DRAM과 NAND 수요 및 공급]

(단위: 백만 GB)

구분		2019년	2020년	2021년	2022년	2023년
DRAM	수요	50	51	53	52	48
	공급	48	50	50	45	48
NAND	수요	1,450	1,500	1,624	1,740	1,808
	공급	1,248	1,340	1,480	1,350	1,416

① 12%　　　　② 13%　　　　③ 14%　　　　④ 15%　　　　⑤ 16%

🕐 여기까지 12분 내에 풀어야 합니다.

09 다음은 A 지역의 연도별 반도체 기업의 매출액과 반도체 기업 수 및 기업 직원 수를 나타낸 자료이다. 다음 중 자료에 대한 설명으로 옳지 <u>않은</u> 것을 고르시오.

[연도별 반도체 기업 매출액]

[연도별 반도체 기업 수 및 직원 수]

구분	2017년	2018년	2019년	2020년	2021년
반도체 기업 수(개사)	21	35	42	63	60
반도체 기업 직원 수(명)	320	430	610	570	790

① 반도체 기업의 직원 1명당 평균 반도체 기업 매출액은 2018년이 2017년보다 많다.

② 2021년 반도체 기업 직원 수의 2년 전 대비 증가율은 30% 미만이다.

③ 반도체 기업 수의 전년 대비 증가율은 2020년이 2019년보다 크다.

④ 제시된 기간 동안 반도체 기업 수가 가장 많은 해에 반도체 기업 매출액은 전년 대비 300억 원 증가하였다.

⑤ 제시된 기간 중 반도체 기업 1개사당 평균 반도체 기업 매출액이 가장 높은 해는 2017년이다.

[10-11] 다음은 반도체 소재별 매출액과 수출액을 나타낸 자료이다. 각 물음에 답하시오.

[반도체 소재별 매출액]

(단위: 억 원)

구분	2017년	2018년	2019년	2020년
합계	73,050	91,655	118,670	121,220
A 소재	3,100	4,280	5,570	4,440
B 소재	4,970	5,100	5,600	4,900
C 소재	1,290	1,700	4,300	3,900
D 소재	700	800	2,300	2,000
E 소재	1,000	785	600	630
F 소재	990	990	1,300	1,350
G 소재	61,000	78,000	99,000	104,000

[반도체 소재별 수출액]

(단위: 억 원)

구분	2017년	2018년	2019년	2020년
A 소재	1,200	1,700	2,200	1,700
B 소재	2,600	2,700	2,800	2,100
C 소재	30	50	100	90
D 소재	20	580	530	600
E 소재	200	90	350	210
F 소재	100	290	570	480
G 소재	800	840	170	300

10 다음 중 자료에 대한 설명으로 옳지 <u>않은</u> 것을 고르시오.

① 제시된 기간 동안 F 소재의 수출액이 다른 해에 비해 가장 큰 해에 B 소재의 매출액과 A 소재의 수출액 차이는 3,400억 원 이상이다.

② 2018 이후 E 소재 매출액의 전년 대비 증감 추이는 C 소재 매출액의 전년 대비 증감 추이와 정반대이다.

③ 제시된 기간 동안 B 소재의 매출액이 처음으로 B 소재의 수출액의 2배 이상이 된 해에 G 소재 매출액의 전년 대비 증가율은 25% 이상이다.

④ 반도체 소재별 수출액이 큰 순서대로 나열한 순서는 2017년과 2018년이 서로 동일하다.

⑤ 2020년 C 소재의 매출액은 같은 해 C 소재 수출액의 40배 이상이다.

기출유형분석

1회

2회

3회

4회

5회

6회

해커스 GSAT 삼성직무적성검사 실전모의고사

11 다음 중 자료에 대한 설명으로 옳지 <u>않은</u> 것을 모두 고르시오.

a. 제시된 기간 동안 전체 반도체 소재 중 매출액 비중이 가장 작은 반도체 소재는 매년 동일하다.

b. 2018년 이후 F 소재 매출액의 전년 대비 증가액이 가장 큰 해에 D 소재 매출액의 전년 대비 증가율은 180% 이상이다.

c. 2020년 전체 반도체 소재 매출액에서 A 소재의 매출액이 차지하는 비중은 4% 이상이다.

① c   ② a, b   ③ a, c   ④ b, c   ⑤ a, b, c

[12-13] 다음은 S 사의 주방가전별 판매량과 일반냉장고 종류별 판매량에 대한 자료이다. 각 물음에 답하시오.

[주방가전별 판매량]

(단위: 천 대)

구분	2021년	2022년	2023년	2024년
일반냉장고	1,500	2,800	2,400	3,000
김치냉장고	700	950	850	800
식기세척기	100	150	200	250
전자레인지	300	400	250	350
합계	2,600	4,300	3,700	4,400

[일반냉장고 종류별 판매량]

※ S 사의 주방가전 종류는 제시된 4가지뿐이고, 일반냉장고 종류는 제시된 3가지뿐임

12 다음 중 자료에 대한 설명으로 옳지 <u>않은</u> 것을 고르시오.

① 제시된 기간 동안 연도별 주방가전 총 판매량에서 일반냉장고 판매량이 차지하는 비중은 매년 50% 이상이다.

② 2024년 전자레인지 판매량은 전년 대비 40% 증가하였다.

③ 2022년 일반냉장고 판매량에서 양문형 냉장고 판매량이 차지하는 비중은 40% 이상이다.

④ 제시된 기간 동안 연도별 식기세척기 판매량의 평균은 175천 대이다.

⑤ 2022~2024년 4도어 냉장고 판매량의 합은 5,000천 대 미만이다.

🕐 여기까지 18분 내에 풀어야 합니다.

기출유형공략

1회

2회

3회

4회

5회

6회

해커스 GSAT 삼성직무적성검사 실전모의고사

13 다음 중 자료에 대한 설명으로 옳은 것을 <u>모두</u> 고르시오.

a. 2022년 이후 연도별 일반냉장고 판매량에서 4도어 냉장고 판매량이 차지하는 비중은 매년 동일하다.

b. 제시된 기간 중 전자레인지 판매량이 다른 해에 비해 가장 적은 해에 업소용 냉장고 판매량은 전년 대비 40천 대 증가하였다.

c. 2022년 이후 식기세척기 판매량의 전년 대비 증가량은 매년 50천 대이다.

① a   ② b   ③ a, c   ④ b, c   ⑤ a, b, c

[14 - 15] 다음은 P 사의 부품별 출고량 및 불량 원인별 불량품 수에 대한 자료이다. 각 물음에 답하시오.

[부품별 출고량]

(단위: 만 개)

구분	2021년	2022년	2023년	2024년
A 부품	150	120	170	100
B 부품	280	250	220	270
C 부품	300	320	280	250

[불량 원인별 불량품 수]

(단위: 천 개)

구분		2021년	2022년	2023년	2024년
A 부품	파티클	75	90	50	65
	장비 이슈	45	65	60	40
	작업자 과실	20	25	30	15
	합계	140	180	140	120
B 부품	파티클	125	110	150	120
	장비 이슈	70	60	65	85
	작업자 과실	45	30	35	25
	합계	240	200	250	230
C 부품	파티클	90	125	120	150
	장비 이슈	55	85	70	80
	작업자 과실	35	40	60	30
	합계	180	250	250	260

※ 1) 출고량 = 제조량 - 총 불량품 수
　 2) 불량 원인은 파티클, 장비 이슈, 작업자 과실로만 구분됨

14 다음 중 자료에 대한 설명으로 옳은 것을 고르시오.

① 2024년 C 부품 출고량 대비 A 부품 출고량의 비율은 2년 전 대비 감소하였다.

② 2022년 A 부품의 총 불량품 수에서 파티클로 인한 불량품 수가 차지하는 비중은 전년 대비 감소하였다.

③ 2023년 B 부품의 제조량은 2,500천 개 이상이다.

④ 제시된 기간 중 A 부품의 총 불량품 수가 다른 해에 비해 가장 적은 해의 B 부품 출고량은 C 부품 출고량보다 20만 개 더 적다.

⑤ 제시된 기간 동안 연도별 C 부품의 장비 이슈로 인한 불량품 수의 평균은 70천 개이다.

15 2022년 이후 B 부품 제조량이 전년 대비 증가한 해에 C 부품 제조량의 2년 전 대비 감소율은?

① 18%   ② 20%   ③ 22%   ④ 24%   ⑤ 26%

[16-17] 다음은 H 사의 차종별 자동차 한 대당 탑재되는 반도체 소자 개수 및 2024년 차종별 판매 대수에 대한 자료이다. 각 물음에 답하시오.

[차종별 자동차 한 대당 탑재되는 반도체 소자 개수]

(단위: 개)

구분	가 자동차	나 자동차	다 자동차
A 소자	60	300	500
B 소자	70	260	180
C 소자	50	90	120
D 소자	120	150	200
합계	300	800	1,000

[2024년 차종별 판매 대수]

※ H 사의 차종은 가~다 자동차로 분류되며, 자동차에 탑재되는 반도체 소자는 A~D 소자뿐임

16 다음 중 자료에 대한 설명으로 옳지 <u>않은</u> 것을 고르시오.

① 차종별 자동차 한 대당 탑재되는 C 소자의 개수는 나 자동차가 가 자동차의 1.8배이다.

② 2024년 다 자동차의 총 판매 대수는 같은 해 가 자동차의 총 판매 대수의 50% 이상이다.

③ 차종별 자동차 한 대당 탑재되는 반도체 소자 개수 중 두 번째로 많이 탑재되는 소자는 3개 차종 모두 B 소자 이다.

④ 2024년 판매된 나 자동차에 탑재된 D 소자의 총 개수는 15,000천 개이다.

⑤ 가 자동차 한 대당 탑재되는 A 소자 개수 대비 다 자동차 한 대당 탑재되는 A 소자 개수의 비율은 8.5 미만이다.

🕐 여기까지 24분 내에 풀어야 합니다.

기출유형분석

1회

2회

3회

4회

5회

6회

해커스 GSAT 삼성직무적성검사 실전모의고사

17 다음 중 자료에 대한 설명으로 옳은 것을 <u>모두</u> 고르시오.

a. 나 자동차에 탑재되는 전체 반도체 소자 개수 중 B 소자 개수가 차지하는 비중은 35% 이상이다.

b. 2024년 하반기 자동차 총 판매 대수는 같은 해 상반기 대비 10천 대 증가하였다.

c. 2024년 하반기에 판매된 다 자동차에 탑재된 반도체 소자의 총 개수는 C 소자가 D 소자보다 3,600천 개 더 적다.

① b   ② c   ③ a, b   ④ b, c   ⑤ a, b, c

18 다음은 Z 업체의 연도별 주문 건수 및 고객 불만 건수에 따른 재구매율을 나타낸 자료이다. 자료를 보고 A, B에 해당하는 값을 예측했을 때 가장 타당한 값을 고르시오.

[연도별 주문 건수 및 고객 불만 건수에 따른 재구매율]

구분	2021년	2022년	2023년
주문 건수(건)	750	760	800
고객 불만 건수(건)	150	190	120
재구매율(%)	20	5	35

※ 재구매율(%) = $\left(\dfrac{B}{A} - \dfrac{\text{고객 불만 건수} \times A}{\text{주문 건수}} \right) \times 100$

	A	B
①	2	1.1
②	2	1.2
③	2	1.3
④	3	2.4
⑤	3	2.5

⏱ 시간 단축 유형

19 다음은 A~E 오토바이의 2023년 판매 대수 및 2023년 판매 대수의 전년 대비 증감률에 대한 자료이다. 이를 바탕으로 A~E 오토바이의 2022년 판매 대수를 바르게 나타낸 것을 고르시오.

[오토바이별 2023년 판매 대수 및 전년 대비 증감률]

(단위: 대, %)

구분	A	B	C	D	E
판매 대수	923	722	578	492	885
전년 대비 증감률	30	−5	−15	−20	25

①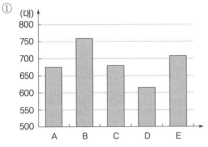

②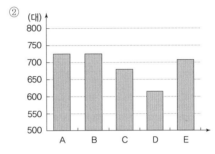

③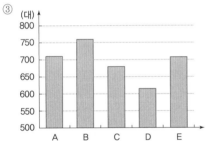

④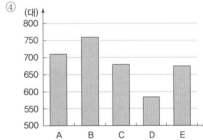

⑤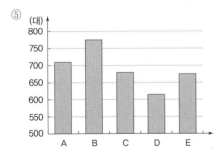

기출유형공략

1회

2회

3회

4회

5회

6회

해커스 GSAT 삼성직무적성검사 실전모의고사

20 다음은 A 씨 클라우드의 연도별 사진 및 동영상 용량을 나타낸 자료이다. 사진과 동영상의 용량은 일정한 규칙으로 변화할 때, 사진과 동영상 용량의 합이 처음으로 150GB 이상이 되는 해는?

[연도별 사진 및 동영상 용량]

(단위: GB)

구분	2020년	2021년	2022년	2023년	2024년
사진	10	15	20	25	30
동영상	9	13	18	24	31

① 2030년   ② 2031년   ③ 2032년   ④ 2033년   ⑤ 2034년

여기까지 30분 내에 풀어야 합니다.

약점 보완 해설집 p.4

[01 - 02] 다음 전제를 읽고 반드시 참인 결론을 고르시오.

🕐 시간 단축 유형

01

전제	개발팀에 지원한 모든 사람은 코딩교육을 수강하였다.
	개발팀에 지원한 모든 사람은 공인 영어 성적을 보유하고 있다.
결론	

① 코딩교육을 수강한 모든 사람은 공인 영어 성적을 보유하고 있다.

② 코딩교육을 수강한 어떤 사람은 공인 영어 성적을 보유하고 있지 않다.

③ 공인 영어 성적을 보유하고 있는 모든 사람은 코딩교육을 수강하였다.

④ 공인 영어 성적을 보유하고 있는 어떤 사람은 코딩교육을 수강하였다.

⑤ 공인 영어 성적을 보유하고 있지 않은 어떤 사람은 코딩교육을 수강하지 않았다.

🕐 시간 단축 유형

02

전제	기타를 연주하는 모든 사람은 밴드 음악을 좋아한다.
	피아노를 연주하는 어떤 사람은 밴드 음악을 좋아하지 않는다.
결론	

① 기타를 연주하지 않는 모든 사람은 피아노를 연주한다.

② 피아노를 연주하는 모든 사람은 기타를 연주하지 않는다.

③ 피아노를 연주하는 어떤 사람은 기타를 연주한다.

④ 기타를 연주하는 어떤 사람은 피아노를 연주하지 않는다.

⑤ 피아노를 연주하는 어떤 사람은 기타를 연주하지 않는다.

03 다음 결론이 반드시 참이 되게 하는 전제를 고르시오.

전제	추위를 싫어하는 어떤 사람은 스키를 좋아한다.
결론	스키를 좋아하는 어떤 사람은 눈을 좋아한다.

① 추위를 싫어하는 어떤 사람은 눈을 좋아한다.

② 눈을 좋아하는 모든 사람은 추위를 싫어한다.

③ 추위를 싫어하는 모든 사람은 눈을 좋아한다.

④ 눈을 좋아하는 모든 사람은 추위를 싫어하지 않는다.

⑤ 추위를 싫어하는 모든 사람은 눈을 좋아하지 않는다.

04 A 사의 에어컨 리모컨에는 제습, 절전, 취침, 공기청정, 파워냉방, 예약 총 6개의 기능이 있으며 기능별로 1~6번에 하나씩 배치된다. 다음 조건을 모두 고려했을 때, 파워냉방이 배치될 수 있는 버튼의 번호를 <u>모두</u> 고르시오.

- 제습과 예약은 같은 행에 이웃하여 배치되지 않는다.
- 제습은 4번에 배치된다.
- 절전은 취침 바로 아래 행에 이웃하여 배치된다.
- 공기청정은 취침과 같은 행에 배치된다.

① 1, 5번   ② 5, 6번   ③ 1, 5, 6번   ④ 1, 2, 5, 6번   ⑤ 1, 3, 5, 6번

05 A는 복싱, 클라이밍, 배드민턴을 요일별로 한 개씩 정해서 운동하려고 한다. 다음 조건을 모두 고려했을 때, 항상 <u>거짓</u>인 것을 고르시오.

- 일주일 동안 한 번도 하지 않은 운동은 없다.
- 배드민턴은 주 3회 이상 한다.
- 복싱은 금요일 또는 일요일에 하고, 복싱을 한 다음날에는 배드민턴을 한다.
- 화요일은 아무런 운동을 하지 않는다.
- 클라이밍은 이틀 연속으로 하지 않고 목요일에는 클라이밍을 한다.

① A가 수요일에 할 수 있는 운동은 배드민턴뿐이다.
② 클라이밍을 주 2회 하는 경우 복싱은 일요일에 한다.
③ 클라이밍을 한 다음날에 복싱을 한다.
④ 일요일에 복싱을 한다면, 가능한 경우의 수는 3가지이다.
⑤ A가 일요일에 할 수 있는 운동으로 가능한 경우는 2가지이다.

🕐 여기까지 6분 내에 풀어야 합니다.

06 생산관리팀의 A, B, C, D, 자재관리팀의 E, F, G 총 7명이 세 조로 나뉘어 여수 연구소에 3명, 광양 연구소에 2명, 삼척 연구소에 2명이 방문하려고 한다. 다음 조건을 모두 고려하였을 때, 항상 참인 것을 고르시오.

- 각 조에는 같은 팀원이 최대 2명까지 소속될 수 있으며, 같은 팀원으로만 구성된 조는 없다.
- A와 F는 같은 조이고, D는 같은 팀원과 함께 여수 연구소에 방문한다.
- B는 삼척 연구소에, E는 광양 연구소에 방문하지 않는다.

① E가 삼척 연구소에 방문하면, G는 광양 연구소에 방문한다.
② 각 연구소에 방문하는 조를 편성하는 경우의 수는 총 6가지이다.
③ C와 G가 같은 조이면, B는 광양 연구소에 방문하지 않는다.
④ A가 광양 연구소에 방문하면, G는 삼척 연구소에 방문한다.
⑤ C와 D가 같은 조가 될 가능성은 없다.

07 사격 대회에 참가한 A, B, C, D, E 5인은 예선전, 준결승전, 결승전으로 이루어진 토너먼트를 치러 1등을 결정했다. 다음 조건을 모두 고려하였을 때, 항상 <u>거짓</u>인 것을 고르시오.

- 사격 대회에 참가한 사람은 5인뿐이다.
- 토너먼트의 대진표는 추첨을 통해 결정되었으며, 패자부활전은 치러지지 않았다.
- 토너먼트 결과 총 3인이 메달을 받았으며, 1등은 금메달을, 2등은 은메달을, 3등은 동메달을 받았다.
- 경기를 치르지 않고 부전승을 거둔 사람은 B와 D이다.
- 가장 많은 경기를 치른 사람은 C이다.
- 최종 순위는 B가 C보다 높다.

---

① 경기를 한 번만 치른 사람은 2인 이상이다.

② B의 예선전 상대는 E이다.

③ 메달을 받은 사람 중 1인은 E이다.

④ A의 예선전 상대는 C이다.

⑤ 동메달을 받은 사람은 D이다.

08 A, B, C, D, E 5명은 벽에 있는 멀티탭에 각자의 충전기를 연결하였다. 다음 조건을 모두 고려하였을 때, 항상 참인 것을 고르시오.

- 멀티탭에는 1번부터 5번까지의 콘센트가 순서대로 있다.
- 5번 콘센트와 다른 한 개의 콘센트는 작동을 하지 않으며, 5명은 이 사실을 모른다.
- D는 작동하는 콘센트를 사용하였다.
- B는 3번 콘센트를 사용하였다.
- A와 E가 사용한 콘센트는 작동하지 않았다.
- C가 사용한 콘센트의 번호는 E가 사용한 콘센트의 번호보다 1이 더 크다.

---

① A는 1번 콘센트를 사용하였다.

② 3번 콘센트는 작동하지 않았다.

③ 작동하지 않는 두 개의 콘센트는 서로 이웃하여 위치한다.

④ D가 사용한 콘센트의 바로 옆에는 작동하지 않는 콘센트가 위치한다.

⑤ C가 사용한 콘센트의 번호는 B가 사용한 콘센트의 번호보다 크다.

09 A, B, C, D 4명의 요리사가 흑팀 2명, 백팀 2명으로 나누어져 각자 1개씩 요리를 만들어 완성한 순서대로 심사를 받았다. 다음 조건을 모두 고려하였을 때, 항상 거짓인 것을 고르시오.

> - 첫 번째 순서로 심사를 받은 요리사는 흑팀이다.
> - B와 D는 서로 다른 팀이다.
> - 가장 마지막으로 심사를 받은 요리사는 A이다.
> - 백팀 요리사는 2명이 연속하여 심사를 받았다.
> - B는 C보다 먼저 심사를 받았다.

① D가 세 번째 순서로 심사를 받았다면, 가능한 경우의 수는 3가지이다.

② 네 번째 순서로 심사를 받은 팀이 흑팀이라면, 가능한 경우의 수는 3가지이다.

③ C는 흑팀이다.

④ B는 두 번째 순서로 심사를 받은 백팀이다.

⑤ A와 D는 서로 같은 팀이다.

10 교수 A, B와 신입생 C, D, E, F, G 총 7명은 KTX를 타고 학회장으로 이동했다. 다음 조건을 모두 고려하였을 때, 정장을 입은 사람을 모두 고르시오.

> - A~G 7명은 2, 4, 5, 11, 12, 13, 16번 좌석을 예매하여 좌석당 한 명씩 앉았다.
> - 발표를 하는 사람만 정장을 입었으며, 교수는 정장을 입지 않았다.
> - 정장을 입은 두 사람은 통로 쪽 좌석에 앉았으며, C와 F는 홀수 번 좌석에 앉았다.
> - A는 짝수 번 좌석에 앉았으며, E의 좌석번호는 A의 좌석번호보다 1만큼 작다.
> - G는 발표를 하지 않는다.

[KTX 좌석 배치]

① C, D   ② C, F   ③ D, E   ④ D, F   ⑤ E, F

🕐 여기까지 12분 내에 풀어야 합니다.

11 A, B, C, D, E 5명은 빨간색, 파란색, 검은색 핸드폰 중 하나를 구매했고, 빨간색과 검은색 핸드폰은 각각 2개, 파란색 핸드폰은 1개가 있다. 5명 중 3명은 진실, 2명은 거짓을 말했을 때, 검은색 핸드폰을 구매한 사람을 <u>모두</u> 고르시오.

- A: 파란색 핸드폰을 구매한 사람은 D이다.
- B: 나와 E는 빨간색 핸드폰을 구매했다.
- C: 나는 빨간색 핸드폰을 구매했다.
- D: E의 말은 진실이다.
- E: A와 B는 검은색 핸드폰을 구매했다.

① A, B   ② A, E   ③ B, D   ④ C, D   ⑤ D, E

12 윤석, 운호, 명우, 지원, 형길 5명은 키가 작은 순서대로 줄을 섰다. 다음 조건을 모두 고려하였을 때, 5명 중 두 번째로 키가 큰 사람을 고르시오.

- 윤석이와 운호는 인접해서 줄을 섰다.
- 형길이보다 키가 큰 사람 수는 명우보다 키가 작은 사람 수보다 1명 더 많다.
- 형길이와 지원이는 인접해서 줄을 서지 않았다.
- 윤석이와 명우 사이에 줄을 선 사람은 1명이다.
- 형길이보다 키가 작은 사람이 있다.

① 윤석   ② 운호   ③ 명우   ④ 지원   ⑤ 형길

13 가전제품 판매점에서 전자레인지, 스타일러, 청소기, TV, 세탁기를 1~5번 구역에 배치하려고 한다. 다음 조건을 모두 고려하였을 때, 항상 거짓인 것을 고르시오.

> • 스타일러와 청소기는 나란히 붙어 배치될 수 없다.
> • 4번 구역에는 전자레인지 또는 청소기가 배치된다.
> • 청소기와 세탁기는 서로 마주보도록 배치된다.
> • TV는 1번 구역 또는 2번 구역에 배치된다.

	1번	2번	
3번			출입문
	4번	5번	

① TV는 전자레인지와 서로 마주보도록 배치된다.

② 청소기는 5번 구역에 배치된다.

③ 세탁기가 1번 구역에 배치된다면, 가능한 경우의 수는 2가지이다.

④ 전자레인지가 4번 구역에 배치된다면, 가능한 경우의 수는 2가지이다.

⑤ 세탁기는 TV와 나란히 붙어 배치된다.

14 다음은 진실마을 사람들과 거짓마을 사람들의 대화이다. 진실마을 사람들은 진실만을 말하고, 거짓마을 사람들은 거짓만을 말한다고 했을 때, 진실마을에 거주하는 사람의 수로 가능한 것을 고르시오.

> • 해원: 나는 진실마을 사람이다.
> • 소정: 승아의 말은 진실이다.
> • 지혜: 경희는 거짓마을 사람이다.
> • 승아: 해원이는 거짓마을 사람이다.
> • 경희: 소정이와 해원이는 모두 진실마을 사람이다.

① 0~1명   ② 1~2명   ③ 2~3명   ④ 3~4명   ⑤ 4~5명

기출유형공략

1회

2회

3회

4회

5회

6회

해커스 GSAT 삼성직무적성검사 실전모의고사

[15-17] 다음 도형에 적용된 규칙을 찾아 '?'에 해당하는 도형을 고르시오.

🕐 시간 단축 유형

15

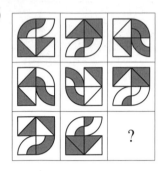

① 　② 　③

④

🕐 시간 단축 유형

16

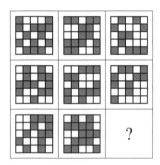

① 　② 　③

④

🕐 여기까지 18분 내에 풀어야 합니다.

🕐 시간 단축 유형

17

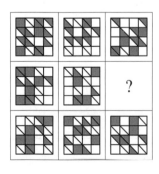

① 　② 　③

④ 　⑤

[18-21] 다음 각 기호가 문자, 숫자의 배열을 바꾸는 규칙을 나타낸다고 할 때, 각 문제의 '?'에 해당하는 것을 고르시오.

$$C7FJ \rightarrow ☆ \rightarrow C8FI$$
$$\downarrow$$
$$3BY6 \rightarrow △ \rightarrow ○ \rightarrow 8ZD4$$
$$\downarrow$$
$$1KQ5 \rightarrow □ \rightarrow 1QK5$$
$$\downarrow$$
$$DG9L$$

⏱ 시간 단축 유형

18

$$AXNT \rightarrow ○ \rightarrow △ \rightarrow ?$$

① UJYD   ② UPYC   ③ UPYB   ④ TOXZ   ⑤ TXNC

⏱ 시간 단축 유형

19

$$B72U \rightarrow □ \rightarrow ☆ \rightarrow ○ \rightarrow ?$$

① T37B   ② W84C   ③ C84W   ④ T73B   ⑤ B73T

⏱ 시간 단축 유형

20

$$? \rightarrow ☆ \rightarrow △ \rightarrow C47E$$

① B16B   ② B16D   ③ D78F   ④ B62D   ⑤ C62B

⏱ 시간 단축 유형

21

$$? \rightarrow ☆ \rightarrow □ \rightarrow △ \rightarrow 5DG6$$

① 4GB5   ② 4EB4   ③ 4BF4   ④ 3FC4   ⑤ 4EB5

22 다음 문단을 논리적 순서대로 알맞게 배열한 것을 고르시오.

> (A) 따라서 미국 대선에서 승패를 가르는 주요 요소는 양당 모두 승리할 가능성이 있는 약 12개의 경합주에서의 성과이다. 미국의 대부분 주는 정치적 성향이 뚜렷하기 때문에, 이러한 경합주에서의 투표결과가 전체 선거 결과에 중대한 영향을 미친다.
>
> (B) 선거인단의 수는 총 538명으로, 주별로 최소 3명에서 최대 55명까지 다양하게 구성된다. 승자독식 규칙에 따라 일반 유권자 투표 결과 가장 많은 표를 얻은 후보가 해당 주의 모든 선거인단의 표를 얻으며 총 선거인단의 과반수인 270명의 선거인단 표를 확보해야 대선에서 승리한다.
>
> (C) 유권자가 직접 투표하여 대통령을 선출하는 우리나라의 선거 방식과 달리, 미국의 대통령 선거는 직접 선거와 간접 선거를 혼합한 독특한 방식을 사용한다. 먼저 일반 유권자들이 직접투표로 선거인단을 선출한 뒤, 그 선거인단이 대통령 후보에게 투표하여 최종적으로 대통령이 선출된다.
>
> (D) 실제로 2016년 민주당 후보가 전국의 일반 유권자들로부터 더 많은 표를 받았지만, 공화당 후보가 선거인단의 표를 더 많이 확보하면서 대통령에 당선되는 사례가 있었다. 결과적으로 전국적으로 더 많은 표를 얻어도 선거인단 투표에서 밀리면 패배할 수 있으며, 선거인단이 많은 주에서의 승리가 중요하다.

① (B) – (C) – (A) – (D)

② (B) – (C) – (D) – (A)

③ (C) – (A) – (B) – (D)

④ (C) – (B) – (D) – (A)

⑤ (C) – (D) – (B) – (A)

23 다음 문단을 논리적 순서대로 알맞게 배열한 것을 고르시오.

(A) 연약권이 힘을 받으면 여러 개의 대륙판과 해양판이 이동하면서 판의 경계가 충돌하거나 멀어지는 현상이 발생하게 된다. 이후 판의 이동으로 인해 지진, 화산, 산맥 형성 등의 지질학적 현상이 발생한다는 사실이 정립되었으며 판 구조론은 지금까지 지질학 이론의 중심이 되고 있다.

(B) 20세기 초반 지질학자들은 대륙이 고체로 이루어져 있기 때문에 고정되어 있다고 믿었다. 영국의 철학자 베이컨이 남아메리카 동해안과 아프리카 서해안의 유사성에 대해 의문을 제기하였지만, 과학적 수준의 논의까지 이어지지는 못했다.

(C) 대륙의 이동을 가정하고 본격적인 연구가 진행된 것은 1912년 독일의 기상학자 베게너에 의해서이다. 그는 전 세계에서 해안선의 일치, 지층 구조의 연속성, 동일한 화석의 발견 등 다양한 증거를 제시하며 대륙의 이동을 주장했지만, 대륙이 어떤 힘에 근거하여 이동하였는지는 밝혀내지 못했다.

(D) 당시 베게너의 주장을 믿는 사람은 거의 없었지만, 이후 판 구조론이 등장하며 대륙 이동설이 다시 주목받기 시작했다. 판 구조론에 따르면 지구는 지각과 최상부 맨틀을 포함한 약 100km 두께의 판으로 이루어져 있으며 그 아래 움직일 수 있는 연약권이라 불리는 층이 존재한다.

---

① (B) – (C) – (A) – (D)

② (B) – (C) – (D) – (A)

③ (C) – (A) – (B) – (D)

④ (C) – (B) – (D) – (A)

⑤ (C) – (D) – (B) – (A)

24 다음 내용을 바탕으로 추론할 수 있는 것을 고르시오.

과학 기술의 발전에 따라 영화는 무성에서 유성으로, 흑백에서 컬러로, 표준스크린에서 와이드 스크린으로의 변혁을 거쳐왔다. 이러한 영화의 시대적 변화에 따라 외화면 공간에 대한 사용 또한 발전하였다. 일반적으로 외화면(off-screen)은 카메라 프레임 밖에 있는 장면이나 공간을 의미한다. 즉, 관객이 직접 볼 수 없는 영화 화면 밖의 영역으로 주로 소리나 등장인물의 시선 등을 통해 화면 밖의 상황을 암시한다. 1915년 소리가 없는 무성영화가 상영되던 시대의 감독들은 외화면을 탐색하며 화면 안팎의 상호작용을 시도했지만, 이는 기술적 제한으로 인해 화면 내에서 인물을 분할하는 다소 간접적인 방식으로 이루어졌다. 1927년, 와이드 스크린의 도입으로 화면 비율이 확장되면서 외화면의 존재를 보다 직관적으로 강조할 수 있게 되었다. 1930년대 유성영화 시대에 접어들면서, 청각적 표현을 통해 특정 인물이 화면 밖에 존재하는 듯한 효과가 사용되었으며 이로 인해 인물 간의 관계나 이야기의 전개가 확장될 수 있었다. 1950년대 현실주의 영화가 출현하면서 외화면은 현실적, 사회적 맥락을 전달하는 중요한 도구로 사용되었고, 화면 밖에서 일어나는 사건들이 관객에게 더 큰 의미를 전달하였다. 1970년대에 이르러 영화 기술은 발전을 거듭하며 외화면을 더욱 정교하게 활용하였고, 장면의 시간적, 심리적 깊이를 더하는 중요한 연출 기법으로 사용되고 있다. 이처럼 시대를 거친 외화면의 '볼 수 없음'의 미학은 보여주지 않음으로써 관객의 궁금증과 긴장감을 유발한다는 점에서 현재까지 활발하게 보여지고 있다.

① 외화면은 영화의 미적 측면보다는 기술적 측면에 치중된 연출 기법이다.
② 무성영화 시대의 외화면은 사회적 문제를 표현하는 데 중점을 두어 활용되었다.
③ 유성영화 시대의 외화면은 영화의 서사적 확장성을 높이는 데 기여하였다.
④ 현실주의 영화에서의 외화면은 기술적 제약으로 인해 거의 활용되지 않았다.
⑤ 다양한 영화 기술의 발전에 따라 외화면의 활용도는 과거에 비해 줄어들었다.

🕐 여기까지 24분 내에 풀어야 합니다.

25 다음 진술이 모두 참이라고 할 때 반드시 <u>거짓</u>일 수밖에 없는 것을 고르시오.

> 반도체의 대부분은 우리가 주변에서 쉽게 찾아볼 수 있는 실리콘으로 제조된다. 실리콘은 지구의 지각에서 산소 다음으로 많은 원소로, 지각 질량의 약 27.7%를 구성하는 것으로 알려졌다. 토사나 모래, 돌멩이는 모두 이산화규소로 이루어져 있는데, 이산화규소를 이루는 원소가 바로 실리콘이다. 실리콘은 그 풍부한 양 덕분에 가격이 저렴하며, 무독성이기 때문에 인체에 해로움을 가하지 않는 장점이 있다. 게다가 실리콘에 불순물을 첨가하면 전기 전도율을 높일 수 있어 약한 강도의 외압에도 전기가 흐르는 도체의 성질을 띠는 물질로 변형이 가능하다. 초창기 반도체의 주된 원료는 게르마늄이었으나 현재 대부분의 반도체 원료로는 실리콘이 사용된다. 이는 실리콘이 게르마늄과 비교해 순도와 결정 구조 측면에서 우수함을 자랑하고 높은 온도에서도 안정적인 산화막을 만들 수 있는 능력이 있기 때문이다. 한편, 질화갈륨(GaN) 반도체는 실리콘 반도체에 이어 차세대 전력 반도체로 주목받고 있다. 현재까지는 질화갈륨을 실리콘 위에 성장시키는 방식이 주를 이루고 있다. 이는 실리콘 반도체와 비교해 내구성이 좋으며, 높은 전압에서도 그 성능을 유지하는 힘이 강하다. 그러나 이 방식은 질화갈륨과 실리콘 사이에서 전류가 수평으로 흘러 반도체 성능 향상에 한계점이 존재하기 때문에 일부 기업에서는 반도체의 전압과 전류 밀도의 한계점을 더욱 높이기 위해 질화갈륨 위에 질화갈륨을 직접 쌓아 전류가 수직으로 흐르는 방식을 고안하고 있다.

① 실리콘 반도체보다 질화갈륨을 실리콘 위에 성장시키는 방식의 내구성이 더 높다.

② 실리콘에 불순물이 섞이면 전기 전도율이 높아진다.

③ 실리콘은 독성이 없기 때문에 인체에 무해하다.

④ 게르마늄에 비해 실리콘의 순도와 결정 구조는 우수한 편이다.

⑤ 실리콘의 산화막이 안정적으로 형성되기 위해서는 온도가 낮아야만 한다.

26 다음 진술이 모두 참이라고 할 때 반드시 <u>거짓</u>일 수밖에 없는 것을 고르시오.

알고리즘은 제시된 문제를 논리적으로 해결하기 위해 필요한 절차, 방식, 지시사항 등을 체계적으로 구성한 표현으로, 적용 대상에 상관 없이 문제를 해결하기 위해 사용되는 절차와 방법을 포괄하는 개념이다. 이것은 사람이 직접 해결하는 방법, 컴퓨터를 통해 해결하는 방법, 수학적 또는 비수학적인 방법을 모두 포함한다. 알고리즘은 그 표현 방식에 따라 크게 자연어 알고리즘과 순서도 알고리즘으로 구분된다. 먼저 자연어 표현법 또는 일상 언어 표현법으로도 알려져 있는 자연어 알고리즘은 문제해결 과정을 일상적인 말을 사용하여 순차적으로 나열하는 방식이다. 이는 보통 사람들이 사용하는 일상 언어를 통해 쉽게 표현할 수 있지만, 가끔 모호성을 내포할 수 있다는 단점이 있다. 순서도 알고리즘은 정해진 기호를 활용하여 알고리즘을 표현하는 방법이다. 순서도 표현 방식에서는 하나로 연결되는 수행 과정을 모든 사람들이 알아볼 수 있는 공통의 약속된 기호로 나타내고, 화살표를 사용하여 수행 과정을 순서대로 연결하여 알고리즘을 나타낸다. 순서도 방식은 전체적인 수행 과정을 직관적으로 파악할 수 있다는 장점이 있지만, 복잡한 알고리즘이나 블록형 언어를 표현하는 데는 어려움을 겪을 수 있다는 단점이 있다. 한편, 로버트 코왈스키는 문제해결을 위한 알고리즘을 논리 요소와 통제 요소로 분류하였다. 논리 요소는 문제해결을 위해 사용되는 지식과 그에 따른 논리적인 구성 요소를 의미하며, 통제 요소는 지식 사용을 위한 문제해결 전략을 의미한다. 다시 말해, 알고리즘의 논리 요소는 변경하지 않고 통제 요소만을 개선함으로써 알고리즘의 효율성을 향상시킬 수 있다.

① 코왈스키에 따르면 문제해결을 위한 지식 활용 전략을 개선하는 것만으로도 알고리즘의 효율성을 높일 수 있다.

② 순서도 알고리즘은 문제를 해결해 나가는 전체의 과정을 비교적 쉽게 확인할 수 있다는 장점이 있다.

③ 알고리즘으로 문제를 논리적으로 해결하는 절차 및 방법에 비수학적인 방식은 적용되지 않는다.

④ 순서도로 알고리즘을 나타내기 위해서는 보통의 사람들이 같은 의미로 받아들이는 기호를 사용해야 한다.

⑤ 자연어 표현법으로 알고리즘을 나타내면 문제해결 과정에서 명확하지 않은 표현이 사용될 수 있다는 단점이 있다.

27 다음 진술이 모두 참이라고 할 때 반드시 <u>거짓</u>일 수밖에 없는 것을 고르시오.

1970년대 게임 회사 아타리(Atari)의 디자이너 워렌 로비넷은 사각형 캐릭터가 성배를 찾아 황금성으로 가는 게임인 어드벤처(Adventure)의 개발에 참여했다. 그러나 게임이 팔려도 로열티가 제대로 지급되지 않았을 뿐만 아니라 게임 패키지에 게임 디자이너의 이름이 실리지 않자 게임에 장난을 치기로 했다. 그는 게이머가 들어가기 어려운 비밀의 방을 만들고, 그 방에 들어가면 자신의 이름이 뜨게 해놓았다. 한 게이머가 이러한 비밀의 방이 존재한다는 것을 알려주기 전까지 아타리 경영진은 워렌 로비넷의 장난을 모르고 있었다. 게다가 워렌 로비넷은 이미 퇴사한 상태였기 때문에 처벌도 할 수 없었다. 워렌 로비넷의 장난은 세계 최초의 이스터에그로 알려져 있다. 이스터에그란 문자 그대로 부활절 달걀로, 부활절에 어린아이들이 숨겨진 계란을 찾는 놀이에서 유래했다. 게임에 있어서 이스터에그는 개발자가 재미를 위해 게임 속에 몰래 숨겨 놓은 메시지나 기능으로 정상적인 기능과 차별화되어 게임 플레이에는 전혀 영향을 주지 않는다. 이스터에그는 그것을 찾는 행위 자체에 의미가 있으며, 개발자가 의도한 일정한 조작을 실행한 모든 게이머는 동일한 형태의 이스터에그를 확인할 수 있다. 낮은 난도의 이스터에그는 게임 출시 직후에 발견되기도 하지만, 시간이 많이 흐른 후 우연히 발견되는 이스터에그도 적지 않다. 오늘날 이스터에그로 큰 재미를 선사하고 있는 분야는 단연 영화일 것이다. 영화에서 이스터에그는 주로 대사나 배경의 소품 형태로 숨어 있으며 관객이 집중하지 않으면 알아채기 힘든 것이 대부분이다. 제작진은 해당 영화와 관련된 또 다른 작품이나 제작 스튜디오의 특징을 이스터에그로 심어 놓는데, 디즈니·픽사의 경우 추후 개봉되는 영화의 특징을 암시하는 이스터에그를 통해 관객의 기대를 고조시키는 것으로 잘 알려져 있다.

① 특정 영화에 숨겨진 이스터에그를 통해 또 다른 영화에 대한 정보를 알 수 있는 경우가 있다.

② 게임 속에 숨어있는 이스터에그를 찾는 방법과 그 난이도는 게임의 개발자가 결정할 수 있다.

③ 종교적 풍습에서 유래한 이스터에그는 게임이나 영화 속에 숨겨진 특별한 메세지나 요소를 의미한다.

④ 아타리 경영진은 워렌 로비넷이 회사를 그만둔 후에 어드벤처에 있는 이스터에그를 알아차렸다.

⑤ 게임에서 이스터에그를 찾으면 그렇지 못할 때보다 더 쉽고 빠르게 게임을 완료할 수 있다.

28 다음 주장에 대한 반박으로 가장 타당한 것을 고르시오.

> 마케팅의 기본은 이미 존재하고 있던 고객의 '니즈(Needs)'를 충족시키며, 더 나아가 고객 본인도 알지 못했던 '원츠(Wants)'를 인식하도록 유도하는 역할을 하는 것이다. 니즈는 필요성의 측면에서 접근하는 것으로 생존이나 욕구 충족을 위한 제품이나 서비스를 의미한다. 반면 원츠는 고객 개인의 선호나 욕망으로 시간이나 문화 등 여러 요소에 의해 변화한다. 이는 개인의 특성에 따라 홀로 형성되기도 하지만 집단적인 영향을 받아 공동체에 속하고자 하는 욕구에서 비롯되기도 한다. 현대 마케팅에서 중요한 점은 니즈와 원츠를 구분하여 수익을 극대화할 수 있는 원츠를 중심으로 마케팅 전략을 수립하는 것이다. 물론 니즈와 원츠는 서로 중복되거나, 소비자가 개인적으로 느끼는 방식에 따라 변화하는 경우가 빈번하다. 예를 들어, 어떤 사람에게 스마트폰은 기본적인 통신 수단으로서의 니즈를 충족시키기도 하지만, 또 다른 사람에게는 최신 모델이나 특정 브랜드라는 부분으로 원츠를 충족시키는 역할을 한다. 핵심은 기업이 소비자의 기본적인 필요를 이해하는 것에서 더 나아가 시장에서 유행하는 것을 파악하여 차별화된 가치를 제공해야 한다는 것이다. 그것이 시장에서 장기적으로 고객의 높은 충성도를 얻기 위한 전략이 될 것이다.

① 고객의 개인적인 선호와 욕망은 니즈의 요소를 배제함으로써 완성된다.

② 마케팅 전략의 충분조건은 고객의 기본적인 필요를 충족시키는 것이다.

③ 소비자가 자신의 니즈를 충족시키기 위해 새로운 트렌드를 따라가는 것은 일시적인 유행에 불과하다.

④ 실제 마케팅 시장에서 니즈와 원츠의 경계는 모호하므로 특정 개념에만 적용되는 전략을 수립하는 것은 현실적으로 어렵다.

⑤ 고객들 간의 상호작용을 통해 개개인의 소비 정체성이 형성되며 이는 시간과 문화에 의해 자주 변화하게 된다.

29 다음 글을 바탕으로 아래 〈보기〉를 이해한 내용으로 적절하지 <u>않은</u> 것을 고르시오.

미생물이 자라는 속도와 범위에 영향을 미치는 핵심 환경 요인은 온도와 습도이다. 온도가 너무 낮으면 미생물의 효소 활동이 저하되어 성장이 억제되며, 대사 활동이 멈출 수 있다. 또한 온도가 너무 높을 경우에도 미생물의 세포 단백질이 변성되어 기능하지 못하고 미생물이 죽을 수 있다. 다음으로, 미생물의 성장을 위해서는 일정량의 수분이 필요한데 이때 사용되는 개념은 수분활성도이다. 물의 이용 가능성을 나타내는 수분활성도는 0과 1 사이의 값을 가지며 삼투압과 반비례한다. 순수한 물의 수분활성도가 1일 때 미생물의 영양소 흡수와 대사가 원활하게 이루어지기 위해서는 0.6 이상의 수분활성도가 필요하며, 이보다 낮을 경우 대사 과정이 저해되고 성장이 억제된다. 미생물의 성장 환경에 대한 이해는 식품의 보존이나 위생 관리에서 중요한 요소로 작용한다.

─ 〈보기〉 ─

별도의 처치 없이 식품을 방치할 경우 수분, 온도, 산소, 미생물의 번식 등의 다양한 요인으로 인해 식품이 변질될 가능성이 높다. 이러한 식품의 성분 손실을 막기 위한 보관 방법 중 하나는 식품에 소금을 뿌리거나 식품을 소금물에 담가 부패하지 않게 하는 방법인 염장법이다. 염장법에서 소금으로 인해 염도가 높아진 식품 외부 환경은 식품 내부와의 염도의 차이를 만들어낸다. 상대적으로 염분이 적은 식품 내부의 수분은 삼투압에 의해 외부로 이동하면서 식품의 부피가 줄어들고, 내부의 수분활성도가 낮아지며 미생물의 성장을 억제하는 환경이 형성된다. 이와 같은 변화는 식품을 신선하게 유지하는 효과적인 방법이 된다.

① 염장법은 미생물의 성장 환경에 대한 이해를 통해 식품의 성분 손실을 막는 방식이다.
② 염장법에서 식품 내외부의 염도 차이와 미생물의 자라는 속도는 상관관계가 있다.
③ 염장법에서 식품의 변질 가능성을 낮추는 핵심 요인은 식품 외부의 온도 상승이다.
④ 염장법이 진행된 식품 내부의 삼투압은 식품 외부의 삼투압보다 높다.
⑤ 염장법이 진행된 후의 식품 내부의 수분활성도는 진행 전의 수분활성도보다 낮다.

30 다음 글을 바탕으로 아래 〈보기〉를 이해한 내용으로 적절한 것을 고르시오.

> 흔히 인간을 사회적인 동물이라고 한다. 그렇기 때문에 타인과 새로운 관계를 맺고 싶어 하고, 자신이 선망하는 집단에 소속되기를 간절히 바라기도 한다. 그러한 의미에서 소셜미디어는 인간의 욕구를 충족시켜주는 매우 훌륭한 수단이라고 할 수 있다. 사람들은 소셜미디어를 통해 공통의 관심사, 비슷한 정체성을 가진 사람들과 사회적 연대를 형성하며, 인간관계의 폭을 넓히기도 한다.

〈보기〉

> 포모 증후군에서 '포모(FOMO)'는 'Fear Of Missing Out'의 약자로, 자신만 유행에서 뒤처지는 것 같다고 느끼거나 세상으로부터 고립되었다고 느끼는 공포감을 의미한다. 이는 소셜미디어에 대한 과도한 집착과 의존에서 비롯된 일종의 병리 현상으로 볼 수 있다. 소셜미디어는 연결성을 강화할 수 있는 수단이라는 점에서 사람들로 하여금 소셜미디어를 계속해서 사용하게 만들고, 이로 인해 발생하는 집착과 의존은 사람들의 사회적 고립, 소외에 대한 두려움을 더욱 높이는 기제로 작용한다.

① 소셜미디어를 활용하여 사회적인 고립이나 소외에 대한 두려움을 극복할 수 있다.
② 만약 다른 사람과 새로운 관계를 맺고 싶다면 소셜미디어를 적극적으로 활용하면 된다.
③ 소셜미디어에 대한 과도한 집착은 바람직하지 않으므로 적절한 수준으로 활용할 필요가 있다.
④ 사회적 연결성을 강화하기 위해 적극적으로 소셜미디어를 활용하는 것이 필요하다.
⑤ 지나치게 다른 사람과 자신을 비교하는 태도는 정신건강에 좋지 않다.

🕐 여기까지 30분 내에 풀어야 합니다.

약점 보완 해설집 p.10

무료 바로 채점 및 성적 분석 서비스 바로 가기
QR코드를 이용해 모바일로 간편하게 채점하고 나의 실력이
어느 정도인지, 취약 부분이 어디인지 바로 파악해 보세요!

GLOBAL SAMSUNG APTITUDE TEST

PART 2

실전모의고사 2회

Ⅰ 수리

Ⅱ 추리

 본 모의고사는 가장 최근에 시행된 온라인 GSAT 출제 경향에 맞춰 수리와 추리 두 영역으로 구성되어 있습니다. 교재에 수록된 문제풀이 용지와 해커스ONE 애플리케이션의 학습 타이머를 이용하여 실전처럼 모의고사를 풀어본 후, p.132에 있는 '바로 채점 및 성적 분석 서비스' QR코드를 스캔하여 응시 인원 대비 본인의 성적 위치를 확인해 보세요.
추가로 '온라인 GSAT 응시 서비스'를 통해 실전모의고사 2회를 온라인 GSAT와 동일한 환경에서 풀어봄으로써 실전 연습을 할 수 있습니다.

▶ 해설 p.20

⏱ 시간 단축 유형

01 혜민이는 동영상 플랫폼에 A 동영상과 B 동영상을 동시에 업로드하여 1개월 차에 A 동영상과 B 동영상의 조회수 합은 총 8,500회였다. 2개월 차에 A 동영상의 조회수는 전월 대비 30% 증가하였고 B 동영상의 조회수는 전월 대비 10% 증가하여 A 동영상과 B 동영상의 조회수 합은 전월 대비 총 17% 증가하였을 때, 업로드 1개월 차에 B 동영상의 조회수는?

① 5,500회 ② 5,525회 ③ 5,555회 ④ 5,575회 ⑤ 5,600회

⏱ 시간 단축 유형

02 빨간색 카드 1장, 노란색 카드 1장, 초록색 카드 1장, 파란색 카드 2장을 일렬로 나열할 때, 빨간색 카드와 노란색 카드 사이에 1장의 카드도 없는 경우의 수는?

① 12가지 ② 24가지 ③ 30가지 ④ 36가지 ⑤ 48가지

03 다음은 2024년 분기별 A 채널 구독자 수를 나타낸 자료이다. 다음 중 자료에 대한 설명으로 옳은 것을 고르시오.

[분기별 A 채널 구독자 수]

(단위: 명)

구분		1분기	2분기	3분기	4분기
내국인	남자	15,500	17,800	19,700	17,400
	여자	14,350	14,050	16,230	12,950
외국인	남자	4,400	4,580	5,400	5,800
	여자	3,280	3,150	3,850	3,950
전체	남자	19,900	22,380	25,100	23,200
	여자	17,630	17,200	20,080	16,900

① 1분기 대비 4분기 내국인 여자 구독자 수는 10% 이상 감소하였다.

② 3분기 외국인 남자 구독자 수 대비 2분기 내국인 남자 구독자 수의 비율은 4.0 이상이다.

③ 3분기 A 채널 전체 구독자 수는 직전 분기 대비 5,600명 증가하였다.

④ 1~4분기 중 내국인 남자 구독자 수가 가장 많은 분기와 외국인 여자 구독자 수가 가장 많은 분기는 서로 같다.

⑤ 2분기 A 채널 전체 남자 구독자 수에서 외국인 남자 구독자 수가 차지하는 비중은 20% 미만이다.

04 다음은 2023년 지역별 중학교 학생 수 및 교원 수에 대한 자료이다. 교원 수가 두 번째로 많은 지역의 중학생 수는?

[지역별 중학교 학생 수 및 교원 수]

(단위: 명)

구분	A 지역	B 지역	C 지역	D 지역	E 지역	F 지역	G 지역
사무직원 1인당 학생 수	170	220	200	210	180	200	130
교원 수	7,105	5,506	5,522	3,537	3,548	2,740	1,345
사무직원 수	686	449	532	327	351	242	183

① 48,400명   ② 68,670명   ③ 98,780명   ④ 106,400명   ⑤ 116,620명

🕐 여기까지 6분 내에 풀어야 합니다.

05 다음은 H 국의 수소 산업 사업체 수 및 투자액을 나타낸 자료이다. 다음 중 자료에 대한 설명으로 옳지 않은 것을 고르시오.

[수소 산업 사업체 수 및 투자액]

구분		사업체 수 (개)	투자액 (억 원)		
			합계	연구개발비	시설투자비
합계		2,760	41,500	11,170	30,330
업종	수소 생산	340	13,600	600	13,000
	수소 유통	700	1,050	300	750
	수소 활용	1,300	19,500	3,500	16,000
	수소 관련 서비스	420	7,350	6,770	580
기업규모	대기업	250	27,500	2,150	25,350
	중견기업	390	1,680	1,150	530
	중소기업	1,920	4,100	1,430	2,670
	기타	200	8,220	6,440	1,780
수소 매출액	1억 원 미만	1,260	20,450	3,650	16,800
	1억 원 이상 10억 원 미만	810	4,950	1,750	3,200
	10억 원 이상 100억 원 미만	520	5,650	950	4,700
	100억 원 이상	170	10,450	4,820	5,630

① 전체 사업체 수에서 수소 매출액이 10억 원 미만인 사업체 수가 차지하는 비중은 70% 이상이다.

② 제시된 4개 업종 중 사업체 수가 가장 많은 업종은 총투자액도 가장 크다.

③ 연구개발비와 시설투자비의 차이는 중소기업이 중견기업의 2배이다.

④ 수소 매출액이 10억 원 이상 100억 원 미만인 사업체의 연구개발비 대비 시설투자비의 비율은 5.0 미만이다.

⑤ 사업체 1개당 수소 산업 총투자액은 수소 활용 업종이 수소 관련 서비스 업종보다 크다.

기출유형분석 | 1회 | 2회 | 3회 | 4회 | 5회 | 6회 | 해커스 GSAT 삼성직무적성검사 실전모의고사

06 다음은 Z 대대의 병영생활관 개선 사업 예산과 개선 실적에 대한 자료이다. 다음 중 자료에 대한 설명으로 옳지 <u>않은</u> 것을 고르시오.

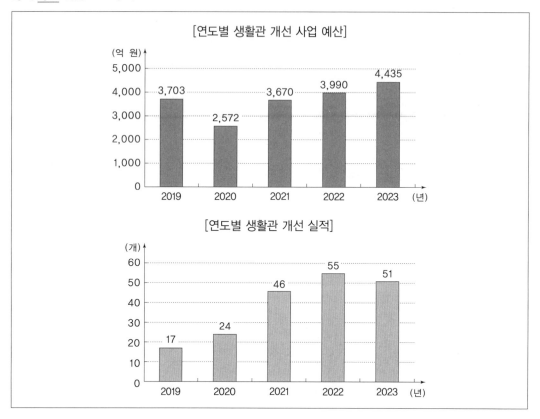

① 제시된 기간 동안 생활관 개선 사업 예산은 매년 2천억 원 이상이다.

② 2021년 이후 생활관 개선 사업 예산과 생활관 개선 실적의 전년 대비 증감 추이가 항상 비례관계인 것은 아니다.

③ 2020년 이후 생활관 개선 실적의 전년 대비 증가율이 가장 높은 해는 2020년이다.

④ 제시된 기간 동안 생활관 개선 사업 예산이 두 번째로 많은 해에 생활관 개선 실적이 가장 높다.

⑤ 2019년~2023년 연도별 생활관 개선 실적의 평균은 40개 미만이다.

07 다음은 A 지역 시민을 대상으로 조사한 성별 및 연령대별 행복지수에 대한 자료이다. 다음 중 자료에 대한 설명으로 옳지 <u>않은</u> 것을 고르시오.

[성별 및 연령대별 행복지수]

구분		건강상태	재정상태	인간관계	가정생활	사회생활
성	남자	7.21	6.12	6.78	6.89	6.60
	여자	7.30	6.12	6.80	6.90	6.62
연령대	10대	7.12	6.11	6.77	6.88	6.58
	20대	7.68	5.78	7.11	7.14	6.85
	30대	7.73	6.08	7.11	7.07	6.91
	40대	7.59	6.33	7.00	7.12	6.86
	50대	7.35	6.23	6.80	7.06	6.68
	60대 이상	7.13	6.28	6.75	6.91	6.62

※ 종합 행복지수는 건강상태, 재정상태, 인간관계, 가정생활, 사회생활 5개 항목 행복지수의 평균값임

① 남자와 여자의 행복지수 차이가 가장 큰 항목은 건강상태이다.

② 30대와 40대의 종합 행복지수는 같다.

③ 연령대별 건강상태의 행복지수가 높을수록 가정생활의 행복지수도 높다.

④ 제시된 연령대 중 10대의 행복지수는 모든 항목에서 4~6위를 차지하고 있다.

⑤ 인간관계의 행복지수 대비 사회생활의 행복지수 비율은 20대가 50대보다 작다.

08 다음은 S 국의 직업계 고등학교 계열별 졸업 인원 및 취업 인원에 대한 자료이다. 다음 중 2022년 졸업 인원의 전년 대비 증가율이 가장 큰 계열의 2023년 취업률과 2024년 취업률의 차이는?

[직업계 고등학교 계열별 졸업 인원 및 취업 인원]

(단위: 명)

구분		2021년	2022년	2023년	2024년
공업	졸업 인원	38,500	41,500	35,500	33,000
	취업 인원	12,200	13,200	11,500	9,900
상업	졸업 인원	25,000	29,600	26,000	31,500
	취업 인원	7,000	7,990	6,630	5,670
농림업	졸업 인원	4,700	5,100	4,800	4,600
	취업 인원	1,300	1,150	1,248	943
가사	졸업 인원	4,200	4,900	6,400	5,500
	취업 인원	1,280	1,130	2,080	1,540
수산	졸업 인원	570	630	520	520
	취업 인원	160	190	150	120
실업	졸업 인원	2,800	3,000	1,650	1,900
	취업 인원	220	920	1,240	1,350

※ 취업률(%) = (취업 인원 / 졸업 인원) × 100

① 3.5%p ② 4.0%p ③ 4.5%p ④ 5.5%p ⑤ 7.5%p

🕐 여기까지 12분 내에 풀어야 합니다.

09 다음은 Z 기업의 계열사 중 A, B 계열사의 매출액 및 매출액 비중을 나타낸 자료이다. 다음 중 자료에 대한 설명으로 옳은 것을 고르시오.

[계열사별 매출액]

(단위: 백만 원)

구분	2021년	2022년	2023년	2024년
A 계열사	1,680	2,120	2,088	2,400
B 계열사	3,780	3,180	2,900	3,264

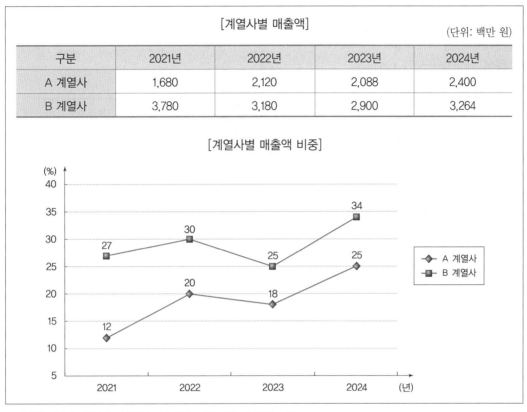

[계열사별 매출액 비중]

※ 계열사 매출액 비중(%) = (계열사 매출액 / Z 기업 전체 매출액) × 100

① 제시된 기간 중 A 계열사의 매출액 비중이 가장 작은 해와 B 계열사의 매출액이 가장 작은 해는 서로 같다.

② 2022년 A 계열사의 매출액은 전년 대비 30% 이상 증가하였다.

③ Z 기업의 전체 매출액은 2023년이 2022년보다 크다.

④ 제시된 기간 동안 연도별 A 계열사와 B 계열사의 매출액 합계가 Z 기업 전체 매출액에서 차지하는 비중은 매년 40% 이상이다.

⑤ 제시된 기간 중 A 계열사와 B 계열사의 매출액 비중 차이가 두 번째로 작은 해에 Z 기업의 전체 매출액은 9.6억 원이다.

[10-11] 다음은 A 지역 주민을 대상으로 해외여행 시 이용하는 행정서비스 이용 방법에 대해 성별 및 연령별 이용 실태를 조사한 자료이다. 각 물음에 답하시오.

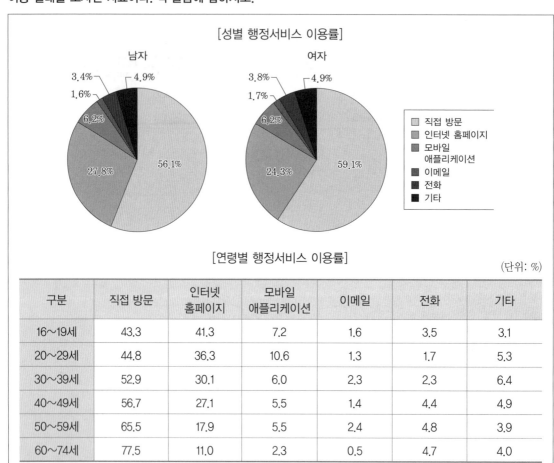

[성별 행정서비스 이용률]

[연령별 행정서비스 이용률]

(단위: %)

구분	직접 방문	인터넷 홈페이지	모바일 애플리케이션	이메일	전화	기타
16~19세	43.3	41.3	7.2	1.6	3.5	3.1
20~29세	44.8	36.3	10.6	1.3	1.7	5.3
30~39세	52.9	30.1	6.0	2.3	2.3	6.4
40~49세	56.7	27.1	5.5	1.4	4.4	4.9
50~59세	65.5	17.9	5.5	2.4	4.8	3.9
60~74세	77.5	11.0	2.3	0.5	4.7	4.0

10 다음 중 자료에 대한 설명으로 옳지 <u>않은</u> 것을 모두 고르시오.

> a. 여자가 남자보다 이용률이 높은 행정서비스 이용 방법은 직접 방문과 이메일뿐이다.
> b. 조사한 모든 연령에서 전화 이용률이 모바일 애플리케이션 이용률보다 낮다.
> c. 16~19세 이용자 수가 60~74세 이용자 수의 2배일 때, 직접 방문 이용자 수는 16~19세가 60~74세보다 더 많다.

① b 　② a, b 　③ a, c 　④ b, c 　⑤ a, b, c

11 행정서비스 이용자 수는 총 2,500명이고 그중 여자는 60% 비중을 차지한다. 기타 항목을 제외하고 남자와 여자의 행정서비스 이용률이 같은 항목에 대한 여자 이용자 수는?

① 90명 　② 93명 　③ 100명 　④ 102명 　⑤ 104명

[12-13] 다음은 H 기업의 DRAM을 탑재하는 스마트폰별 출하량 및 스마트폰 한 대당 DRAM 탑재량에 대한 자료이다. 각 물음에 답하시오.

[스마트폰별 출하량]

(단위: 만 대)

구분	2019년	2020년	2021년	2022년	2023년
A	7,600	7,200	6,800	8,300	8,500
B	5,800	5,400	4,800	5,200	5,600
C	2,800	2,700	1,500	1,600	1,900
D	1,400	1,100	800	1,000	900

[스마트폰별 스마트폰 한 대당 DRAM 탑재량]

(단위: GB)

구분	2019년	2020년	2021년	2022년	2023년
A	3.2	4.0	4.8	5.5	6.0
B	2.8	3.2	4.2	4.5	5.2
C	3.0	3.2	3.5	4.2	5.0
D	3.2	3.8	4.0	4.2	4.6

※ 1) H 기업의 DRAM을 탑재하는 스마트폰은 A~D 4가지뿐임
   2) DRAM 수요량 = 출하량 × 스마트폰 한 대당 DRAM 탑재량

12 다음 중 자료에 대한 설명으로 옳지 <u>않은</u> 것을 고르시오.

① 2023년 A 스마트폰의 DRAM 수요량은 전년 대비 5,000만 GB 이상 증가하였다.

② 제시된 기간 동안 B 스마트폰의 출하량이 다른 해에 비해 세 번째로 많았던 해에 H 기업의 DRAM을 탑재하는 스마트폰의 총 출하량은 16,400만 대이다.

③ 제시된 기간 동안 스마트폰 한 대당 DRAM 탑재량은 A~D 스마트폰 모두 매년 증가하였다.

④ 2020년 A 스마트폰 출하량 대비 2020년 C 스마트폰 출하량의 비율은 0.4 이상이다.

⑤ B 스마트폰의 스마트폰 한 대당 DRAM 탑재량의 전년 대비 증가율은 2020년이 2022년의 2배이다.

🕐 여기까지 18분 내에 풀어야 합니다.

13 다음 중 자료에 대한 설명으로 옳은 것을 고르시오.

① 2020년 이후 A~D 스마트폰 출하량의 전년 대비 증감 추이는 모두 동일하다.

② 2022년 B 스마트폰의 DRAM 수요량은 같은 해 D 스마트폰의 DRAM 수요량의 5.5배 이상이다.

③ 2021년 C 스마트폰 출하량의 2년 전 대비 감소량은 1,200만 대이다.

④ 2023년 A 스마트폰의 스마트폰 한 대당 DRAM 탑재량은 전년 대비 10% 이상 증가하였다.

⑤ 2019년 A~D 스마트폰의 총 출하량에서 A 스마트폰의 출하량이 차지하는 비중은 40% 미만이다.

[14-15] 다음은 A 기관의 연도별 직무 교육비 및 전체 연구원 수와 전공별 연구원 수를 나타낸 자료이다. 각 물음에 답하시오.

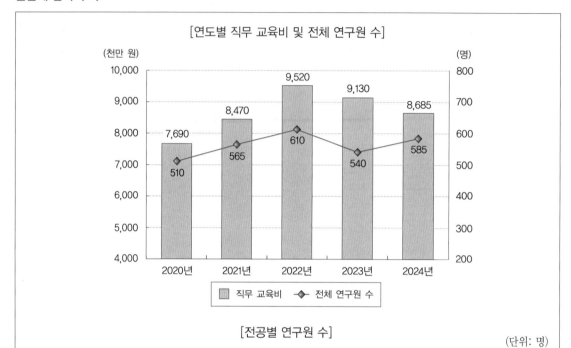

[연도별 직무 교육비 및 전체 연구원 수]

[전공별 연구원 수]

(단위: 명)

구분	2020년	2021년	2022년	2023년	2024년
공학	242	247	270	245	276
이학	85	88	112	81	85
의·약·보건학	67	72	71	63	71
사회과학	102	131	115	95	84
인문학	14	27	42	56	69

14 다음 중 자료에 대한 설명으로 옳은 것을 고르시오.

① 2021년 이후 전체 연구원 수와 직무 교육비의 전년 대비 증감 추이는 매년 서로 동일하다.

② 제시된 기간 동안 전체 연구원 수에서 이학 전공 연구원 수가 차지하는 비중은 매년 15% 이상이다.

③ 2024년 직무 교육비는 4년 전 대비 100억 원 이상 증가하였다.

④ 제시된 기간 동안 연도별 공학 전공 연구원 수의 평균은 266명이다.

⑤ 제시된 기간 중 의·약·보건학 전공 연구원 수가 다른 해에 비해 가장 많은 해에 직무 교육비의 전년 대비 증가율은 10% 이상이다.

15 다음 중 자료에 대한 설명으로 옳은 것을 <u>모두</u> 고르시오.

a. 제시된 기간 동안 연도별로 연구원 수가 많은 전공부터 순서대로 나열하면 그 순서는 매년 동일하다.

b. 2023년 전체 연구원 수에서 사회과학 전공 연구원 수가 차지하는 비중은 전년 대비 감소하였다.

c. 2021년 이후 인문학 전공 연구원 수의 전년 대비 증가 인원이 가장 많은 해에 전체 연구원 1명당 직무 교육비는 1.5억 원 이상이다.

① b   ② c   ③ a, b   ④ b, c   ⑤ a, b, c

[16-17] 다음은 2024년 P 지역의 창업 지원금 신청자 동향에 대한 자료이다. 각 물음에 답하시오.

[연령대별 창업 지원금 신청자 수]

(단위: 명)

구분	1분기	2분기	3분기	4분기
20대 이하	2,320	2,210	1,940	1,880
30대	2,900	2,530	2,080	2,350
40대	3,800	3,260	2,260	2,880
50대	5,040	3,850	3,460	3,890
60대 이상	8,680	6,150	6,260	6,500
합계	22,400	18,000	16,000	17,500

[업종별 창업 지원금 신청자 수 구성비]

16 다음 중 자료에 대한 설명으로 옳은 것을 고르시오.

① 1~4분기 중 50대 신청자 수와 60대 이상 신청자 수 차이가 두 번째로 큰 분기는 2분기이다.

② 4분기 물류산업의 창업 지원금 신청자 수는 직전 분기 대비 440명 증가하였다.

③ 1~4분기 분기별 30대 창업 지원금 신청자 수의 평균은 2,400명 미만이다.

④ 2분기 40대 창업 지원금 신청자 수의 직전 분기 대비 감소율은 15% 이상이다.

⑤ 제시된 기간 동안 분기별 창업 지원금 신청자 수는 매분기 60대 이상이 20대 이하의 3배 이상이다.

🕐 여기까지 24분 내에 풀어야 합니다.

17 다음 중 자료에 대한 설명으로 옳은 것을 모두 고르시오.

> a. 3분기 요식업의 창업 지원금 신청자 수는 직전 분기 대비 증가하였다.
>
> b. 1분기 전체 창업 지원금 신청자 수에서 50대 이상 창업 지원금 신청자 수가 차지하는 비중은 60% 미만이다.
>
> c. 4분기 기타 업종과 제조업의 창업 지원금 신청자 수 차이는 3,500명이다.

① a   ② c   ③ a, b   ④ a, c   ⑤ b, c

18 다음은 Q 사의 연도별 자동차 평균 판매가 및 최저 판매가를 나타낸 자료이다. 자료를 보고 A, B에 해당하는 값을 예측했을 때 가장 타당한 값을 고르시오.

[연도별 자동차 평균 판매가 및 최저 판매가]

(단위: 만 원)

구분	2020년	2021년	2022년	2023년
평균 판매가	2,800	3,760	3,280	3,400
최저 판매가	2,000	2,800	2,400	2,500

※ 평균 판매가 = 최저 판매가 × A + $\left(\dfrac{B}{50}\right)^2$ (단, B > 0)

	A	B
①	1.2	500
②	1.2	1,000
③	1.2	1,500
④	1.5	500
⑤	1.5	1,000

19 다음은 2024년 지역별 금속 광량에 대한 자료이다. 지역별 광산 1개당 광량을 바르게 나타낸 것을 고르시오.

[지역별 금속 광량]

구분	A 지역	B 지역	C 지역	D 지역	E 지역
광산(개)	31	17	22	24	28
광량(천 톤)	7,750	2,125	5,104	4,560	6,216

①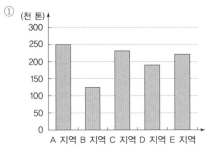

②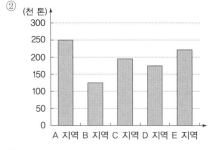

③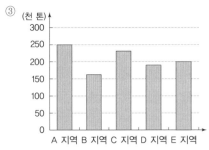

④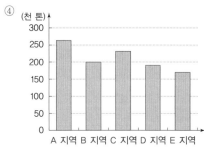

⑤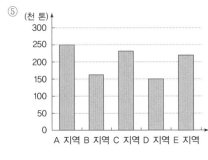

20 다음은 A 기업 노트북의 월별 공급 및 수요를 나타낸 자료이다. 공급과 수요는 일정한 규칙으로 변화할 때, 수요가 처음으로 공급보다 많아지는 달은?

[월별 공급 및 수요]

(단위: 만 개)

구분	2024년			2025년	
	10월	11월	12월	1월	2월
공급	150	250	350	450	550
수요	20	50	100	170	260

① 2025년 7월   ② 2025년 8월   ③ 2025년 9월   ④ 2025년 10월   ⑤ 2025년 11월

여기까지 30분 내에 풀어야 합니다.

약점 보완 해설집 p.20

[01 - 02] 다음 전제를 읽고 반드시 참인 결론을 고르시오.

🕐 시간 단축 유형

01

전제	면역력이 강하지 않은 모든 사람은 백신을 맞은 사람이 아니다.
	해열제를 복용한 모든 사람은 백신을 맞은 사람이다.
결론	

① 해열제를 복용한 모든 사람은 면역력이 강한 사람이다.

② 면역력이 강한 모든 사람은 해열제를 복용한 사람이다.

③ 해열제를 복용한 어떤 사람도 면역력이 강한 사람이 아니다.

④ 해열제를 복용하지 않은 모든 사람은 면역력이 강한 사람이다.

⑤ 면역력이 강하지 않은 어떤 사람은 해열제를 복용한 사람이다.

🕐 시간 단축 유형

02

전제	야구를 보는 사람 중에 치킨을 먹지 않는 사람이 있다.
	음료를 마시는 모든 사람은 치킨을 먹는다.
결론	

① 야구를 보는 모든 사람은 음료를 마시지 않는다.

② 음료를 마시는 어떤 사람은 야구를 본다.

③ 야구를 보는 어떤 사람은 음료를 마시지 않는다.

④ 야구를 보는 어떤 사람은 음료를 마신다.

⑤ 음료를 마시지 않는 모든 사람은 야구를 보지 않는다.

03 다음 결론이 반드시 참이 되게 하는 전제를 고르시오.

전제	SNS를 즐기는 모든 사람은 먹는 것을 좋아한다.
결론	먹는 것을 좋아하는 어떤 사람은 카메라를 가지고 있다.

① 카메라를 가지고 있는 어떤 사람은 SNS를 즐기지 않는다.

② 카메라를 가지고 있지 않은 모든 사람은 SNS를 즐긴다.

③ 카메라를 가지고 있는 모든 사람은 SNS를 즐긴다.

④ 카메라를 가지고 있는 모든 사람은 SNS를 즐기지 않는다.

⑤ 카메라를 가지고 있지 않은 어떤 사람은 SNS를 즐긴다.

04 A, B, C, D 4명은 각각 아메리카노, 콜드브루, 에스프레소, 라떼 중 한 가지의 음료를 주문하려고 한다. 다음 조건을 모두 고려했을 때, 항상 거짓인 것을 고르시오.

- A~D 4명은 서로 다른 종류의 음료를 주문한다.
- C가 콜드브루를 주문하면 B는 에스프레소를 주문하지 않는다.
- D는 라떼 또는 콜드브루를 주문한다.
- A 또는 B는 에스프레소를 주문한다.

① B가 에스프레소를 주문하면, A는 라떼를 주문한다.

② C가 콜드브루를 주문하면, B는 아메리카노를 주문한다.

③ A가 에스프레소를 주문하는 경우의 수와 B가 에스프레소를 주문하는 경우의 수는 같다.

④ C가 주문하는 음료로 가능한 경우는 3가지이다.

⑤ D가 콜드브루를 주문하면, 가능한 경우의 수는 4가지이다.

05 민아, 지우, 지희, 기우, 희라, 채희는 모두 다른 시각에 출근했다. 다음 조건을 모두 고려하였을 때, 항상 거짓인 것을 고르시오.

- 채희는 민아보다 먼저 출근했다.
- 지희는 두 번째로 출근하지 않았다.
- 희라는 민아보다 늦게 출근했다.
- 지우와 기우는 연속한 순서로 출근했다.
- 기우는 지희가 출근한 후 네 번째로 출근했다.

① 희라가 가장 늦게 출근했다.
② 민아는 지우보다 먼저 출근했다.
③ 세 번째로 출근한 사람은 민아이다.
④ 민아와 기우는 연속한 순서로 출근했다.
⑤ 기우와 희라는 연속한 순서로 출근했다.

🕐 여기까지 6분 내에 풀어야 합니다.

기출유형분석

1회

2회

3회

4회

5회

6회

해커스 GSAT 삼성직무적성검사 실전모의고사

06 백 차장, 김 과장, 박 과장, 이 대리, 홍 대리, 윤 사원, 문 사원 총 7명은 S 기업의 인사팀, 홍보팀, 재무팀 중 한 곳에 소속되어 있다. 다음 조건을 모두 고려하였을 때, 홍보팀에 소속될 수 있는 최대 인원수를 고르시오.

- 재무팀에는 2명이 소속되어 있다.
- 홍보팀에 소속된 직원 중 재무팀에 소속된 직원과 같은 직급의 직원은 없다.
- 윤 사원과 문 사원은 서로 같은 팀에 소속되어 있다.
- 김 과장과 박 과장은 서로 다른 팀에 소속되어 있다.
- 이 대리와 홍 대리는 서로 다른 팀에 소속되어 있다.
- 문 사원은 인사팀에 소속되어 있다.

① 0명   ② 1명   ③ 2명   ④ 3명   ⑤ 4명

07 A, B, C, D 4명이 2명씩 팀을 나눠 윷놀이를 총 5번 진행하여 3번을 먼저 승리한 팀이 최종 우승하였다. 다음 조건을 모두 고려하였을 때, 항상 거짓인 것을 고르시오.

> - 처음 나눈 팀으로 5번의 경기를 모두 진행하였으며, 네 번째 경기가 끝난 후 두 팀의 승리 횟수는 서로 동일했다.
> - A는 첫 번째 경기에서 패배하고, 세 번째 경기에서 승리하였다.
> - B는 두 번째, 세 번째 경기의 승부 결과가 서로 같다.
> - C는 네 번째 경기에서 승리하였다.
> - D는 첫 번째, 다섯 번째 경기의 승부 결과가 서로 같다.

① A가 두 번째 경기에서 승리하였다면, 가능한 경우의 수는 2가지이다.

② B는 네 번째 경기에서 패배하였다.

③ A와 C의 두 번째 경기의 승부 결과는 서로 같다.

④ D는 세 번째 경기에서 패배하였다.

⑤ B가 최종 우승하였다면, B는 C와 같은 팀이다.

08 각각 초콜릿, 아몬드, 버터, 고구마, 딸기잼이 사용된 5개의 빵을 오븐에 구우려 한다. 다음 조건을 모두 고려하였을 때, 항상 거짓인 것을 고르시오.

> - 고구마와 버터가 사용된 빵을 오븐에 굽는 순서는 서로 인접하지 않는다.
> - 딸기잼이 사용된 빵을 구운 후에 아몬드가 사용된 빵을 바로 굽는다.
> - 버터가 사용된 빵을 두 번째 또는 네 번째 순서로 오븐에 굽는다.
> - 아몬드가 사용된 빵을 구운 후, 다른 종류의 빵을 이어서 구웠다.
> - 가장 먼저 오븐에 구운 것은 딸기잼이 사용된 빵이 아니다.

① 고구마가 사용된 빵을 버터가 사용된 빵보다 먼저 오븐에 굽는다.

② 딸기잼이 사용된 빵을 굽는 순서와 버터가 사용된 빵을 굽는 순서는 서로 인접한다.

③ 초콜릿이 사용된 빵을 가장 먼저 굽는다.

④ 딸기잼이 사용된 빵을 굽기 직전에 고구마가 사용된 빵을 굽지 않는다.

⑤ 버터가 사용된 빵을 두 번째로 오븐에 굽는 경우는 없다.

09 A, B, C, D, E, F 6명은 여행을 가기 위해 모두 다른 시각에 기차역에 모였다. 다음 조건을 모두 고려하였을 때, 항상 참인 것을 고르시오.

- 약속 시각은 9시이며, 9시가 지나서 기차역에 도착한 사람은 2명이다.
- D는 8시 50분에 도착했으며, D가 기차역에 도착한 순서는 두 번째도, 세 번째도 아니었다.
- A와 F는 기차역에 연달아 도착했다.
- C는 D보다 10분 일찍 도착했다.
- E는 B와 F보다 늦게 도착하지 않았다.

① C와 D 사이에 도착한 사람은 1명이다.
② F는 가장 늦게 도착했다.
③ B가 세 번째로 도착했다면, C는 두 번째로 도착했다.
④ A가 다섯 번째로 도착했다면, 가능한 경우의 수는 4가지이다.
⑤ E가 두 번째로 도착했다면, 가능한 경우의 수는 2가지이다.

10 갑, 을, 병, 정, 무, 기, 경, 신 8명이 지하 주차장에 주차하려고 할 때, 1열에 주차하는 사람을 <u>모두</u> 고르시오.

- 8명은 모두 입구를 바라보고 주차한다.
- 갑은 2행 2열에 주차하고, 기는 1행 3열에 주차한다.
- 정과 무는 같은 열에 주차하고, 신의 바로 왼쪽에 주차하는 사람은 을이다.
- 병의 바로 앞에 주차하는 사람이 존재하고, 그 사람은 기가 아니다.

입구

	1열	2열	3열	4열
1행				
2행				

① 을, 병   ② 을, 경   ③ 병, 경   ④ 정, 무   ⑤ 경, 신

여기까지 12분 내에 풀어야 합니다.

11 A, B, C, D, E 5명은 은행에 재직증명서 또는 등기부등본을 제출하였다. 재직증명서를 제출한 사람은 진실을 말하고 등기부등본을 제출한 사람은 거짓을 말했을 때, 항상 <u>거짓</u>인 것을 고르시오.

- A: C와 D는 모두 등기부등본을 제출했어.
- B: 나는 A와 서로 다른 종류의 서류를 제출했어.
- C: B는 재직증명서를 제출했어.
- D: A와 E는 서로 같은 종류의 서류를 제출했어.
- E: 등기부등본을 제출한 사람은 2명이야.

---

① A는 등기부등본을 제출했다.

② B와 C는 서로 같은 종류의 서류를 제출했다.

③ E는 등기부등본을 제출했다.

④ D가 재직증명서를 제출했다면, 가능한 경우의 수는 2가지이다.

⑤ C와 E가 서로 같은 종류의 서류를 제출했다면, 가능한 경우의 수는 2가지이다.

12 재무팀 A 부장, B 과장, C 대리, D 대리, E 사원은 8인용 원탁에 둘러앉아 회의를 하였다. 다음 조건을 모두 고려하였을 때, D 대리와 마주 보고 앉은 사람을 고르시오.

- B 과장의 오른쪽 첫 번째 자리에는 아무도 앉지 않았다.
- C 대리의 오른쪽 첫 번째 자리에는 E 사원이 앉았다.
- A 부장과 B 과장은 이웃하여 앉았다.
- C 대리와 마주 보는 자리에는 아무도 앉지 않았다.
- A 부장의 왼쪽 두 번째 자리에는 아무도 앉지 않았다.

---

① A 부장   ② B 과장   ③ C 대리   ④ E 사원   ⑤ 없음

13 A, B, C, D, E 5명은 서로 다른 시간에 전시회를 관람하였다. 다음 조건을 모두 고려하였을 때, 항상 <u>거짓</u>인 것을 고르시오.

- 5명 중 동시에 전시회를 관람한 사람은 없다.
- D와 E 사이에 1명이 전시회를 관람했다.
- C는 A보다 먼저 전시회를 관람했다.
- A와 B 사이에 2명이 전시회를 관람했다.
- C와 D는 연달아 전시회를 관람하지 않았다.

① D가 마지막으로 전시회를 관람했다.

② A는 E보다 먼저 전시회를 관람했다.

③ C와 D 사이에 2명이 전시회를 관람했다.

④ A와 E는 연달아 전시회를 관람했다.

⑤ E는 세 번째로 전시회를 관람했다.

14 A, B, C, D 4명의 배우 중 2명은 춘향전, 2명은 흥부전 연극을 하고 있으며, 각 연극에서 1명은 남성, 1명은 여성 배역을 하고 있다. 남성 배역을 하고 있는 배우는 진실을 말하고 여성 배역을 하고 있는 배우는 거짓을 말할 때, 항상 참인 것을 고르시오.

- A: 나는 D와 함께 춘향전 연극을 하고 있어.
- B: C는 남성 배역을 하고 있고, D는 춘향전 연극을 하고 있어.
- C: A는 여성 배역을 하고 있고, B는 D와 같은 연극을 하고 있어.
- D: B는 흥부전 연극을 하고 있어.

① A가 여성 배역을 하고 있다면, C는 춘향전 연극을 하고 있다.

② B와 C가 같은 성별의 배역을 하고 있다면, 가능한 경우의 수는 2가지이다.

③ D는 춘향전 연극을 하고 있다.

④ B는 흥부전 연극에서 남성 배역을 하고 있다.

⑤ A가 춘향전 연극을 하고 있다면, 가능한 경우의 수는 1가지이다.

[15-17] 다음 도형에 적용된 규칙을 찾아 '?'에 해당하는 도형을 고르시오.

15

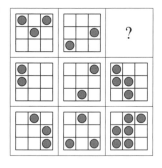

①   ②   ③

④   ⑤

16

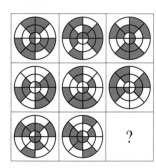

①   ②   ③

④   ⑤

🕐 여기까지 18분 내에 풀어야 합니다.

17

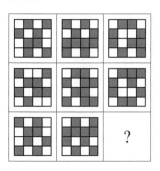

①   ②   ③

④   ⑤

[18-21] 다음 각 기호가 문자, 숫자의 배열을 바꾸는 규칙을 나타낸다고 할 때, 각 문제의 '?'에 해당하는 것을 고르시오.

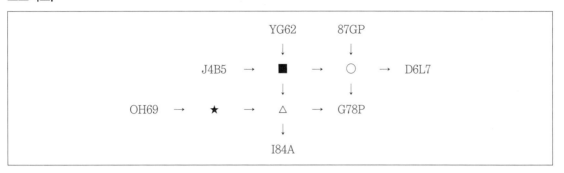

시간 단축 유형

18

AZQR → △ → ○ → ?

① RQZA   ② ZARQ   ③ RAZQ   ④ ZQRA   ⑤ RQAZ

시간 단축 유형

19

1364 → ★ → ○ → ■ → ?

① 4945   ② 7223   ③ 9445   ④ 9454   ⑤ 7322

시간 단축 유형

20

? → ■ → ★ → NC5T

① LB2S   ② KB3R   ③ LA3R   ④ KB2S   ⑤ KA2S

시간 단축 유형

21

? → ○ → △ → ★ → F4K1

① 2J5E   ② 5J2E   ③ 03LG   ④ 0L3G   ⑤ 5E2J

22 다음 문단을 논리적 순서대로 알맞게 배열한 것을 고르시오.

(A) 노르망디 상륙작전은 사상 최대 규모로 미군과 영국군을 주축으로 한 8개 연합국의 약 15만 명의 병력이 동원되었으며, 5개의 해안에서 동시에 진행될 계획이었다. 육해공군을 아우르는 종합적인 전략이 수립되었고 디데이는 달빛이 밝고 조류의 상태가 유리한 만월이 될 날로 설정되었다.

(B) 1943년, 유럽 대륙에서 독일의 점령을 끝내기 위한 대규모 군사 작전이 결정되었다. 이 작전은 노르망디 해안에 상륙하는 과정으로 진행되어 '노르망디 상륙작전'으로 알려져 있으며 작전 개시일을 의미하는 '디데이(D-Day)'라는 용어의 시초가 된 사건이기도 하다.

(C) 그러나 작전 개시를 며칠 앞두고 예상치 못한 악천후가 발생하면서 계획에 차질이 생겼다. 이에 따라 상륙 작전이 지연될 위험에 처했지만, 연합군은 날씨가 개선될 가능성을 고려하여 작전을 강행하기로 결정하였고 1944년 6월 6일 새벽, 공수부대의 노르망디 해안 강하를 시작으로 전투가 개시되었다.

(D) 초기부터 치열한 전투가 이어지며 약 4만 명의 희생자가 발생한 끝에 연합군은 독일의 방어선을 뚫는 데 성공하였으며 빠른 내륙 진격을 이어갔다. 노르망디 상륙작전은 2차 세계대전의 전세를 완전히 역전시키는 중요한 전환점이 되었으며 독일의 항복을 이끄는 결정적인 계기가 되었다.

---

① (A) – (B) – (C) – (D)

② (A) – (D) – (B) – (C)

③ (B) – (A) – (C) – (D)

④ (B) – (C) – (D) – (A)

⑤ (B) – (D) – (A) – (C)

23 다음 문단을 논리적 순서대로 알맞게 배열한 것을 고르시오.

(A) 반도체 제조에 없어서는 안 되는 물질 중 하나는 물이다. 이 중에서도 초미세 반도체 제조 공정에는 초순수(UPW, Ultra Pure Water)가 사용되는데, 초순수란 증류, 이온 교환, 역침투 등을 조합하여 만들어진 물을 말한다. 이렇게 만들어진 초순수 속에는 일반적인 물속에 존재하는 무기질이나 미립자, 박테리아, 미생물, 용존 가스 등이 존재하지 않는다.

(B) 반도체는 나노미터 단위의 초미세공정을 다루는 작업을 거치기 때문에 각 공정을 거친 이후에 남아 있는 작은 입자가 큰 오류를 가져올 수 있다. 따라서 정제된 물을 사용해 각 공정 시작 전후에 웨이퍼를 세척해 주면 청정도를 확보할 수 있을뿐더러 반도체의 생산성을 높일 수 있기 때문에 초순수는 반도체 공정에 효율적으로 활용되고 있다.

(C) 반도체 제조 공정은 흔히 8대 공정이라 칭해질 만큼 복잡한 공정 과정을 반복하는데, 초순수는 반도체 제조 과정 중 제조 전후에 진행되는 세정 작업에 주로 활용된다. 예를 들어 반도체 제조 과정 중에는 필요한 회로 패턴 이외의 부분을 제거하는 식각 공정이 진행되는데, 식각 공정 진행 이후에 웨이퍼를 잘라내고 남은 부스러기를 세척할 때 초순수가 사용된다. 이온주입 공정 진행 이후에 남은 이온을 세척할 때도 사용되고 있다.

(D) 이 외에도 웨이퍼의 표면을 고르게 하기 위해 웨이퍼를 갈고 닦거나 웨이퍼를 자를 때도 초순수가 활용된다. 이처럼 초순수는 반도체의 다양한 공정 과정에서 사용되는데, 반도체 공정에 초순수를 사용하면 어떤 효과를 얻을 수 있을까?

① (A) – (C) – (B) – (D)
② (A) – (C) – (D) – (B)
③ (A) – (D) – (C) – (B)
④ (B) – (A) – (D) – (C)
⑤ (B) – (D) – (C) – (A)

24 다음 내용을 바탕으로 추론할 수 있는 것을 고르시오.

지구 내부의 한 곳에서 급격한 움직임이 일어나 그곳에서 지진파가 시작되어 지표(地表)까지 전하여지는 것을 일컬어 지진이라고 한다. 지진은 땅이 흔들리는 현상이기 때문에 건축물에 하중으로 영향을 미칠 수밖에 없다. 이로 인해 지진으로 인해 피해를 입을 것으로 예상되는 건축물에는 내진 설계가 의무적으로 요구된다. 예컨대 우리나라에서 2층 이상이면서 면적이 200m² 이상인 건축물에 내진 설계를 의무화한 식이다. 내진 설계는 그 이름처럼 지진이 발생하더라도 건축물이 형태를 유지하면서 피해를 입지 않도록 하는 설계를 의미한다. 하지만 발생할 수 있는 모든 지진에 대비하는 설계는 아니다. 크게 세 가지 목표 달성을 위해 설계가 이루어지는데, 먼저 작은 규모의 지진에서는 구조부재와 비구조부재가 손상받지 않아야 하고, 중간 규모의 지진에서는 비구조부재의 손상은 허용하되 구조부재가 손상되지 않도록 해야 하고, 마지막으로 대규모 지진에서는 구조부재와 비구조부재의 손상은 허용되나 건축물의 붕괴에 따른 인명 피해가 발생하지 않아야 한다. 흔히 건축물의 내부 구조가 ㄴ자형 또는 T자형인 경우나 벽면에 다양한 보강 설비를 갖춘 건물을 쉽게 볼 수 있는데, 이는 모두 지진에 대한 저항력을 강화함으로써 내구성을 높임과 동시에 흔들림에 유연하게 대처하도록 만든 것이다.

① 내진 설계가 제대로 된 경우라도 작은 규모의 지진 발생 시 비구조부재의 손상은 허용된다.
② 지진 취약 지역에 세워질 건물을 설계할 경우 내부 구조는 ㅁ자형으로 설계될 필요가 있다.
③ 건물을 지을 때 벽면에 충격을 완화하는 자재를 설치하면 해당 건물의 내구성을 강화할 수 있다.
④ 대규모 지진으로 건축물이 붕괴되었지만 인명 피해가 적었다면 내진 설계의 목표를 달성했다고 본다.
⑤ 우리나라에서 면적이 200m²이면서 3층으로 구성된 건물에는 내진 설계 적용이 의무화되지는 않는다.

여기까지 24분 내에 풀어야 합니다.

25 다음 진술이 모두 참이라고 할 때 반드시 <u>거짓</u>일 수밖에 없는 것을 고르시오.

> 1950년 네덜란드 천문학자 얀 오르트는 태양계의 가장 바깥쪽에는 둥근 띠 모양으로 밀집된 얼음과 먼지의 집합이 존재한다고 주장한다. 즉, 태양계를 껍질처럼 둘러싼 가상적인 천체 집단이 존재한다는 것으로, 이는 장주기 혜성과 비주기 혜성의 기원으로도 발표된다. 얀 오르트의 이름을 따 '오르트 구름'이라고 불리는 이 집합은 보통 태양에서 1만AU 또는 태양의 중력이 여타 행성 혹은 은하계의 중력과 같아지는 10만AU 정도 안에 둥근 껍질과 같이 펼쳐져 있다고 한다. 오르트 구름은 실제로 관측된 것은 아니지만, 혜성의 궤도 장반경 및 궤도경사각의 통계에 의해 추측되는데, 가설이지만 정설로 여겨진다. 이론에 따르면 오르트 구름에서 먼지 및 얼음이 서로 부딪혀 속도가 상승하게 되면 태양계 밖으로 나가고, 속도가 감소하게 되면 태양계 내부로 들어와 혜성이 된다고 한다. 한편, 오르트 구름 외에도 혜성의 근원지로 여겨지는 지역이 있다. '카이퍼 벨트'가 바로 그것으로, 단주기 혜성의 기원으로 여겨지는 카이퍼 벨트는 해왕성 궤도 너머에서 태양을 공전하는 얼음 천체 지역을 의미한다. 태양으로부터 50AU가량 뻗어진 것으로 파악되는데, 소행성대와 유사하나 크기 자체는 훨씬 큰 도넛과 비슷한 원반 모양의 영역이다. 얼음과 먼지로 구성된 오르트 구름처럼 카이퍼 벨트도 100km를 넘는 수십만 개의 얼음 천체로 구성되어 있으며, 1조 개를 넘는 혜성이 존재한다고 한다. 오르트 구름과 카이퍼 벨트는 태양계의 형성 및 진화와 관련해 중요한 정보를 얻을 수 있는 귀중한 자료로 여겨지고 있으며, 이에 대한 연구를 통해 우주의 비밀을 더 밝혀낼 것으로 전망되고 있다.

① 얀 오르트는 오르트 구름에서 태양계 내부로 들어온 얼음과 먼지가 혜성이 된다고 주장하였다.

② 장주기 혜성의 기원은 오르트 구름, 단주기 혜성의 기원은 카이퍼 벨트이다.

③ 오르트 구름은 가상적인 천체 집단으로 제기된 이론이지만, 이후 가정된 영역에서 직접 관측된 바 있다.

④ 태양계에서 카이퍼 벨트는 해왕성보다 더 먼 궤도에 존재하는 것으로 여겨진다.

⑤ 도넛 모양으로 생긴 카이퍼 벨트는 소행성대보다 크기가 큰 원반 모양의 영역으로 알려져 있다.

26 다음 내용을 바탕으로 추론할 수 있는 것을 고르시오.

HMD(Head Mounted Display)는 단어 그대로 머리에 착용하는 형태의 디스플레이로, 눈앞에 재생되는 가상의 영상이 마치 현실처럼 느껴지도록 하는 기기이다. 사실 HMD라는 개념이 처음 등장한 시기는 60여 년 전으로, 개발 초기 단계에 있던 당시의 HMD는 무게가 무거워 천장 등에 고정시켜 사용해야 하는 불편함이 있었으며, 그 형태도 현실감이나 몰입도를 떨어뜨린다는 단점이 있었다. 이후 1990년대에는 LCD 기술의 발전이 가속화되었고, 2010년 레티나 디스플레이의 등장으로 디스플레이 패널 기술은 빠른 속도로 발달하게 되었다. 이를 통해 HMD 디스플레이 패널로 LCD와 LED를 채택하였으며, 광학 렌즈를 통해 육안으로 확인 가능한 영상의 크기를 적정하게 맞출 수 있는 방식을 선택함으로써 우리는 초기 HMD 모델보다 높은 해상도의 디스플레이를 더욱 가벼운 무게로 사용할 수 있게 되었다. LCD 기술이 진보하기 이전의 초기 HMD 제품은 낮은 해상도와 무게 때문에 대중의 선택을 받기 어려웠다는 점만 보더라도 HMD는 디스플레이 기술뿐 아니라 광학 렌즈 기술의 발전 역시 중요한 영향을 미치는 기기임을 알 수 있다. 그래서 초기 HMD는 일부 군수산업이나 시뮬레이션 등의 산업에서 주로 사용되었으며, 일반 소비자 시장에서는 수요가 제한적이었다. 그러나 현재의 HMD는 그 초기 개념에 대단한 기술적 발전과 혁신을 더해 정밀한 장치로 발전하였으며, 최근에는 게임산업, 우주개발, 의료기관 등 다양한 분야에서 활발하게 활용되고 있다.

① 현재 HMD의 해상도에 대해서 초기 HMD 모델의 해상도와 유사하다는 단점이 거론되고 있다.

② 광학 렌즈 기술의 진보는 HMD의 발전을 가속화시키는 데 중요한 역할을 하였다.

③ HMD의 개념이 처음으로 알려진 시기에는 HMD의 무게가 현재보다 가벼웠다.

④ LCD와 LED가 HMD 디스플레이 패널로 선택된 시기는 레티나 디스플레이의 등장 이전이다.

⑤ 초기의 HMD는 특수 산업에서보다 일반 소비자 시장에서 선택되는 경우가 더 많았다.

27 다음 진술이 모두 참이라고 할 때 반드시 <u>거짓</u>일 수밖에 없는 것을 고르시오.

> 분산 서비스 거부 공격은 다수의 IT 기기를 이용해 특정 서버나 네트워크에 과도한 트래픽을 보내 정상적인 서비스를 방해하는 사이버 공격 방식이며 흔히 DDoS(Distributed Denial of Service)라고 불린다. DDoS 공격의 목적은 웹 사이트 기능을 저해하거나 서비스가 응답하지 못하도록 오프라인 상태로 만들어 온라인 보안에 큰 타격을 주는 것이다. DDoS 공격의 유형은 크게 두 가지로 분류된다. 첫 번째는 과도한 불법 트래픽을 보내 시스템의 대역폭을 소모하게 하여 사이트를 다운시키는 트래픽 폭주 방식이며, 두 번째는 응답하지 않는 트래픽을 생성하여 서버가 과부하 되도록 하는 자원 고갈 방식이다. 이와 같은 DDoS 공격의 방식은 모두 분산된 시스템을 통해 이루어지므로 공격을 예측하거나 공격자의 신원을 추적하기는 어렵지만, 대비할 수 있는 몇 가지 방식이 존재한다. 먼저 침입 차단 시스템을 사용하여 모니터링하고 비정상적인 트래픽을 사전에 차단하는 방식이다. 또한 주요 정보를 여러 개의 데이터 센터에 분산 배치하고, 네트워크와 분리된 오프라인 백업을 통해 공격에 대비할 수 있다. DDoS 공격에 대한 방어를 위해서는 높은 비용과 많은 인력이 소요되지만, 대규모 공격이기에 큰 피해로 이어질 수 있는 만큼 지속적인 대비와 예방 조치가 필요하다.

① DDoS 공격의 비정상적 트래픽은 침입 차단 시스템에 감지된다.

② DDoS 공격은 트래픽을 통해 이루어지기도 한다.

③ DDoS 공격은 오프라인 백업이 이루어진 데이터에는 적용될 수 없다.

④ DDoS 공격이 자원 고갈 방식으로 이루어질 경우 대비가 불가능하다.

⑤ DDoS 공격에 대한 방어를 위해서는 인력과 비용을 사용하는 것이 불가피하다.

28 다음 주장에 대한 반박으로 가장 타당한 것을 고르시오.

긱 워커(Gig Worker)란 일회성으로 일하는 사람으로, 각종 서비스 업체에서 단기 계약에 따라 근로하고 있는 1인 근로자들을 의미한다. 최근 국내 기업의 긱 워커 모집 및 활용 사례를 알아보기 위해 301곳의 기업을 대상으로 설문조사가 진행되었다. 해당 조사에서는 '긱 워커를 모집해 본 경험이 있는가'라는 질문에 대해 31.6%가 '모집 경험이 있다'라고 답하였으며, 4.3%가 '모집 경험이 있으며 현재도 계속해서 모집 중이다'라고 답하였다. 또한, '긱 워커를 모집해 보면서 무엇이 가장 만족스러웠는가'라는 질문에 대한 답으로 '근무 연장 여부를 결정하는 것에 대한 부담이 적었다'가 49.4%로 가장 높았다. 이로 미루어 보아 긱 워커 고용을 통해 기업 기준에 미치지 못하며, 성실성이 부족하고 숙련도가 낮은 사람들을 가려낼 수 있어 프로젝트의 효율을 높일 수 있다는 것을 알 수 있다. 따라서 기업은 긱 워커를 통해 기업이 세운 기준 이상의 근로자들을 많이 고용할 수 있게 되고, 이로 인해 프로젝트 효율을 더욱 높일 수 있을 것이다.

① 고숙련된 긱 워커들과 기존의 근로자들을 비교하는 태도는 지양해야 한다.
② 짧은 근로 기간 동안에 근로자의 직무 태도를 온전히 평가할 수는 없다.
③ 빠르게 변화하는 시대에 발맞추어 새로운 근로자 유형을 만드는 일은 중요하다.
④ 국내 기업들은 자사의 발전을 위해서 긱 워커의 고용률을 높여야 한다.
⑤ 본인의 일에 대한 책임감과 성실성을 가진 긱 워커에게는 그에 상응한 임금을 주어야 한다.

29 다음 글을 바탕으로 아래 〈보기〉를 이해한 내용으로 적절한 것을 고르시오.

탄소 중립은 배출되는 온실가스의 양에 상응하는 조치를 취하여 온실가스의 실질 배출량을 '0'으로 만드는 것을 일컬으며, 온실가스 중에서도 중요한 역할을 하는 이산화탄소를 강조하기 위해 붙여진 명칭이다. 따라서 탄소 중립은 기업이나 개인이 대기 중으로 배출시킨 이산화탄소의 양을 상쇄할 수 있을 만큼의 이산화탄소 흡수량을 늘려 실질적인 배출량을 제로로 만드는 대책을 포함한다. 국내 탄소 중립 실행 방안으로는 이산화탄소 배출량만큼의 숲을 조성하기, 화석 연료를 대체할 수 있는 재생에너지 분야에 투자하기, 이산화탄소 배출량만큼의 탄소배출권 구매하기 등이 있다.

〈보기〉

최근 탄소배출권 거래제도에 대한 관심이 뜨겁다. 탄소배출권 거래제도는 온실가스를 배출할 수 있는 권리를 기업마다 할당한 이후에 할당받은 배출권보다 적은 온실가스를 배출한 기업은 많은 온실가스를 배출한 기업에 탄소배출권을 팔 수 있도록 하는 것이다. 이러한 제도로 인해 기업들은 온실가스 감축 여력에 따라 온실가스를 감축하거나 배출권을 매입하는 등 자율적으로 정하여 온실가스 배출 할당량을 준수할 수 있게 되었다.

① 온실가스의 배출을 줄이기 위해서 탄소배출권을 최대한 많이 구입하는 것이 좋다.
② 모든 탄소 중립 실행 방안을 실천해야 온실가스의 배출량을 0으로 만들 수 있다.
③ 온실가스를 적게 배출하는 기업은 많이 배출하는 기업보다 탄소배출권 거래를 더 많이 해야 한다.
④ 온실가스를 줄이기 어려운 기업은 탄소배출권 거래제도를 이용하여 탄소 중립을 실천할 수 있다.
⑤ 배출하는 온실가스양만큼 흡수할 수 있는 기업이 친환경적인 기업이라고 할 수 있다.

30 다음 글을 바탕으로 아래 〈보기〉를 이해한 내용으로 적절하지 <u>않은</u> 것을 고르시오.

CDP(Customer Data Platform)는 다양한 디지털 및 오프라인 경로에서 수집되는 고객 데이터를 한 곳에 통합하여 관리하는 소프트웨어이다. CDP의 주요 기능 중 하나는 데이터 통합 관리로, 여러 방식으로 유입된 고객 데이터를 표준화하고 중복 데이터를 삭제하여 통일된 양식으로 정리한다. 이를 통해 기업은 고객에 대한 이해도를 높일 수 있으며 보다 정확한 타겟팅이 가능해진다. 또한 CDP는 고객의 행동 변화를 실시간으로 반영할 수 있어 즉각적인 대응이 가능하다. 이렇게 통합된 데이터는 마케팅, 판매, 고객 서비스 등 다양한 부서에서 활용되며, 고객의 요구 사항을 반영한 맞춤형 프로젝트를 진행하는 데 사용될 수 있다. 더 나아가 CDP는 GDPR(General Data Protection Regulation)과 같은 개인 정보 보호 규정 준수를 통해 데이터 관리의 신뢰성과 안전성을 확보하여 현대 비즈니스 환경에서 필수적인 데이터 관리 방법으로 자리 잡고 있다.

〈보기〉

고객 데이터가 기업 내에서 특정 부서에서만 접근이 가능한 방식으로 운용된다면 서로 다른 부서 간에 데이터를 공유할 수 없어 협업이 어려워진다. 또한 다수의 부서가 함께 프로젝트를 진행할 경우 소통 및 의사 결정이 비효율적으로 이루어질 수 있으며, 중복된 데이터 저장으로 인한 공간 낭비와 관리 비용 증가가 발생할 수 있다. 각 부서가 서로 다른 방식으로 데이터를 관리하면 오류가 발생할 위험이 커지며 이는 결국 신뢰할 수 없는 분석 결과로 이어진다. 이처럼 기업 내에서의 데이터 격리로 인해 발생하는 문제점을 통틀어 '데이터 사일로 현상'이라고 하며, 조직의 경쟁력을 높이고 효율적인 업무를 진행하기 위해서는 고객 데이터를 통합 관리하는 시스템이 필수적이다.

① CDP는 흩어져 있는 정보를 일관성 있게 관리함으로써 기업 내 정보 접근 격차를 줄인다.
② CDP는 비즈니스 환경에서의 신속하고 정확한 의사결정이 가능하도록 한다.
③ CDP는 데이터 표준화를 통해 부서 간 데이터 공유 및 협업을 원활하게 한다.
④ CDP는 GDPR을 준수하여 고객의 신뢰도와 조직의 경쟁력을 높이는 통합 관리 시스템이다.
⑤ CDP는 중복되는 데이터를 유지하여 마케팅, 판매 등 다양한 프로젝트에 적용된다.

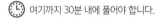 여기까지 30분 내에 풀어야 합니다.

약점 보완 해설집 p.25

 무료 바로 채점 및 성적 분석 서비스 바로 가기
QR코드를 이용해 모바일로 간편하게 채점하고 나의 실력이 어느 정도인지, 취약 부분이 어디인지 바로 파악해 보세요!

GLOBAL SAMSUNG APTITUDE TEST

GLOBAL SAMSUNG APTITUDE TEST
해커스 **GSAT 삼성직무적성검사** 실전모의고사

PART 2

실전모의고사 3회

Ⅰ 수리
Ⅱ 추리

 본 모의고사는 가장 최근에 시행된 온라인 GSAT 출제 경향에 맞춰 수리와 추리 두 영역으로 구성되어 있습니다. 교재에 수록된 문제풀이 용지와 해커스ONE 애플리케이션의 학습 타이머를 이용하여 실전처럼 모의고사를 풀어본 후, p.170에 있는 '바로 채점 및 성적 분석 서비스' QR코드를 스캔하여 응시 인원 대비 본인의 성적 위치를 확인해 보세요.
추가로 '온라인 GSAT 응시 서비스'를 통해 실전모의고사 3회를 온라인 GSAT와 동일한 환경에서 풀어봄으로써 실전 연습을 할 수 있습니다.

▶ 해설 p.36

01 지우, 지호, 상미가 함께 일하면 2시간, 지우와 상미가 함께 일하면 2시간 30분, 지우와 지호가 함께 일하면 2시간 20분이 소요되는 일이 있다. 지우, 지호, 상미가 1시간 동안 일한 후 지우와 상미가 40분 동안 일했으며 나머지를 다시 지우, 지호, 상미가 함께 일할 때, 다시 지우, 지호, 상미가 일하는 데 소요되는 시간은?

① 22분　　　　② 25분　　　　③ 28분　　　　④ 30분　　　　⑤ 32분

02 남자 A, B, C 3명과 여자 D, E, F 3명이 있다. 6명이 건강검진을 받기 위해 한 줄로 섰을 때, 여자끼리는 서로 인접하지 않을 확률은?

① $\frac{1}{30}$　　　　② $\frac{1}{15}$　　　　③ $\frac{2}{15}$　　　　④ $\frac{1}{5}$　　　　⑤ $\frac{1}{3}$

03 다음은 2024년 국내 기업별 자동차 산업 매출액과 자동차 생산 대수를 나타낸 자료이다. 다음 중 자료에 대한 설명으로 옳지 <u>않은</u> 것을 고르시오.

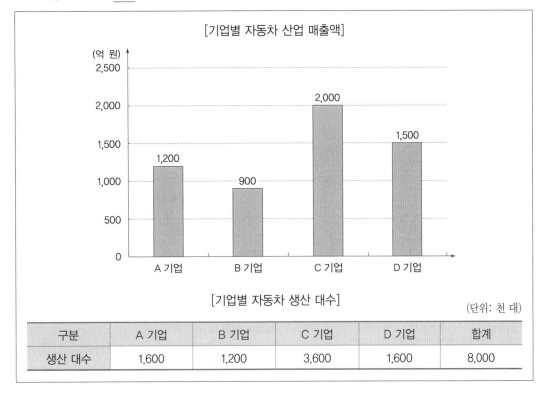

[기업별 자동차 생산 대수]

(단위: 천 대)

구분	A 기업	B 기업	C 기업	D 기업	합계
생산 대수	1,600	1,200	3,600	1,600	8,000

① B 기업의 자동차 생산 대수 1천 대당 자동차 산업 매출액은 0.5억 원 미만이다.

② A 기업의 자동차 생산 대수 대비 C 기업의 자동차 생산 대수의 비율은 2 이상이다.

③ 제시된 4개 기업의 전체 자동차 생산 대수에서 D 기업이 차지하는 비중은 20%이다.

④ A~C 기업 중 자동차 산업 매출액이 D 기업과 가장 많이 차이 나는 기업은 B 기업이다.

⑤ 제시된 4개 기업 중 자동차 생산 대수가 가장 많이 차이 나는 2개 기업의 자동차 산업 매출액 합은 3,000억 원 미만이다.

04 다음은 V 국의 2023년과 2024년 하반기 구직급여 지급자 수 및 지급액에 대한 자료이다. 2024년 하반기 구직급여 지급자 수의 전년 동월 대비 증가 인원이 가장 많은 달의 2024년 구직급여 지급자 1명당 평균 구직급여 지급액은?

[하반기 구직급여 지급자 수 및 지급액]

(단위: 천 명, 억 원)

구분		7월	8월	9월	10월	11월	12월
2023년	구직급여 지급자 수	500	473	444	428	412	419
	구직급여 지급액	7,589	7,256	6,689	6,803	5,932	6,038
2024년	구직급여 지급자 수	731	705	698	643	606	600
	구직급여 지급액	11,885	10,974	11,517	9,946	9,138	9,566

① 16.2만 원　　　② 16.5만 원　　　③ 162만 원　　　④ 165만 원　　　⑤ 170만 원

05 다음은 연도별 ○○시 19세 이상 59세 이하 인구의 흡연자 수를 나타낸 자료이다. 다음 중 자료에 대한 설명으로 옳은 것을 고르시오.

[연도별 ○○시 흡연자 수]

(단위: 백 명)

구분		2021년	2022년	2023년
전체	19~39세	8,800	9,600	10,400
	40~59세	9,500	10,400	11,500
여성	19~39세	3,600	4,000	4,500
	40~59세	3,500	4,500	5,000
남성	19~39세	5,200	5,600	5,900
	40~59세	6,000	5,900	6,500

① 2023년 19~39세 흡연자 수의 전년 대비 증가율은 남성이 여성보다 높다.

② 남성 흡연자 수는 제시된 두 연령대 모두 꾸준히 증가하였다.

③ 2023년 19~59세 전체 흡연자 수의 전년 대비 증가율은 9.5%이다.

④ 19~39세 여성 흡연자 수의 전년 대비 증가 인원은 2023년이 2022년보다 작다.

⑤ 2021년 19~59세 전체 흡연자 수에서 19~59세 남성 흡연자 수가 차지하는 비중은 60% 미만이다.

06 다음은 전 직원이 5,800명인 S 사에 재직 중인 직원의 연령대별 비율 및 근무 만족도 평가 비율에 대한 자료이다. S 사에 재직 중인 20대 직원 중 근무 만족도가 보통인 직원 수는?

[연령대별 직원 비율]

[연령대별 근무 만족도 평가 비율]

(단위: %)

구분	매우 만족	만족	보통	불만족	매우 불만족
20대	5	37	18	31	9
30대	13	21	21	34	11
40대	17	23	36	12	12
50대	23	24	22	21	10
60대 이상	8	13	41	19	19

① 230명 ② 261명 ③ 313명 ④ 345명 ⑤ 412명

기출유형분석

1회

2회

3회

4회

5회

6회

해커스 GSAT 삼성직무적성검사 실전모의고사

07 다음은 Z 국의 지역별 경제활동인구를 나타낸 자료이다. 다음 중 자료에 대한 설명으로 옳은 것을 고르시오.

[지역별 경제활동인구]

(단위: 천 명)

구분	2023년		2024년	
	상반기	하반기	상반기	하반기
A 지역	58	55	62	60
B 지역	120	128	130	118
C 지역	270	260	255	260
D 지역	275	280	285	250
E 지역	478	475	520	475
F 지역	550	566	580	572

① 2023년 하반기 경제활동인구가 직전 반기 대비 감소한 지역의 2023년 하반기 경제활동인구의 합은 780천 명이다.

② 2024년 상반기 경제활동인구의 전년 동반기 대비 증가율은 B 지역이 F 지역보다 크다.

③ 제시된 기간 동안 연도별 E 지역 경제활동인구는 매년 B 지역 경제활동인구의 4배 미만이다.

④ 2024년 하반기 C 지역 경제활동인구 대비 A 지역 경제활동인구의 비율은 0.25 이상이다.

⑤ 반기별로 경제활동인구가 많은 지역부터 순서대로 나열하면 그 순위는 2024년 상반기와 2024년 하반기가 서로 동일하다.

08 다음은 K 국의 전기 기술자 수 현황에 대한 자료이다. 다음 중 자료에 대한 설명으로 옳지 <u>않은</u> 것을 고르시오.

[등급별 전기 기술자 수]

(단위: 명)

구분	2017년	2018년	2019년	2020년
초급	1,400	1,700	1,650	1,800
중급	660	590	810	980
고급	240	350	325	420

[전기 기술자 수의 전년 대비 증감률]

※ 전기 기술자는 초급, 중급, 고급으로만 분류됨

① 2017~2020년 중 연도별 중급 전기 기술자 수와 고급 전기 기술자 수 차이가 가장 큰 해는 2020년이다.

② 2019년 고급 전기 기술자 수 대비 초급 전기 기술자 수의 비율은 5.0 이상이다.

③ 2017~2020년 연도별 중급 전기 기술자 수의 평균은 760명이다.

④ 2023년 전기 기술자 수는 2년 전 대비 500명 이상 증가하였다.

⑤ 2024년 전기 기술자 수는 2020년 전기 기술자 수의 2배 미만이다.

기출유형공략

1회

2회

3회

4회

5회

6회

해커스 GSAT 삼성직무적성검사 실전모의고사

09 다음은 H 국의 연도별 감전 사고 현황에 대한 자료이다. 2021년 이후 감전 사고 사상자 수의 전년 대비 증가율이 가장 큰 해에 누전으로 인한 감전 사고 사상자 수는?

[감전 사고 사망자 수 및 부상자 수]

(단위: 명)

구분	2020년	2021년	2022년	2023년	2024년
사망자 수	57	63	87	68	75
부상자 수	278	337	393	467	575

[감전 유형별 감전 사고 사상자 수 비율]

(단위: %)

구분	2021년	2022년	2023년	2024년
충전부 직접 접촉	43	45	51	56
아크	23	25	19	16
누전	17	15	12	12
정전유도	5	5	5	10
기타	12	10	13	6

※ 사상자 수＝사망자 수＋부상자 수

① 64명   ② 68명   ③ 72명   ④ 78명   ⑤ 82명

[10-11] 다음은 세면용품을 만드는 A 사의 주요 품목별 판매량 및 판매량의 전년 대비 증가율을 나타낸 자료이다. 각 물음에 답하시오.

[주요 물품별 판매량]

(단위: 개)

구분	2020년	2021년	2022년	2023년
치약	27,600	31,800	34,600	38,800
세안제	12,300	13,000	14,000	15,400
비누	33,700	32,000	35,400	37,600
총판매량	73,600	76,800	84,000	91,800

[주요 물품별 판매량의 전년 대비 증가율]

10 다음 중 자료에 대한 설명으로 옳은 것을 고르시오.

① 2021년 비누의 판매량은 2020년 세안제의 판매량의 2.5배 미만이다.

② 2020~2023년 연도별 세안제 판매량의 전년 대비 증가율의 평균은 6% 이상이다.

③ 제시된 기간 동안 비누의 판매량은 꾸준히 증가하였다.

④ 치약 판매량의 전년 대비 증가량은 2023년이 2021년보다 크다.

⑤ 세안제 판매량의 전년 대비 증가량은 2022년이 2023년보다 크다.

11 다음 중 자료에 대한 설명으로 옳지 <u>않은</u> 것을 고르시오.

① 제시된 기간 중 비누의 판매량이 전년 대비 감소한 해에 치약과 세안제의 판매량은 전년 대비 증가하였다.

② 2021년 총판매량에서 치약의 판매량이 차지하는 비중은 전년 대비 증가하였다.

③ 2021년 이후 비누 판매량의 전년 대비 증가율의 전년 대비 변화량이 가장 큰 해는 2022년이다.

④ 2023년 세안제 판매량의 전년 대비 증가율은 2022년 대비 2%p 이상 증가하였다.

⑤ 제시된 품목 중 2022년 판매량의 전년 대비 증가량이 가장 큰 품목은 치약이다.

[12-13] 다음은 E 국가의 한약재 수입 현황에 대한 자료이다. 각 물음에 답하시오.

[연도별 한약재 수입 현황]

구분	2018년	2019년	2020년	2021년	2022년
품목(개)	410	310	320	350	400
물량(톤)	16,500	15,500	15,000	16,300	16,200

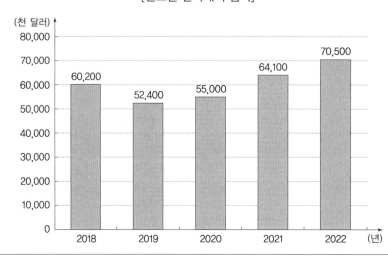

[연도별 한약재 수입액]

12 다음 중 자료에 대한 설명으로 옳지 <u>않은</u> 것을 고르시오.

① 제시된 기간 동안 연도별 한약재 수입액의 평균은 60,000천 달러 이상이다.

② 한약재 수입 품목 1개당 수입 물량은 2020년이 2021년보다 많다.

③ 제시된 기간 동안 한약재 수입 품목이 가장 적은 해에 한약재 수입액은 전년 대비 10% 이상 감소하였다.

④ 2018년 한약재 수입액은 2021년 한약재 수입액의 95% 이상이다.

⑤ 2019년 한약재 수입액 대비 2022년 한약재 수입액의 비율은 1.5 미만이다.

기출유형공략

1회

2회

3회

4회

5회

6회

13 다음 중 자료에 대한 설명으로 옳은 것을 <u>모두</u> 고르시오.

> a. 한약재 수입 물량 1톤당 수입액은 2019년이 2022년보다 적다.
>
> b. 한약재 수입 물량의 전년 대비 감소량은 2019년이 2022년의 10배이다.
>
> c. 2018~2022년 한약재 수입액의 합에서 2022년 한약재 수입액이 차지하는 비중은 20% 이상이다.
>
> d. 2020년 한약재 수입액의 전년 대비 증가율은 같은 해 한약재 수입 품목의 전년 대비 증가율의 2배 이상이다.

① a, c   ② b, d   ③ a, b, c   ④ a, b, d   ⑤ b, c, d

해커스 GSAT 삼성직무적성검사 실전모의고사

[14 - 15] 다음은 A 국가의 연도별 심판 청구 및 처리 건수와 평균 심판 처리 기간에 대한 자료이다. 각 물음에 답하시오.

[연도별 심판 청구 및 처리 건수]

(단위: 건)

구분		2019년	2020년	2021년	2022년	2023년
심판 청구	특허	7,300	9,100	6,700	5,700	4,800
	실용신안	250	260	300	200	250
	디자인	550	440	500	400	450
	상표	5,100	5,300	5,500	5,300	5,700
	합계	13,200	15,100	13,000	11,600	11,200
심판 처리	특허	7,800	7,300	6,000	5,200	5,700
	실용신안	250	200	180	260	250
	디자인	550	400	420	540	550
	상표	4,700	4,800	4,700	5,200	5,600
	합계	13,300	12,700	11,300	11,200	12,100

[연도별 평균 심판 처리 기간]

14 다음 중 자료에 대한 설명으로 옳지 <u>않은</u> 것을 모두 고르시오.

> a. 2022년 전체 심판 처리 건수에서 특허 심판 처리 건수가 차지하는 비중은 45% 미만이다.
>
> b. 제시된 기간 중 상표의 심판 청구 건수와 심판 처리 건수가 다른 해에 비해 가장 많은 해는 동일하다.
>
> c. 2019년부터 2023년까지 특허·실용신안의 연도별 평균 심판 처리 기간의 합과 디자인·상표의 연도별 평균 심판 처리 기간의 합의 차이는 12.4개월이다.
>
> d. 2020년 이후 실용신안의 심판 청구 건수와 심판 처리 건수의 전년 대비 증감 추이는 정반대이다.

① a, c   ② a, d   ③ b, c   ④ a, b, d   ⑤ a, c, d

15 다음 중 자료에 대한 설명으로 옳은 것을 고르시오.

① 실용신안 심판 청구 건수의 전년 대비 증가율은 2021년이 2023년보다 높다.

② 제시된 기간 동안 디자인 심판 처리 건수의 평균은 500건 이상이다.

③ 제시된 기간 중 특허·실용신안과 디자인·상표의 평균 심판 처리 기간의 차이가 가장 작은 해는 2021년이다.

④ 2020년 이후 전체 심판 청구 건수의 전년 대비 변화량이 가장 작은 해에 전체 심판 처리 건수의 전년 대비 변화량도 가장 작다.

⑤ 제시된 기간 중 전체 심판 청구 건수가 두 번째로 적은 해에 특허·실용신안의 평균 심판 처리 기간의 전년 대비 증가율은 19%이다.

[16-17] 다음은 연도별 A 국 인구 천 명당 의료인 수와 국가별 2024년 인구 천 명당 의사 수를 나타낸 자료이다. 각 물음에 답하시오.

[연도별 A 국 인구 천 명당 의료인 수]

(단위: 명)

구분	2018년	2019년	2020년	2021년	2022년	2023년	2024년
의사	1.8	1.9	2.0	2.0	2.1	2.1	2.1
한의사	0.5	0.4	0.4	0.4	0.4	0.4	0.4
치과의사	0.3	0.5	0.5	0.5	0.5	0.5	0.5
조산사	0.2	0.2	0.2	0.2	0.2	0.2	0.2
간호사	4.6	4.9	5.1	5.3	5.5	5.7	5.9
합계	7.4	7.9	8.2	8.4	8.7	8.9	9.1

[국가별 2024년 인구 천 명당 의사 수]

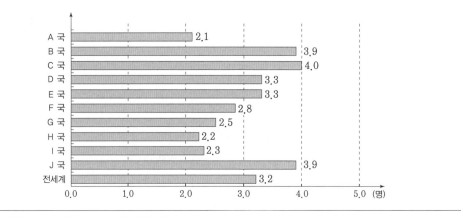

※ 인구 천 명당 의료인 수 = 의료인 수 × 1,000 / 전체 인구수

16 다음 중 자료에 대한 설명으로 옳지 <u>않은</u> 것을 고르시오.

① 2021년 A 국 인구 천 명당 의료인 수에서 간호사가 차지하는 비중은 60% 이상이다.

② 2019년 이후 연도별로 A 국 인구 천 명당 의료인 수가 많은 의료인부터 순서대로 나열하면 그 순위는 매년 동일하다.

③ 2024년 A~J 국 국가별 인구 천 명당 의사 수의 평균은 같은 해 전세계 인구 천 명당 의사 수보다 많다.

④ 제시된 기간 동안 A 국 인구 천 명당 조산사 수는 매년 동일하다.

⑤ 2024년 A~J 국 중 인구 천 명당 의사 수가 가장 많은 국가와 가장 적은 국가의 인구 천 명당 의사 수의 차이는 1.9명이다.

기출유형공략 | 1회 | 2회 | 3회 | 4회 | 5회 | 6회

17 2025년 A 국 전체 인구수는 2024년보다 400만 명 더 많아지고, 의사 수는 13,900명 더 많아진다면, 2025년 A 국 인구 천 명당 의사 수는 몇 명인가? (단, 2024년 A 국 전체 인구수는 5,100만 명이다.)

① 2.0명 ② 2.2명 ③ 2.4명 ④ 2.6명 ⑤ 2.8명

해커스 GSAT 삼성직무적성검사 실전모의고사

18 다음은 물품별 원가 및 총 수익을 나타낸 자료이다. 자료를 보고 a, b에 해당하는 값을 예측했을 때 가장 타당한 값을 고르시오.

[물품별 원가 및 총 수익]

(단위: 달러)

구분	A 물품	B 물품	C 물품	D 물품
원가	1,640	1,420	1,340	1,280
총 수익	11,400	10,300	9,900	9,600

※ 총 수익 = (원가 + a) × $\dfrac{a+b}{b}$

	a	b
①	320	80
②	320	160
③	640	64
④	640	80
⑤	640	160

19 다음은 K 기업의 연도별 공장 생산능력 및 생산실적에 대한 자료이다. K 기업의 공장 가동률을 바르게 나타낸 것을 고르시오.

[연도별 공장 생산능력 및 생산실적]

(단위: 만 톤)

구분	2019년	2020년	2021년	2022년	2023년
생산능력	1,050	1,040	1,030	1,010	1,050
생산실적	861	884	927	909	882

※ 가동률(%) = (생산실적 / 생산능력) × 100

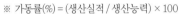

①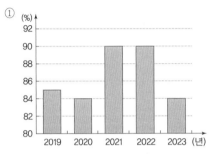

②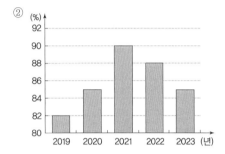

③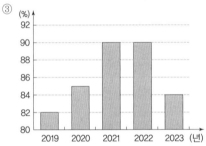

④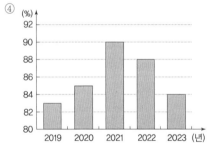

⑤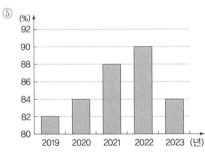

20 다음은 Z 국의 연도별 유소년 및 고령 인구를 나타낸 자료이다. 유소년 인구와 고령 인구가 일정한 규칙으로 변화할 때, 유소년 인구와 고령 인구의 합이 처음으로 유소년 인구의 3배 이상이 되는 해는?

[연도별 유소년 및 고령 인구]

(단위: 만 명)

구분	2019년	2020년	2021년	2022년	2023년
유소년 인구	645	630	615	600	585
고령 인구	780	820	860	900	940

※ 유소년은 0~14세, 고령은 65세 이상을 의미함

① 2026년   ② 2027년   ③ 2028년   ④ 2029년   ⑤ 2030년

약점 보완 해설집 p.36

[01 - 02] 다음 전제를 읽고 반드시 참인 결론을 고르시오.

01

전제	예능을 좋아하는 모든 사람은 탁구를 좋아한다.
	예능을 좋아하는 모든 사람은 인맥이 넓다.
결론	

① 인맥이 넓은 어떤 사람은 탁구를 좋아한다.

② 인맥이 넓은 모든 사람은 탁구를 좋아한다.

③ 탁구를 좋아하는 모든 사람은 인맥이 넓다.

④ 인맥이 넓은 어떤 사람은 탁구를 좋아하지 않는다.

⑤ 인맥이 넓은 모든 사람은 탁구를 좋아하지 않는다.

02

전제	실전 경험이 풍부한 모든 사람은 실수를 많이 하지 않는다.
	사전 준비를 철저히 하는 어떤 사람은 실전 경험이 풍부하다.
결론	

① 사전 준비를 철저히 하는 모든 사람은 실수를 많이 하지 않는다.

② 실수를 많이 하면서 사전 준비를 철저히 하는 사람이 있다.

③ 실수를 많이 하지 않는 모든 사람은 사전 준비를 철저히 한다.

④ 사전 준비를 철저히 하면서 실수를 많이 하지 않는 사람이 있다.

⑤ 실수를 많이 하지 않는 어떤 사람은 사전 준비를 철저히 하지 않는다.

03 다음 결론이 반드시 참이 되게 하는 전제를 고르시오.

전제	경제에 관심이 없는 모든 사람은 투자를 하지 않는다.
결론	투자를 하는 어떤 사람은 위험을 감수한다.

① 경제에 관심이 있는 어떤 사람은 위험을 감수한다.

② 경제에 관심이 없는 어떤 사람은 위험을 감수한다.

③ 위험을 감수하는 모든 사람은 경제에 관심이 있다.

④ 경제에 관심이 있는 모든 사람은 위험을 감수한다.

⑤ 위험을 감수하지 않는 어떤 사람은 경제에 관심이 있다.

04 A, B, C, D는 각자 수영, 헬스, 요가, 필라테스 중 두 종류의 운동을 한다. 다음 조건을 모두 고려하였을 때, 항상 참인 것을 고르시오.

- 아무도 하지 않는 운동은 없다.
- C는 수영을 하고, A와 D는 수영을 하지 않는다.
- C와 D가 하는 두 종류의 운동 중 한 종류가 같다.
- B는 헬스와 필라테스 중 한 종류의 운동만 한다.
- 요가와 필라테스를 모두 하는 사람은 없다.

① C는 수영과 필라테스를 한다.

② 수영을 하는 사람은 2명이다.

③ A와 D가 할 수 있는 운동 조합은 서로 같다.

④ B가 필라테스를 할 때, 가능한 B의 운동 조합은 2가지이다.

⑤ A와 B가 둘 다 헬스와 요가를 할 때, 4명의 운동 조합으로 가능한 경우의 수는 4가지이다.

05 갑, 을, 병, 정, 무, 기 6명은 오전 8시 30분부터 10분 간격으로 등교했다. 다음 조건을 모두 고려하였을 때, 9시 정각에 등교한 사람으로 가능한 것을 <u>모두</u> 고르시오.

- 6명의 등교 시간은 모두 다르다.
- 정은 무보다 늦게 등교했다.
- 을은 병보다 먼저 등교했다.
- 갑은 을보다 먼저 등교했으며, 갑과 을사이에 등교한 사람은 2명이다.
- 무는 첫 번째 또는 세 번째로 등교했다.

① 을   ② 정   ③ 을, 정   ④ 정, 기   ⑤ 을, 정, 기

06 가희, 나연, 다형, 라진, 마리 5명은 1일부터 10일까지 이틀씩 출장을 가려고 한다. 다음 조건을 모두 고려하였을 때, 항상 <u>거짓</u>인 것을 고르시오.

- 1일부터 10일까지 하루에 1명만 출장을 가며, 이틀 연속 출장을 가는 사람은 없다.
- 다형이는 1일, 나연이는 2일, 라진이는 7일에 출장을 간다.
- 가희가 출장을 가는 날짜는 모두 짝수일이고, 다형이가 두 번째로 출장을 가는 날짜보다 모두 늦다.
- 마리가 출장을 가는 두 날짜의 차이는 3일이다.
- 가장 마지막 날 출장을 가는 사람은 라진이다.

① 가희는 4일에 출장을 간다.

② 다형이는 3일에 출장을 간다.

③ 나연이는 5일에 출장을 간다.

④ 마리가 6일에 출장을 가면, 나연이가 출장을 가는 두 날짜의 차이는 7일이다.

⑤ 나연이와 라진이가 연이어 출장을 가면, 5일에 출장을 가는 사람은 마리이다.

07 A, B, C, D, E, F, G 7개의 LED 전구가 3행 3열로 구분된 격자 모양 등에 들어있다. 다음 조건을 모두 고려하였을 때, 항상 <u>거짓</u>인 것을 고르시오.

- 격자 모양 등의 각 칸에는 한 개의 LED 전구만 들어갈 수 있다.
- 3열에 들어있는 LED 전구 중 2개의 LED 전구가 켜져 있다.
- 1열에 들어있는 3개의 LED 전구는 모두 꺼져 있다.
- B와 C는 1행에 들어있다.
- E와 G는 같은 열에 들어있으며, 둘 중 하나만 켜져 있다.
- A는 2행 2열에 들어있으며, 1행 2열에는 LED 전구가 들어있지 않다.
- A와 C는 켜져 있다.

[격자 모양 등]

	1열	2열	3열
1행			
2행			
3행			

① F와 같은 행에 들어있는 LED 전구는 F를 제외하고 총 2개이다.

② 3행에는 1개의 LED 전구가 켜져 있다.

③ 총 3개의 LED 전구가 켜져 있다.

④ D가 꺼져 있으면, F는 켜져 있다.

⑤ 2열에는 1개의 LED 전구가 들어있다.

08 갑, 을, 병, 정 각각의 두 가지 진술 중 한 가지 진술은 진실, 다른 한 가지 진술은 거짓일 때, 현직 야구선수인 사람을 모두 고르시오.

- 갑: 나는 현직 야구선수가 아니며, 병은 현직 야구선수이다.
- 을: 나는 현직 야구선수이며, 갑은 현직 야구선수이다.
- 병: 나는 현직 야구선수가 아니며, 정은 현직 야구선수가 아니다.
- 정: 나는 현직 야구선수이며, 을은 현직 야구선수가 아니다.

① 갑, 정   ② 을, 병   ③ 갑, 병, 정   ④ 갑, 을, 병, 정   ⑤ 알 수 없음

09 방 탈출 게임을 하러 간 환희는 금고에 채워진 A, B, C, D, E, F 6개의 자물쇠를 열어 금고에 있는 열쇠로 문을 열고 방을 탈출해야 한다. 자물쇠는 6개를 정해진 순서대로 열어야만 열리며, 그렇지 않으면 이미 열린 모든 자물쇠가 다시 채워져 처음부터 열어야 한다. 다음 조건을 모두 고려하였을 때, 항상 <u>거짓</u>인 것을 고르시오.

- 첫 번째로 열어야 하는 자물쇠는 F이다.
- A를 세 번째로 열면 모든 자물쇠가 잠긴다.
- C와 D 사이에 열어야 하는 자물쇠는 하나이다.
- A를 E보다 먼저 열면 모든 자물쇠가 잠긴다.
- B는 D 바로 다음으로 열어야 한다.

① E가 두 번째로 열어야 할 자물쇠일 때, 마지막으로 열어야 하는 자물쇠는 B이다.

② A를 열어야 하는 순서가 다섯 번째일 수도 있다.

③ 환희가 조건을 바르게 적용했을 때, 방을 탈출할 수 있는 경우의 수는 총 4가지이다.

④ C가 두 번째로 열어야 할 자물쇠일 때, 마지막으로 열어야 하는 자물쇠는 A이다.

⑤ D를 열어야 하는 순서는 네 번째이다.

10 A, B, C, D, E, F 6명이 달리기를 위해 출발 지점에 서 있다. 다음 조건을 모두 고려하였을 때, 항상 참인 것을 고르시오.

- 6명은 3명씩 나뉘어 서로 다른 시각에 출발한다.
- B가 출발할 때 E는 출발하지 않는다.
- E가 출발할 때 C는 출발하지 않는다.
- A와 D 중 1명이 출발하면 나머지 1명도 반드시 출발한다.

① A는 B와 함께 출발한다.

② B는 F와 함께 출발한다.

③ C는 A와 함께 출발한다.

④ D는 F와 함께 출발한다.

⑤ F는 E와 함께 출발한다.

11 A, B, C, D, E 5명이 내과 또는 정형외과에서 각각 번호표를 1번부터 뽑아 대기하고 있다. 다음 조건을 모두 고려하였을 때, 항상 참인 것을 고르시오.

> - 내과에 3명, 정형외과에 2명이 대기하고 있다.
> - A와 B의 번호표 순서는 같다.
> - A와 D는 같은 과에서 대기하고 있다.
> - B가 대기하고 있는 과에서 B보다 늦은 순서의 대기자는 1명 있다.
> - C가 대기하고 있는 과에서 C보다 늦은 순서의 대기자는 없다.
> - E의 번호표는 1번이 아니다.

① 정형외과에는 B와 C가 대기하고 있다.

② D의 번호표는 2번이다.

③ A는 내과, B는 정형외과에서 대기하고 있다.

④ A는 E와 같은 과에서 대기하고 있다.

⑤ C는 정형외과에서 번호표 2번을 뽑아 대기하고 있다.

12 T 회사의 기획본부에서 채용한 4명의 인턴사원 A, B, C, D를 기획 1팀, 2팀, 3팀, 4팀에 각각 한 명씩 배정하려고 한다. 다음 조건을 모두 고려하였을 때, 항상 거짓인 것을 고르시오.

> - 인턴사원 중 3명은 학사학위를, 1명은 석사학위를 취득했다.
> - 기획 1팀과 4팀에 배정되는 인턴사원은 여자이다.
> - B는 남자이며, 석사학위를 취득한 사람은 남자가 아니다.
> - 석사학위를 취득한 사람은 기획 3팀에 배정된다.

① 석사학위를 취득한 사람이 D라면, A는 기획 1팀에 배정된다.

② B는 기획 2팀에 배정된다.

③ A와 B의 최종학위는 동일하지 않다.

④ A가 기획 4팀에 배정되면, 가능한 경우의 수는 1가지이다.

⑤ C가 기획 3팀에 배정되면, 기획 1팀에 배정될 가능성이 있는 사람은 2명이다.

13 재혁이는 C++, 자바, 파이썬, 루비, HTML 5과목의 프로그래밍 시험에서 각각 서로 다른 점수를 받았다. 다음 조건을 모두 고려하였을 때, 세 번째로 높은 점수의 과목을 고르시오.

> - 모든 과목의 시험 점수는 최소 1점, 최대 5점이다.
> - C++ 과목과 루비 과목의 점수 차이는 3점이다.
> - 루비 과목과 HTML 과목의 점수 합은 6점이다.
> - 파이썬 과목과 HTML 과목의 점수 차이는 1점이다.

① C++   ② 자바   ③ 파이썬   ④ 루비   ⑤ HTML

14 A, B, C, D 4명의 국적은 각각 한국, 일본, 미국, 캐나다로 서로 다르며, 4명 중 1명만 거짓을 말하고, 나머지 3명은 진실을 말하고 있다. 다음 조건을 모두 고려하였을 때, 항상 참인 것을 고르시오.

> - A: 나의 국적은 한국이 아니야.
> - B: 나의 국적은 일본 또는 캐나다야.
> - C: 나의 국적은 한국이 아니고, D의 국적도 한국이 아니야.
> - D: B의 국적은 일본이고, 나의 국적은 한국이야.

① A의 국적은 미국이다.

② A와 C는 진실을 말하고 있다.

③ C의 국적은 캐나다이다.

④ B와 D는 진실을 말하고 있다.

⑤ D의 국적은 한국이 아니다.

기출유형공략 / 1회 / 2회 / 3회 / 4회 / 5회 / 6회 / 해커스 GSAT 삼성직무적성검사 실전모의고사

[15-17] 다음 도형에 적용된 규칙을 찾아 '?'에 해당하는 도형을 고르시오.

15

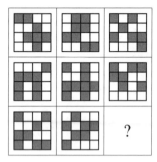

①   ②   ③

④   ⑤

16

①   ②   ③

④   ⑤

17

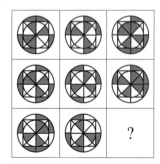

① ②   ③

④   ⑤

[18-21] 다음 각 기호가 문자, 숫자의 배열을 바꾸는 규칙을 나타낸다고 할 때, 각 문제의 '?'에 해당하는 것을 고르시오.

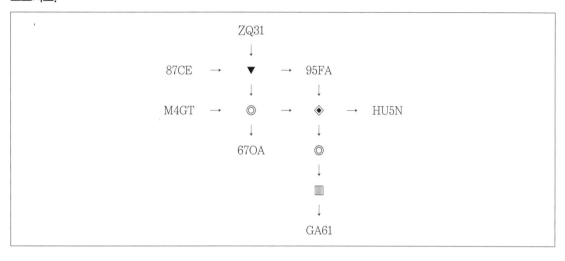

18

5F3W → ◈ → ▼ → ?

① 3G9Z   ② 6D6T   ③ 6G4W   ④ 7E7T   ⑤ 7F9W

19

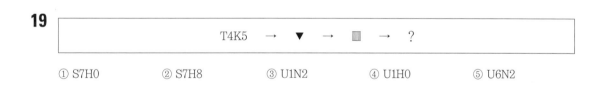

T4K5 → ▼ → ▨ → ?

① S7H0   ② S7H8   ③ U1N2   ④ U1H0   ⑤ U6N2

20

83RY → ▨ → ◈ → ◎ → ?

① RZ29   ② QW37   ③ SY40   ④ QY27   ⑤ SA39

21

? → ◈ → ▨ → IV38

① JV40   ② HV26   ③ JX48   ④ GU36   ⑤ HV48

22 다음 문단을 논리적 순서대로 알맞게 배열한 것을 고르시오.

(A) 즉, 적색편이를 관찰함으로써 은하들의 후퇴 속도를 측정하고 이를 통해 우주의 팽창 정도를 이해할 수 있게 된 것이다. 우주에 있는 은하들이 서로 멀어지는 현상은 우주 전체가 모든 방향으로 고르게 확장하고 있다는 개념을 뒷받침한다.

(B) 1929년 천문학자 에드윈 허블은 여러 은하들의 지구에서 멀어지는 속도와 그 거리가 비례한다는 사실을 밝혀냈다. 이후 '허블의 법칙'으로 알려진 이 법칙은 우주가 팽창한다는 사실을 과학적으로 입증한 핵심 이론이 되었다.

(C) 이후 허블의 법칙은 우주의 나이와 진화에 관한 연구의 기준이 되었으며 우주론에서의 빅뱅 이론의 기초를 마련하였다. 이 법칙은 우주에 대한 근본적인 이해를 바꾸며 현대 우주론의 발전에 큰 기여를 하였다는 점에서 의의를 갖는다.

(D) 허블의 법칙에 따르면 은하들이 멀어지는 속도는 약 100만 광년마다 초속 20~30km로 측정되며 이는 허블 상수와 거리의 곱을 통해 계산된다. 또한, 멀어지는 은하는 도플러 효과로 인해 빛의 파장이 늘어나며 적색편이 현상을 보인다.

---

① (A) − (B) − (C) − (D)

② (A) − (D) − (B) − (C)

③ (B) − (A) − (C) − (D)

④ (B) − (C) − (D) − (A)

⑤ (B) − (D) − (A) − (C)

23 다음 문단을 논리적 순서대로 알맞게 배열한 것을 고르시오.

(A) 배경을 이와 같이 표현하면서 그림 속 안의 공간이 여인의 뒤쪽으로 물러나 있는 듯 보이게 만든 것이다. 레오나르도 다빈치는 섬세한 붓질을 통해 오랫동안 반복해서 물감을 덧칠하였으며, 그로 인해 스푸마토 기법을 잘 녹여낸 작품을 만들어 낼 수 있었다.

(B) 레오나르도 다빈치는 그 미소를 표현하기 위해 스푸마토 기법을 사용했다. 스푸마토 기법은 물체의 윤곽선을 일부러 흐릿하게 만들어 그 경계를 구분 짓지 않는 방법이다. 그는 여인의 입 가장자리와 눈꼬리에 이 기법을 활용하면서 부드럽지만 모호한 미소를 표현해냈다. 이로 인해 여인의 미소는 슬픈 것처럼 보이기도 하고, 한편으로는 기쁜 것처럼 보이기도 한다.

(C) 누구나 한 번쯤 레오나르도 다빈치의 대표적인 작품인 모나리자를 본 기억이 있을 것이다. 그림 속에 그려져 있는 여인이 누구인지에 대해서는 명확하게 밝혀진 바 없지만, 여인의 미소는 보는 사람으로 하여금 신비로움이 느껴지게 한다.

(D) 스푸마토 기법을 통한 신비로움과 모호함은 배경에서도 찾아볼 수 있는데, 여인과 가까이 있는 풍경은 붉은색을 사용하여 상대적으로 명확하게 표현하였지만, 여인과 멀리 있는 풍경은 청색을 사용하여 흐릿하게 표현하였다.

① (A) – (C) – (B) – (D)

② (B) – (C) – (D) – (A)

③ (B) – (D) – (A) – (C)

④ (C) – (B) – (D) – (A)

⑤ (C) – (D) – (B) – (A)

24 다음 진술이 모두 참이라고 할 때 반드시 <u>거짓</u>일 수밖에 없는 것을 고르시오.

오염 물질을 포함한 진흙을 일컬어 오니라고 한다. 슬러지라고도 불리는 오니는 바다나 하천 등에서 오염 물질이 중력의 영향을 받아 자연스럽게 만들어지기도 하지만, 보통은 하수처리장, 공장폐수시설, 정수장과 같이 수(水)처리 시 물 속에 있던 부유물들이 가라앉으며 생겨나게 된다. 산업시설과 주거지역이 많이 모여 있는 도심 지역에서는 막대한 양의 생활하수와 산업폐수가 배출된다. 배출된 하수와 폐수를 방치할 경우 쉽게 부패하여 악취를 유발함은 물론 환경 오염도 발생시킬 수 있기 때문에 수처리는 필수적이다. 이에 따라 수처리를 할 때는 생물학적 처리 및 응집 침전 등을 시행하여 오니를 빠르게 만들어 내고, 이를 처리하는 방식을 통해 물을 정화하게 된다. 일반적으로 오니는 매립, 소각, 재활용 등을 통해 처리된다. 오니는 수분 함유량이 높기 때문에 과거 우리나라에서도 바다 속에 이를 매립하거나 건조시킨 후 소각하는 방식을 선택하였다. 하지만, 하수 오니가 바다에 다량 쌓이게 되면 어패류를 오염시킬뿐더러 선박의 항해를 방해할 수 있어 현재 오니의 직매립 및 해양 배출은 전면 금지된 상황이다. 이에 오니의 다양한 재활용법이 사용되고 있는데, 숙성시켜 퇴비로 활용하기도 하고, 토지개량제로 활용하여 토지의 pH 농도를 개선하기도 한다. 일부 오니의 경우 시멘트의 원료로 사용되기도 한다. 최근에는 오니에서 바이오가스를 만들어 전기를 공급하기도 해 찌꺼기로만 여겨졌던 오염 물질 오니가 다양한 분야에서 활용될 것으로 기대되고 있다.

① 시멘트 원료로 활용되는 오니도 있다.

② 하수 처리 과정에서 물의 정화를 위해 오니를 인위적으로 만들어 내기도 한다.

③ 자연 속에서 흐르는 하천에서도 오니를 찾아볼 수 있다.

④ 오니는 오염 물질이지만, 이를 숙성시킬 경우 퇴비로 이용할 수도 있다.

⑤ 오늘날 우리나라에서는 수처리 과정에서 생겨난 오니는 해양 직매립을 통해 처리하고 있다.

25 다음 내용을 바탕으로 추론할 수 있는 것을 고르시오.

> 사물인터넷은 사물에 센서와 프로세서를 장착하여 정보를 수집하고, 이를 제어 및 관리할 수 있도록 인터넷으로 연결하는 시스템이다. 사물인터넷의 핵심은 데이터를 현실 세계의 객체들에 연결하여 일상생활의 효율성을 극대화하는 데 있으며 현재 다양한 분야에서 사용되고 있다. 예를 들어, 가정에서의 자동화 시스템은 온도, 조명, 보안 시스템을 원격으로 조정할 수 있도록 하여 사용자 맞춤형 서비스를 제공한다. 산업 분야에서는 기계의 상태를 모니터링하고 고장을 예측하는 데 사용되고 있으며, 의료 분야에서는 환자의 건강 상태를 실시간으로 체크하고 이를 전문가에게 전송하여 빠른 대응이 가능하도록 하고 있다. 그러나 사물인터넷의 발전과 활용에 따라 개인정보 보호 문제가 중요한 사안으로 떠오르고 있다. 기기 측면에서는 보안 프로그램 업데이트가 부족하거나 제조사 측면에서의 보안 취약점이 존재할 경우 해킹에 노출될 수 있으며, 네트워크 측면에서는 데이터 전송 과정에서 암호화가 해지될 경우 이용자가 식별 혹은 추적당할 위험이 존재한다. 미래에는 사물인터넷 기술이 더욱 발전하여 스마트 시티와 같은 사회를 구성하는 핵심 요소로 자리 잡을 것으로 예측되는 만큼 보안 체계의 구축이 함께 논의되어야 할 것이다.

① 사물인터넷은 오프라인 환경에서도 인터넷 연결 없이 모든 기능을 완벽하게 수행할 수 있다.

② 사물인터넷의 발전으로 인한 편리함과 개인정보 유출 위험성은 밀접하게 연결되어 있다.

③ 사물인터넷의 사용자 맞춤형 서비스는 가정에서의 온도 조절 시스템에서만 이용되고 있다.

④ 사물인터넷은 환자의 건강 상태를 부정확하게 측정할 가능성이 있어 의료 분야에서 사용될 수 없다.

⑤ 사물인터넷은 보안 프로그램 업데이트를 진행하지 않을 경우 네트워크 측면에서 문제가 발생할 수 있다.

26 다음 진술이 모두 참이라고 할 때 반드시 <u>거짓</u>일 수밖에 없는 것을 고르시오.

3D 바이오 프린팅은 살아 있는 세포를 원하는 형상 또는 패턴으로 적층 인쇄하여 조직이나 장기로 만드는 기술이다. 3D 바이오 프린팅 기술을 이용하면 화상, 궤양 등으로 인한 피부 손상을 쉽게 치료할 수 있으며, 의수나 간, 각막, 혈관과 같은 장기까지 만들어 이식할 수 있다. 이 기술은 기본적으로 환자의 세포를 배양하여 인쇄하는 것이기 때문에 장기 기증자를 찾고 기증자의 유전자가 적합한지 확인하는 과정이 생략되어 효율성이 높아지고 부작용이나 2차 감염에 대한 우려도 줄어든다. 또한, 환자의 부상 부위를 스캔해 깊이, 넓이 등을 측정하고 인쇄하기 때문에 환자 맞춤형으로 조직과 장기를 제작할 수 있다는 점도 장점으로 꼽힌다. 3D 바이오 프린팅을 통해 첨단 의수를 제작하는 것도 가능해진다. 첨단 의수는 맞춤 제작으로 만들어지기 때문에 장치가 맞지 않아 생기는 손상을 줄일 수 있고, 내부 센서가 팔의 미세 근육에서 나오는 전기 신호를 파악해 물건을 집거나 악수를 할 수도 있다. 여기에 더해 3D 바이오 프린터기는 헬기, 구급차 등 응급 이송 시에도 활용할 수 있어 응급 구호나 오지 의료 활동에도 큰 도움이 될 것으로 보인다. 한편 최근 환경 문제와 동물 복지 등이 중요한 사회 이슈로 떠오르면서 식품 업계에서도 3D 바이오 프린팅 기술에 주목하고 있다. 현재 세계 각국에서 3D 바이오 프린팅 기술을 활용해 대체육과 배양육을 생산하는 연구가 진행되고 있다. 최근 연구에 따르면 3D 바이오 프린터로 생산된 고기는 실제 고기와 구별이 안 될 정도이고, 개인 기호에 따라 맛과 향, 성분, 질감까지도 고를 수 있을 정도로 그 기술 수준도 상당히 높은 것으로 알려져 있다.

---

① 3D 바이오 프린터기는 활용에 있어서 공간적인 제약이 적은 편이다.

② 3D 바이오 프린터기로 만든 첨단 의수를 사용하면 환자의 의지에 따라 팔을 움직일 수 있다.

③ 환경 문제와 동물 복지 등에 대한 관심 증가는 3D 바이오 프린팅 기술의 활용 분야를 확장시키는 결과를 낳았다.

④ 3D 바이오 프린팅 기술을 활용하더라도 망가진 혈관을 고치는 것은 사실상 불가능하다.

⑤ 다른 사람의 장기를 이식받으려면 기증자를 찾고 유전자가 적합한지 확인하는 절차를 거쳐야 한다.

27 다음 진술이 모두 참이라고 할 때 반드시 <u>거짓</u>일 수밖에 없는 것을 고르시오.

> 데이터 센터는 중앙화된 시설에서 서버, 저장 장치 및 네트워크 리소스를 관리하여 안정적인 데이터 환경을 제공하는 시설이다. 그러나 오늘날 5G, 인공지능, 사물인터넷 등의 기술이 급속도로 성장하면서 동시에 데이터 센터에서 처리해야 하는 데이터의 양도 기하급수적으로 증가하고 있다. 문제는 데이터 센터 운영에 필요한 전력량이 증가하고 있다는 데 있으며, 지구 온난화를 야기하는 온실가스 배출량 역시 늘어나고 있다는 것이다. 현재는 데이터 센터의 전력 소모량을 최대한 줄이는 것이 전 세계적인 과제라고 해도 과언이 아니다. 이때 주목받고 있는 방안이 바로 저전력 반도체이다. 저전력 반도체는 데이터 센터의 전력 소비를 줄이고 열 발생을 감소시켜 전체적인 전력 효율을 최적화하는 방법이다. 2000년대에는 데이터 센터 서버에서 데이터를 저장하기 위해 사용했던 HDD의 단점을 보완하는 SSD가 등장했으며, 이를 통해 데이터 처리 성능은 향상되고 소비 전력과 발열이 줄었다. 그러나 생산되는 데이터가 급속도로 많아지면서 2025년까지 쌓일 것으로 예상되는 데이터의 양만 해도 2018년까지 축적된 데이터의 5.3배인 177ZB(제타바이트)에 다다를 만큼 엄청나다. 만약 전 세계의 데이터 센터 서버의 모든 HDD를 SSD로 대체한다면, 연간 3TWh(테라와트시)의 전력을 절약할 수 있다. 여기에 더해 D램을 DDR4에서 최신 DDR5로 업그레이드하면 연간 약 1TWh의 전력을 절감할 수 있으며 데이터 센터의 전반적인 운영에 소모되는 전력 3TWh를 추가로 절감할 수 있다. 1년 동안 절약되는 총 7TWh의 전력은 화력발전소 2.5기에서 소비되는 전력을 대체할 수 있는 양이다. 따라서 저전력 반도체의 적용은 에너지 절약과 온실가스 배출량 감소에 큰 도움이 될 수 있다.

① 데이터 센터에서 데이터 저장 시 저전력 반도체를 사용하더라도 발열량을 줄일 수는 없다.

② 데이터 센터 운영에 필요한 전력량과 데이터 센터에서 처리해야 하는 데이터양은 비례관계이다.

③ 전 세계 데이터 센터의 서버 전체를 SSD로, D램을 DDR5로 교체하면 연간 7TWh 전력이 절감될 수 있다.

④ 데이터 센터를 통해 데이터를 관리하면 데이터 제공 환경이 일정하게 유지될 수 있다.

⑤ 저전력 반도체는 데이터 센터 운영으로 인해 발생하는 온실가스 배출량을 감축시킬 수 있다.

28 다음 주장에 대한 반박으로 가장 타당한 것을 고르시오.

> 사업을 할 때 성공 가능성이 가장 높은 방법은 무엇일까? 이미 성공한 제품 또는 아이디어를 차용하여 시장에 제품을 출시하는 것이다. 이를 일컬어 패스트 팔로워(Fast follower)라고 한다. 시장에서 산업의 변화를 주도하고 창의적인 아이디어를 내놓는 선도자를 일컬어 퍼스트 무버(First mover)라고 하는데, 퍼스트 무버들이 새로운 분야를 개척해 제품을 출시하면, 패스트 팔로워는 이를 벤치마킹하여 퍼스트 무버의 제품보다 가격 또는 퀄리티 측면에서 경쟁력을 높여 출시하게 된다. 물론, 제품을 모방했다고 지적받으며 카피캣이라는 오명을 쓰기도 하지만, 기업 입장에서는 시장 내의 리스크도 줄일 수 있고 빠른 성장이 보장된다는 점에서 차용해야만 하는 전략이라 할 수 있다.

① 창의적인 제품이 출시되었을 때 이를 빠르게 따라할 수 있는 기술을 보유한 것만으로도 소비자에게는 혁신적이라고 여겨질 수 있다.

② 장기적 관점에서 퍼스트 무버를 벤치마킹하는 전략은 창의성 부족으로 시장에서 소비자에게 외면받을 수밖에 없다.

③ 새로운 시장을 만드는 퍼스트 무버와 달리 패스트 팔로워는 새로운 시장 개척에 따른 초기 개발 비용 등을 절감할 수 있다.

④ 패스트 팔로워 전략 차용 시 벤치마킹한 기업에서 소송 등을 제기할 수 있으므로 소송에 따른 비용도 제품 개발 비용에 포함해 예산을 책정해야 한다.

⑤ 기업이 빠른 시일 내에 시장 내에서 입지를 공고히 하고자 한다면 패스트 팔로워 전략이 여타 전략보다 효율적이다.

29 다음 글을 바탕으로 아래 〈보기〉를 이해한 내용으로 적절한 것을 고르시오.

> 에어컨은 단순 작동만으로도 기본적으로 제습 기능을 수행한다. 제습 기능을 가동하면 습한 공기가 증발기를 통과하여 차가워진 상태를 유지하면서 실내로 방출된다. 이로써 습기가 제거되며, 응축된 물은 외부에 있는 실외기로 배출된다. 그러나 요즘 생산되는 에어컨은 제습 운전을 위한 별도의 기능이 탑재되어 있는 경우가 많다. 제습 운전과 냉방 운전은 기본적인 냉각 사이클을 공유하지만, 제습 운전 시에는 실외기 작동 시간을 제어하여 실내의 공기가 지나치게 차가워지는 것을 방지한다. 실내 온도에 따라 실외기 작동 시 차가운 바람이 나오도록 조절하며, 실외기 작동이 중지된 경우에는 실내로 선풍기와 유사한 바람만 나오도록 조절하여 전체적으로 차가운 공기가 배출되는 시간을 단축시킨다.

― 〈보기〉 ―

> 제습기는 대기 중의 습기를 직접 제거하여 상대습도를 낮춤으로써 쾌적한 환경을 만들어 주는 장치이다. 그중 냉각식 제습기는 대기 중의 수증기를 액체로 변화시켜 습기를 제거한다. 이를 위해 에어컨과 유사한 방식으로 냉매를 사용하기 때문에 습한 공기는 팬을 통해 흡입되고, 냉매를 통과하면서 냉각된다. 이로 인해 공기 온도는 낮아지며, 수증기가 물로 변해 냉각기관에 응축되어 물통에 모인다. 제습된 건조한 공기는 응축기를 거치고, 다시 가열된 후 실내로 방출된다. 이로 인해 상대습도가 높을수록 제습 효과가 향상되는 특징이 있지만, 제습기를 사용하면 실내 온도가 올라가기 때문에 시원한 실내 환경을 원하는 경우에는 제습기 사용이 적절하지 않다.

① 제습기가 발명되면서 에어컨의 제습 기능은 점차 사라지고 있다.

② 에어컨은 내부에 장착된 흡습제를 통해 실내의 수분을 직접 흡수한다.

③ 상대습도를 낮추기 위함이라면 에어컨보다 제습기 사용이 효율적이다.

④ 실내 습도와 온도를 동시에 낮추기 위해서는 제습기보다 에어컨을 사용하는 것이 좋다.

⑤ 제습기의 냉매는 에어컨의 냉매와 달라 팬을 통해 습기를 흡수한다.

30 다음 글을 바탕으로 아래 〈보기〉를 이해한 내용으로 적절하지 <u>않은</u> 것을 고르시오.

DNA 메틸화는 DNA의 특정 부위에 메틸기가 첨가되어 해당 유전자가 비활성화되거나 억제되는 과정이다. 또한 히스톤 수정은 DNA가 감겨 있는 히스톤 단백질에 화학적 변형이 가해져 유전자 발현을 촉진하는 방식으로 유전자 조절이 이루어진다. 이러한 후성유전학적 작용들은 염기 서열의 변화를 일으키지 않고 외부 환경, 생활 습관, 스트레스 수준, 영양 상태 등 다양한 요인들의 영향으로 유전자 발현의 양상을 변화시킬 수 있다. 후성유전학은 다양한 생물학적 과정이 염기 서열의 변화 없이 유전자의 활성 조절을 통해 세대를 넘어 변화된다는 유전학 변혁의 핵심이 된다.

— 〈보기〉 —

일란성 쌍둥이는 하나의 수정란이 분열하여 두 개의 배아로 성장하므로 염기 서열과 유전자 구성이 동일하다. 그러나 쌍둥이 중 한 명이 흡연을 한다면, 발암 유전자가 촉진되거나 종양 억제 유전자가 비활성화될 수 있다. 또한 쌍둥이 중 한 명이 스트레스를 더 많이 받는다면, 스트레스 반응에 중요한 유전자 발현이 증가하여 민감도가 높아지는 현상이 발생할 수도 있다. 이렇듯 유전자 구조가 동일한 일란성 쌍둥이더라도 어떤 성장 과정을 겪었는가에 따라 가치관, 성격, 심지어 건강에 있어서 큰 차이를 보일 수 있다. 이러한 차이는 유전자 자체가 변한 것이 아니라 환경 요인이나 생활 습관이 각 쌍둥이의 유전자에 영향을 미친 것이라고 해석할 수 있다.

① 흡연자에게 종양 억제 유전자가 비활성화되는 현상은 후성유전학적 작용 중 DNA 메틸화에 해당한다.
② 유전자의 활성 조절은 유전자 자체가 변하지 않더라도 세대를 넘어 진행될 수 있다.
③ 일란성 쌍둥이는 유전자 구성이 동일하게 태어나더라도 유전자가 다르게 활성화될 수 있다.
④ 스트레스 반응에 중요한 유전자 발현이 증가하는 것은 후성유전학적 작용 중 히스톤 수정에 해당한다.
⑤ DNA 염기 서열 변형 현상을 통해 일란성 쌍둥이의 신체적, 심리적 차이에 대한 과학적 설명이 가능하다.

약점 보완 해설집 p.41

무료 바로 채점 및 성적 분석 서비스 바로 가기
QR코드를 이용해 모바일로 간편하게 채점하고 나의 실력이
어느 정도인지, 취약 부분이 어디인지 바로 파악해 보세요!

GLOBAL SAMSUNG APTITUDE TEST

PART 2

실전모의고사 4회

Ⅰ 수리
Ⅱ 추리

 본 모의고사는 가장 최근에 시행된 온라인 GSAT 출제 경향에 맞춰 수리와 추리 두 영역으로 구성되어 있습니다. 교재에 수록된 문제풀이 용지와 해커스ONE 애플리케이션의 학습 타이머를 이용하여 실전처럼 모의고사를 풀어본 후, p.210에 있는 '바로 채점 및 성적 분석 서비스' QR코드를 스캔하여 응시 인원 대비 본인의 성적 위치를 확인해 보세요.

▶ 해설 p.52

01 작년 대비 올해 S 회사의 20대 사원 수는 20% 감소하였고, 30대 사원 수는 20% 증가하였다. S 회사의 20대 사원 수와 30대 사원 수의 합은 작년에 400명이고 작년 대비 올해에는 6% 증가하였을 때, 올해 S 회사의 20대 사원 수는?

① 112명 　　　② 140명 　　　③ 168명 　　　④ 260명 　　　⑤ 312명

02 기술팀 갑, 을, 병 3명과 인사팀 정, 무, 기 3명, 장비팀 경, 신 2명 총 8명 중 2명이 출장을 가려고 할 때, 장비팀 중 적어도 1명이 출장을 가는 경우의 수는?

① 11가지 　　　② 12가지 　　　③ 13가지 　　　④ 14가지 　　　⑤ 15가지

03 다음은 H 지역의 채널별 시청 가구수 및 연도별 TV 보유 가구수에 대한 자료이다. 제시된 기간 중 B 채널의 시청률이 다른 해에 비해 가장 높은 해에 A 채널 시청 가구수의 전년 대비 증가율은?

[채널별 시청 가구수]

(단위: 천 가구)

구분	2020년	2021년	2022년	2023년
A 채널	1,625	1,690	1,825	2,044
B 채널	2,870	3,180	3,276	3,888
C 채널	1,412	1,478	1,438	1,334

[연도별 TV 보유 가구수]

※ 시청률(%) = (특정 채널 시청 가구수 / TV 보유 가구수) × 100

① 4%   ② 6%   ③ 8%   ④ 10%   ⑤ 12%

04 다음은 S 시의 공연예술 장르별 활동 건수 및 공연 횟수를 나타낸 자료이다. 다음 중 자료에 대한 설명으로 옳지 <u>않은</u> 것을 고르시오.

[공연예술 장르별 활동 건수 및 공연 횟수]

(단위: 건, 회)

구분		2020년	2021년	2022년	2023년	2024년
국악	활동 건수	410	650	700	660	640
	공연 횟수	650	860	950	800	1,020
양악	활동 건수	3,570	2,150	3,000	3,700	3,810
	공연 횟수	3,900	4,100	4,600	4,250	4,400
연극	활동 건수	1,620	2,900	1,400	1,900	2,100
	공연 횟수	63,500	53,200	60,200	51,000	58,000
무용	활동 건수	530	650	500	540	580
	공연 횟수	1,560	1,490	1,380	1,260	1,170

※ 공연예술 장르는 제시된 4가지뿐임

① 제시된 기간 동안 연도별 양악 활동 건수가 다른 해에 비해 가장 많은 해와 연도별 무용 공연 횟수가 다른 해에 비해 가장 적은 해는 서로 같다.

② 제시된 기간 동안 연도별 국악 활동 건수가 다른 해에 비해 가장 많은 해에 전체 공연예술 활동 건수에서 국악 활동 건수가 차지하는 비중은 15% 이상이다.

③ 2021년 이후 무용 공연 횟수의 전년 대비 감소량이 가장 큰 해는 2023년이다.

④ 2021년 연극 공연 횟수는 같은 해 국악 공연 횟수의 60배 이상이다.

⑤ 2024년 연극의 활동 건수 1건당 평균 공연 횟수는 전년 대비 증가하였다.

05 다음은 A 국의 연령대 및 성별 퇴직연금 가입 근로자 수에 대한 자료이다. 다음 중 자료에 대한 설명으로 옳은 것을 <u>모두</u> 고르시오.

[연령대 및 성별 퇴직연금 가입 근로자 수]

(단위: 백 명)

구분		2021년	2022년	2023년	2024년
전체	남자	33,230	34,450	35,420	35,000
	여자	19,800	21,160	22,540	24,200
20세 미만	남자	50	50	50	40
	여자	60	60	50	40
20~29세	남자	3,290	3,350	3,390	3,360
	여자	4,080	4,140	4,160	4,250
30~39세	남자	11,570	11,560	11,480	11,200
	여자	5,760	6,030	6,220	6,050
40~49세	남자	10,280	10,650	10,930	11,200
	여자	5,240	5,640	5,990	6,330
50~59세	남자	6,210	6,730	7,160	7,770
	여자	3,680	4,120	4,680	5,390
60세 이상	남자	1,850	2,130	2,420	2,830
	여자	970	1,170	1,450	1,840

a. 제시된 기간 동안 연도별 40~49세 퇴직연금 가입 근로자 수의 평균은 남자가 여자의 2배 미만이다.

b. 2023년 전체 퇴직연금 가입 근로자 수의 2년 전 대비 증가 인원은 남자가 여자보다 적다.

c. 2024년 전체 남자 퇴직연금 가입 근로자 수에서 30~39세 남자가 차지하는 비중은 같은 해 전체 여자 퇴직연금 가입 근로자 수에서 30~39세 여자가 차지하는 비중보다 작다.

d. 2022년 이후 연령대별 남자와 여자의 퇴직연금 가입 근로자 수가 모두 매년 전년 대비 증가한 연령대는 총 2개이다.

① a, b   ② a, c   ③ b, c   ④ b, d   ⑤ a, b, d

06 다음은 연도별 정부재정 비용 및 국방비에 대한 자료이다. 2018년 이후 정부재정 비용의 전년 대비 증가액이 가장 큰 해에 국방비의 전년 대비 증가율은?

[연도별 정부재정 비용]

[연도별 국방비]

(단위: 백억 원)

구분	2017년	2018년	2019년	2020년	2021년
전력방위비	2,825	2,964	3,132	3,432	3,584
방위비개선비	1,175	1,536	1,584	1,668	1,669
합계	4,000	4,500	4,716	5,100	5,253

※ 국방비 = 전력방위비 + 방위비개선비

① 3.0%　　　② 4.5%　　　③ 4.8%　　　④ 8.1%　　　⑤ 12.5%

07 다음은 S 기업의 직무별 채용 인원 및 지원자 수를 나타낸 자료이다. 다음 중 자료에 대한 설명으로 옳은 것을 고르시오.

[직무별 채용 인원 및 지원자 수]

(단위: 명)

구분		2020년	2021년	2022년	2023년
A 직무	채용 인원	150	120	110	100
	지원자 수	3,200	3,400	3,300	3,100
B 직무	채용 인원	75	80	85	90
	지원자 수	200	310	340	330
C 직무	채용 인원	40	45	45	40
	지원자 수	750	720	680	700
D 직무	채용 인원	270	300	260	240
	지원자 수	3,500	3,800	3,200	3,700

※ 1) S 기업의 직무는 제시된 A~D 직무뿐임
　 2) 경쟁률 = 지원자 수 / 채용 인원

① 제시된 기간 동안 B 직무의 경쟁률은 꾸준히 증가하였다.

② 2021년 지원자 수의 전년 대비 증가율은 A 직무가 D 직무보다 크다.

③ 2022년 A 직무의 경쟁률은 C 직무의 경쟁률의 2배보다 작다.

④ 제시된 기간 동안 D 직무의 지원자 수가 다른 해에 비해 가장 많은 해에 S 기업의 채용 인원은 전년 대비 감소하였다.

⑤ 2023년 C 직무의 지원자 수 대비 B 직무의 지원자 수의 비율은 0.4 미만이다.

08 다음은 대학교별 전체 학생수 및 대학교별 전체 학생의 대중교통 이용 횟수 비중에 대한 자료이다. 다음 중 자료에 대한 설명으로 옳지 <u>않은</u> 것을 고르시오.

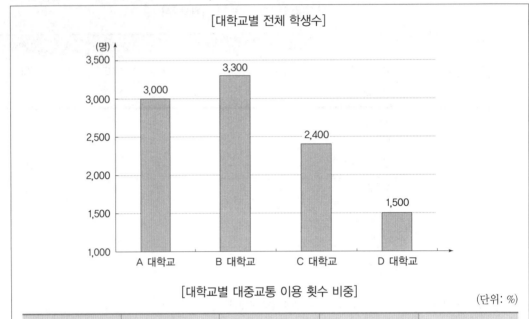

[대학교별 전체 학생수]

[대학교별 대중교통 이용 횟수 비중]

(단위: %)

구분	A 대학교	B 대학교	C 대학교	D 대학교
0회	11	11	12	9
1~3회	27	24	23	27
4~6회	28	34	34	33
7~9회	18	19	17	16
10회 이상	16	12	14	15

① A 대학교에서 대중교통 이용 횟수가 7회 이상인 학생수는 1,020명이다.

② 대중교통 이용 횟수가 7~9회인 학생수 대비 0회인 학생수의 비율은 B 대학교가 D 대학교보다 크다.

③ 대학교별 대중교통 이용 횟수 비중이 높은 순서대로 대중교통 이용 횟수를 나열하면 그 순위는 A~D 대학교 모두 동일하다.

④ B 대학교에서 대중교통 이용 횟수가 1~3회인 학생수는 C 대학교에서 대중교통 이용 횟수가 4~6회인 학생수 보다 많다.

⑤ C 대학교와 D 대학교에서 대중교통 이용 횟수가 10회 이상인 학생수는 총 561명이다.

09 다음은 S국의 업종별 로봇산업 사업체 수 및 출하액을 나타낸 자료이다. 다음 중 자료에 대한 설명으로 옳은 것을 고르시오.

[업종별 로봇산업 사업체 수 및 출하액]

(단위: 개, 억 원)

구분	사업체 수	출하액	내수액	수출액
제조업용 로봇	670	27,300	18,000	9,300
전문 서비스용 로봇	450	5,400	4,400	1,000
개인 서비스용 로봇	205	10,900	10,200	700
로봇 부품 및 소프트웨어	1,460	20,300	18,500	1,800
로봇 시스템	675	8,100	6,500	1,600
로봇 임베디드	220	3,750	3,600	150
로봇 서비스	1,220	13,050	12,600	450
합계	4,900	88,800	73,800	15,000

※ 1) 출하액 = 내수액 + 수출액
2) 로봇산업 업종은 제시된 7가지뿐임

① 사업체 수 1개당 출하액은 전문 서비스용 로봇과 로봇 시스템이 서로 같다.

② 제시된 업종 중 사업체 수가 가장 적은 업종은 출하액도 가장 적다.

③ 제시된 업종 중 수출액 대비 내수액의 비율이 가장 큰 업종은 로봇 임베디드이다.

④ 제시된 업종별 내수액의 평균보다 내수액이 큰 업종은 총 4개이다.

⑤ 전체 수출액에서 제조업용 로봇의 수출액이 차지하는 비중은 65% 이상이다.

[10-11] 다음은 I 국 댐의 물 유입량 및 방류량과 I 국 댐 유역의 강수량 및 평균 저수량을 나타낸 자료이다. 각 물음에 답하시오.

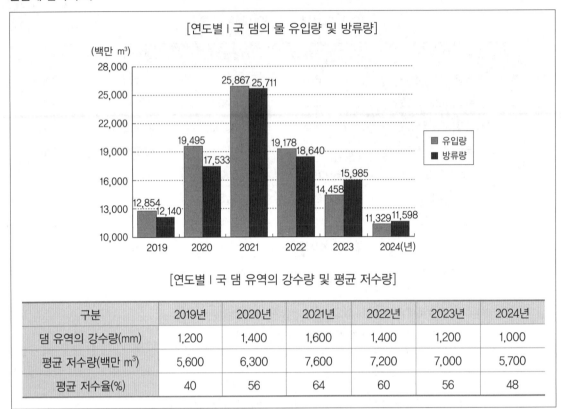

[연도별 I 국 댐의 물 유입량 및 방류량]

[연도별 I 국 댐 유역의 강수량 및 평균 저수량]

구분	2019년	2020년	2021년	2022년	2023년	2024년
댐 유역의 강수량(mm)	1,200	1,400	1,600	1,400	1,200	1,000
평균 저수량(백만 m³)	5,600	6,300	7,600	7,200	7,000	5,700
평균 저수율(%)	40	56	64	60	56	48

※ 평균 저수율(%) = (평균 저수량 / I 국 댐의 저수용량 합계) × 100

10 다음 중 자료에 대한 설명으로 옳지 <u>않은</u> 것을 고르시오.

① 제시된 기간 중 댐의 평균 저수율이 가장 높은 해와 가장 낮은 해에 댐의 물 유입량의 합은 37,000백만 m^3 이상 이다.

② 2020년 이후 중 댐 유역의 강수량이 전년 대비 증가한 해에 댐의 물 유입량은 방류량보다 많다.

③ 제시된 기간 중 댐의 물 유입량과 방류량의 차이가 가장 작은 해는 2024년이다.

④ 제시된 기간 중 댐의 평균 저수율이 두 번째로 높은 해에 I 국 댐의 저수용량 합계는 12,000백만 m^3이다.

⑤ 2020년 이후 댐의 평균 저수량과 평균 저수율의 전년 대비 증감 추이는 매년 서로 같다.

기출유형맛보기

1회

2회

3회

4회

5회

6회

해커스 GSAT 삼성직무적성검사 실전모의고사

11 다음 중 자료에 대한 설명으로 옳은 것을 <u>모두</u> 고르시오.

a. 2021년부터 2023년까지 연도별 I 국 댐의 물 방류량의 평균은 20,000백만 m^3 이상이다.

b. 2023년 댐 유역의 강수량의 전년 대비 감소율은 15% 미만이다.

c. 제시된 기간 중 I 국의 댐의 물 유입량이 19,000 백만 m^3 미만인 해에 평균 저수량의 합은 총 19,300백 만 m^3이다.

d. 2021년 I 국 댐의 저수용량 합계는 전년 대비 625백만 m^3 증가하였다.

① a, b   ② a, c   ③ b, c   ④ b, d   ⑤ a, b, d

[12-13] 다음은 H 국의 2024년 기후기술산업의 매출액과 연구개발비 규모에 대한 자료이다. 각 물음에 답하시오.

[기업 종류별 매출액 및 매출액 구성비]

(단위: 십억 원, %)

구분		합계	대기업	중견기업	중소기업	비영리기관
전체		172,000	105,000	46,000	21,000	0
구성비	감축	93.0	93.0	92.0	90.0	0.0
	적응	5.0	6.0	3.0	7.0	0.0
	융복합	2.0	1.0	5.0	3.0	0.0

[기업 종류별 연구개발비 및 연구개발비 구성비]

(단위: 십억 원, %)

구분		합계	대기업	중견기업	중소기업	비영리기관
전체		2,000	500	400	1,200	100
구성비	감축	96.0	95.0	94.0	96.0	99.0
	적응	2.5	1.6	1.5	3.5	0.2
	융복합	1.5	3.4	4.5	0.5	0.8

※ 기후기술산업은 감축, 적응, 융복합 부문으로 구분됨

12 다음 중 자료에 대한 설명으로 옳지 <u>않은</u> 것을 모두 고르시오.

> a. 기업 종류별 전체 연구개발비가 두 번째로 많은 기업의 적응 부문 매출액은 6,300십억 원이다.
> b. 융복합 부문 연구개발비는 중견기업이 중소기업보다 15십억 원 이상 더 크다.
> c. 기업 종류별 적응 부문 매출액 구성비가 가장 큰 기업은 기업 종류별 적응 부문 연구개발비 구성비도 가장 크다.

① a   ② b   ③ a, b   ④ a, c   ⑤ b, c

13 다음 중 자료에 대한 설명으로 옳은 것을 고르시오.

① 융복합 부문 매출액은 대기업이 중소기업보다 작다.

② 전체 연구개발비에서 중소기업 연구개발비가 차지하는 비중은 전체 매출액에서 중소기업 매출액이 차지하는 비중의 5배 이상이다.

③ 중견기업의 적응 부문과 융복합 부문의 연구개발비 합은 20십억 원이다.

④ 대기업의 적응 부문 연구개발비는 비영리기관의 적응 부문 연구개발비의 45배 이상이다.

⑤ 중견기업과 중소기업의 융복합 부문 매출액의 합은 3,000십억 원 미만이다.

[14-15] 다음은 2024년 상반기 월별 관제탑 관제량과 항로 관제량에 대한 자료이다. 각 물음에 답하시오.

[월별 관제탑 관제량]

(단위: 대)

구분	1월	2월	3월	4월	5월	6월
A 지역	11,600	10,300	12,700	12,800	12,700	12,500
B 지역	7,700	11,000	12,600	13,400	13,900	13,500
C 지역	1,800	1,300	2,800	2,400	2,000	1,500
D 지역	7,300	11,500	13,400	15,200	15,500	14,700
E 지역	1,000	1,500	1,700	1,800	2,100	1,600
F 지역	1,300	1,100	1,600	1,600	1,500	1,300
G 지역	2,600	2,600	4,600	5,300	4,200	3,400
H 지역	6,700	5,300	8,600	8,700	6,800	6,000
전체	40,000	44,600	58,000	61,200	58,700	54,500

[월별 전체 항로 관제량]

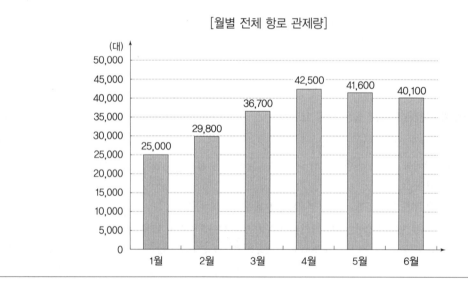

14 다음 중 자료에 대한 설명으로 옳지 <u>않은</u> 것을 고르시오.

① 2월 이후 월별 관제량의 전월 대비 증감 추이는 전체 관제탑 관제량과 전체 항로 관제량이 매달 서로 동일하다.

② 제시된 기간 중 전체 관제탑 관제량이 처음으로 50,000대를 넘은 달에 H 지역의 관제탑 관제량은 전체 관제탑 관제량의 15% 이상이다.

③ 4월 전체 관제탑 관제량의 1월 대비 증가율은 55% 미만이다.

④ 2월 전체 관제탑 관제량에서 E 지역의 관제탑 관제량이 차지하는 비중은 전월 대비 증가하였다.

⑤ 6월 관제탑 관제량 하위 3개 지역의 6월 관제탑 관제량의 합은 4,500대 미만이다.

기출유형공략

1회

2회

3회

4회

5회

6회

해커스 GSAT 삼성직무적성검사 실전모의고사

15 2월 이후 전체 항로 관제량의 전월 대비 변화량이 두 번째로 큰 달에 전체 항로 관제량 대비 전체 관제탑 관제량의 비율은?

① 1.36   ② 1.41   ③ 1.44   ④ 1.57   ⑤ 1.60

[16 - 17] 다음은 K 국의 설립 주체별 과학기술 분야 연구실 보유 대학교 수와 과학기술 분야별 대학교 연구실 수에 대한 자료이다. 각 물음에 답하시오.

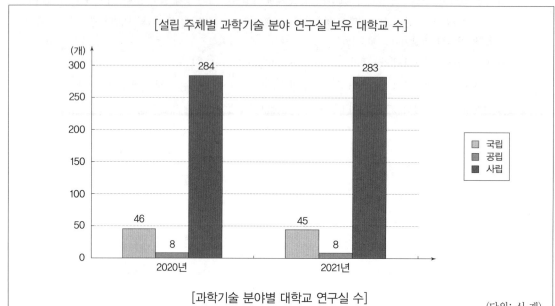

[설립 주체별 과학기술 분야 연구실 보유 대학교 수]

[과학기술 분야별 대학교 연구실 수]

(단위: 십 개)

구분	2020년			2021년		
	국립	공립	사립	국립	공립	사립
합계	1,780	53	3,170	1,830	50	3,210
화학 · 화공	360	2	360	360	2	340
전기 · 전자	240	11	600	260	11	600
기계 · 물리	300	8	490	290	8	490
의학 · 생물	470	5	950	500	5	970
건축 · 환경	130	18	290	120	17	290
에너지 · 자원	60	2	90	60	1	90
기타	220	7	390	240	6	430

※ 대학교 설립 주체는 국립, 공립, 사립뿐임

16 다음 중 자료에 대한 설명으로 옳은 것을 고르시오.

① 2020년 전체 대학교의 과학기술 분야 총연구실 수에서 건축·환경 연구실 수가 차지하는 비중은 10% 미만이다.

② 2020년 과학기술 분야 연구실 보유 대학교 1개당 과학기술 분야 총연구실 수는 국립이 공립의 5배 미만이다.

③ 2021년 국립 대학교의 의학·생물 연구실 수는 전년 대비 10% 이상 증가하였다.

④ 2020년 과학기술 분야 연구실 보유 국립 대학교의 수는 2021년 과학기술 분야 연구실 보유 사립 대학교 수의 20% 이상이다.

⑤ 2021년 국립 대학교의 전기·전자 연구실 수 대비 2021년 사립 대학교의 에너지·자원 연구실 수의 비율은 0.5 이상이다.

17 다음 중 자료에 대한 설명으로 옳지 <u>않은</u> 것을 모두 고르시오.

> a. 2021년 전체 대학교의 기계·물리 연구실 수는 전년 대비 3% 미만 감소하였다.
> b. 2021년 과학기술 분야 연구실 보유 전체 대학교 1개당 과학기술 분야 총연구실 수는 150개 미만이다.
> c. 2020년 국립 대학교와 사립 대학교의 과학기술 분야별 연구실 수 차이는 전기·전자가 에너지·자원의 12배이다.

① a   ② b   ③ a, b   ④ a, c   ⑤ b, c

기출유형분석

1회

2회

3회

4회

5회

6회

해커스 GSAT 삼성직무적성검사 실전모의고사

18 다음은 증착 공정에서 반도체 소자별 공정 온도에 따른 막 두께를 나타낸 자료이다. 자료를 보고 A, B에 해당하는 값을 예측했을 때 가장 타당한 값을 고르시오.

[반도체 소자별 공정 온도에 따른 막 두께]

구분	a 소자	b 소자	c 소자
공정 온도(℃)	250	100	125
막 두께(Å)	87	108	99

※ 막 두께(Å) $= \left(\dfrac{A}{공정\ 온도}\right)^2 + B$ (단, $A > 0$)

	A	B
①	500	71
②	500	83
③	500	92
④	1,000	71
⑤	1,000	83

19 다음은 S 방송사의 연도별 국내 방송 프로그램의 수출액을 나타낸 자료이다. A 방송 프로그램과 B 방송 프로그램의 전체 수출액에서 A 방송 프로그램의 수출액이 차지하는 비중을 바르게 나타낸 것을 고르시오.

[연도별 국내 방송 프로그램 수출액]

(단위: 억 원)

구분	2019년	2020년	2021년	2022년	2023년
A 방송	240	320	225	270	385
B 방송	360	320	275	330	315

①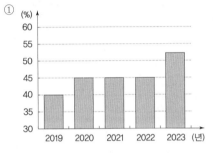

②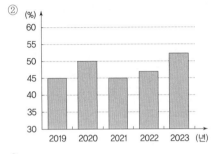

③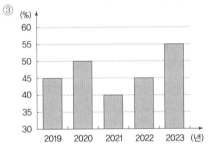

④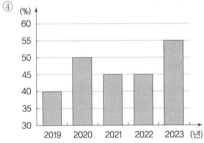

⑤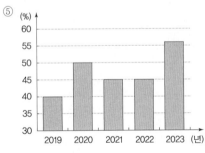

20 다음은 A 미생물과 B 미생물의 크기를 나타낸 자료이다. 미생물은 각각 일정한 규칙으로 변화할 때, B 미생물의 크기가 처음으로 A 미생물의 크기의 100배 이상이 되는 주 차는?

[주 차별 미생물 크기]

(단위: nm)

구분	1주 차	2주 차	3주 차	4주 차	5주 차
A 미생물	10	11	12	13	14
B 미생물	5	7	11	19	35

① 10주 차　　② 11주 차　　③ 12주 차　　④ 13주 차　　⑤ 14주 차

약점 보완 해설집 p.52

[01 - 02] 다음 전제를 읽고 반드시 참인 결론을 고르시오.

01

전제	시간 관리를 잘하는 모든 사람은 공부를 잘한다.
	꼼꼼한 모든 사람은 공부를 잘하지 못한다.
결론	

① 꼼꼼한 모든 사람은 시간 관리를 잘한다.

② 시간 관리를 잘하는 어떤 사람은 꼼꼼하다.

③ 꼼꼼하지 않은 모든 사람은 시간 관리를 잘한다.

④ 시간 관리를 잘하지 못하는 어떤 사람은 꼼꼼하다.

⑤ 꼼꼼하지 않은 모든 사람은 시간 관리를 잘하지 못한다.

02

전제	볼링을 좋아하는 모든 사원은 테니스를 좋아한다.
	볼링을 좋아하는 모든 사원은 탁구를 좋아한다.
결론	

① 테니스를 좋아하는 모든 사원은 탁구를 좋아한다.

② 테니스를 좋아하는 어떤 사원은 탁구를 좋아하지 않는다.

③ 탁구를 좋아하는 모든 사원은 테니스를 좋아한다.

④ 탁구를 좋아하는 어떤 사원은 테니스를 좋아한다.

⑤ 탁구를 좋아하지 않는 어떤 사원은 테니스를 좋아하지 않는다.

03 다음 결론이 반드시 참이 되게 하는 전제를 고르시오.

전제	뉴스를 매일 보는 모든 사람은 상식이 풍부하다.
결론	책을 즐겨 읽는 모든 사람은 뉴스를 매일 보지 않는다.

① 상식이 풍부한 어떤 사람은 책을 즐겨 읽는다.

② 뉴스를 매일 보지 않는 어떤 사람은 책을 즐겨 읽는다.

③ 책을 즐겨 읽는 모든 사람은 상식이 풍부하지 않다.

④ 상식이 풍부한 모든 사람은 책을 즐겨 읽는다.

⑤ 책을 즐겨 읽는 어떤 사람은 상식이 풍부하다.

04 희진, 대현, 민수, 지아 4명이 볼링을 치고 있다. 다음 조건을 모두 고려하였을 때, 항상 거짓인 것을 고르시오.

- 4명의 볼링 게임 점수는 모두 동점 없이 90점 이상 100점 미만이다.
- 4명 중 지아의 점수가 가장 낮다.
- 4명의 점수는 모두 홀수이거나, 모두 짝수이다.
- 희진이와 민수의 평균 점수는 대현이의 점수와 같다.
- 4명의 평균 점수는 94점이다.

① 민수와 지아의 점수 합은 188점이다.

② 대현이의 점수는 95점이다.

③ 지아와 희진이의 점수 차이는 4점이다.

④ 희진이의 점수가 가장 높다.

⑤ 민수와 대현이의 점수 차이는 2점이다.

05 갑, 을, 병, 정, 무, 기 6명은 3층짜리 기숙사에 거주하고 있다. 다음 조건을 모두 고려하였을 때, 항상 <u>거짓</u>인 것을 고르시오.

- 갑은 201호에 거주한다.
- 을과 정은 3층에 거주한다.
- 병은 갑과 같은 층에 거주하지 않는다.

301호	302호
201호	202호
101호	102호

① 갑과 을이 위아래로 인접하여 거주하면, 가능한 경우의 수는 2가지이다.

② 기가 202호에 거주하면, 가능한 경우의 수는 4가지이다.

③ 정이 301호에 거주하면, 병은 101호에 거주한다.

④ 갑과 무가 같은 층에 거주하지 않으면, 기는 2층에 거주한다.

⑤ 병과 무가 같은 층에 거주하면, 을은 301호에 거주한다.

06 상자에 서로 다른 숫자가 적힌 여섯 개의 공이 들어 있으며, A, B, C, D, E, F 6명은 각자 상자에서 공을 하나씩 뽑아 공에 적힌 숫자가 큰 순서대로 높은 순위를 매겼다. 다음 조건을 모두 고려하였을 때, 항상 <u>거짓</u>인 것을 고르시오.

- F의 순위는 홀수이며, 1위가 아니다.
- B의 순위는 짝수이며, 6위가 아니다.
- A의 순위는 F의 순위보다 높고, C의 순위는 E의 순위보다 낮다.
- D의 순위는 B의 순위 바로 다음이다.

① A가 1위이면, E는 4위이다.

② F의 순위는 B의 순위보다 높다.

③ C는 6위이다.

④ 1위가 될 수 있는 사람은 1명이다.

⑤ F가 5위이면, D는 3위이다.

07 A, B, C, D, E 5명이 스키나 보드를 타고 있다. 다음 조건을 모두 고려하였을 때, 항상 거짓인 것을 고르시오.

> - 상급, 중급, 초급 각 코스에서 최소 한 명씩은 타고 있다.
> - A는 혼자 초급 코스에 있다.
> - B와 D는 서로 다른 코스에서 서로 다른 장비를 타고 있다.
> - C와 E는 서로 다른 코스에서 같은 장비를 타고 있다.
> - 3명이 스키를 타고 있다.
> - 상급 코스에서는 보드를 탈 수 없다.

① A와 D는 같은 장비를 타고 있다.

② B와 E는 같은 코스에 있다.

③ C는 상급 코스에서 스키를 타고 있다.

④ D는 중급 코스에서 스키를 타고 있다.

⑤ E가 상급 코스에 있다면, B와 C는 같은 코스에 있다.

08 유라, 보미, 수영, 규환, 민석, 창욱, 용준이가 사내 교육 프로그램을 수강한 후 시험을 보고, 시험 점수가 높은 순서대로 순위를 정했다. 다음 조건을 모두 고려하였을 때, 항상 거짓인 것을 고르시오.

> - 점수가 같은 사람은 없었으며, 90점 이상은 2명, 80점 이상은 5명, 70점 이상은 7명이었다.
> - 규환이는 수영보다 순위가 높았으며, 수영이의 점수는 80점대이다.
> - 창욱이의 순위는 5위가 아니다.
> - 용준이의 점수는 90점이며, 보미의 순위는 6위이다.
> - 수영이는 민석이 바로 다음 순위이며, 유라의 점수는 90점 미만이다.

① 유라의 순위는 짝수이다.

② 수영이는 보미 바로 이전 순위이다.

③ 창욱이는 용준이 바로 다음 순위이다.

④ 규환이의 점수는 91점 이상이다.

⑤ 보미는 유라보다 순위가 높다.

09 미영, 수빈, 영채, 형민, 유아는 자신의 손수건에 꽃, 해, 달, 별, 새 모양 중 하나를 골라 자수를 놓았다. 동일한 모양의 자수를 놓은 사람은 없다고 할 때, 수빈이가 놓은 자수의 모양을 고르시오.

- 영채가 놓은 자수는 해 또는 달 모양이다.
- 미영이가 놓은 자수는 새 모양이다.
- 유아가 놓은 자수는 꽃과 달 모양이 아니다.
- 형민이가 놓은 자수는 별 모양이다.

① 꽃 모양   ② 해 모양   ③ 달 모양   ④ 별 모양   ⑤ 새 모양

10 1~6월까지 매달 A 사, B 사, C 사에서 교육을 두 번씩 진행할 예정이다. 다음 조건을 모두 고려하였을 때, 항상 거짓인 것을 고르시오.

- 교육은 매달 한 번만 진행된다.
- B 사는 두 번 연이어 교육을 진행하지 않는다.
- 3월에 교육을 진행하는 회사는 C 사이다.
- A 사는 두 달 연속으로 교육을 진행한다.

① C 사는 4월에 교육을 진행하지 않는다.

② A 사가 마지막으로 교육을 진행하면, 4월에 교육을 진행하는 회사는 C 사이다.

③ C 사가 두 달 연속으로 교육을 진행하면, A 사는 4월 이후에 교육을 진행한다.

④ 1월에 A 사가 교육을 진행하면, 5월에는 C 사가 교육을 진행한다.

⑤ 2월에 B 사가 교육을 진행하면, B 사는 5월 이후에 두 번째 교육을 진행한다.

11 A, B, C, D, E 5명은 바이올린과 플루트 중 하나의 악기를 선택하여 연습했다. 바이올린을 연습한 사람은 진실을 말하고 플루트를 연습한 사람은 거짓을 말했을 때, 항상 <u>거짓</u>인 것을 고르시오.

> - A: B와 C는 서로 다른 악기를 연습했어.
> - B: C는 바이올린을 연습했어.
> - C: D와 E는 서로 다른 악기를 연습했어.
> - D: B는 플루트를 연습했어.
> - E: 나는 플루트를 연습하지 않았어.

① A는 바이올린을 연습했다.

② B와 C는 서로 같은 악기를 연습했다.

③ D는 바이올린을 연습했다.

④ E는 B와 같은 악기를 연습했다.

⑤ C가 플루트를 연습했다면, D는 바이올린을 연습했다.

12 A 사원, B 사원, C 사원, D 대리, E 대리, F 부장 총 6명은 각각 버스 1~9번 좌석 중 한 좌석에 앞을 바라보고 앉는다. 다음 조건을 모두 고려하였을 때, 항상 참인 것을 고르시오.

> - 사원 3명은 같은 줄에 옆으로 나란히 앉는다.
> - 부장은 1인석에 앉는다.
> - 대리는 1인석에 앉지 않는다.
> - C의 좌석 번호는 D의 좌석 번호보다 3만큼 크다.
> - B는 1인석에 앉는다.
> - 가장 뒷 좌석에는 한 명만 앉는다.
>
> 뒤
>
> | 1인석 | 2인석 | |
> |:---:|:---:|:---:|
> | 7번 | 8번 | 9번 |
> | 4번 | 5번 | 6번 |
> | 1번 | 2번 | 3번 |
>
> 앞

① 대리 2명은 같은 줄에 옆으로 나란히 앉는다.

② E가 9번 좌석에 앉는다면, F는 1번 좌석에 앉는다.

③ D가 3번 좌석에 앉는다면, 2번 좌석에는 아무도 앉지 않는다.

④ F가 7번 좌석에 앉는다면, 가능한 경우의 수는 4가지이다.

⑤ F가 1번 좌석에 앉는다면, 가능한 경우의 수는 2가지이다.

13 5층짜리 건물에 근무하는 영업부, 관리부, 기획부, 재무부, 인사부 5개 부서는 같은 층수의 다른 건물로 이사하려고 한다. 다음 조건을 모두 고려하였을 때, 항상 참인 것을 고르시오.

- 이사 전과 이사 후 모두 건물의 각 층에는 1개 부서만 근무한다.
- 인사부는 1층에서 근무하다가 두 층 더 높은 층으로 이사한다.
- 이사 전 영업부와 재무부가 근무하는 층수는 3층 차이가 나며, 영업부가 재무부보다 높은 층에서 근무한다.
- 관리부는 한 층 더 낮은 층으로 이사한다.
- 한 부서를 제외한 각 부서는 이사 전과 이사 후에 근무하는 층수가 다르다.

① 이사 전 영업부는 5층에서 근무하지 않는다.

② 이사 후 기획부는 4층보다 높은 층에서 근무한다.

③ 이사 후 재무부는 인사부보다 낮은 층에서 근무한다.

④ 이사 전 기획부는 3층에서 근무한다.

⑤ 이사 후 관리부는 2층에서 근무한다.

14 규현, 민호, 수근, 재현, 지원, 호동 6명은 거짓말을 하고 있는 사람을 찾는 게임을 하고 있다. 다음 조건을 모두 고려하였을 때, 6명 중 거짓말을 하고 있는 사람을 모두 고르시오.

- 규현: 수근이는 거짓말을 하고 있어.
- 민호: 거짓말을 하는 사람은 한 명뿐이야.
- 수근: 재현이와 지원이는 모두 진실을 말하고 있어.
- 재현: 호동이는 진실을 말하고 있어.
- 지원: 규현이와 수근이는 모두 거짓말을 하고 있어.
- 호동: 지원이는 거짓말을 하고 있어.

① 규현   ② 민호, 수근   ③ 지원, 호동   ④ 민호, 수근, 지원   ⑤ 수근, 재현, 호동

15

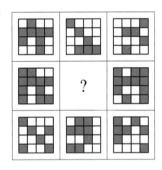

①   ②   ③

④   ⑤

16

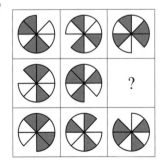

①   ②   ③

④   ⑤

17

①   ②   ③

④   ⑤

[18-21] 다음 각 기호가 문자, 숫자의 배열을 바꾸는 규칙을 나타낸다고 할 때, 각 문제의 '?'에 해당하는 것을 고르시오.

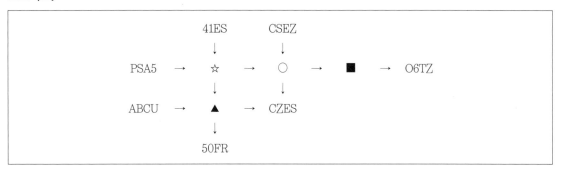

18

4JA4 → ▲ → ○ → ?

① 6H2C   ② 62HC   ③ 35ZK   ④ 62CH   ⑤ 3KZ5

19

PYFC → ■ → ☆ → ○ → ?

① QGZB   ② OGBZ   ③ OZED   ④ QZED   ⑤ OZBG

20

? → ▲ → ■ → ㄷㅈㅑㅌ

① ㅋㄱㅊㅕ   ② ㄱㅋㅊㅣ   ③ ㄱㅋㅊㅕ   ④ ㅋㄱㅊㅣ   ⑤ ㄱㅎㅣㅋ

21

? → ☆ → ○ → ■ → E383

① F742   ② F274   ③ D724   ④ D492   ⑤ D429

22 다음 문단을 논리적 순서대로 알맞게 배열한 것을 고르시오.

(A) 예컨대 실제로 황소는 색을 명확하게 구분하지 못한다. 간혹 투우사가 붉은색 천을 사용하는 데에 대해 황소가 붉은 색을 보고 흥분했다고 생각하기 쉽지만, 투우 경기에서 붉은색 천을 사용하는 이유는 경기 관람객의 흥분도를 올리기 위함이며, 황소의 흥분에 천의 색은 전혀 관여하지 않는다.

(B) 한편, 원뿔세포 기능에 이상이 생기면 색깔을 명확하게 구분하기 어려워진다. 이를 색각이상이라 일컫는데, 이전에는 색각이상이 있는 사람을 모두 색맹이라 불렀으나 실제 색각이상자들은 색을 식별하는 능력이 낮은 경우가 대부분이며, 이들이 색을 전혀 보지 못하는 것은 아니므로 모든 색각이상자를 가리켜 색맹이라 부르는 것은 부적절하다.

(C) 우리의 망막에는 빛을 감지하는 시각 세포가 있는데, 그중 하나가 원뿔세포이다. 원뿔세포는 강한 빛에 반응해 색깔을 구별하는 데 도움을 주는 대표적인 광수용기이다. 인간의 망막에 존재하는 원뿔세포는 민감하게 반응하는 빛 파장의 색깔에 따라 적색원뿔세포, 녹색원뿔세포, 청색원뿔세포 세 종류로 나뉜다.

(D) 우리는 이 세 가지 종류의 원뿔세포가 어떤 비율로 자극을 받아 시각 정보를 제공하느냐에 따라 모든 색을 구별할 수 있게 된다. 따라서 세 종류 중 한 종류의 원뿔세포에만 이상이 생기더라도 색 구분을 명확히 할 수 없다. 다만 인간과 달리 일부 포유류의 경우 선천적으로 하나 또는 두 종류의 원뿔세포를 갖고 있다고 한다.

① (C) − (A) − (D) − (B)
② (C) − (D) − (A) − (B)
③ (C) − (D) − (B) − (A)
④ (D) − (C) − (A) − (B)
⑤ (D) − (C) − (B) − (A)

23 다음 문단을 논리적 순서대로 알맞게 배열한 것을 고르시오.

(A) 특히 달 먼지가 호흡기로 유입될 경우 목이 따끔거리고 코가 막히는 등 이상 증상이 발생하거나, 폐의 깊숙한 곳에 입자가 장기간 머무르며 해를 입히는 것으로 알려져 있다. 게다가 달 먼지에는 규산염 성분이 포함되어 있어서, 달 먼지를 다량 흡입하면 기관지에 염증이 생기고 폐에 상처가 날 수 있다. 하지만 달 먼지가 인간에게 악영향만 미치는 존재라고 치부할 수는 없다.

(B) 달 먼지의 악영향에 관해 아직 정확하게 알려진 바는 없다. 하지만 연구진들이 달 먼지의 성분과 유사한 물질로 실험한 결과, 달 먼지에 노출되는 기간이 길어지면 먼지를 구성하는 입자들이 폐세포와 뇌세포를 파괴하여 인체에 부정적인 영향을 미칠 수 있다는 사실을 밝혀냈다.

(C) 달 먼지를 활용하면 달에 건물을 지을 수 있기 때문인데, 실제로 유럽 우주 비행사 센터는 달 먼지를 활용하여 달 탐사 기지를 건축하는 방안을 연구하고 있다. 건축의 이상적인 재료로 여겨지는 달 먼지는 달의 표면에서 손쉽게 구할 수 있을 뿐만 아니라, 압착과 태우는 것 모두 가능하다는 장점이 있다. 연구진들은 달 먼지와 비슷한 모조품으로 실험을 진행 중이며 달 탐사 기지 건설에 성공할 경우, 달에 장기간 머무르며 달을 더 깊이 있게 탐구할 수 있는 토대가 되리라 전망하고 있다.

(D) 달의 표면은 밀가루보다 고운 먼지로 뒤덮여 있다. 달 먼지는 주로 달 표면의 바위들이 운석과 충돌하며 부서진 파편으로 구성된다. 달 먼지의 알갱이는 조각날 때 최초의 날카로운 단면을 유지하여 표면이 매우 거친데, 달은 지구와 달리 바람이 불지 않아 입자가 마모되지 않기 때문이다. 이에 따라 달 먼지는 우주복과 우주 신발을 뚫고 들어올 뿐만 아니라, 우주복의 연결부에 달라붙어 움직임을 힘들게 한다.

① (B) - (D) - (A) - (C)

② (B) - (D) - (C) - (A)

③ (D) - (B) - (A) - (C)

④ (D) - (B) - (C) - (A)

⑤ (D) - (C) - (A) - (B)

24 다음 진술이 모두 참이라고 할 때 반드시 <u>거짓</u>일 수밖에 없는 것을 고르시오.

> 발달심리학에 의하면 인간의 뇌는 결정적 시기에 인지적, 정서적, 신체적 발달이 이루어지며, 이는 영유아기에 국한된다고 알려져 왔다. 그러나 뇌 과학에 대한 연구가 활성화되며, 뇌의 신경계가 환경, 경험, 자극에 의해 재조직되고 일생 동안 발달 및 성장이 진행된다는 사실이 밝혀졌다. 이 현상은 뇌가 새로운 환경이나 경험에 따라 기존의 신경망을 새롭게 구축하는 능력인 '신경 가소성'에 기반한다. 신경 가소성은 대뇌의 시냅스에서 뉴런 간 연결을 강화하거나 약화하거나 혹은 새로운 연결을 형성하는 방식으로 이루어진다. 예를 들어, 반복적인 학습이나 훈련은 뇌의 특정 영역에서 시냅스를 증가시키고, 장기 기억 형성의 기능을 하는 해마나 전두엽의 활동을 촉진시킨다. 신경 가소성은 노화나 뇌 손상 후에도 지속적으로 일어날 수 있다. 뇌졸중 후 재활 치료에서 뇌의 특정 부분이 손상되더라도, 다른 부분이 그 기능을 대신하도록 재조직하며 회복을 돕는 과정이 그 사례이다. 그러나 스트레스나 부정적인 감정은 신경 가소성을 저하시킬 수 있다. 스트레스에 대항하기 위한 호르몬인 코르티솔이 과다하게 분비되면 해마의 기능이 축소되며 새로운 기억을 형성하는 능력이 감소하기 때문이다.

① 대뇌의 시냅스는 경험에 따라 새로운 뉴런의 연결을 형성할 수 있다.

② 뇌에 손상을 입었을 경우에도 뇌의 신경회로가 재조직될 수 있다.

③ 노화가 진행됨에 따라 신경가소성은 점차 감소하며 완전히 소멸되는 시기가 존재한다.

④ 호르몬의 종류 중 코르티솔은 장기 기억을 형성하는 능력을 저하시킨다.

⑤ 반복적인 학습이나 훈련은 뇌의 특정 영역에서 전두엽의 활동을 증가시킨다.

25 다음 내용을 바탕으로 추론할 수 있는 것을 고르시오.

양자 컴퓨팅은 전통적인 컴퓨터의 한계를 넘어서는 기술로 물리학의 양자역학 원리를 기반으로 작동한다. 양자 컴퓨터는 서로 다른 상태가 중첩된 값이 확률적으로 존재하는 원리를 기반으로 하는 '큐비트' 단위를 사용한다. 0과 1이 있다고 할 때, 비트를 사용하는 기존의 컴퓨터에서는 0 또는 1의 두 가지 상태만을 표현할 수 있지만, 큐비트는 (00, 01, 10, 11)의 4가지 상태로 표현할 수 있다. 이런 식으로 3개의 큐비트로는 8가지 상태를, n개의 큐비트로는 2의 n 제곱만큼의 상태를 표현할 수 있으므로 한 번에 처리하는 정보량이 훨씬 더 커진다. 이러한 양자 컴퓨터의 정보 처리량 및 속도는 최적화 문제와 암호 해독 분야에서 큰 잠재력을 발휘할 것으로 보인다. 복잡하고 방대한 문제를 동시다발적으로 처리함으로써 기존에 수백 년이 걸릴 일을 몇 초 만에 해결할 수 있을 것이다. 그러나 양자 컴퓨터가 상용화되기 위해서는 몇 가지 해결해야 할 문제가 있다. 먼저, 큐비트의 상태는 매우 불안정하고 민감해 온도, 전자파, 소음 등에 의해 쉽게 오류가 발생한다. 또한, 양자 컴퓨터를 구현하는 데 필요한 저온 환경과 고가의 장비는 기술적인 장벽을 높인다. 그럼에도 불구하고 양자 컴퓨팅은 양자 물리학을 기반으로 하는 여러 현실 세계에 응용되며 정보 기술의 흐름을 변화시킬 것이다.

① 양자 컴퓨터의 상용화는 이미 완료되었으며 대부분의 산업에서 활용되고 있다.

② 동일한 시간에 처리하는 데이터의 양은 큐비트를 사용하는 컴퓨터가 비트를 사용하는 컴퓨터보다 많다.

③ 양자 컴퓨터는 양자역학의 일부 원리만을 사용하므로 물리학에 기반하여 작동하는 것은 아니다.

④ 큐비트의 장점은 외부 환경에 영향을 받지 않아 관리가 어렵지 않다는 것이다.

⑤ 양자 컴퓨터에서 5개의 큐비트를 사용하는 경우 50가지 이상의 상태를 표현할 수 있다.

26 다음 진술이 모두 참이라고 할 때 반드시 <u>거짓</u>일 수밖에 없는 것을 고르시오.

> 한 겨울, 제철 음식으로는 굴이 손꼽힌다. 그렇지만 굴을 잘못 섭취할 경우 노로 바이러스에 걸릴 수 있으므로 주의가 필요하다. 노로 바이러스는 조개류, 오염된 지하수, 가열하지 않은 생채소 따위를 통해 감염되는 바이러스성 위장관염을 말한다. 흔히 해산물을 익혀 먹으면 노로 바이러스에 걸리지 않을 것이라 생각하기 쉽지만, 노로 바이러스는 60도에서 30분 이상 가열하더라도 감염성이 감소하지 않고, 수돗물의 염소 농도에서도 불활성화되지 않는 등 저항성이 강하다. 특히 감염자가 접촉한 물건을 통해서도 쉽게 감염되어 전염성 역시 강하다. 일단 노로 바이러스에 감염되면 반나절에서 이틀 간의 잠복기를 거친 후에 오한, 구토, 설사와 같은 증상이 발현된다. 보통 소아에게서는 구토 증상이, 성인에게서는 설사 증상이 흔하게 발생한다. 특히 구토와 설사 외에도 발열과 근육통 등이 동반된다. 보통 별다른 치료를 하지 않더라도 48시간 이내에는 자연 회복되고, 치료에 특수한 항바이러스제는 존재하지 않아 항생제 치료는 이루어지지 않는다. 다만, 탈수 증상이 나타날 수 있기 때문에 이온 음료 등을 통해 수분을 보충하는 보존적 치료가 행해져야 한다. 탈수 증상이 심할 경우 정맥주사를 통해 수액을 맞기도 한다. 이러한 노로 바이러스를 피하기 위해서는 우선 철저한 위생 관리가 행해져야 한다. 오염된 물이나 해산물을 먹지 않도록 주의하는 것이 가장 좋으며, 손을 깨끗하게 씻는 등 개인 위생도 잘 지켜져야 한다.

① 노로 바이러스는 자연 치유가 가능하기 때문에 약물 치료보다는 수분 보충 등의 보존적 치료가 행해진다.

② 노로 바이러스에 감염되었다고 하더라도 최대 이틀까지는 관련 증상이 발현되지 않을 수 있다.

③ 노로 바이러스는 저항성이 강한 편이지만, 수돗물의 염소 농도에서는 불활성화되는 특징이 있다.

④ 노로 바이러스는 익힌 해산물로도 감염될 수 있으므로 오염된 해산물을 섭취하지 않도록 주의해야 한다.

⑤ 노로 바이러스에 감염된 소아에게서는 일반적으로 설사보다는 구토 증상이 흔한 편이다.

27 다음 진술이 모두 참이라고 할 때 반드시 <u>거짓</u>일 수밖에 없는 것을 고르시오.

한겨울에 구름 한 점 없이 맑은 날씨임에도 더 추위를 느낄 때가 있다. 이는 바로 복사 냉각 때문이다. 복사 냉각이란 낮 시간 동안 지표면에 가해진 태양광선이 밤 시간에 열 에너지를 적외선 형태로 방출함에 따라 냉각되는 현상을 의미한다. 보통 낮 시간에는 지표면에 흡수된 복사 에너지가 방출된 복사 에너지보다 커 냉각 현상이 발생하지 않고, 구름이 많은 경우에는 밤 시간이라고 하더라도 구름에서 방출된 복사 에너지가 지표면에 흡수되어 잘 발생하지 않는다. 이에 따라 복사 냉각은 해가 짧은 겨울철 혹은 구름이 없는 야간의 지표면에서 자주 관찰된다. 가을철 일교차가 큰 것도 복사 냉각에 의한 현상인데, 가을철에는 구름이 없는 청명한 날씨가 이어져 낮에는 지표면에서 흡수하는 태양 복사 에너지가 증가하지만, 밤에는 방출되는 복사 에너지가 많아 쉽게 냉각되어 큰 일교차를 보이게 된다. 한편, 그동안에는 복사 냉각이 단순히 자연 현상으로 판단되었으나 최근 우리나라의 한 연구팀이 복사 냉각 페인트를 모델링함에 따라 큰 주목을 받고 있다. 오늘날 우리 지구는 지구 온난화를 넘어 끓는 지구(Global boiling) 시대로 여겨진다. 이에 따라 지구의 온도를 낮추는 것은 전 세계적인 목표인데, 연구팀이 2차원 시뮬레이션을 통해 이산화규소와 산화알루미늄 입자로 이루어진 복사 냉각 페인트를 모델링한 결과 두께가 250µm인 최적의 복사 냉각 페인트를 제작했다고 한다. 이 페인트는 주위의 온도보다 9.1도를 낮출 만큼 효과적인 것으로 알려졌는데, 건물 외벽, 비행기 등에 적용할 수 있다고 알려졌다. 무엇보다 공정이 어렵지 않고 가격 역시 저렴해 앞으로 끓는 지구의 열을 식혀줄 하나의 기술로서 자리 잡기를 기대되고 있다.

① 구름 한 점 없는 청명한 가을의 낮에는 태양의 복사 에너지가 지표면에 잘 흡수될 것이다.

② 복사 냉각 페인트는 건물 외벽이나 비행기 등에 활용해 주변의 온도를 낮추는 역할을 하게 된다.

③ 낮에 지표면에 흡수된 태양광선은 밤에 적외선 형태로 방출된다.

④ 최고의 효과를 낼 수 있는 복사 냉각 페인트 제작에는 큰 비용이 소모되어 쉽게 상용화되기는 어렵다.

⑤ 구름이 많은 날씨에서는 밤 시간 대에도 복사 냉각 현상이 잘 발현되지 않는다.

28 다음 주장에 대한 반박으로 가장 타당한 것을 고르시오.

> 재미를 의미하는 펀(Fun)과 물가 상승을 의미하는 인플레이션(Inflation)이 결합하여 만들어진 펀플레이
> 션은 공연이나 외식 등 오락 비용이 증가하는 것을 의미한다. 코로나19 시기부터 시작된 펀플레이션은 팬데
> 믹이 종료된 이후까지도 비용 상승을 유발하게 되었다. 실제로 통계청에 따르면 공연예술관람료는 동일 기
> 간 직전 해 대비 약 6.3% 상승하였다고 한다. 문제는 이렇게 상승한 비용은 쉬이 내려가지 않아 소비자에게
> 부담이 전가된다는 점이다. 따라서 정부 차원에서 시행하는 강력한 통화 정책만이 펀플레이션에 대한 유일
> 한 해답이 될 수 있다.

① 펀플레이션과 더불어 인플레이션상태가 지속될 경우 경기 침체와 함께 오는 스태그플레이션이 나타날 수도
  있다.

② 이미 물가가 오른 상태에서 강력한 통화 정책은 해결책이 될 수 없으므로 규모의 경제가 가능한 대기업 중심
  으로 인상 자제가 시행되어야 한다.

③ 외식비와 더불어 상승하고 있는 배달 비용 역시 펀플레이션을 유발하는 요건이므로 배달 비용을 감소시킬 수
  있는 방안을 마련해야 한다.

④ 펀플레이션은 코로나19 상황 속에서 시작되었다는 점을 고려해 시간의 흐름에 따라 관련 비용 역시 자연스럽
  게 코로나19 이전의 금액 수준으로 감소하게 될 것이다.

⑤ 강력한 통화 정책을 시행하지 않아 펀플레이션을 막지 못할 경우 소비자의 소비가 줄어들어 관련 기업이 오히
  려 도산할 수 있다.

29 다음 글을 바탕으로 아래 〈보기〉를 이해한 내용으로 적절한 것을 고르시오.

> 스포츠 경기, 게임, 영화 등에서 패배할 것으로 예상되는 약자를 언더독, 승리할 것으로 예상되는 강자를 탑독이라고 부른다. 여기서 언더독과 탑독은 각각 투견 시 싸움에서 져 아래에 깔린 개와 그 위에 올라타 우세를 보이는 개를 의미하는데, 이때 사람들이 아래에 깔린 개를 응원하는 현상에서 '언더독 효과'가 유래되었다. 언더독 효과란 경쟁에서 열세에 몰린 약자에게는 심리적인 애착을 느끼며 힘을 북돋아 줄 수 있도록 격려를 아끼지 않는 반면, 강자를 견제하여 그들의 말에는 귀 기울이지 않는 현상을 일컫는다. 전문가들은 이러한 대중의 심리에는 약자에 대한 관대함과 약자와 자신을 동일시하는 감정이 영향을 미친 것으로 분석한다. 같은 이유로 영화는 상업성을 높이기 위해 약자인 주인공이 역경을 극복하고 승리하는 모습을 연출하며, 관객들은 스토리 전개를 예상할 수 있음에도 불구하고 주인공을 응원하고 그 승리에 감동을 받는다.

—— 〈보기〉 ——

> 1944년 미국 대통령 선거 당시, 사전 여론 조사에서 각 후보의 지지율을 조사한 결과 민주당 후보 해리 트루먼은 상대 후보인 공화당의 토마스 듀이에게 밀려 계속 2등에 머무르며 승리할 기미를 보이지 못하였다. 그러나, 선거 막판에 부동층 유권자들의 동정표가 몰리며 트루먼이 상대 후보를 4.4%p 차이로 꺾고 당선되었다.

① 듀이가 승리를 확신하며 자신감 있는 모습을 비추었다면 결과는 달라졌을 것이다.

② 트루먼이 연달아 여론 조사에 뒤처지면서 대중들에게 언더독 이미지가 형성되었다.

③ 부동층 유권자들이 트루먼에게 표결한 이유는 듀이의 패배를 예견했기 때문이다.

④ 만약 트루먼의 당선을 예측할 수 있었다면 부동층의 표심에는 변화가 없었을 것이다.

⑤ 트루먼의 당선은 트루먼과 듀이의 경쟁이 사전에 승패가 결정되어 있었음을 뜻한다.

30 다음 글을 바탕으로 아래 〈보기〉를 이해한 내용으로 적절한 것을 고르시오.

테이프의 접착력을 이용한 기계적 박리법은 여러 층으로 구성되어 있는 흑연으로부터 그래핀을 물리적으로 분리하는 방법이다. 이 방법은 2004년 노보셀로프와 가임 교수에 의해 처음으로 발명되었다. 종이에 연필로 글씨를 쓸 때 흑연의 얇은 막이 종이에 입혀지는 원리와 유사하다. 테이프를 붙였다 뗄 경우 처음에는 흑연에서 여러 층의 그래핀이 떨어져 나오게 되는데, 이때 적은 층의 그래핀을 얻기 위해 테이프를 붙였다 떼는 과정을 반복해야 한다. 이렇게 물리적인 힘을 가해 한 겹씩 분리된 그래핀을 표적 기판에 옮겨 아세톤과 같은 용액을 사용하여 테이프의 접착 성분을 제거하면 온전한 그래핀을 얻어낼 수 있다. 흑연으로부터 박리하여 그래핀을 얻어내기 때문에 한 층의 그래핀을 벗겨내는 데 필요한 에너지가 적지만 생산 효율이 낮아 대량 생산은 어렵다는 단점이 있다.

〈보기〉

화학적 박리법이란 흑연을 염산, 질산 등과 같은 강산과 산화제로 산화시켜 그래핀을 분리하는 방법이다. 우선 흑연을 강산으로 산화시켜 산화된 흑연을 만들어 낸다. 이 산화 흑연은 강한 친수성을 가지고 있기 때문에 물 분자가 흑연의 면과 면 사이에 침투하면서 그 간격이 멀어지게 되는데, 이때 장시간 동안 초음파 분쇄기나 교반 등을 이용하면 그래핀을 쉽게 박리할 수 있다. 이렇게 얻어낸 산화 그래핀은 환원 과정을 거치게 되는데, 이 과정을 통해 온전한 그래핀을 얻게 된다. 화학적 박리법으로 얻어진 그래핀은 질이 낮다는 단점이 존재하지만, 박리가 매우 간단하고, 많은 양의 그래핀을 생산할 수 있는 방법이라는 점에서 유용하다.

① 산화제를 이용하면 흑연으로부터 높은 질의 그래핀을 얻을 수 있다.
② 기계적 박리법은 물리적인 힘을 한 번 가할 때마다 흑연으로부터 한 겹의 그래핀을 벗겨낸다.
③ 화학적 박리법은 기계적 박리법 대비 그래핀을 대량으로 생산할 수 있는 방법이다.
④ 흑연으로부터 그래핀을 얻는 방법은 고온의 환경에서 이루어져야 한다.
⑤ 화학적 박리법을 이용하면 기계적 박리법보다 상대적으로 저렴하게 그래핀을 얻을 수 있다.

약점 보완 해설집 p.57

무료 바로 채점 및 성적 분석 서비스 바로 가기
QR코드를 이용해 모바일로 간편하게 채점하고 나의 실력이 어느 정도인지, 취약 부분이 어디인지 바로 파악해 보세요!

GLOBAL SAMSUNG APTITUDE TEST

PART 2

고난도

실전모의고사 5회

Ⅰ 수리

Ⅱ 추리

 본 모의고사는 가장 최근에 시행된 온라인 GSAT 출제 경향에 맞춰 수리와 추리 두 영역으로 구성되어 있습니다. 교재에 수록된 문제풀이 용지와 해커스ONE 애플리케이션의 학습 타이머를 이용하여 실전처럼 모의고사를 풀어본 후, p.251에 있는 '바로 채점 및 성적 분석 서비스' QR코드를 스캔하여 응시 인원 대비 본인의 성적 위치를 확인해 보세요.

01 2023년 S 기업의 폴더블형 스마트폰 판매량은 600십만 대였다. 2024년 S 기업의 바형 스마트폰 판매량은 전년 대비 25% 증가하였고, 폴더블형 스마트폰 판매량은 전년 대비 20% 감소하여 2024년 S 기업의 바형과 폴더블형 스마트폰 판매량의 총합은 전년 대비 10% 증가하였을 때, 2024년 S 기업의 바형 스마트폰 판매량은?

① 1,500십만 대   ② 1,550십만 대   ③ 1,600십만 대   ④ 1,650십만 대   ⑤ 1,700십만 대

02 Z 마트에서는 서로 다른 과일 A, B, C, D, E와 종류가 서로 다른 과자 F, G, H 총 8개의 상품이 1개씩 무작위로 들어있는 8개의 랜덤 박스를 판매하고 있다. 은지가 Z 마트에서 3개의 랜덤 박스를 구매했다고 할 때, 이 중 2개의 랜덤 박스에 과일이 들어있을 확률은? (단, Z 마트에서 판매 중인 랜덤 박스는 8개뿐이며, 은지보다 먼저 랜덤 박스를 구매한 사람은 없다.)

① $\frac{1}{2}$ ② $\frac{15}{28}$ ③ $\frac{4}{7}$ ④ $\frac{17}{28}$ ⑤ $\frac{9}{14}$

03 다음은 2024년 S 항공사의 상반기 항공 운항 건수 및 지연 원인별 지연 건수를 나타낸 자료이다. 다음 중 자료에 대한 설명으로 옳지 <u>않은</u> 것을 고르시오.

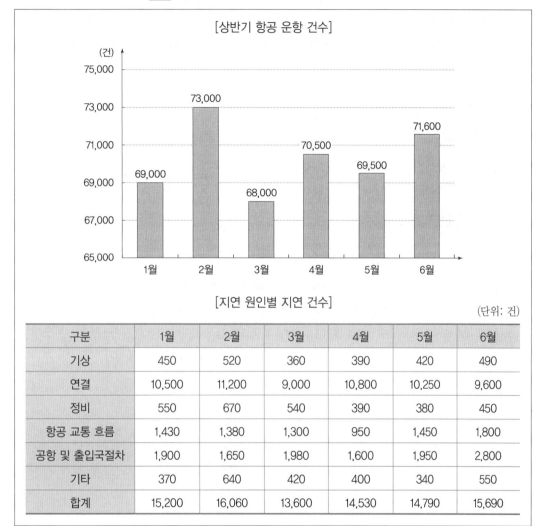

[상반기 항공 운항 건수]

[지연 원인별 지연 건수]

(단위: 건)

구분	1월	2월	3월	4월	5월	6월
기상	450	520	360	390	420	490
연결	10,500	11,200	9,000	10,800	10,250	9,600
정비	550	670	540	390	380	450
항공 교통 흐름	1,430	1,380	1,300	950	1,450	1,800
공항 및 출입국절차	1,900	1,650	1,980	1,600	1,950	2,800
기타	370	640	420	400	340	550
합계	15,200	16,060	13,600	14,530	14,790	15,690

※ 지연율(%) = (전체 지연 건수 / 항공 운항 건수) × 100

① 제시된 기간 중 연결로 인한 지연 건수가 다른 달에 비해 두 번째로 많은 달에 항공 운항 건수는 7만 건 이상이다.

② 항공 교통 흐름으로 인한 지연 건수는 2분기가 1분기보다 많다.

③ 월별로 지연 건수가 많은 순서대로 지연 원인을 나열하면 그 순서는 2월과 3월이 서로 동일하다.

④ 기상으로 인한 지연 건수의 전월 대비 증가율은 6월이 4월의 2배이다.

⑤ 제시된 기간 중 항공 운항 건수가 가장 적은 달에 지연율은 전월 대비 증가하였다.

기출유형분석

1회

2회

3회

4회

5회

6회

해커스 GSAT 삼성직무적성검사 실전모의고사

04 다음은 국가별 냉장고 판매량을 나타낸 자료이다. 다음 중 자료에 대한 설명으로 옳은 것을 고르시오.

[국가별 냉장고 판매량]

(단위: 만 대, %)

구분	2023년	2024년	2024년 전년 대비 증감률
A 국가	1,550	1,240	−20
B 국가	2,000	2,700	35
C 국가	1,650	990	−40
D 국가	2,500	2,250	−10
E 국가	3,000	2,400	−20
F 국가	1,800	2,250	25
합계	12,500	11,830	−5.36

① 제시된 국가 중 2024년 냉장고 판매량의 전년 대비 증가율이 가장 큰 국가의 2024년 냉장고 판매량은 전년 대비 450만 대 증가하였다.

② F 국가의 냉장고 판매량 대비 B 국가의 냉장고 판매량의 비율은 2024년이 2023년보다 크다.

③ A~F 국가의 2023년 전체 냉장고 판매량에서 A 국가의 냉장고 판매량이 차지하는 비중은 15% 이상이다.

④ 2023년 E 국가의 인구수가 2억 명이면 2023년 E 국가의 인구수 대비 냉장고 판매율은 20% 이상이다.

⑤ 제시된 국가 중 2024년 냉장고 판매량의 전년 대비 변화량이 가장 큰 국가는 E 국가이다.

05 다음은 Z 지역의 구제신청 초심처리건수와 행정소송제기건수를 나타낸 자료이다. Z 지역의 2019년 분쟁 해결률과 2024년 분쟁 해결률의 차이는?

[연도별 구제신청 초심처리건수 및 행정소송제기건수]

(단위: 건)

구분	2019년	2020년	2021년	2022년	2023년	2024년
초심처리건수	10,750	10,823	12,041	14,849	15,384	14,125
행정소송제기건수	344	488	639	593	567	565

※ 분쟁 해결률(%) = {(초심처리건수 − 행정소송제기건수) / 초심처리건수} × 100

① 0.4%p   ② 0.6%p   ③ 0.8%p   ④ 1.2%p   ⑤ 1.4%p

기출유형분석

1회

2회

3회

4회

5회

6회

해커스 GSAT 삼성직무적성검사 실전모의고사

06 다음은 A 지역의 연도별 노사분규 발생 건수 및 근로 손실일수를 나타낸 자료이다. 다음 중 자료에 대한 설명으로 옳지 <u>않은</u> 것을 고르시오.

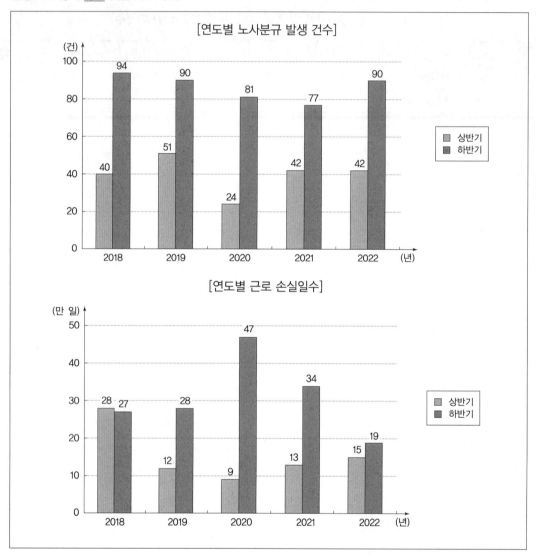

① 제시된 기간 동안 연도별 전체 근로 손실일수의 평균은 45만 일 이상이다.

② 제시된 기간 동안 상반기와 하반기 노사분규 발생 건수의 차이가 가장 큰 해는 2020년이다.

③ 2021년 하반기 근로 손실일수의 전년 대비 감소율은 25% 미만이다.

④ 2019년 상반기 노사분규 발생 건수 1건당 근로 손실일수는 2,400일 미만이다.

⑤ 2022년 전체 노사분규 발생 건수에서 하반기 노사분규 발생 건수가 차지하는 비중은 60% 이상이다.

07 다음은 연구기관별 기관 수와 연구원 수를 나타낸 자료이다. 제시된 연구기관 중 2024년 기관 수의 전년 대비 증가율이 가장 큰 기관의 2024년 연구원 수의 전년 대비 증가율은?

[연구기관별 기관 수 및 연구원 수]

(단위: 개소, 명)

구분	기관 수		연구원 수	
	2023년	2024년	2023년	2024년
A 기관	120	168	900	1,305
B 기관	150	240	1,050	1,575
C 기관	200	290	1,400	2,310
D 기관	340	510	850	1,105
E 기관	220	363	1,300	2,080
F 기관	400	648	1,530	2,295

① 30%　　　② 45%　　　③ 50%　　　④ 60%　　　⑤ 65%

08 다음은 U 지역의 역사 내 형사사건 검거 현황에 대한 자료이다. 다음 중 자료에 대한 설명으로 옳은 것을 고르시오.

[역사 내 형사사건 검거 현황]

(단위: 건)

구분	2020년		2021년		2022년	
	발생	검거	발생	검거	발생	검거
합계	2,200	2,000	2,100	1,800	2,500	2,200
강도	4	3	4	3	1	0
방화	9	8	5	3	8	7
절도	330	280	320	280	310	270
폭행	480	450	420	380	440	410
성폭력	700	680	680	600	950	880
손괴	40	30	45	36	53	42
공무방해	10	8	9	7	4	4
횡령	380	320	340	260	420	320
사기	20	20	32	15	24	19
철도안전법 위반	170	150	180	160	220	200
열차 운행방해	7	7	5	4	5	5
기타	50	44	60	52	65	43

※ 검거율(%) = (검거 건수 / 발생 건수) × 100

① 2021년 역사 내 형사사건의 전체 검거율은 전년 대비 5%p 이상 감소하였다.

② 2020년 검거되지 않은 역사 내 폭행 건수는 같은 해 역사 내 횡령 발생 건수의 10% 이상이다.

③ 2022년 역사 내 절도 검거 건수 대비 손괴 발생 건수의 비율은 0.25 이상이다.

④ 2022년 역사 내 형사사건 검거율은 사기가 철도안전법 위반보다 높다.

⑤ 제시된 기간 동안 역사 내 성폭력 검거 건수의 평균은 710건이다.

09 다음은 Z 회사의 2024년 연령대별 평균 성과금과 연령대별 평균 성과금의 전년 대비 증감률을 나타낸 자료이다. 2024년 평균 성과금의 2021년 대비 증가액이 가장 큰 연령대는?

[2024년 연령대별 평균 성과금]

(단위: 만 원)

구분	20대	30대	40대	50대	60대
평균 성과금	5,280	6,930	9,180	3,600	7,920

[연령대별 평균 성과금의 전년 대비 증감률]

(단위: %)

구분	20대	30대	40대	50대	60대
2022년	10	10	−10	20	10
2023년	50	40	20	−50	−20
2024년	60	50	70	50	50

① 20대   ② 30대   ③ 40대   ④ 50대   ⑤ 60대

[10-11] 다음은 P 국의 연료원별 신재생에너지 전력 거래량 및 전력 거래비에 대한 자료이다. 각 물음에 답하시오.

[연료원별 신재생에너지 전력 거래량]

(단위: GWh)

구분		2019년	2020년	2021년	2022년
신에너지	연료전지	24,600	22,400	25,800	31,400
	IGCC	2,230	3,430	4,660	5,270
재생에너지	태양광	3,850	5,080	6,390	8,360
	풍력	2,670	3,130	3,170	3,360
	수력	2,740	3,810	3,000	3,490
	해양	470	350	360	350
	바이오	4,140	4,650	6,450	8,950
전체		40,700	42,850	49,830	61,180

[연료원별 신재생에너지 전력 거래비]

(단위: 억 원)

구분		2019년	2020년	2021년	2022년
신에너지	연료전지	1,980	2,270	4,400	9,740
	IGCC	640	1,250	1,580	2,900
재생에너지	태양광	3,610	3,570	5,970	15,980
	풍력	2,770	2,290	3,140	6,430
	수력	2,850	3,020	3,130	7,210
	해양	420	310	420	780
	바이오	5,030	5,280	8,810	20,880
전체		17,300	17,990	27,450	63,920

※ P 국의 신에너지 연료원은 제시된 2가지뿐이고, 재생에너지 연료원은 제시된 5가지뿐임

10 다음 중 자료에 대한 설명으로 옳지 <u>않은</u> 것을 고르시오.

① 제시된 기간 동안 재생에너지의 전력 거래량이 다른 연료원에 비해 가장 적은 연료원은 매년 동일하다.

② 2019~2022년 연도별 IGCC 거래비의 평균은 1,600억 원 미만이다.

③ 2021년 재생에너지의 전체 전력 거래비에서 바이오 전력 거래비가 차지하는 비중은 45% 미만이다.

④ 2020년 IGCC 전력 거래량의 전년 대비 증가율은 2021년 태양광 전력 거래비의 전년 대비 증가율보다 작다.

⑤ 제시된 기간 중 풍력과 수력 전력 거래량의 차이가 가장 큰 해에 풍력과 수력 전력 거래비의 차이도 가장 크다.

11 다음 중 자료에 대한 설명으로 옳은 것을 <u>모두</u> 고르시오.

> a. 신에너지의 전체 전력 거래량에서 IGCC 전력 거래량이 차지하는 비중은 2021년이 2022년보다 크다.
>
> b. 제시된 기간 동안 태양광 전력 거래비는 매년 해양 전력 거래비의 10배 이상이다.
>
> c. 제시된 연료원 중 2022년 재생에너지 전력 거래비의 3년 전 대비 증가율이 가장 큰 연료원은 태양광이다.

① a   ② b   ③ a, c   ④ b, c   ⑤ a, b, c

[12 - 13] 다음은 국내 영화관의 2024년 12월 1일과 2일 상영 영화에 대한 자료이다. 각 물음에 답하시오.

[1일 상영 영화]

구분	좌석점유율(%)	배정 좌석 수(천 개)	관객 수(천 명)	매출액(백만 원)
A 영화	57.0	1,368	135.8	1,283
B 영화	11.5	276	21.7	191
C 영화	4.5	108	4.9	51
D 영화	4.0	96	6.0	52
E 영화	3.5	84	6.9	62
F 영화	2.5	60	3.8	35

[2일 상영 영화]

구분	좌석점유율(%)	배정 좌석 수(천 개)	관객 수(천 명)	매출액(백만 원)
A 영화	58.5	1,404	142.5	1,357
B 영화	10.5	252	17.6	164
C 영화	4.5	108	4.7	49
D 영화	4.0	96	4.8	44
E 영화	3.0	72	4.6	46
F 영화	2.5	60	3.3	28

※ 1) 좌석점유율(%) = (배정 좌석 수 / 국내 영화관 좌석 수) × 100
  2) 좌석판매율(%) = (관객 수 / 배정 좌석 수) × 100

12 다음 중 자료에 대한 설명으로 옳은 것을 고르시오.

① 2일 D 영화의 좌석판매율은 전일 대비 1.5%p 감소하였다.

② 1일과 2일 모두 B 영화의 관객 수가 C~F 영화의 관객 수 합보다 많다.

③ 1일 A 영화의 매출액 대비 B 영화의 매출액 비율은 1일 B 영화의 매출액 대비 F 영화의 매출액 비율보다 크다.

④ 2일 E 영화 관객 수의 전일 대비 감소율은 30% 미만이다.

⑤ 제시된 상영 영화별 관객 수가 많은 영화부터 순서대로 나열한 순위는 1일과 2일이 서로 동일하다.

13 다음 중 자료에 대한 설명으로 옳지 <u>않은</u> 것을 고르시오.

① 제시된 상영 영화별 2일 관객 수는 A 영화를 제외한 모든 영화가 전일 대비 감소하였다.

② 1일 F 영화의 좌석판매율은 5% 이상이다.

③ 1일과 2일의 국내 영화관 좌석 수는 2,400천 개로 서로 동일하다.

④ 2일 A 영화 관객 수의 전일 대비 증가율은 매출액의 전일 대비 증가율보다 크다.

⑤ 2일 B 영화의 좌석점유율은 전일 대비 1.0%p 감소하였다.

기출유형공략

1회

2회

3회

4회

5회

6회

해커스 GSAT 삼성직무적성검사 실전모의고사

[14-15] 다음은 S 지역의 연령대 및 성별 개인 토지 소유 인원수에 대한 자료이다. 각 물음에 답하시오.

[연령대별 개인 토지 소유 인원수]

(단위: 백 명)

구분	2019년	2020년	2021년
20대 미만	400	400	500
20대	3,400	3,600	3,900
30대	19,700	19,200	18,800
40대	37,900	37,800	37,600
50대	44,900	45,100	45,700
60대	35,500	38,000	40,800
70대	21,300	21,900	22,200
80대 이상	13,600	14,500	15,500
합계	176,700	180,500	185,000

[성별 개인 토지 소유 인원수]

14 다음 중 자료에 대한 설명으로 옳은 것을 고르시오.

① 2019~2021년 중 50대와 70대 개인 토지 소유 인원수의 차이가 가장 큰 해는 2021년이다.

② 2020년 20대 개인 토지 소유 인원수의 전년 대비 증가율은 5% 미만이다.

③ 2021년 40대 개인 토지 소유 인원수는 2년 전 대비 30만 명 감소하였다.

④ 전체 개인 토지 소유 인원수에서 60대 이상이 차지하는 비중은 2019년이 2021년보다 작다.

⑤ 2021년 50대 개인 토지 소유 인원수의 2년 전 대비 증가율은 같은 해 남성 개인 토지 소유 인원수의 2년 전 대비 증가율보다 크다.

기출유형공략

1회

2회

3회

4회

5회

6회

해커스 GSAT 삼성직무적성검사 실전모의고사

15 다음 중 자료에 대한 설명으로 옳지 <u>않은</u> 것을 모두 고르시오.

> a. 제시된 기간 동안 70대 개인 토지 소유 인원수는 매년 50대 개인 토지 소유 인원수의 50% 이상이다.
>
> b. 2021년 60대 개인 토지 소유 인원수는 같은 해 20대 미만 개인 토지 소유 인원수의 80배 미만이다.
>
> c. 제시된 기간 중 남성과 여성 개인 토지 소유 인원수의 차이가 두 번째로 큰 해에 30대 개인 토지 소유 인원수는 전년 대비 500백 명 감소하였다.

① a   ② b   ③ a, b   ④ b, c   ⑤ a, b, c

[16-17] 다음은 Z 국의 지역별 1인당 자동차등록 대수와 2024년 지역별 주민등록인구수에 대한 자료이다. 각 물음에 답하시오.

[지역별 1인당 자동차등록 대수]

(단위: 대)

구분	2020년	2021년	2022년	2023년	2024년
A 지역	0.3	0.3	0.3	0.3	0.3
B 지역	0.4	0.4	0.4	0.4	0.4
C 지역	0.4	0.5	0.5	0.5	0.5
D 지역	0.5	0.5	0.5	0.5	0.6
E 지역	0.4	0.4	0.4	0.5	0.5
F 지역	0.4	0.4	0.4	0.4	0.5
G 지역	0.4	0.5	0.5	0.5	0.5
H 지역	0.4	0.4	0.4	0.4	0.4
I 지역	0.7	0.7	0.8	0.8	0.9

[2024년 지역별 주민등록인구수]

(단위: 천 명)

구분	A 지역	B 지역	C 지역	D 지역	E 지역	F 지역	G 지역	H 지역	I 지역
주민등록인구수	9,730	3,410	2,440	2,960	1,460	1,470	1,150	13,240	670

※ 지역별 1인당 자동차등록 대수=지역별 전체 자동차등록 대수/지역별 주민등록인구수

16 다음 중 자료에 대한 설명으로 옳지 <u>않은</u> 것을 모두 고르시오.

> a. 2020년부터 2024년까지 제시된 지역 중 1인당 자동차등록 대수가 가장 많은 지역은 매년 동일하다.
>
> b. 2024년 E 지역의 주민등록인구수가 3년 전 대비 60천 명 증가하였다면, 2024년 E 지역의 전체 자동차 등록대수는 3년 전 대비 180천 대 이상 증가하였다.
>
> c. 제시된 지역 중 2024년 주민등록인구수가 가장 많은 지역의 같은 해 1인당 자동차등록 대수는 2024년 주민등록인구수가 다섯 번째로 많은 지역의 같은 해 1인당 자동차등록 대수의 0.8배이다.
>
> d. 2024년 전체 자동차등록 대수는 D 지역이 E 지역보다 1,100천 대 이상 더 많다.

① a, b   ② a, d   ③ b, c   ④ b, d   ⑤ c, d

기출유형공략부 | 1회 | 2회 | 3회 | 4회 | 5회 | 6회

17 2024년 B 지역과 H 지역의 주민등록인구수의 2022년 대비 증가 인원이 서로 같을 때, 2024년 두 지역의 전체 자동차등록 대수의 합이 2022년 대비 총 100천 대 증가하였다면 2022년 H 지역의 주민등록인구수는?

① 11,315천 명   ② 12,310천 명   ③ 12,340천 명   ④ 13,115천 명   ⑤ 13,140천 명

해커스 GSAT 삼성직무적성검사 실전모의고사

18 다음은 오후 1시 K 도로의 날짜별 교통량 및 차량 평균 속도를 나타낸 자료이다. 자료를 보고 A, B에 해당하는 값을 예측했을 때 가장 타당한 값을 고르시오.

[날짜별 교통량 및 차량 평균 속도]

구분	평일	주말	공휴일
교통량(대)	5,200	7,200	2,800
차량 평균 속도(km/h)	28	8	52

※ 차량 평균 속도 $= A \times \left(1 - \dfrac{\text{교통량}}{B}\right)$

	A	B
①	60	6,000
②	70	7,000
③	80	8,000
④	90	9,000
⑤	100	10,000

19 다음은 국가별 반도체 특허 출원 건수에 대한 자료이다. 제시된 기간 동안 C 국, D 국, E 국 반도체 특허 출원 건수의 총합이 가장 큰 해에 국가별 반도체 특허 출원 건수 비중을 바르게 나타낸 것을 고르시오.

[국가별 반도체 특허 출원 건수]

(단위: 건)

구분	2018년	2019년	2020년	2021년	2022년	2023년
A 국	180	300	480	895	750	690
B 국	120	205	195	180	285	110
C 국	5	30	270	210	145	75
D 국	15	40	75	70	10	20
E 국	175	305	450	430	600	195
기타	5	20	30	15	10	10
합계	500	900	1,500	1,800	1,800	1,100

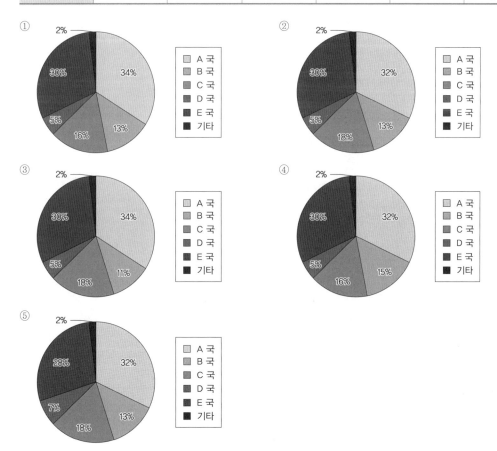

20 다음은 인사팀과 재무팀의 연도별 직원 수를 나타낸 자료이다. 팀별 직원 수는 일정한 규칙으로 변화하고 직원 1명당 회식비는 인사팀이 3만 원, 재무팀이 4만 원일 때, 2026년 인사팀과 재무팀의 회식비의 합은?

[팀별 직원 수]

(단위: 명)

구분	2015년	2016년	2017년	2018년	2019년	2020년
인사팀	25	31	37	43	49	55
재무팀	7	8	10	13	17	22

① 492만 원　　② 565만 원　　③ 583만 원　　④ 631만 원　　⑤ 656만 원

약점 보완 해설집 p.68

풀이시간 ___ 시 ___ 분~ ___ 시 ___ 분 (총 30문항 / 30분)

▶ 해설 p.74

[01 - 02] 다음 전제를 읽고 반드시 참인 결론을 고르시오.

01

전제	긴장을 하는 어떤 사람은 다리를 떤다.
	심장박동이 느린 모든 사람은 긴장을 하지 않는다.
결론	

① 다리를 떠는 모든 사람은 긴장을 한다.

② 다리를 떨지 않는 모든 사람은 심장박동이 느리다.

③ 심장박동이 느리지 않은 어떤 사람은 다리를 떤다.

④ 긴장을 하는 어떤 사람은 심장박동이 느리다.

⑤ 다리를 떨지 않는 모든 사람은 심장박동이 느리지 않다.

02

전제	반도체 회사를 다니는 모든 사람은 영어를 잘한다.
	중국어를 잘하는 모든 사람은 영어를 잘한다.
결론	

① 반도체 회사를 다니는 어떤 사람은 중국어를 잘한다.

② 반도체 회사를 다니는 모든 사람은 중국어를 잘한다.

③ 중국어를 잘하는 모든 사람은 반도체 회사를 다닌다.

④ 중국어를 잘하지 못하는 모든 사람은 반도체 회사를 다니지 않는다.

⑤ 반도체 회사를 다니지 않는 어떤 사람은 중국어를 잘하지 못한다.

03 다음 결론이 반드시 참이 되게 하는 전제를 고르시오.

전제	휴가를 가지 않는 어떤 사람도 직장인이 아니다.
결론	휴가를 가는 어떤 사람은 국내여행을 간다.

① 국내여행을 가는 모든 사람은 직장인이 아니다.

② 모든 직장인은 국내여행을 가지 않는다.

③ 국내여행을 가는 어떤 사람은 직장인이다.

④ 국내여행을 가는 어떤 사람도 직장인이 아니다.

⑤ 모든 직장인은 해외여행을 간다.

04 회사원 A, B, C, D, E, F 6명은 모두 다른 시각에 출근했다. 다음 조건을 모두 고려하였을 때, 항상 <u>거짓인</u> 것을 고르시오.

- 먼저 출근한 3명은 아메리카노를 마시며, 나머지 3명은 카페라테를 마신다.
- C와 E는 아메리카노를 마셨다.
- A는 F보다 먼저 출근했다.
- A와 C 사이에 출근한 사람은 1명이다.
- 가장 늦게 출근한 사람은 B이다.

① D가 네 번째로 출근했다면, A는 E보다 늦게 출근했다.

② C가 D보다 먼저 출근했다면, C와 D가 마시는 음료는 서로 다르다.

③ A가 카페라테를 마셨다면, 가능한 경우의 수는 2가지이다.

④ C가 첫 번째로 출근했다면, 가능한 경우의 수는 4가지이다.

⑤ D와 F가 같은 음료를 마셨다면, 가능한 경우의 수는 4가지이다.

05 A, B, C, D, E 5명은 1∼6점까지 6개의 점수가 각각 적힌 표적에 화살을 하나씩 쏘아 맞혀 모두 서로 다른 점수를 획득했다. 5명 중 홀수 점수를 획득한 사람은 거짓을 말했고, 짝수 점수를 획득한 사람은 진실을 말했을 때, A가 획득한 점수를 고르시오.

> • A: 나는 5명 중 가장 높은 점수를 획득했어.
> • B: C는 짝수 점수를 획득했어.
> • C: A의 말은 진실이야.
> • D: 나는 3점보다 높은 점수를 획득했어.
> • E: 나보다 높은 점수를 획득한 사람은 모두 홀수 점수를 획득했어.

① 2점　　　　② 3점　　　　③ 4점　　　　④ 5점　　　　⑤ 6점

06 한국 본사에서 근무하는 박 사원은 4월 2주 차 월요일부터 4월 4주 차 일요일까지 3주 안에 출장을 다녀올 예정이다. 다음 조건을 모두 고려하였을 때, 항상 거짓인 것을 고르시오.

> • 3주 안에 중국으로 두 번, 일본과 미국으로 한 번만 출장을 다녀온다.
> • 나라별로 출장을 한 번 다녀오는 데 중국, 일본은 각각 3일, 미국은 5일이 걸린다.
> • 첫 번째 중국 출장에서 돌아온 바로 다음 날 미국으로 출장을 가며, 이외에는 최소 2일의 간격을 두고 출장을 간다.
> • 4월 2주 차 월요일에 첫 출장지로 출발하며, 일본 출장에서는 4월 3주 차에 돌아온다.
> • 미국 출장에서 4월 3주 차에 돌아오며, 돌아온 다음 날의 이틀 후 바로 일본으로 출장을 간다.
> • 4월 4주 차 토요일에 한국 본사에서 진행하는 회의에 참석한다.
>
> | 구분 | 월 | 화 | 수 | 목 | 금 | 토 | 일 |
> |---|---|---|---|---|---|---|---|
> | 4월 2주 차 | | | | | | | |
> | 4월 3주 차 | | | | | | | |
> | 4월 4주 차 | | | | | | | |

① 미국과 일본 출장은 모두 목요일에 출발한다.

② 4월 3주 차 수요일에는 한국에 있다.

③ 4월 4주 차 금요일에 중국 출장에서 돌아온다.

④ 일요일 중 4월 2주 차 일요일에만 출장지에 있다.

⑤ 일본 출장에서 4월 3주 차 일요일에 돌아온다.

07 상혁, 민형, 현준, 민석, 우제 5명이 놀이동산에서 회전목마, 바이킹 중 하나를 타고, 아이스크림, 떡볶이, 핫도그 중 하나를 먹었다. 다음 조건을 모두 고려하였을 때, 항상 거짓인 것을 고르시오.

- 떡볶이를 먹은 사람은 바이킹을 탔고, 최소 1명이다.
- 민석이는 아이스크림을 먹었다.
- 우제와 현준이는 같은 놀이 기구를 탔다.
- 상혁이는 회전목마를 탔다.
- 핫도그를 먹은 사람은 1명이다.
- 5명 중 회전목마를 탄 사람은 2명이다.
- 상혁이와 민형이는 같은 음식을 먹었다.

① 현준이는 바이킹을 타고 떡볶이를 먹었다.
② 5명 중 아이스크림을 먹은 사람은 3명이다.
③ 바이킹을 탄 사람은 모두 서로 다른 음식을 먹었다.
④ 민형이가 바이킹을 탔다면, 상혁이와 민석이는 같은 놀이 기구를 타고 같은 음식을 먹었다.
⑤ 우제는 바이킹을 타고 아이스크림을 먹었다.

08 3명의 조원으로 이루어진 A 조는 교양 과목의 과제를 수행하기 위해 역할을 분담하였다. 다음 조건을 모두 고려하였을 때, 항상 거짓인 것을 고르시오.

- 각 조원의 성(姓)은 정, 김, 한으로 모두 다르다.
- 각 조원의 전공은 국어국문학과, 아동교육학과, 기계과로 모두 다르다.
- 3명의 조원이 맡은 역할은 발표, PPT 제작, 자료 준비로 모두 다르다.
- 정 씨인 조원의 학점은 두 번째로 높다.
- 김 씨인 조원이 맡은 역할은 PPT 제작이다.
- 자료 준비는 기계과인 조원이 맡았다.
- 발표는 학점이 가장 낮은 조원이 맡았다.

① 정 씨인 조원이 맡은 역할은 자료 준비이다.
② 전공이 아동교육학과인 조원이 맡은 역할은 PPT 제작이다.
③ 발표를 맡은 조원의 성은 한 씨이다.
④ 학점이 가장 높은 조원의 전공은 국어국문학과이다.
⑤ 학점이 가장 높은 조원을 제외한 나머지 조원 중 1명이 PPT 제작을 맡았다.

09 A, B, C, D, E 5명이 가위바위보 게임에서 이기면 3점, 지면 1점을 얻는 리그전을 진행하였다. 다음 조건을 모두 고려하였을 때, 항상 참인 것을 고르시오.

- 게임이 무승부인 경우는 없었다.
- A는 E에게 졌으며, A의 총점은 10점이다.
- B는 D를 이겼으며, B의 게임 기록은 1승 3패이다.
- E는 D에게 졌으며, E의 총점은 8점이다.

① D와 E의 총점이 같다면, C는 D를 이겼다.

② 게임 기록이 같은 사람은 3명이다.

③ C가 D에게 졌다면, D의 게임 기록은 2승 2패이다.

④ E는 C를 이겼다.

⑤ C의 총점은 8점이다.

10 지수, 동욱, 자혁, 경만, 미정 5명은 각각 논문을 단면 또는 양면으로 인쇄하였다. 단면으로 인쇄한 사람은 진실을 말했고, 양면으로 인쇄한 사람은 거짓을 말했을 때, 항상 거짓인 것을 고르시오.

- 지수: 나와 자혁이는 단면으로 인쇄했어.
- 동욱: 미정이는 진실을 말하고 있어.
- 자혁: 동욱이는 양면으로 인쇄했어.
- 경만: 양면으로 인쇄한 사람은 2명이야.
- 미정: 나와 경만이는 같은 종류의 인쇄를 했어.

① 경만이는 단면으로 인쇄했다.

② 자혁이는 양면으로 인쇄했다.

③ 지수는 양면으로 인쇄했다.

④ 자혁이와 미정이는 같은 종류의 인쇄를 했다.

⑤ 동욱이와 같은 종류의 인쇄를 한 사람은 2명이다.

11 찬호, 호규, 진우, 민규 4명은 A 서점 또는 B 서점을 방문하여 참고서, 단어장, 연습장 중 한 가지 물건을 구매하려고 한다. 다음 조건을 모두 고려하였을 때, 항상 거짓인 것을 고르시오.

> • 아무도 구매하지 않는 물건은 없다.
> • B 서점을 방문하는 사람은 단어장을 구매하지 않는다.
> • 찬호와 호규는 서로 다른 서점에 방문한다.
> • 호규는 참고서를 구매한다.
> • 민규와 진우는 서로 다른 서점에 방문하며, 민규가 방문하는 서점은 B 서점이 아니다.

① 진우가 참고서를 구매하면, 민규는 단어장을 구매한다.

② 호규와 진우가 서로 다른 서점을 방문하면, 서로 다른 물건을 구매한다.

③ 민규가 참고서를 구매하면, 진우는 연습장을 구매한다.

④ 민규와 찬호가 서로 같은 물건을 구매하면, 진우는 연습장을 구매하지 않는다.

⑤ 찬호와 진우가 서로 같은 서점을 방문하면, 서로 다른 물건을 구매한다.

12 A, B, C, D, E 5명이 텀블러를 사용하여 받은 쿠폰 개수는 총 12개이다. 다음 조건을 모두 고려하였을 때, 항상 참인 것을 고르시오.

- 5명은 쿠폰을 최소 1개 이상씩 받았다.
- 한 명이 받을 수 있는 쿠폰은 최대 6개이다.
- B가 받은 쿠폰 개수는 A보다 많다.
- C는 D보다 쿠폰을 1개 더 많이 받았다.
- B와 E가 받은 쿠폰 개수는 같다.
- 짝수 개의 쿠폰을 받은 사람은 총 3명이다.

① D는 홀수 개의 쿠폰을 받았다.
② A와 B가 받은 쿠폰 개수의 차이는 1개이다.
③ C가 받은 쿠폰 개수는 B보다 많다.
④ 쿠폰을 가장 많이 받은 사람은 5개를 받았다.
⑤ A와 D가 받은 쿠폰 개수는 같다.

13 진이는 네 자리 숫자로 금고의 비밀번호를 설정하였다. 다음 조건을 모두 고려하였을 때, 항상 거짓인 것을 고르시오.

> • 각 자리의 숫자는 모두 다르며, 숫자 0은 사용할 수 없다.
> • 십의 자리와 일의 자리 숫자의 합은 12이다.
> • 천의 자리와 백의 자리 숫자의 합은 14이다.
> • 십의 자리 숫자는 천의 자리 숫자보다 작다.

① 천의 자리와 십의 자리 숫자의 차이는 2이다.

② 백의 자리와 일의 자리 숫자의 차이는 3이다.

③ 백의 자리와 십의 자리 숫자의 합은 10 이상이다.

④ 일의 자리 숫자가 7 이하인 경우의 수는 4가지이다.

⑤ 십의 자리 숫자가 일의 자리 숫자보다 큰 경우의 수는 2가지이다.

14 A, B, C, D, E 5명은 지난주 월요일, 금요일 중 하루 연차를 사용하였다. 월요일에 연차를 사용한 사람은 진실을 말했고, 금요일에 연차를 사용한 사람은 거짓을 말했을 때, 항상 진실만을 말하는 사람을 고르시오.

> • A: 나는 월요일에 연차를 사용했어.
> • B: 나와 D는 같은 요일에 연차를 사용했어.
> • C: B는 금요일에 연차를 사용했어.
> • D: A와 C는 같은 요일에 연차를 사용했어.
> • E: C는 거짓을 말하고 있어.

① A   ② B   ③ C   ④ D   ⑤ E

[15-17] 다음 도형에 적용된 규칙을 찾아 '?'에 해당하는 도형을 고르시오.

15

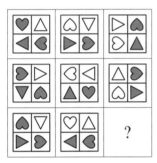

①

②

③

④

⑤

16

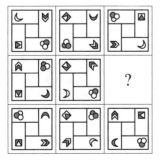

①

②

③

④

⑤

17

[18-21] 다음 각 기호가 문자, 숫자의 배열을 바꾸는 규칙을 나타낸다고 할 때, 각 문제의 '?'에 해당하는 것을 고르시오.

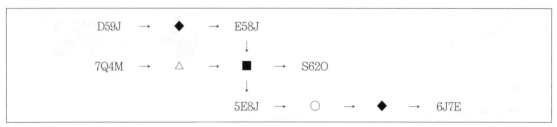

D59J → ◆ → E58J	
7Q4M → △ → ■ → S62O	
5E8J → ○ → ◆ → 6J7E	

18

Y2C1 → △ → ◆ → ?

① Y4A2 ② Y4A3 ③ Y4B3 ④ Y4Z3 ⑤ Y4Z9

19

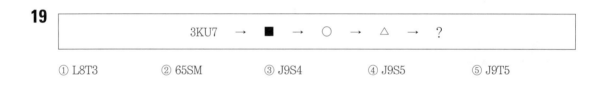

3KU7 → ■ → ○ → △ → ?

① L8T3 ② 65SM ③ J9S4 ④ J9S5 ⑤ J9T5

20

? → ◆ → ■ → YM39

① LZ29 ② LZ40 ③ LY49 ④ NY20 ⑤ NY48

21

? → ○ → ■ → △ → M53I

① 2K1L ② 2KL1 ③ 3G5N ④ 3GN5 ⑤ 3N5G

22 다음 문단을 논리적 순서대로 알맞게 배열한 것을 고르시오.

(A) 그러나 사이토카인이 인체에 항상 긍정적인 영향을 미치는 것은 아니다. 만약 바이러스에 저항하기 위해 인체 내부에서 사이토카인이 적정량 이상으로 과도하게 분비될 경우 정상 세포까지 공격하는 문제가 발생할 수 있다. 이러한 현상을 일컬어 '사이토카인 폭풍'이라고 하는데, 말 그대로 엄청난 양의 사이토카인이 폭풍처럼 몰아쳐 인체에 해를 끼치는 것을 비유한 의학용어이다.

(B) 사이토카인은 혈액 속에 함유된 면역 단백 중 하나로, 외부 이물질이 인체에 침투하였을 때 특정 수용체와 결합하여 면역 반응에 관여하는 단백질이다. 우리 몸속에는 여러 종류의 사이토카인이 존재하며, 면역계 조절을 포함하여 세포 증식, 상처 치료 등 다양한 기능을 수행한다.

(C) 이러한 이유로 사이토카인 폭풍은 20세기 최악의 전염병 중 하나인 스페인 독감이 높은 사망률을 기록한 원인으로 지목되기도 하였다. 당시 희생자 5,000만 명 중 약 70%가 25세 이상에서 35세 이하의 젊은 층이며, 면역 과잉이 결정적인 영향을 끼친 것으로 전해진다. 의료계는 사이토카인 폭풍은 진단과 예방이 불가능하고 특별한 치료법이 없다는 점에서 면역 체계가 건강한 젊은 사람도 경각심을 가져야 한다고 강조한다.

(D) 사이토카인의 과다 분비로 인해 정상 세포의 DNA가 변형되면서 신체 조직을 파괴시켜 2차 감염 증상이 일어나고, 감염 세포뿐 아니라 정상 조직과 장기 모두가 공격받는다. 사이토카인 폭풍은 면역 반응 과다로 나타나는 증세이므로 면역력이 높은 젊은 층에서 발생하기 쉽고, 대규모 염증 반응 및 다발성 장기 손상을 유발하여 짧은 시간 내 사망에 이르게 할 수 있다.

① (B) – (A) – (C) – (D)

② (B) – (A) – (D) – (C)

③ (B) – (D) – (C) – (A)

④ (D) – (A) – (B) – (C)

⑤ (D) – (A) – (C) – (B)

23 다음 문단을 논리적 순서대로 알맞게 배열한 것을 고르시오.

(A) 프랑스의 작가 마르셀 프루스트의 작품 〈잃어버린 시간을 찾아서〉에는 홍차에 적신 마들렌을 베어 문 순간, 어린 시절의 추억을 떠올리는 주인공이 등장한다. 이후 냄새가 과거의 기억을 끌어내고 감정까지 회상하게 만드는 현상을 작가의 이름을 따서 '프루스트 현상'이라고 부르기 시작하였다.

(B) 이 때문에 다른 감각보다도 냄새와 함께 한 경험이 오랜 시간 더 뚜렷하게 되살아날 수 있는 것이다. 즉, 인간은 냄새를 맡으며 뇌에 추억을 새기고 우연히 스치는 동일한 냄새로 다시금 추억을 되살리는 것이 가능하다.

(C) 프루스트 현상의 원리는 냄새를 맡는 후각 신경이 뇌에 기억 정보를 전달하고 다시 같은 냄새를 맡았을 때 그때의 기억을 떠오르게 하는 데 있다. 우리가 냄새를 맡는 순간 그 냄새는 콧속 점막에 위치한 후각 상피세포를 자극한다. 후각 상피세포에는 냄새를 감지하는 수용체가 있는데, 이 수용체가 감지한 냄새는 뇌의 중추신경으로 전기적 신호를 발생시키고 후각 중추를 통해 감각을 자극한다.

(D) 후각과 기억이 서로 관련되어 있다는 프루스트 현상은 다양한 실험과 연구를 통해 증명되었다. 그중 하나가 독일 뤼벡대학교 얀 본 박사의 후각과 기억력의 상관관계에 대한 실험이다. 그는 실험 참가자들에게 그림 카드를 보여주고 취침하도록 했는데, 그들이 잠들자 절반에게만 장미 향기를 맡게 하였다. 다음날 장미향기를 맡으며 취침했던 참가자들이 기억해 내는 그림 카드가 아무 냄새도 맡지 않은 참가자들이 기억하는 카드보다 많아 냄새가 기억력 향상의 조력자 역할을 한다는 사실을 밝혀낸 바 있다.

① (A) – (C) – (D) – (B)
② (A) – (D) – (B) – (C)
③ (A) – (D) – (C) – (B)
④ (C) – (A) – (D) – (B)
⑤ (C) – (B) – (D) – (A)

24 다음 진술이 모두 참이라고 할 때 반드시 <u>거짓</u>일 수밖에 없는 것을 고르시오.

> 우리가 휴대폰으로 소리나 이미지를 상대방에게 전송하면, 이는 디지털 신호로 변환되어 광섬유를 통해 전달된다. 그 후 광 송신기에서 빛의 형태로 바뀌어 광섬유를 따라 이동하며, 수신기에서 다시 전기 신호로 복원되어 소리나 이미지로 변환된다. 이러한 빛의 내부 반사에 의해 작동하는 광섬유를 전송 매체로 사용하는 통신 기술을 광 통신망이라 한다. 광섬유는 데이터 전송 속도가 매우 빠르고 대역폭이 넓어 동시에 수많은 정보를 처리할 수 있는 대용량 전송이 가능하다. 또한, 광섬유는 외부 간섭에 강하고 도청이 어려워 보안성이 높다. 이러한 광섬유의 특징을 살린 광 네트워크 기술은 장거리 및 대용량의 정보를 효율적으로 전송하는 시스템으로 현대 사회 정보 통신의 핵심 인프라로 자리 잡고 있다. 특히, 데이터 센터 간의 고속 데이터 전송, 해저 케이블을 통한 대륙 간 통신 등 광범위한 분야에서 이용된다. 또한, 광섬유는 유리나 플라스틱으로 만들어진 가늘고 긴 실로 금속에 비해 신호 감쇠가 적다는 장점을 가진다. 이러한 특성 덕분에 광 통신망은 해외와 국내를 연결하는 주요 통신 수단으로도 활용되며, 빠른 속도의 데이터 전송을 가능하게 한다. 향후 5G 및 6G와 같은 차세대 통신 기술의 발전에 따라 광 통신망의 역할은 더욱 중요해질 것으로 예상된다.

① 금속은 유리나 플라스틱보다 신호 전달성이 우수하다.
② 광섬유는 도청이 어려워 정보 유출이 어렵다.
③ 광섬유는 대용량의 정보를 장거리로 전달할 때 가장 유용하다.
④ 광통신망은 고속 인터넷과 통신 기술 발전에 중요한 역할을 한다.
⑤ 광섬유를 이용한 통신 기술은 국내 및 국제 데이터 연결의 핵심 매개체로 사용된다.

25 다음 내용을 바탕으로 추론할 수 있는 것을 고르시오.

> 알루미늄은 철이나 칼슘보다 매장량이 풍부한 금속으로 지구상에서 가장 흔한 금속이며, 원소 중에는 산소, 규소 다음으로 많다. 또한, 철 다음으로 많이 생산되는 금속으로 가볍고 전성과 연성이 좋아 여러 분야에서 사용되고 있다. 대부분은 알루미늄에 다양한 원소를 첨가해 합금으로 만들어 강도를 높여 사용하는데, 특히 경량화가 중요한 항공기의 경우 알루미늄 합금이 상당 부분 사용되고 있다. 최근 자동차 업계에서도 알루미늄에 주목하고 있다. 철보다 무게가 약 1/3 가벼운 알루미늄을 사용하면 그만큼 차체 무게를 줄일 수 있기 때문이다. 기존에는 비용 문제로 일부 프리미엄 모델에만 사용되었지만, 2014년에 알루미늄을 적용한 포드자동차의 픽업트럭이 큰 성공을 거두면서 다른 기업들도 신모델에 알루미늄 합금 사용 비율을 높이고 있는 추세이다. 알루미늄이 주목받는 이유는 에너지 절감과 환경 보호가 중요해진 최근 상황과 무관하지 않다. 자동차의 경우 강철 부품을 알루미늄으로 대체하여 무게를 줄이면 연비가 향상될 뿐 아니라 오염물질 배출량도 줄어들게 된다. 그뿐 아니라 알루미늄은 품질 저하 없이 재생하여 사용할 수 있으며, 신규 생산보다 재생 과정의 효율이 월등히 높기 때문에 친환경적이라 할 수 있다. 알루미늄을 재생할 때 필요로 하는 에너지는 신규 생산의 약 5%이며, 재생 과정에서 발생하는 폐기물도 15% 수준에 불과하다. 그래서 유럽에서는 교통기관에 사용된 알루미늄의 95%를 회수하여 재생하고 있으며, 미국에서 생산되는 알루미늄의 약 1/3은 재생 알루미늄이 차지할 정도이다.

① 알루미늄은 지구상에 존재하는 금속 중에서 세 번째로 많다.
② 알루미늄은 자동차의 연비를 개선하기 위한 수단으로 이용되기도 한다.
③ 철의 무게는 알루미늄 무게의 약 1/3배이다.
④ 알루미늄은 무게 대비 높은 강도가 필요할 경우 다른 금속을 첨가하지 않은 순수한 상태로 이용한다.
⑤ 알루미늄은 새로 만드는 것보다 재생하는 것이 생산 비용은 더 적게 들지만 폐기물은 더 많이 발생한다.

26 다음 진술이 모두 참이라고 할 때 반드시 <u>거짓</u>일 수밖에 없는 것을 고르시오.

> 오늘날의 컴퓨터는 대체로 중앙처리장치(CPU)와 메모리를 중심으로 데이터를 처리하는 '폰 노이만' 방식의 구조로 되어 있다. 폰 노이만 방식이 적용된 보통의 컴퓨터는 연산과 저장 등의 처리장치가 구분되어 있어 데이터가 순차적으로 CPU에서 메모리를 거쳐 하드웨어로 가고, 네트워크가 이들을 연결하는 직렬 처리 과정을 거친다. 그 때문에 처리해야 할 데이터가 많아지면 CPU와 메모리 사이에 병목현상이 발생하여 에너지가 많이 소모되고 속도 저하가 발생한다. 반도체 업계는 이를 극복하기 위해 인간의 뇌 신경을 모방한 차세대 반도체인 뉴로모픽 칩을 개발하고 있다. 인간의 사고 과정을 모방한 뉴로모픽 칩은 뉴런 방식의 병렬 구조로 정보를 처리할 수 있어 하나의 반도체가 저장과 연산은 물론 인식과 분석까지 빠르게 진행할 수 있다. 또한, 이러한 데이터 처리 방식으로 인해 성능이 뛰어날 뿐 아니라 전력소모량도 기존에 비해 1억 분의 1에 불과한 것으로 알려져 있다. 이러한 장점으로 인해 자율주행자동차를 비롯해 웨어러블 기기, 로봇 등 4차 산업혁명 분야에 폭넓게 활용될 것으로 보인다. 현재 뉴로모픽 반도체는 연산 성능과 에너지 효율이 높은 반면 가격이 비싸 범용성은 낮지만, 업계 관계자들은 지금으로부터 수년 이내에 누구나 쉽고 값싸게 뉴로모픽 칩을 활용할 수 있을 것이라 전망하고 있다.

① 폰 노이만 방식은 처리해야 하는 데이터가 과다해지면 메모리와 CPU 사이에 병목현상이 발생한다.

② 뉴로모픽 칩의 범용성을 높이기 위해서는 가격 단가를 낮출 수 있는 방안을 모색해야 한다.

③ 뉴로모픽 칩의 작동 방식은 인간의 뇌 기능에서 착안한 방식이다.

④ 폰 노이만 방식이 적용된 컴퓨터는 저장하는 기능과 연산하는 기능이 나뉘어 있다.

⑤ 뉴로모픽 칩은 대용량 데이터를 직렬로 처리하여 적은 전력으로도 다양한 기능을 수행할 수 있다.

27 다음 진술이 모두 참이라고 할 때 반드시 <u>거짓</u>일 수밖에 없는 것을 고르시오.

웨이퍼에 전자회로를 형성하는 FAB 공정과 제품이 최종 형태를 갖추게 되는 패키지 공정 사이에 진행되는 EDS(Electrical Die Sorting) 공정은 전기적 특성 평가를 통해 각각의 칩들이 목표 품질 수준에 적합한지 검사하는 단계에 해당한다. 웨이퍼의 상태에서 반도체 칩의 결함을 식별하고, 불량 칩 중에서 수리 가능한 칩을 양품으로 분류한다. 더불어 FAB 공정이나 설계에서 발견된 문제점을 수정하여 전체적인 품질 향상을 목표로 하며, 불량 칩을 사전에 선별함으로써 추후 진행되는 패키지 공정 및 테스트 작업의 효율성을 높이는 데 기여한다. 이러한 EDS 공정 단계는 크게 4단계로 구분된다. 먼저, 반도체 집적회로를 작동시키는데 필요한 개별 소자들의 전기적 직류 전압과 함께 전류 특성을 지닌 파라미터를 테스트하여 작동 여부를 판단하는 단계를 거친다. 이후 제품의 신뢰성을 향상시키기 위해 웨이퍼에 일정 온도의 열을 가하고 교류와 직류 전압을 적용함으로써 불량을 유발할 수 있는 요인을 탐지한다. 다음으로 전기 신호를 사용하여 웨이퍼 상의 개별 칩들 중 불량품을 판별하는 과정인데, 이 단계에서는 특정 온도 범위에서 각 칩이 정상적으로 동작하는지를 판별하기 위해 높은 온도와 낮은 온도에서 동시에 테스트가 진행된다. 이 과정에서 복구가 가능하다고 판단된 칩들만을 수리하고, 복구 작업이 완료되면 최종 테스트를 통해 복구가 정상적으로 이루어졌는지 다시 확인하여 불량 여부를 최종적으로 판단한다. 마지막 단계에서는 공정의 비용을 절감하기 위해 전기신호를 활용하여 불량으로 판정된 칩, 최종 테스트에서 다시 불량으로 확인된 칩, 그리고 웨이퍼 상에서 미완성된 반도체 칩 등을 식별하는 과정이 진행된다. 이렇게 공정을 완료한 웨이퍼는 건조 과정을 진행한 후 품질 관리 검사를 거쳐 조립 공정으로 이동된다.

① FAB 공정에서 확인된 오류는 EDS 공정을 거칠 경우 개선될 가능성이 있다.

② EDS 공정은 패키지 공정 및 테스트 작업 진행 전에 불량 칩을 선별할 수 있는 가능성을 높인다.

③ 각 단계에서 불량으로 확인된 칩과 웨이퍼에서 완성되지 않은 반도체 칩을 구별하는 과정은 EDS 공정의 마지막 단계에 해당한다.

④ EDS 공정 단계는 웨이퍼 위에 전자회로를 그리는 단계와 패키지 공정 사이에 진행된다.

⑤ EDS 공정의 첫 번째 단계에서는 개별 소자들의 전기적 교류 전압 특성을 지닌 파라미터를 테스트한다.

28 다음 주장에 대한 반박으로 가장 타당한 것을 고르시오.

기업은 제품을 마케팅하는 과정에서 소비자 선호도 조사를 하곤 하는데, 소비자 선호도 조사 결과가 실제 소비자들의 제품에 대한 선호도를 완벽하게 반영하지 못한다는 한계점이 존재한다. 소비자 선호도 조사는 주로 설문 조사, 인터뷰 조사 등으로 이루어지는데, 응답자가 타인을 의식하여 솔직한 답변을 하지 못한다면 신뢰도가 떨어질 수밖에 없기 때문이다. 이를 보완할 수 있는 마케팅 방법이 바로 뉴로 마케팅이다. 뉴로 마케팅은 소비자의 뇌 영상 촬영, 뇌파 측정, 시선 추적 등의 뇌 과학 기술을 통해 소비자의 뇌세포 활성화 정도나 자율신경계의 변화를 분석한 결과로 소비자의 심리와 무의식적인 행동을 파악하고 이를 마케팅에 접목하는 방식이다. 실제로 인간의 뇌는 이성이나 감성, 성격과 연결되어 있으며, 노화 등으로 인해 뇌 기능이 떨어질 때를 제외하고는 일상생활을 영위하는 데 지대한 영향을 미친다. 따라서 제품에 대한 소비자들의 뇌 반응을 연구하면 소비자의 심리를 파악할 수 있으므로 뉴로 마케팅은 기존의 소비자 선호도 조사를 대체할 수 있는 성공적인 마케팅 방법이라 할 수 있다.

① 제품의 타깃층에 상관없이 소비자의 심리와 행동을 분석할 수 있는 뉴로 마케팅은 제품 판매 전략으로 가장 적절하다.

② 뉴로 마케팅이 소비자의 의식적인 행동을 분석하는 데 가장 신뢰도 높은 마케팅 전략이 아닐 수 있음을 염두에 두어야 한다.

③ 소비자의 뇌 기능 활성화 정도를 파악하지 않은 채 얻은 뇌의 반응만으로 연구 결과의 신뢰성이 높다고 단언하기는 어렵다.

④ 소비자 선호도 조사 시 응답자가 솔직하게 대답하는 경우도 있음을 배제해서는 안 된다.

⑤ 제품에 마케팅을 접목하기 위해서는 제품의 특징과 타깃에 적합한 마케팅 전략 파악이 우선시되어야 한다.

29 다음 글을 바탕으로 아래 〈보기〉를 이해한 내용으로 적절한 것을 고르시오.

인간에게 있어서 가장 미지의 영역은 아마 죽음일 것이다. 죽음의 문턱에서 돌아온 사람들은 자신의 인생이 주마등처럼 스쳐 갔다고 하는데, 실제로 인간이 죽을 때 의식을 갖고 있을까? 이와 관련해 미국 국립과학원회보에서는 쥐 9마리를 대상으로 진행한 실험 결과를 발표했다. 연구팀에서는 실험 쥐가 죽기 전, 즉, 뇌파가 사라지기 전 강한 감마파가 포착되고, 이 감마파가 30초가량 유지되는 것을 확인하였다. 진동수가 30Hz 이상인 뇌파에 해당하는 감마파는 인간이 명상 또는 꿈을 꿀 때 관찰되는 뇌파이다. 이러한 연구 결과는 죽음을 앞둔 뇌가 멈추기 직전에도 높은 활성을 띠며 의식 활동을 함을 증명하게 된다. 물론 인간 대상이 아닌 쥐를 대상으로 한 실험이라는 점에서 한계가 분명하긴 하지만, 죽음이 완전한 무로 돌아가는 것이 아닐지도 모른다는 희망을 전해준다.

〈보기〉

세계적인 학술지인 미국과학원회보에서는 최근 죽음에 임박한 사람과 혼수상태에 빠진 사람 4인을 대상으로 뇌파 변화를 기록한 결과를 발표하였다. 실험 대상인 4인은 자극에 반응하지 않을뿐더러 의학적 치료가 불가능한 상태였다고 한다. 이에 환자들이 연명 유지를 위해 사용하던 인공호흡 장치를 제거한 뒤 뇌전도 장치를 활용해 뇌표면에서 나타나는 전기 신호를 포착하였는데, 연구 결과는 실로 놀라웠다. 4인 중 2인에게서 인공호흡 장치를 제거하고 몇 초 뒤 뇌의 몇몇 위치에서 고주파를 담당하는 베타파와 감마파가 확인되었다고 한다. 그리고 죽기 직전 감마파가 폭발적으로 증가하였다고 한다. 결과적으로 인간이 죽어가는 상황 속에서 감각적으로 무언가를 느끼는 의식 활동이 있었다고 볼 수 있는 것이다. 물론 표본이 적고 전체의 50%에서만 확인되긴 하였으나, 인간이 죽기 직전 무언가를 체험했다는 사실 자체는 입증되었다고 할 수 있다.

① 인간을 대상으로 한 실험과 달리 쥐를 대상으로 한 뇌파 변화 실험은 표본이 적어 정확도가 떨어진다.

② 쥐와 달리 인간은 죽기 전 뇌파에서 베타파가 확인되었으므로 의식 활동이 있었다고 판단하기 어렵다.

③ 인간을 대상으로 한 실험에서 전체 표본의 50%에서만 죽기 전 감마파의 폭발이 관측되었으므로 이를 일반화할 수는 없다.

④ 쥐와 인간이 죽기 전 포착된 감마파로 인해 쥐와 인간 모두 죽기 전 의식 활동이 있었음을 추측할 수 있다.

⑤ 쥐가 인간처럼 꿈을 꾸는지 알 수 없으므로 죽기 직전의 쥐에게서 감마파가 관찰되었더라도 실제로 의식 활동이 있었다고는 할 수 없다.

30 다음 글을 바탕으로 아래 〈보기〉를 이해한 내용으로 적절한 것을 고르시오.

비행 중인 항공기나 드론이 두려워하는 것 중 하나는 아마도 난기류(Turbulence)일 것이다. 난기류는 공기의 흐름이 불규칙한 현상으로, 대체로 지상으로부터 1km 이내에 발생한다. 갑작스러운 지형 변화에 의한 마찰, 지표면의 가열 불균형, 전선 등으로 발생하며, 때때로 비행기 날개 뒷부분의 공기 소용돌이가 난기류를 발생시키기도 한다. 한편 난기류와 함께 비행체에 악영향을 미치는 것으로는 윈드시어(Wind shear)가 있다. 윈드시어는 비교적 짧은 거리에 걸쳐 갑작스럽게 바람의 방향이나 세기가 바뀌는 현상이다. 윈드시어의 발생 원인은 다양하지만, 주로 강한 바람이 불규칙한 지형지물에 부딪혀 강한 상승기류나 하강기류가 발생하면서 바람의 풍향과 풍속에 변화가 생겨 발생한다. 그 때문에 윈드시어는 어느 고도에서도 발생할 수 있으며, 수직이나 수평 방향 어디에서나 나타날 수 있다. 난기류와 윈드시어는 비행체의 양력을 잃게 하여 자칫 추락 사고로 이어지게 만들 수 있으므로 비행체를 조종하는 사람에게 각별한 주의가 필요하다.

〈보기〉

상승기류는 위쪽으로 향하는 공기의 운동으로, 상승이 계속되면 구름입자가 성장해 비나 눈이 내리게 된다. 반대로 하강기류는 상층에서 아래쪽으로 향하는 공기의 운동으로, 주로 고기압 지역에서 많이 나타나는 현상이다. 하강기류에서는 공기의 열이 차단되고 온도가 올라가 구름이 없고 날씨가 맑아진다.

① 인공적으로 발생한 난기류는 자연적으로 발생한 난기류보다 비행체에 더 부정적인 영향을 미친다.

② 상승기류가 발생하면 주변 지역의 기상 조건이 악화될 가능성이 커진다.

③ 날씨가 맑다고 해도 갑자기 강한 하강기류로 인해 드론 추락 사고가 발생할 수 있다.

④ 난기류는 대체로 지상에서 500m 이내의 지점에서 발생하는 편이다.

⑤ 난기류 발생 조건을 미리 파악한다면 비행체 추락 위험을 피할 수 있다.

약점 보완 해설집 p.74

무료 바로 채점 및 성적 분석 서비스 바로 가기
QR코드를 이용해 모바일로 간편하게 채점하고 나의 실력이 어느 정도인지, 취약 부분이 어디인지 바로 파악해 보세요!

GLOBAL SAMSUNG APTITUDE TEST

PART 2

고난도

실전모의고사 6회

Ⅰ 수리

Ⅱ 추리

 본 모의고사는 가장 최근에 시행된 온라인 GSAT 출제 경향에 맞춰 수리와 추리 두 영역으로 구성되어 있습니다. 교재에 수록된 문제풀이 용지와 해커스ONE 애플리케이션의 학습 타이머를 이용하여 실전처럼 모의고사를 풀어본 후, p.287에 있는 '바로 채점 및 성적 분석 서비스' QR코드를 스캔하여 응시 인원 대비 본인의 성적 위치를 확인해 보세요.

01 공장에서 작년 한 해 동안 생산한 TV와 냉장고는 총 3,600대이고, 올해 TV와 냉장고의 생산량은 작년보다 각각 50%, 40%만큼 증가했다. 올해 TV와 냉장고 생산량의 증가량의 비가 5:2일 때, 올해 TV의 생산량은?

① 3,000대 　　　 ② 3,300대 　　　 ③ 3,600대 　　　 ④ 4,200대 　　　 ⑤ 4,500대

02 전체 직원이 200명인 S 회사의 남자와 여자의 성비는 3:2이며, S 회사에서 안경을 쓴 남자 직원은 75명, 안경을 쓴 여자 직원은 20명이다. 전체 직원 중 여자 직원 한 명을 뽑았을 때, 그 사람이 안경을 쓰고 있지 않을 확률은?

① $\frac{1}{5}$ 　　　 ② $\frac{2}{5}$ 　　　 ③ $\frac{1}{2}$ 　　　 ④ $\frac{2}{3}$ 　　　 ⑤ $\frac{3}{4}$

03 다음은 A 지역의 연령별 국선 법률구조 인원수와 성별 국선 법률구조 인원수 비중에 대한 자료이다. 다음 중 자료에 대한 설명으로 옳지 <u>않은</u> 것을 고르시오.

[연령별 국선 법률구조 인원수]

(단위: 명)

구분	2018년	2019년	2020년	2021년	2022년
20대 미만	1,400	1,200	1,300	1,100	1,200
20대	700	800	800	700	600
30대	500	600	400	600	700
40대	400	500	500	400	300
50대	500	600	700	600	600
60대 이상	800	700	900	600	800
전체	4,300	4,400	4,600	4,000	4,200

[성별 국선 법률구조 인원수 비중]

① 2020년 국선 법률구조 남자 인원수는 전년 대비 500명 미만 증가하였다.

② 2021년 국선 법률구조 40대 인원수는 같은 해 국선 법률구조 여자 인원수의 20% 미만이다.

③ 2019년 국선 법률구조 남자 인원수와 여자 인원수의 차이는 704명이다.

④ 제시된 기간 중 국선 법률구조 남자 인원수가 처음으로 국선 법률구조 여자 인원수보다 많아진 해에 국선 법률구조 30대 인원수는 전년 대비 30% 이상 감소하였다.

⑤ 제시된 연령 중 2022년 국선 법률구조 인원수가 두 번째로 많은 연령의 2021년 국선 법률구조 인원수 대비 2021년 전체 국선 법률구조 인원수의 비율은 6 이상이다.

04 다음은 2021년 이후 A 제품과 B 제품의 판매량 현황을 나타낸 자료이다. 2022년 A 제품 판매량 대비 2024년 B 제품 판매량의 비율은?

[2021년 제품별 판매량]

(단위: 천 대)

구분	A 제품	B 제품
1분기	345	525
2분기	180	1,080
3분기	460	1,250
4분기	215	645

[제품별 판매량의 전년 대비 증감률]

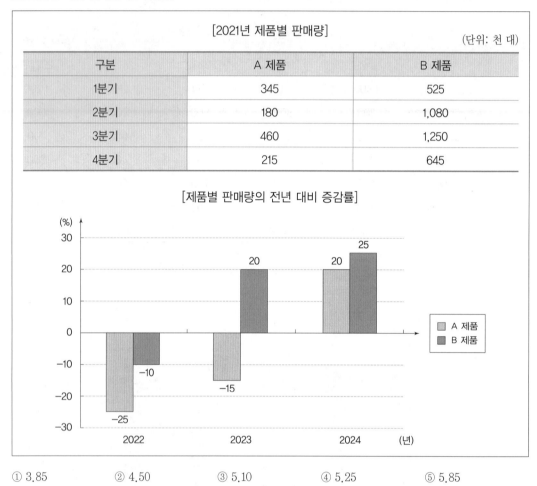

① 3.85　　② 4.50　　③ 5.10　　④ 5.25　　⑤ 5.85

05 다음은 지역구별 일반건강검진 수검자 수 및 수검률을 나타낸 자료이다. 다음 중 자료에 대한 설명으로 옳지 **않은** 것을 고르시오.

[지역구별 일반건강검진 수검자 수 및 수검률]

(단위: 명, %)

구분		2017년	2018년	2019년	2020년	2021년
A 구	수검자 수	35,000	39,000	41,000	36,000	43,000
	수검률	68	78	75	75	80
B 구	수검자 수	34,000	35,200	36,000	42,500	57,800
	수검률	68	64	72	68	68
C 구	수검자 수	84,000	84,000	81,200	96,000	128,000
	수검률	42	35	28	32	40
D 구	수검자 수	93,600	76,500	100,800	106,000	98,700
	수검률	52	45	56	53	47
E 구	수검자 수	81,200	96,000	118,800	128,000	161,000
	수검률	28	32	36	40	46

※ 수검률(%) = (수검자 수 / 전체 수검 대상자 수) × 100

① 2018~2021년 4년 동안 일반건강검진 수검자 수가 매년 전년 대비 증가한 지역구는 2곳이다.

② 2019년 일반건강검진 수검률이 다른 지역구에 비해 가장 높은 지역구의 2018년 일반건강검진 수검률은 전년 대비 15% 이상 증가하였다.

③ 2020년 E 구의 전체 일반건강검진 수검 대상자 수는 전년 대비 10,000명 이상 감소하였다.

④ 2021년 C 구의 일반건강검진 수검자 수는 전년 대비 30,000명 이상 증가하였다.

⑤ 2020년 B 구의 일반건강검진 수검자 수 대비 D 구의 일반건강검진 수검자 수의 비율은 2.5 미만이다.

06 다음은 A 지역의 노동쟁의 조정신청건수와 조정성립률을 나타낸 자료이다. A 지역의 2018년 조정불성립건수와 2020년 조정불성립건수의 합은?

[연도별 노동쟁의 조정신청건수 및 조정성립률]

(단위: 건, %)

구분	2017년	2018년	2019년	2020년	2021년
조정신청건수	7,525	7,620	8,770	11,600	12,050
조정성립률	61.9	65.0	55.6	49.0	46.3

※ 1) 조정신청건수 = 조정성립건수 + 조정불성립건수
　 2) 조정성립률(%) = {조정성립건수 / (조정성립건수 + 조정불성립건수)} × 100

① 7,832건　　　② 8,583건　　　③ 9,365건　　　④ 10,637건　　　⑤ 11,831건

07 다음은 S 지역의 자가주택 거주율 추이와 거주 형태 추이를 나타낸 자료이다. 2000년 S 지역의 총가구 수가 3,000만 가구라면, 2000년 S 지역의 자가 아파트에 거주하는 가구 수는?

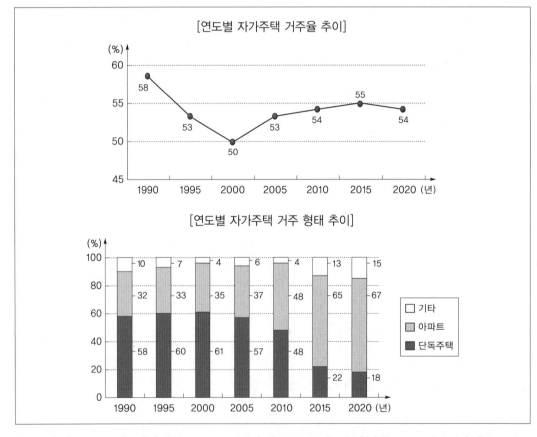

① 450만 가구　　　② 475만 가구　　　③ 500만 가구　　　④ 525만 가구　　　⑤ 550만 가구

08 다음은 A~D 국의 2024년 부처별 예산 및 2024년 국가별 총예산의 전년 대비 증감률을 나타낸 자료이다. 다음 중 자료에 대한 설명으로 옳지 <u>않은</u> 것을 고르시오.

[2024년 부처별 예산]

(단위: 억 원)

구분	A 국	B 국	C 국	D 국
국방부	2,800	170	1,950	130
과학기술부	1,900	90	1,000	105
환경부	900	130	800	45
기타	1,600	66	300	60
합계	7,200	456	4,050	340

[2024년 국가별 총예산의 전년 대비 증감률]

① 2024년 제시된 A~D 국 모두 국방부의 예산이 다른 부처의 예산에 비해 가장 많다.

② 2024년 B 국 환경부 예산 대비 2024년 D 국 환경부 예산의 비율은 0.4 미만이다.

③ 제시된 국가 중 2024년 총예산이 전년 대비 감소한 국가의 2023년 총예산은 480억 원이다.

④ 2023년 A 국의 총예산은 같은 해 C 국의 총예산의 2배 이상이다.

⑤ 2024년 D 국의 총예산에서 과학기술부의 예산이 차지하는 비중은 30% 이상이다.

09 다음은 Z 회사의 A 산업과 B 산업의 투자 금액 및 투자 건수를 나타낸 자료이다. 다음 중 자료에 대한 설명으로 옳지 <u>않은</u> 것을 고르시오.

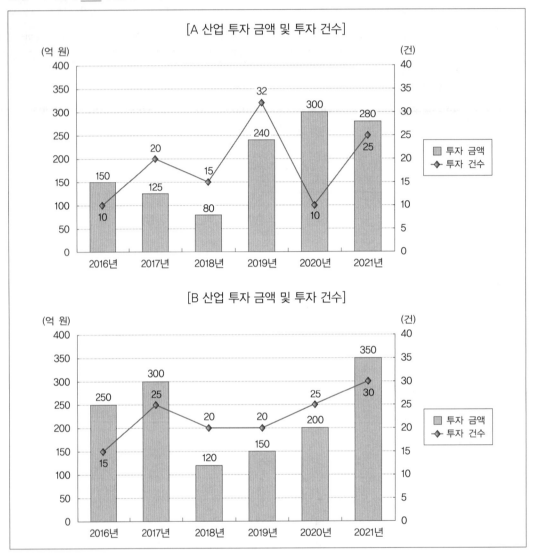

① 2020년 투자 금액의 전년 대비 증가액은 A 산업이 B 산업보다 크다.

② A 산업의 투자 건수 1건당 투자 금액은 2020년이 2016년의 2배이다.

③ B 산업의 투자 금액의 전년 대비 증가율은 2017년이 2019년보다 작다.

④ 제시된 기간 중 A 산업의 투자 건수 1건당 투자 금액이 가장 작은 해는 2017년이다.

⑤ 제시된 기간 중 B 산업의 투자 건수 1건당 투자 금액이 가장 큰 해는 2016년이다.

다음은 K 국의 식품제조업의 연도별 곡류 및 곡분 구매 금액에 대한 자료이다. 각 물음에 답하시오.

[연도별 곡류 및 곡분 구매 금액]

(단위: 천만 원)

구분	2017년	2018년	2019년	2020년	2021년
쌀	62,200	68,700	71,100	70,800	86,600
보리	17,800	12,800	18,800	16,200	25,900
옥수수	57,000	70,400	73,800	79,500	92,400
밀	277,200	221,900	157,300	180,200	112,900
메밀	740	900	870	800	1,000
쌀가루	4,400	5,600	8,200	8,300	9,000
보리가루	250	300	400	350	350
옥수수가루	3,100	3,000	3,000	2,900	5,700
소맥분	93,300	98,300	105,500	117,100	121,000
메밀가루	1,300	1,800	1,400	1,900	1,600

※ 제시된 곡류 및 곡분 외에 식품제조업이 구매한 다른 곡류 및 곡분은 없음

10 다음 중 자료에 대한 설명으로 옳은 것을 고르시오.

① 2018년부터 2021년까지 구매 금액이 매년 전년 대비 증가한 곡류 및 곡분은 총 2개이다.

② 2020년 옥수수의 구매 금액은 2년 전 대비 15% 이상 증가하였다.

③ 2019년 쌀 구매 금액의 전년 대비 증가량은 2021년 소맥분 구매 금액의 전년 대비 증가량보다 많다.

④ 2020년 구매 금액의 전년 대비 감소율은 메밀이 보리가루보다 작다.

⑤ 제시된 기간 동안 메밀가루의 구매 금액은 매년 옥수수가루의 구매 금액의 50% 미만이다.

11 다음 중 자료에 대한 설명으로 옳지 <u>않은</u> 것을 모두 고르시오.

a. 2017년 전체 곡류 및 곡분 구매 금액은 520,000천만 원 미만이다.

b. 제시된 기간 동안 구매 금액이 많은 상위 3개 곡류 및 곡분은 매년 동일하다.

c. 2020년 쌀가루 구매 금액의 2년 전 대비 증가율은 2021년 보리 구매 금액의 4년 전 대비 증가율보다 작다.

d. 2018년 전체 곡류 및 곡분 구매 금액에서 밀 구매 금액이 차지하는 비중은 45% 이상이다.

① a, b   ② a, c   ③ b, c   ④ b, d   ⑤ c, d

[12-13] 다음은 지역별 자연재난 지원 복구비 및 총복구비에 대한 자료이다. 각 물음에 답하시오.

[지역별 자연재난 지원 복구비]

(단위: 천만 원)

구분	2020년			2021년		
	합계	국고	지방비	합계	국고	지방비
경기도	23,600	17,300	6,300	0	0	0
강원도	44,000	35,400	8,600	2	0	2
충청북도	66,600	55,200	11,400	13	0	13
충청남도	32,800	23,600	9,200	5,200	2,600	2,600
전라북도	43,100	34,100	9,000	940	420	520
전라남도	95,000	79,500	15,500	12,800	9,400	3,400
경상북도	20,300	15,400	4,900	67,800	49,800	18,000
경상남도	27,800	22,000	5,800	940	400	540

[2020년 지역별 자연재난 총복구비]

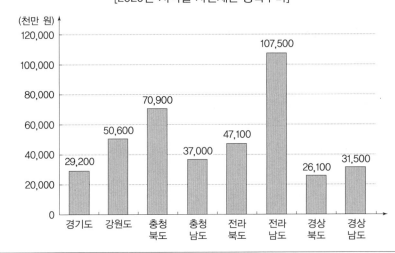

※ 총복구비 = 지원 복구비 + 자체 복구비
※ 출처: KOSIS(행정안전부, 자연재해현황)

12 다음 중 자료에 대한 설명으로 옳지 <u>않은</u> 것을 고르시오.

① 2021년 지원 복구비가 전년 대비 감소한 지역은 총 7개이다.

② 2020년 자체 복구비는 경상남도가 전라북도보다 300천만 원 더 적다.

③ 2021년 전라남도의 지원 복구비에서 지방비가 차지하는 비중은 25% 이상이다.

④ 2020년과 2021년 경상남도의 지원 복구비에서 국고가 차지하는 비중의 차이는 40%p 이상이다.

⑤ 제시된 지역 중 지원 복구비의 지방비가 세 번째로 많은 지역은 2020년과 2021년에 서로 동일하다.

13 다음 중 자료에 대한 설명으로 옳은 것을 <u>모두</u> 고르시오.

a. 2021년 지원 복구비의 국고가 전년 대비 감소한 지역 중 국고 감소량이 가장 적은 지역과 가장 많은 지역의 2020년 총복구비의 합은 136,700천만 원이다.

b. 제시된 지역 중 2020년 지원 복구비의 국고가 두 번째로 많은 지역의 2020년 총복구비에서 자체 복구비가 차지하는 비중은 10% 이상이다.

c. 2021년 전라북도와 경상남도 지원 복구비의 지방비는 모두 전년 대비 90% 이상 감소하였다.

d. 2020년 경기도의 지원 복구비에서 지방비가 차지하는 비중은 2021년 경상북도의 지원 복구비에서 지방비가 차지하는 비중보다 크다.

① a, b   ② a, c   ③ b, d   ④ c, d   ⑤ a, c, d

[14-15] 다음은 2022년 하반기 지역별 민간 아파트 신규 분양 현황에 대한 자료이다. 각 물음에 답하시오.

[2022년 하반기 지역별 민간 아파트 신규 분양 세대 수]

(단위: 백 세대)

구분	7월	8월	9월	10월	11월	12월
A 지역	120	100	80	110	120	100
B 지역	130	90	70	130	60	50
C 지역	300	130	490	520	570	440

[2022년 4분기 지역별 민간 아파트 신규 분양 세대 수의 전년 동월 대비 증감량]

14 다음 중 자료에 대한 설명으로 옳지 <u>않은</u> 것을 고르시오.

① 2022년 8월 이후 B 지역의 민간 아파트 신규 분양 세대 수가 처음으로 전월 대비 증가한 달에 A 지역의 민간 아파트 신규 분양 세대 수는 전년 동월 대비 증가하였다.

② 2022년 7월 A 지역의 민간 아파트 신규 분양 세대 수 대비 2022년 8월 B 지역의 민간 아파트 신규 분양 세대 수의 비율은 0.75이다.

③ 2021년 12월 C 지역 민간 아파트 신규 분양 세대 수의 전월 대비 감소율은 30% 이상이다.

④ 2021년 4분기 B 지역의 평균 민간 아파트 신규 분양 세대 수는 100백 세대 미만이다.

⑤ A 지역의 민간 아파트 신규 분양 세대 수는 2022년 8월이 2021년 10월보다 2천 세대 더 많다.

기출유형공략 | 1회 | 2회 | 3회 | 4회 | 5회 | 6회 | 해커스 GSAT 삼성직무적성검사 실전모의고사

15 다음 중 자료에 대한 설명으로 옳지 <u>않은</u> 것을 모두 고르시오.

a. 2021년 12월 B 지역의 민간 아파트 신규 분양 세대 수는 같은 해 11월 C 지역의 민간 아파트 신규 분양 세대 수의 20% 미만이다.

b. A, B, C 지역의 2021년 4분기 전체 민간 아파트 신규 분양 세대 수에서 2021년 10월 전체 민간 아파트 신규 분양 세대 수가 차지하는 비중은 40% 이상이다.

c. 2022년 A, B, C 지역의 평균 민간 아파트 신규 분양 세대 수는 11월이 8월의 2배 미만이다.

① b   ② c   ③ a, b   ④ b, c   ⑤ a, b, c

[16-17] 다음은 A 회사의 직급별 주급과 구내식당 메뉴별 이용금액에 대한 자료이다. 각 물음에 답하시오.

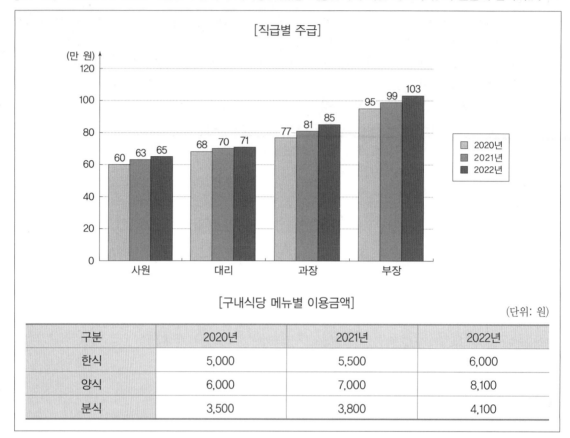

[직급별 주급]

[구내식당 메뉴별 이용금액]

(단위: 원)

구분	2020년	2021년	2022년
한식	5,000	5,500	6,000
양식	6,000	7,000	8,100
분식	3,500	3,800	4,100

16 다음 중 자료에 대한 설명으로 옳은 것을 고르시오.

① 과장 주급의 전년 대비 증가율은 2021년이 2022년보다 낮다.

② 제시된 구내식당 메뉴 중 2020년 대비 2022년 이용금액 인상률이 가장 높은 메뉴는 한식이다.

③ 직급별 2022년 주급의 2년 전 대비 증가율은 모두 10% 미만이다.

④ 2020년 사원이 일주일 주급만 사용하여 구내식당에서 양식을 구매할 수 있는 최대 횟수는 100회 미만이다.

⑤ 과장이 일주일 주급만 사용하여 해당 연도에 한식을 120회 구매하고 남은 금액은 2022년이 2020년보다 적다.

17 2021년 부장이 2주 동안 주급만 사용하여 같은 해 구내식당에서 한식을 구매할 수 있는 최대 횟수는 2021년 대리가 2주 동안 주급만 사용하여 같은 해 구내식당에서 양식을 구매할 수 있는 최대 횟수의 몇 배인가?

① 1.3배   ② 1.5배   ③ 1.8배   ④ 2.0배   ⑤ 2.3배

18 다음은 X 기업에서 제조하는 반도체 소자의 진행 공정 수에 따른 수율을 나타낸 자료이다. 자료를 보고 빈칸에 해당하는 값을 예측했을 때 가장 타당한 값을 고르시오.

[진행 공정 수에 따른 수율]

구분	A 소자	B 소자	C 소자	D 소자
진행 공정 수(가지)	80	100	(㉠)	160
수율(%)	92.0	90.0	84.5	(㉡)

※ 수율(%) = $\left(\dfrac{a}{진행\ 공정\ 수} + b \right) \times 100$

	㉠	㉡
①	240	87.0
②	240	89.5
③	320	87.0
④	320	88.0
⑤	320	89.5

19 다음은 연도별 A 기계와 B 기계의 제품 생산량을 나타낸 자료이다. 이를 바탕으로 2017년 이후 A 기계와 B 기계 제품 생산량의 평균의 전년 대비 증감률을 바르게 나타낸 것을 고르시오.

[연도별 제품 생산량]

(단위: 개)

구분	2016년	2017년	2018년	2019년	2020년	2021년
A 기계	1,500	1,450	2,200	1,950	2,650	3,580
B 기계	2,500	1,750	1,800	2,050	2,750	2,900

①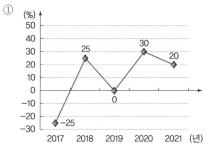

②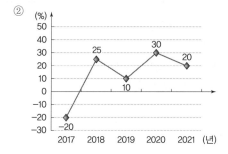

③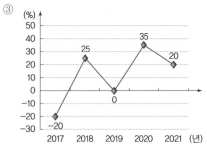

④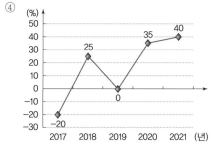

⑤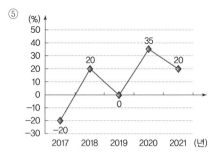

20 다음은 어느 제과점에서 판매하는 제품 A, B의 판매량을 5일 동안 관찰한 결과이며, 두 제품의 각 판매량은 매일 일정한 규칙으로 변화한다. 제품 1개를 만들 때 필요한 밀가루의 양은 제품 A가 24g, 제품 B가 60g일 때, 10일 차에 제품 A, B를 만드는 데 사용한 밀가루의 양은 총 몇 g인가?

[일별 제품 판매량]

(단위: 개)

구분	제품 A	제품 B
1일 차	4	6
2일 차	4	7
3일 차	8	9
4일 차	12	12
5일 차	20	16

① 8,316g   ② 8,340g   ③ 8,364g   ④ 8,400g   ⑤ 8,424g

약점 보완 해설집 p.84

▶ 해설 p.89

[01 - 02] 다음 전제를 읽고 반드시 참인 결론을 고르시오.

01

전제	클라리넷을 연주하는 모든 사람은 대회를 나간다.
	대회를 나가지 않는 어떤 사람은 전자 드럼을 친다.
결론	

① 클라리넷을 연주하지 않는 모든 사람은 전자 드럼을 친다.

② 전자 드럼을 치는 모든 사람은 클라리넷을 연주하지 않는다.

③ 클라리넷을 연주하는 모든 사람은 전자 드럼을 친다.

④ 전자 드럼을 치는 어떤 사람은 클라리넷을 연주한다.

⑤ 클라리넷을 연주하지 않는 어떤 사람은 전자 드럼을 친다.

02

전제	친화력이 좋은 모든 사람은 인기가 많다.
	SNS를 좋아하지 않는 어떤 사람은 친화력이 좋다.
결론	

① SNS를 좋아하지 않는 모든 사람은 인기가 많다.

② SNS를 좋아하는 모든 사람은 인기가 많다.

③ 인기가 많은 어떤 사람은 SNS를 좋아한다.

④ 인기가 많은 모든 사람은 SNS를 좋아하지 않는다.

⑤ 인기가 많은 어떤 사람은 SNS를 좋아하지 않는다.

03 다음 결론이 반드시 참이 되게 하는 전제를 고르시오.

전제	자전거를 잘 타는 모든 아이는 키가 크다.
결론	운동을 좋아하는 어떤 아이는 자전거를 잘 타지 못한다.

① 키가 큰 어떤 아이는 운동을 좋아하지 않는다.

② 키가 크지 않은 모든 아이는 운동을 좋아한다.

③ 키가 크지 않은 어떤 아이는 운동을 좋아하지 않는다.

④ 운동을 좋아하는 어떤 아이는 키가 크다.

⑤ 운동을 좋아하는 모든 아이는 키가 크다.

04 신입사원 A, B, C, D, E, F 6명의 업무 평가를 실시하여 사원별로 1~6위까지 서로 다른 순위를 매겼다. 다음 조건을 모두 고려하였을 때, 3위에 해당하는 사람과 소속 부서의 조합으로 가능하지 <u>않은</u> 것을 고르시오.

- A~F는 각각 설계팀, 연구팀, 개발팀 중 한 팀에 소속되어 있으며, 각 팀에는 2명이 있다.
- D는 설계팀이며 1위이다.
- E와 F는 같은 팀이며 F는 E보다 순위가 높다.
- B의 순위는 C의 순위보다 3만큼 낮다.
- 개발팀의 순위는 나란히 붙어 있고, 연구팀의 순위는 나란히 붙어 있지 않다.
- 순위가 가장 낮은 사람은 연구팀이다.

① A, 개발팀   ② A, 연구팀   ③ C, 설계팀   ④ F, 개발팀   ⑤ F, 연구팀

05 컴퓨터 폴더에 A, B, C, D, E 5개의 파일이 일렬로 배열되어 있다. 다음 조건을 모두 고려하였을 때, 항상 거짓인 것을 고르시오.

- 파일에는 문서 파일, 사진 파일, 동영상 파일이 있으며, 사진 파일은 동영상 파일보다 1개 더 많다.
- 맨 앞에 배열되어 있는 파일은 동영상 파일이다.
- 맨 뒤에 배열되어 있는 파일은 문서 파일이다.
- B와 D는 같은 종류의 파일이다.
- A와 종류가 같은 파일은 없다.
- 같은 종류의 파일은 연달아 배열되어 있지 않다.

① 5개의 파일이 배열되는 위치로 가능한 경우의 수는 총 8가지이다.
② A는 동영상 파일이다.
③ B가 앞에서 두 번째 순서로 배열되어 있다면, C는 앞에서 세 번째 순서로 배열되어 있다.
④ C는 문서 파일이다.
⑤ C가 앞에서 세 번째 순서로 배열되어 있다면, E는 앞에서 네 번째 순서로 배열되어 있다.

06 신입사원 5명은 분식점에서 튀김, 라면, 만두, 김밥 중 각자 선호하는 메뉴를 한 가지씩 주문했다. 다음 조건을 모두 고려하였을 때, 항상 거짓인 것을 고르시오.

- 남자와 여자는 각각 1명 이상이고, 남자가 여자보다 더 많다.
- 신입사원 5명 중 2명은 튀김을 선호한다.
- 남자는 라면을 선호하지 않는다.
- 만두를 선호하는 사람은 남자이다.
- 튀김을 선호하는 사람을 제외한 나머지는 서로 다른 메뉴를 선호한다.

① 여자가 2명이면, 김밥을 주문한 사람은 여자이다.
② 김밥을 주문한 사람이 남자인 경우는 2가지이다.
③ 남자가 4명이면, 튀김을 주문한 사람은 모두 남자이다.
④ 남자가 주문한 메뉴가 3개이면, 가능한 경우는 1가지이다.
⑤ 튀김을 주문한 사람의 성별이 다르면, 남자가 여자보다 1명 더 많다.

07 은지, 혜지, 진욱, 재진, 지환이가 1부터 5까지 쓰여있는 5장의 카드를 한 장씩 나눠 가진 후 카드에 적힌 숫자에 따라 순위를 정했다. 다음 조건을 모두 고려하였을 때, 항상 <u>거짓</u>인 것을 고르시오.

- 숫자가 클수록 더 높은 순위이다.
- 혜지의 카드에 적힌 숫자는 지환이의 카드에 적힌 숫자보다 크다.
- 재진이가 가지고 있는 카드에는 짝수가 적혀 있다.
- 진욱이의 순위는 3위도, 4위도 아니었다.
- 은지와 진욱이의 카드에 적힌 숫자의 차는 1이다.
- 진욱이와 재진이의 카드에 적힌 숫자의 합은 6 이하이다.

① 은지 또는 혜지가 1위이다.

② 지환이가 은지보다 더 높은 숫자가 적힌 카드를 가지고 있다면, 가능한 경우의 수는 1가지이다.

③ 진욱이와 재진이의 카드에 적힌 숫자의 합으로 나올 수 있는 경우는 3가지이다.

④ 재진이의 카드에 적힌 숫자가 2이면, 지환이의 카드에 적힌 숫자는 1이다.

⑤ 혜지가 3위이면, 재진이는 4위이다.

기출유형팩　1회　2회　3회　4회　5회　6회　해커스 GSAT 삼성직무적성검사 실전모의고사

08 현주는 레스토랑에서 샐러드, 스테이크, 파스타, 커피, 아이스크림을 하나씩 주문하여 식사를 하였다. 다음 조건을 모두 고려하였을 때, 항상 <u>거짓</u>인 것을 고르시오.

- 다섯 가지 음식은 한 번에 하나씩 먹었다.
- 파스타는 샐러드보다 나중에 먹었다.
- 샐러드는 식사 가장 중간에 먹었다.
- 커피보다 먼저 먹은 음식은 없다.

① 파스타는 아이스크림보다 먼저 먹었다.

② 스테이크를 파스타보다 나중에 먹는 경우는 없다.

③ 아이스크림은 네 번째로 먹었다.

④ 스테이크는 두 번째로 먹는 경우가 있다.

⑤ 샐러드는 스테이크보다 먼저 먹었다.

09 흰색, 분홍색, 초록색, 갈색, 보라색, 검은색 모자 6개를 가로로 네 칸씩 두 개의 층으로 구성된 수납장의 각 칸에 한 개씩 수납하려고 한다. 다음 조건을 모두 고려하였을 때, 항상 참인 것을 고르시오.

> - 1층에 수납하는 검은색 모자의 왼쪽 칸은 비워둔다.
> - 분홍색 모자와 보라색 모자는 위, 아래로 이웃하여 수납한다.
> - 수납장의 1층과 2층에는 각각 한 칸씩 비워둔다.
> - 흰색 모자는 검은색 모자와 상하좌우로 이웃하여 수납하지 않는다.
> - 2층에 수납하는 갈색 모자의 아래 칸은 비워둔다.
> - 1층에 수납하는 초록색 모자의 오른쪽 칸은 비워둔다.

① 분홍색 모자를 2층에 수납하면, 가능한 경우의 수는 4가지이다.

② 보라색 모자를 초록색 모자와 이웃하게 수납하면, 검은색 모자는 1층 세 번째 칸에 수납한다.

③ 1층과 2층의 네 번째 칸에 모두 모자를 수납하면, 가능한 경우의 수는 1가지이다.

④ 흰색 모자를 첫 번째 칸에 수납하면, 1층 세 번째 칸은 비워있다.

⑤ 갈색 모자를 두 번째 칸에 수납하면, 분홍색 모자는 네 번째 칸에 수납한다.

10 A의 내선 번호는 다섯 자리로 구성되어 있다. 다음 조건을 모두 고려하였을 때, 항상 참인 것을 고르시오.

> - 각 자리 숫자는 1~9 중 하나이다.
> - 만의 자리 숫자와 천의 자리 숫자의 합은 5이다.
> - 백의 자리 숫자는 만의 자리 숫자와 일의 자리 숫자의 합의 두 배이다.
> - 십의 자리 숫자는 나머지 모든 자리의 숫자 중 가장 작은 숫자보다 작거나 같다.

① 내선번호 다섯 자리 중 가장 큰 숫자는 8이다.

② 내선번호에 같은 숫자가 3개 존재한다.

③ 내선번호의 각 자리 숫자의 합이 15 이상이면, 가능한 경우의 수는 3가지이다.

④ 일의 자리 숫자가 십의 자리 숫자보다 크면, 가능한 경우의 수는 3가지이다.

⑤ 백의 자리 숫자가 5 이하이면, 만의 자리 숫자와 일의 자리 숫자는 서로 다르다.

11 신입사원 A, B, C, D, E 5명은 국문 명함과 영문 명함 중 하나의 명함을 선택하여 명함 발급을 신청하였다. 국문 명함을 선택한 신입사원은 진실을 말하고, 영문 명함을 선택한 신입사원은 거짓을 말할 때, 영문 명함을 선택한 신입사원끼리 바르게 묶인 것을 고르시오.

- A: B는 국문 명함을 선택했어.
- B: 국문 명함을 선택한 신입사원은 총 3명이야.
- C: D와 E는 모두 국문 명함을 선택했어.
- D: A와 B는 서로 다른 종류의 명함을 선택했어.
- E: 나는 A와 같은 종류의 명함을 선택했어.

① A, B   ② C, D   ③ C, E   ④ A, B, E   ⑤ C, D, E

12 8층짜리 회사 기숙사 건물에 남자 직원 A, B, C, D와 여자 직원 E, F, G, H 총 8명이 각각 서로 다른 층에 거주하고 있다. 다음 조건을 모두 고려하였을 때, 항상 거짓인 것을 고르시오.

- 같은 성별의 직원끼리는 인접한 층에 거주할 수 없다.
- H는 E보다 높은 층에 거주하고 있으며, 두 사람의 기숙사 층수 차이는 4개이다.
- C와 D가 거주하는 층 사이에 거주하고 있는 남자 직원은 A뿐이다.
- 1층에는 남자 직원이 거주하고 있다.
- B는 E 바로 아래층에 거주하고 있다.

① A는 5층에 거주하고 있다.

② F 또는 G가 8층에 거주하고 있다.

③ H가 거주하고 있는 층은 확정된다.

④ D와 E는 서로 인접한 층에 거주하고 있다.

⑤ B와 C가 거주하고 있는 층수의 차이는 최대 4개이다.

13 J 대학교에서는 매주 월요일부터 금요일까지 매일 아침, 점심, 저녁 3회 학식이 제공되며, 메뉴는 중식, 한식, 양식, 일식, 특식 중 한 가지가 제공된다. 다음 조건을 모두 고려하였을 때, 항상 <u>거짓</u>인 것을 고르시오.

- 하루 동안 아침, 점심, 저녁에 같은 메뉴가 중복으로 제공되지 않는다.
- 이틀 연속으로 같은 시간대에 같은 메뉴가 제공되지 않는다.
- 한식이 제공되는 날의 이틀 후 같은 시간대에는 일식이 제공된다.
- 특식이 제공되는 바로 전날 아침에는 중식이 제공된다.
- 한식은 월요일부터 금요일까지 매일 제공된다.
- 특식은 화요일 점심과 목요일 점심에만 제공된다.

① 월요일 점심에는 양식이 제공된다.

② 화요일 저녁에는 한식이 제공된다.

③ 수요일 점심에는 중식이 제공되지 않는다.

④ 목요일 아침에는 일식이 제공된다.

⑤ 금요일 저녁에는 일식이 제공되지 않는다.

14 A, B, C, D, E 5명은 순서를 정해 여름휴가를 가려고 한다. 세 번째로 휴가를 가는 1명만 거짓을 말한다고 할 때, 항상 <u>거짓</u>인 것을 고르시오.

- A: 나는 D 바로 다음에 휴가를 간다.
- B: 나는 A보다 먼저 C보다 늦게 휴가를 간다.
- C: 나와 D 사이에 휴가를 가는 사람은 2명 이상이다.
- D: 나는 첫 번째로 휴가를 가는 사람이 아니다.
- E: 나는 A보다 늦게 휴가를 간다.

① A는 두 번째로 휴가를 간다.

② B는 C 바로 다음 순서로 휴가를 간다.

③ D는 E보다 먼저 휴가를 간다.

④ A가 세 번째로 휴가를 간다면, 가능한 경우의 수는 2가지이다.

⑤ C가 첫 번째로 휴가를 간다면, 가능한 경우의 수는 3가지이다.

[15 - 17] 다음 도형에 적용된 규칙을 찾아 '?'에 해당하는 도형을 고르시오.

15

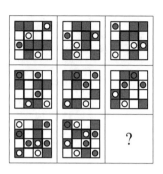

①   ②   ③

④ ⑤

16

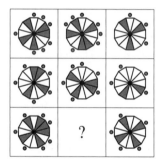

①   ②   ③

④ ⑤

17

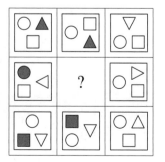

①   ②   ③

④ ⑤

[18-21] 다음 각 기호가 문자, 숫자의 배열을 바꾸는 규칙을 나타낸다고 할 때, 각 문제의 '?'에 해당하는 것을 고르시오.

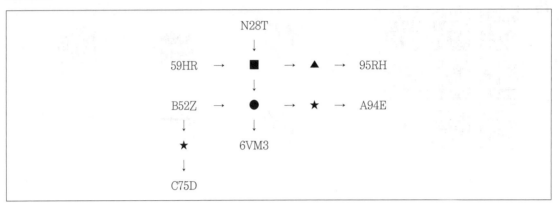

```
                        N28T
                         ↓
        59HR   →   ■    →    ▲   →   95RH
                         ↓
        B52Z   →   ●    →    ★   →   A94E
          ↓              ↓
          ★           6VM3
          ↓
        C75D
```

18

S2W2　→　★　→　▲　→　?

① 4TZ6　　　② 4Z6T　　　③ 6T4Z　　　④ 6Z4T　　　⑤ 6ZT4

19

7FV5　→　●　→　▲　→　■　→　?

① D54U　　　② D56W　　　③ H54U　　　④ H56U　　　⑤ H56W

20

?　→　■　→　★　→　46FE

① CA34　　　② CA43　　　③ CB34　　　④ II58　　　⑤ II85

21

?　→　★　→　●　→　■　→　4WW5

① X12R　　　② X12U　　　③ X63R　　　④ Z03Z　　　⑤ Z54Z

22 다음 문단을 논리적 순서대로 알맞게 배열한 것을 고르시오.

(A) 최근 디지털 혁신의 속도가 빨라지면서 인공지능(AI) 기술에 대한 수요가 증가하고 있다. 자동차 및 금융 등의 주요 산업에도 AI가 적용됨에 따라 자연히 AI 데이터 처리량도 증가하고 있다. 그러나 기존의 컴퓨터 성능으로는 이러한 요구에 빠르게 대응하기 어렵다는 한계에 부딪히면서 AI 프로세서 기능을 갖춘 CXL(Compute Express Link) 기반의 D램 모듈이 차세대 메모리 솔루션으로 각광받고 있다.

(B) 하지만 CXL 메모리는 컴퓨팅 시스템에서 CPU와 메모리 그래픽처리장치(GPU), 저장장치 등을 효율적으로 활용할 수 있는 새로운 인터페이스이다. 이 인터페이스는 기존의 다양한 인터페이스를 통합하여 각 장치를 하나로 연결함으로써 메모리를 공유하는 핵심 기술을 보유하고 있다.

(C) 이를 통해 기존의 서버 구조를 완전히 변경하거나 교체하지 않고도 인터페이스 개선만으로 시스템 내부의 D램 용량을 확장할 수 있다. 또한, 공용 메모리 공간을 함께 사용함으로써 가속기의 메모리를 메인 메모리로 활용할 수 있고, 자체 메모리가 없는 장치는 메인 메모리를 공유하여 사용할 수 있다. 가속기와 CPU가 협력하여 시스템 연산 속도를 향상시킬 수 있으며, 데이터 처리 속도도 원활하고 빠르게 개선될 수 있다.

(D) 기존에는 중앙처리장치(CPU)를 중심으로 메모리와 저장장치 등 각 장치에 필요한 인터페이스가 별도로 존재했다. 이 때문에 각 장치 간 통신을 위해서는 다수의 인터페이스를 거치는 과정이 필요했고, 이 과정에서 심각한 지연 문제가 발생하였다. 특히 AI, 머신러닝과 같이 데이터 처리량이 급증하는 작업에서 이러한 지연 문제는 더욱 심각해졌다.

① (A) - (B) - (C) - (D)

② (A) - (D) - (B) - (C)

③ (A) - (D) - (C) - (B)

④ (D) - (A) - (C) - (B)

⑤ (D) - (C) - (B) - (A)

23 다음 문단을 논리적 순서대로 알맞게 배열한 것을 고르시오.

> (A) 먼저, 주파수 도약 기술을 토대로 탄생한 표준 규격 IEEE 802.11의 1세대 와이파이는 미국 전기전자 학회로부터 발표되었으며, 당시 최대 전송 속도는 2Mbps였다. 그 이후부터 등장한 와이파이의 규격 명칭은 '802.11'의 바로 뒤에 알파벳이 붙는 형태로 불리게 되었다.
>
> (B) 현재 사용되고 있는 와이파이는 이론상으로 최대 9.6Gbps의 전송 속도를 가지고 있는 IEEE 802.11ax이며, 읽기 쉽고 명확하게 구분하기 위해서 규격 명칭을 6세대 와이파이로 간소화하여 사용하고 있다. 더불어 개발 단계에 있는 7세대 와이파이는 6GHz 주파수를 이용하여 이론상 최대 46Gbps까지 전송 속도를 올려, 그 성능 향상 폭을 앞선 와이파이보다 더욱 높일 예정이다.
>
> (C) 현시대를 살아가는 우리는 버스나 지하철 등에서 와이파이를 편리하게 사용하고 있다. 와이파이의 본래 명칭은 무선랜(Wireless LAN)인데, 무선 접속장치(AP)가 설치되어 있는 일정 거리 내에서 주파수를 활용해 초고속 인터넷을 이용할 수 있는 근거리 통신망을 말한다. 무선랜, 즉 와이파이는 시대에 맞추어 그 기술력이 계속해서 향상되어 왔다. 그렇다면 와이파이는 시대에 따라 어떤 변화 양상을 보여왔을까?
>
> (D) 1세대에 이어 개발된 IEEE 802.11b는 최대 11Mbps의 전송 속도를 가졌으며, 2000년대 초에 등장한 IEEE 802.11g는 최대 54Mbps의 전송 속도를 가지게 되면서 와이파이의 전송 속도는 빠르게 발전하는 모습을 보였다.

① (B) − (A) − (D) − (C)

② (C) − (A) − (D) − (B)

③ (C) − (D) − (A) − (B)

④ (D) − (B) − (A) − (C)

⑤ (D) − (C) − (A) − (B)

24 다음 진술이 모두 참이라고 할 때 반드시 <u>거짓</u>일 수밖에 없는 것을 고르시오.

> 크롤링은 인터넷 주소(URL)에 접근하여 웹페이지(html, 문서)와 같은 데이터를 수집하고 분류하는 기술이다. 크롤링은 대량의 정보를 빠르게 처리할 수 있지만, 불법적인 데이터 수집이나 서버에 과부하를 일으킬 위험이 있어 법적 및 윤리적 고려가 필요하다. 효율적인 크롤링을 위해서는 데이터 전처리와 후처리 기술도 필수적이다. 크롤링과 유사한 개념으로 사용되는 스크래핑이 있다. 스크래핑은 웹사이트나 다른 데이터 소스에서 필요한 정보를 자동으로 추출하여 구조화된 형태로 저장하는 작업을 의미한다. 크롤링이 주로 웹 페이지를 순차적으로 탐색하면서 데이터의 위치나 구조를 파악하는 과정인 반면, 스크래핑은 이미 식별된 데이터 소스에서 원하는 정보를 추출하는 과정에 집중한다. 빅데이터 분석에서는 두 기술을 결합하여 활용하는 경우가 많다. 먼저 크롤링을 통해 어떤 웹사이트나 온라인 플랫폼에서 필요한 데이터가 존재하는지 파악하고, 이후 스크래핑을 통해 해당 데이터를 수집하여 분석용 데이터셋으로 변환한다. 이러한 방식은 대규모 데이터 분석, 시장 조사, 트렌드 파악 등에서 중요한 역할을 하며 실시간 정보 수집이 필요한 분야에서 매우 유용하다.

① 크롤링은 웹사이트를 탐색하지 않고, 이미 식별된 데이터 소스에서만 작동한다.

② 크롤링은 정보를 빠르게 처리할 수 있다는 장점이 있지만 윤리적 측면에서 고려해야 할 요소가 존재한다.

③ 빅데이터 분석에서는 크롤링과 스크래핑이 순차적으로 활용된다.

④ 데이터 전처리와 후처리 기술은 효율적 크롤링을 위한 필수적 요소이다.

⑤ 스크래핑은 웹사이트에서 데이터를 추출하여 규칙에 맞게 정리하고 저장하는 역할을 한다.

25 다음 진술이 모두 참이라고 할 때 반드시 <u>거짓</u>일 수밖에 없는 것을 고르시오.

반도체 공정의 시작을 알리는 포토 공정에서 포토레지스트는 반도체 회로를 만드는 데 핵심적인 역할을 한다. 포토레지스트는 빛에 노출되면 화학적으로 반응하는 감광성(感光性) 액체로, 사진을 인쇄하는 과정에서 빛을 활용하여 이미지를 형성하는 것처럼 빛에 노출된 부분 혹은 노출되지 않은 부분만 제거되기 때문에 원하는 패턴을 얻는 데 유용하다. 그러나 포토레지스트는 사진 인화 등에 사용되는 희석된 액체 형태의 감광 물질과는 구별되는 고유한 특성이 있다. 포토레지스트에 빛을 조사했을 때 빛에 노출된 부분과 그렇지 않은 부분이 음영만으로 구분되는 것이 아닌 빛의 접촉 여부에 따라 용해, 응고와 같은 변화로 인해 편화와 같이 분리되는 영역을 형성한다는 점이다. 결과적으로 빛에 대한 반응에 따라 빛을 받지 않은 부분이 남는 양성형과 빛을 받은 부분이 남는 음성형으로 구분된다. 포토레지스트는 반도체 공정 과정에서 웨이퍼에 얇은 두께로 고르게 코팅되어 사용된다. 먼저 사진 인화지와 유사한 상태인 웨이퍼가 준비되며, 반도체 회로 패턴이 담긴 마스크를 웨이퍼 위에 배치하고 마스크 아래에 빛을 모아주는 렌즈를 위치시킨다. 이때 웨이퍼에 빛을 조사하면 마스크에 새겨진 회로 패턴이 웨이퍼에 전달되어 남게 된다. 이러한 과정에서 포토레지스트는 미세 회로의 기본 패턴이 그려지는 데 중요한 역할을 한다. 한편, 웨이퍼에 회로 패턴이 기록된 후 용해되거나 응고되지 않은 부분을 선택적으로 없애는 과정을 거쳐 포토 공정이 완료된다. 이렇게 기록된 회로는 식각 공정 등을 통해 더욱 뚜렷해지고 그 외의 수많은 공정을 거쳐 반도체가 완성된다.

① 포토레지스트는 빛에 노출된 부분이 남는 양성형과 노출되지 않은 부분이 남는 음성형으로 나뉜다.

② 포토 공정은 웨이퍼에 용해되거나 응고되지 않은 부분을 선택적으로 제거하는 과정을 거쳐야 마무리된다.

③ 반도체 공정 시 포토레지스트는 반도체의 미세 회로의 기본 패턴을 형성한다.

④ 반도체 공정 과정에서 웨이퍼 위에 균일하게 도포되는 포토레지스트의 두께는 얇다.

⑤ 포토레지스트에 빛을 쏘면 용해 및 응고와 같은 변화로 인한 반응을 보인다.

26 다음 내용을 바탕으로 추론할 수 있는 것을 고르시오.

> 디스플레이 주사율은 화면이 1초에 몇 번의 이미지를 새로고침 할 수 있을지를 의미하며, 단위는 헤르츠(Hz)가 사용된다. 60Hz의 주사율을 가진 모니터는 1초에 화면을 60단계로 나눠서 보여줄 수 있음을 의미하며, 144Hz나 240Hz로 높아질수록 더 부드러운 화면 전환이 가능하여 눈의 피로도를 낮춰준다. 높은 주사율은 주로 TV보다는 온라인 게임과 같이 많은 이미지를 불러오는 경우에 유용하며, 사용자의 만족도가 더 향상된다. 그러나 고주사율 화면은 많은 전력을 소비하여 무조건적으로 좋다고 보기는 어렵다. 더하여 GPU(그래픽 처리 장치)의 성능이 주사율 속도에 맞춰 동작해야 효과를 볼 수 있다. 만약 그래픽 카드가 화면을 제대로 따라가지 못하면, 화면 찢어짐이나 프레임 드랍 같은 문제가 발생할 수 있다. 이를 해결하기 위해 등장한 기술이 바로 가변주사율이다. 가변주사율은 디스플레이가 GPU의 프레임 출력을 실시간으로 추적하여 주사율을 동기화한다. 이 기술은 탄력적인 주사율의 적용으로 화질을 선명하게 유지하면서 소비 전력을 최적화한다는 효율성을 가진다.

① 240Hz의 주사율을 가진 디스플레이는 144Hz의 주사율을 가진 디스플레이보다 전력 소모가 적어 효율적인 사용이 가능하다.

② 60Hz의 주사율을 가진 디스플레이는 144Hz의 주사율을 가진 디스플레이보다 온라인 게임에 적합하지 않다.

③ 고정된 주사율을 가진 디스플레이의 경우 화면 찢어짐이나 프레임 드랍 현상 없이 화면을 제대로 표시할 수 있다.

④ 가변주사율을 활용한 디스플레이는 소비 전력을 절약하는 대신 화질이 낮다는 단점을 가진다.

⑤ 고주사율 디스플레이는 GPU의 성능과 관계없이 항상 더 좋은 화질을 제공하며 눈의 피로도를 줄여준다는 장점을 갖는다.

27 다음 진술이 모두 참이라고 할 때 반드시 <u>거짓</u>일 수밖에 없는 것을 고르시오.

DDI(Display Drive IC)는 디스플레이를 형성하는 다수의 픽셀을 제어하여 다양한 컬러를 표현할 수 있도록 하는 디스플레이 드라이버 칩을 말한다. 디스플레이가 화면에 정보를 나타내기 위해서는 사용자가 터치나 리모컨 등을 통해 기기를 조작해야 한다. 이때 사용자의 명령은 AP 또는 CPU의 중앙처리장치에서 신호로 처리되어 전달되는데, 이 신호는 PCB 회로 기판을 통해 DDI로 전송되며, DDI는 각 픽셀에 대한 동작 지시를 수행한다. 실제로 DDI는 TFT를 통해 디스플레이 패널 내부의 각 픽셀을 제어한다. 디스플레이 픽셀은 Red, Green, Blue를 의미하는 RGB의 서브픽셀로 구성되어 있는데, TFT가 이러한 서브픽셀을 직접 제어하며 DDI는 TFT에 신호를 전달하여 최종적으로 픽셀을 제어하는 역할을 수행한다. DDI는 AP와 패널 사이에서 신호를 전달하는 경로로서, 화면에 다양한 색상과 영상 정보를 표시하는 데 중요한 역할을 한다. 이를 비유하자면 TFT는 RGB 서브픽셀을 제어하는 스위치 역할을 하고, DDI는 이 스위치의 동작을 제어하기 위한 신호등 역할을 수행한다고 볼 수 있다. 화면에 표현되는 RGB의 삼원색은 각자의 색을 세밀하게 조절함으로써 0~255단계까지의 색상을 다양하게 표현한다. 가령, R을 255단계, G와 B를 모두 0단계로 설정하면 화면에는 선명한 Red가 표현된다. 한편, DDI는 아날로그 전압을 변환하여 ON, OFF 동작 신호를 생성함으로써 RGB 서브 픽셀을 제어하는 게이트 드라이버 IC와 영상 신호를 조절하여 패널의 화소에 대한 색상을 구현하는 소스 드라이버 IC로 구분된다. 간단히 말해, 게이트 드라이버 IC는 신호를 변환하는 역할을 수행하고, 소스 드라이버 IC는 색상을 제어하는 역할을 수행하는 셈이다.

① TFT는 RGB의 서브픽셀을 조절함으로써 디스플레이의 픽셀을 제어한다.
② 게이트 드라이버 IC는 컬러를 제어하고 소스 드라이버 IC는 신호를 변환한다.
③ DDI는 삼원색의 단계를 각각 세밀하게 조절함으로써 화면에 다양한 컬러를 표현할 수 있다.
④ 디스플레이가 화면에 정보를 나타내기 위해서는 사용자의 기기 조작이 선행되어야 한다.
⑤ PCB 회로 기판에서 DDI로 전송되는 신호는 중앙처리장치에서 처리한 사용자의 명령이다.

28 다음 주장에 대한 반박으로 가장 타당한 것을 고르시오.

> 1958년 독일의 정신병리학자인 클라우스 콘라트는 정신분열증 환자에게서 망상이 시작되는 상황을 일컬어 아포페니아(Apophänie)라고 명명한다. 이때 인간은 주변의 상황에 특정한 의미를 부여하려고하는 사고적 특성을 띠는데, 아포페니아는 이러한 인간 사고의 특성을 포함하면서 모호하고 흐릿하게 기억되던 사항들을 명확하게 지각하는 페레이돌리아라는 개념을 포함한다. 다만 페레이돌리아는 시각적인 자극에서 착각이 유발되는 것인 반면 아포페니아는 관련 없는 현상들 간 의미를 부여하는 것을 의미한다. 아포페니아가 가장 잘 나타나는 것은 '동시성'을 체험하는 순간이다. 문득 시계를 보았는데 4시 44분이었다고 치자, 다음 날에도 4시 44분에 시계를 보았다면 이러한 상황에 대해 의미를 부여하려고 하게 된다. 우연에 불과한 사건에 가치를 부여하는 것이다. 그렇지만 아포페니아는 인간에게 창의성을 준다는 점에서 주요한 개념으로 여겨진다. 이에 따라 창의성을 필요로 하는 직업을 갖고 있거나 창의력이 부족하다고 생각하는 사람은 아포페니아적 성향을 더 끌어올릴 필요가 있다. 우연과 같은 사건들에서 새로운 사건을 창조해내는 것이 아포페니아이며, 이는 창의성의 원천이라고 할 수 있기 때문이다.

① AI나 로봇과 달리 인간이 창의적인 생각을 할 수 있는 것은 아포페니아로부터 출발한다고 할 수 있다.

② 아포페니아보다 페레이돌리아 성향을 권장하는 편이 창의성 개발에 더 도움이 될 수 있다.

③ 초자연적인 현상은 무작위로 발생하지만, 이러한 현상에서도 규칙을 찾아내려는 인간의 사고 역시 아포페니아라 할 수 있다.

④ 우연에 가치를 부여하는 것은 생각의 범위를 확장시킬 수 있어 인간의 다양하고 새로운 사고 활동에 도움이 된다.

⑤ 아포페니아는 환각과 망상의 원인이 될 수도 있으므로 지나친 아포페니아 성향은 오히려 정신 이상을 유발할 수 있다.

29 다음 글을 바탕으로 아래 〈보기〉를 이해한 내용으로 적절한 것을 고르시오.

자당 또는 서당으로도 불리는 설탕은 사탕수수, 사탕무 등을 재료로 하여 만들어지며, 단맛이 날 뿐 아니라 물에 잘 용해되는 특징이 있다. 우리가 섭취한 설탕은 소장의 소화 과정을 거치면서 효소인 슈크라제에 의해 상대적으로 쉽게 두 개의 단당류, 즉 포도당과 과당으로 분해되어 흡수되는데, 설탕 1g은 4kcal 정도 크기의 에너지를 체내에서 생산하는 데 사용되는 것으로 알려졌다. 그러나 최근 설탕이 포함된 과자나 케이크, 청량음료 등의 섭취가 증가함에 따라 충치 발생률이 증가하고 체중 증가 및 당뇨병 발병과 같은 문제가 발생하고 있다. 이와 관련하여 대한 당뇨병 학회에서 발표된 자료에 따르면 2010년을 기준으로 우리나라의 당뇨 환자는 약 320만 명이며, 2050년에는 약 591만 명으로 증가할 것으로 추정되고 있다. 한편, 우리나라 사람들이 많이 소비하는 수입식품은 밀가루와 함께 설탕이 큰 비중을 차지하고 있는데, 이에 대해서도 유전적인 요인이 아닌 후천적 요인에 의한 당뇨병 발병은 장기간 과도한 당분 섭취가 주된 원인으로 여겨지고 있다.

───〈보기〉───

강이나 습지대 등지에서 자리를 잡고 사는 국화과 다년생 식물인 스테비아는 약 60~90cm 정도의 높이를 가진 상록성 다년초이다. 스테비아의 잎과 줄기에는 설탕의 당분보다 200~300배 더 높은 스테비오사이드라는 성분이 함유되어 있으며, 이는 인체에 흡수되지 않아 체내에 당 성분을 남기지 않기 때문에 당뇨 환자 혹은 당뇨 발병 위험군에 있는 사람뿐 아니라 체중 감량을 원하는 사람들에게 설탕 대체 식품인 천연 감미료 역할을 하고 있다. 게다가 스테비아는 식사 후 혈당이 높아지는 것을 예방해 주는 식품으로 알려져 있는데, 이는 스테비아에 포함된 타르펜이라는 성분이 인슐린 분비 세포를 자극하는 데 도움을 주기 때문이다. 다만, 스테비아를 과다 섭취할 경우 신장이나 생식 기능에 문제가 생길 수 있으며, 설사나 복통 등의 부작용이 발생할 수 있으므로 특히 평소 신장이 좋지 않은 사람은 과다 섭취하지 않도록 주의해야 한다.

① 설탕을 섭취하여 체내에 단당류 흡수량이 많아질 경우 무조건적으로 당뇨병이 발병하게 된다.

② 설탕 섭취는 체내 에너지 생산에 효율적이지만 건강을 위해서는 대체품으로 스테비아를 사용할 필요가 있다.

③ 음식에 포함되어 있는 설탕은 당뇨병 환자에게만 악영향을 미칠 뿐 건강한 사람들에게는 어떠한 해도 끼치지 않는다.

④ 음식의 단맛을 극대화하고자 한다면 스테비아를 사용하는 대신 설탕을 활용하도록 해야 한다.

⑤ 스테비아가 포함된 음식을 섭취하면 인슐린 분비 세포의 활동이 억제되어 혈당이 올라가지 않는다.

30 다음 글을 바탕으로 아래 〈보기〉를 이해한 내용으로 적절한 것을 고르시오.

> 반도체에서의 식각 공정은 웨이퍼에 액체 부식액이나 기체 부식액을 사용하여 실리콘 웨이퍼 상에서 필요한 부분을 선택적으로 남겨 원하는 반도체 회로 패턴을 만드는 과정을 말한다. 반도체 공정 과정 중에는 포토 공정이 있는데, 회로 패턴은 이 포토 공정에서 만들어진 감광액 부분이 아닌, 그 나머지 부분을 부식액을 활용해 제거하는 원리로 만들어지며, 이 과정이 끝나면 남아있던 감광액도 제거한다. 반도체를 형성하는 다층의 얇은 막에 원하는 회로 패턴을 만드는 과정을 반복하는 식각 공정은 식각 반응을 일으키는 물질의 상태에 따라 습식 식각과 건식 식각으로 나뉜다. 이 중 건식 식각은 습식 식각에 비해 비용이 비싸고 복잡하다는 단점이 있으나 최근 반도체 회로의 미세화로 인해 회로 선폭이 줄어들면서 건식 식각의 활용 빈도가 높아지고 있다. 플라즈마 상태로부터 떨어져 나온 반응성 원자가 웨이퍼 표면에 존재하는 막질 원자와 충돌하면 강한 휘발성을 띠게 되는데, 건식 식각은 이와 같은 원리로 감광액 보호막이 적용되지 않은 영역을 제거함으로써 회로 패턴 이외의 불필요한 부분을 없앤다.

> ──〈보기〉──
>
> 플라즈마는 고체, 액체, 기체 상태를 넘어선 제4의 상태로, 다량의 자유전자, 이온, 그리고 중성 원자 또는 분자로 이루어진 이온화된 기체를 가리킨다. 이온화는 원자나 분자가 전기적으로 중성이 아닌 상태로 전자를 잃거나 얻음으로써 양전하나 음전하의 상태로 변하는 현상으로, 플라즈마는 전기 에너지로 형성된 충분한 크기의 자기장이 기체에 가해질 때 발생한다. 다시 말해, 자기장은 자유전자를 가속시켜 높은 에너지를 지니게 하며, 이 자유전자는 중성 상태의 원자나 분자와 충돌하여 이온화를 일으킨다. 이러한 이온화 과정은 추가적인 전자 생성으로 연쇄 반응을 일으키며, 이로 인해 이온의 수가 기하급수적으로 증가하게 된다. 이온의 수가 급속도로 증가하는 상태를 플라즈마 상태라고 한다.

① 이온화된 기체가 급속도로 증가하는 상태로부터 해리된 원자가 막질 원자에 부딪히면 휘발성이 강해진다.

② 기체의 분자가 전기적으로 중성 상태를 유지하도록 하기 위해서는 기체에 충분한 크기의 자기장을 가해야 한다.

③ 플라즈마 현상을 통한 식각 공정은 저렴한 비용으로 공정을 진행할 수 있다는 장점이 존재한다.

④ 플라즈마 상태를 오래 지속시키기 위해서는 이온화 과정이 전자를 추가로 생산하지 못하도록 해야 한다.

⑤ 이온화된 기체는 감광액과 충돌하면 휘발성이 약해진다는 특징이 있어 반도체 식각 공정에 유용하게 활용된다.

약점 보완 해설집 p.89

무료 바로 채점 및 성적 분석 서비스 바로 가기
QR코드를 이용해 모바일로 간편하게 채점하고 나의 실력이 어느 정도인지, 취약 부분이 어디인지 바로 파악해 보세요!

GLOBAL SAMSUNG APTITUDE TEST

해커스 **GSAT** 삼성직무적성검사 실전모의고사

부록

수리·추리 핵심 공략집

수리 핵심개념정리 & 핵심 공략 Quiz

추리 핵심개념정리 & 핵심 공략 Quiz

수리는 빈출 이론 및 공식, 자료 해석법을 먼저 학습하여 기본적인 연산 능력 및 자료해석 능력을 향상시켜야 한다.
응용계산은 출제 빈도가 높은 방정식과 경우의 수, 확률 등의 이론 및 공식을 암기하고 문제에 적용하는 연습을 통해 문제 풀이 시간을 단축시킬 수 있다.
또한, 자료해석은 자료에 대한 설명의 옳고 그름을 판별하는 문제의 출제 비중이 높으므로 자료 해석법을 먼저 학습한 후, 빈출 계산식을 암기하여 문제 풀이에 적용하면 정답률을 높일 수 있다.

1. 수와 식

1 약수와 배수

□ 약수와 배수의 정의	• 자연수 A가 B로 나누어 떨어질 때, B는 A의 약수, A는 B의 배수이다. $\underset{\text{배수}}{A} = \underset{\text{약수}}{B} \times \underset{\text{약수}}{Q}$ 예 18=3×6 → 18의 약수: 3, 6 　　　　　　　3과 6의 배수: 18
□ 소인수분해	• 자연수 N을 소인수들의 곱으로 나타내는 것이다. $N=a^x \times b^y \times c^z$ (단, a, b, c는 서로 다른 소인수) 예 18=2×3×3=$2^1 \times 3^2$
□ 약수의 개수	• 자연수 N이 $a^x \times b^y \times c^z$으로 소인수분해될 때, 약수의 개수는 $(x+1)(y+1)(z+1)$개이다. 예 18의 약수의 개수: $(1+1) \times (2+1)=6$개
□ 최대공약수와 최소공배수	• 서로소는 1 이외에 다른 공약수를 갖지 않는 둘 이상의 자연수이다. • 최대공약수는 각 자연수를 소인수분해한 후, 공통 인수만을 곱하여 구한다. • 최소공배수는 각 자연수를 소인수분해한 후, 적어도 어느 한 자연수에 포함된 인수를 모두 곱하여 구한다. [GSAT 기출] 예 18=2×3^2, 60=$2^2 \times 3 \times 5$ → 18과 60의 최대공약수: $2 \times 3=6$, 최소공배수: $2^2 \times 3^2 \times 5=180$ • 두 자연수 A, B의 최대공약수를 G, 최소공배수를 L이라고 하면, A=aG, B=bG, L=abG (단, a, b는 서로소) 예 12=$\underset{a}{3} \times \underset{G}{(2 \times 2)}$, 44=$\underset{b}{11} \times \underset{G}{(2 \times 2)}$ 12와 44의 최소공배수: $\underset{a}{3} \times \underset{b}{11} \times \underset{G}{(2 \times 2)}=132$

2 지수법칙과 제곱근

□ 거듭제곱	• 같은 수나 문자를 여러 번 곱한 것이다. • a의 n제곱이란 a를 n번 곱하는 것을 말한다. $a^n=\underset{n개}{\underline{a \times a \times \cdots \times a}}$ (n은 지수, a는 밑)
□ 지수법칙	a≠0, b≠0, m, n이 실수일 때, • $a^m \times a^n=a^{m+n}$ • $a^m \div a^n=a^{m-n}$

□ 지수법칙	• $(a^m)^n = a^{mn}$ • $(ab)^n = a^n b^n$ 예 $2^3 \times 2^2 \div 2^4 = 2^{3+2-4} = 2^1$
□ a의 제곱근	• 어떤 수 x를 제곱하여 a가 되었을 때, x를 a의 제곱근이라고 한다. $x^2 = a \Leftrightarrow x = \pm\sqrt{a}$ (단, $a \geq 0$) • 양수 a의 $\begin{cases} \text{양의 제곱근 } \sqrt{a} \\ \text{음의 제곱근 } -\sqrt{a} \end{cases}$
□ 제곱근의 성질	• 0의 제곱근은 0이다. • $a > 0$일 때, $(\sqrt{a})^2 = a$, $\sqrt{a^2} = a$, $(-\sqrt{a})^2 = a$, $\sqrt{(-a)^2} = a$
□ 제곱근의 연산	$a > 0$, $b > 0$일 때, • $\sqrt{a} \times \sqrt{b} = \sqrt{ab}$ • $\sqrt{a} \div \sqrt{b} = \dfrac{\sqrt{a}}{\sqrt{b}} = \sqrt{\dfrac{a}{b}}$ • $\sqrt{a^2 b} = a\sqrt{b}$ • $\sqrt{\dfrac{a}{b^2}} = \dfrac{\sqrt{a}}{b}$ • $m\sqrt{a} + n\sqrt{a} = (m+n)\sqrt{a}$ • $m\sqrt{a} - n\sqrt{a} = (m-n)\sqrt{a}$
□ 분모의 유리화	• 어떤 분수의 분모에 근호가 있을 때, 분모와 분자에 각각 분모와 같은 무리수를 곱하거나, 무리식의 두 항 중 한 항의 부호가 반대인 무리식을 곱하여 분모를 유리수로 고치는 것이다. $a > 0$, $b > 0$일 때, • $\dfrac{b}{\sqrt{a}} = \dfrac{b \times \sqrt{a}}{\sqrt{a} \times \sqrt{a}} = \dfrac{b\sqrt{a}}{a}$ • $\dfrac{c}{\sqrt{a}+\sqrt{b}} = \dfrac{c(\sqrt{a}-\sqrt{b})}{(\sqrt{a}+\sqrt{b})(\sqrt{a}-\sqrt{b})} = \dfrac{c(\sqrt{a}-\sqrt{b})}{a-b}$ (단, $a \neq b$)

3 로그

□ 로그의 정의	• $a > 0$, $a \neq 1$, $N > 0$일 때, $a^x = N \Leftrightarrow x = \log_a N$ (N은 진수, a는 밑)
□ 로그의 성질	$a > 0$, $a \neq 1$, $b > 0$, $x > 0$, $y > 0$, n은 임의의 실수일 때, • $\log_a a = 1$, $\log_a 1 = 0$ • $\log_a xy = \log_a x + \log_a y$ • $\log_a \dfrac{x}{y} = \log_a x - \log_a y$ • $\log_a x^n = n\log_a x$ • $\log_a b = \dfrac{\log_c b}{\log_c a}$ (단, $c > 0$, $c \neq 1$) 예 $\log_5 3 + \log_2 2^2 + \log_5 2 + \log_5 3 = 1 + 2\log_2 2 + \log_5(2 \times 3) = 3 + \log_5 6$

4 다항식의 연산

□ 곱셈공식	• 다항식의 곱을 전개할 때 쓰이는 공식이다. • $(a \pm b)^2 = a^2 \pm 2ab + b^2$ • $(a+b)(a-b) = a^2 - b^2$ • $(x+a)(x+b) = x^2 + (a+b)x + ab$ • $(ax+b)(cx+d) = acx^2 + (ad+bc)x + bd$ 예 $(3x+5)(4x-3) = 12x^2 + (-9+20)x - 15 = 12x^2 + 11x - 15$

□ 인수분해	• 다항식을 2개 이상의 인수의 곱으로 나타내는 것이다. • $a^2 \pm 2ab + b^2 = (a \pm b)^2$ • $a^2 - b^2 = (a+b)(a-b)$ • $x^2 + (a+b)x + ab = (x+a)(x+b)$ • $acx^2 + (ad+bc)x + bd = (ax+b)(cx+d)$ 예 $x^2 - 6x - 16 = (x+2)(x-8)$
□ 비례식의 계산	• $a:b = c:d$, 즉 $\dfrac{a}{b} = \dfrac{c}{d}$일 때 $ad = bc$ • $\dfrac{a}{b} = \dfrac{c}{d} = \dfrac{e}{f} = \dfrac{a+c+e}{b+d+f} = \dfrac{la+mc+ne}{lb+md+nf}$ (단, $b+d+f \neq 0$, $lb+md+nf \neq 0$)
□ 유리식의 계산	• 부분분수로의 분해: $\dfrac{1}{AB} = \dfrac{1}{B-A}\left(\dfrac{1}{A} - \dfrac{1}{B}\right)$ (단, $A \neq 0$, $B \neq 0$, $A \neq B$) • 번분수식의 계산: $\dfrac{\frac{A}{B}}{\frac{C}{D}} = \dfrac{A}{B} \div \dfrac{C}{D} = \dfrac{A}{B} \times \dfrac{D}{C} = \dfrac{AD}{BC}$

5 기수법

□ 십진법	• 0~9까지의 숫자를 이용하여 수를 표시하는 방법으로, 한 자리가 올라갈 때마다 자릿값이 10배씩 커지는 수의 표시 방법이다. • 십진법의 전개식: 십진법의 수를 10의 거듭제곱을 이용하여 나타낸 식이다. 예 $4789 = 4 \times 10^3 + 7 \times 10^2 + 8 \times 10^1 + 9 \times 10^0$
□ 이진법	• 0, 1의 두 숫자를 이용하여 수를 표시하는 방법으로, 한 자리가 올라갈 때마다 자릿값이 2배씩 커지는 수의 표시 방법이다. • 이진법의 전개식: 이진법의 수를 2의 거듭제곱을 이용하여 나타낸 식이다. 예 $11011_{(2)} = 1 \times 2^4 + 1 \times 2^3 + 1 \times 2^1 + 1 \times 2^0$ • 십진법의 수를 이진법으로 변환하는 방법: 십진법의 수를 몫이 0이 될 때까지 계속 2로 나누고 그 나머지를 역순으로 정리한다. 예 $2\underline{)7}$ 　$2\underline{)3}$ … 1 　$2\underline{)1}$ … 1 　　0 … 1 　→ $7 = 111_{(2)}$

6 수열

□ 등차수열	• 정의: 어떤 수열 $\{a_n\}$의 연속한 두 항의 차가 일정한 값 d인 수열 [GSAT 기출] • 공차: 등차수열에서 연속한 두 항의 차, $a_{n+1} - a_n = d$ • 등차수열의 일반항: $a_n = a + (n-1)d$ (단, 첫째항: a, 공차: d) • 등차수열의 합: $S_n = \dfrac{n\{2a+(n-1)d\}}{2} = \dfrac{n(a+l)}{2}$ (단, 첫째항: a, 끝항: l) • 세 수 a, b, c가 차례로 등차수열을 이룰 때, b를 a와 c의 등차중앙이라고 하고 $b = \dfrac{a+c}{2}$가 성립한다.
□ 등비수열	• 정의: 어떤 수열 $\{a_n\}$의 연속한 두 항 사이의 비가 일정한 값 r인 수열 [GSAT 기출] • 공비: 등비수열에서 연속한 두 항의 비, $\dfrac{a_{n+1}}{a_n} = r$ • 등비수열의 일반항: $a_n = ar^{n-1}$ (단, 첫째항: a, 공비: r) • 등비수열의 합: $S_n = na$ $(r=1)$, $S_n = \dfrac{a(1-r^n)}{1-r}$ $(r \neq 1)$ • 세 수 a, b, c가 차례로 등비수열을 이룰 때, b를 a와 c의 등비중앙이라고 하고 $b^2 = ac$가 성립한다.

□ 계차수열	• 정의: 어떤 수열 $\{a_n\}$의 인접하는 두 항의 차로 이루어진 수열 [GSAT 기출] • 계차수열의 일반항: $b_n=a_{n+1}-a_n$ • $\{a_n\}$의 일반항: $a_n=a+\sum\limits_{k=1}^{n-1}b_k$ (단, 첫째항: a, $n\geq2$)
□ 피보나치 수열	• 정의: 어떤 수열 $\{a_n\}$의 연속한 두 항의 합이 바로 다음 항으로 나타나는 수열 [GSAT 기출] • 피보나치 수열의 일반항: $a_n=a_{n-1}+a_{n-2}$ (단, 첫째항: 1, 둘째항: 1, $n\geq3$)

2. 방정식과 부등식

1 방정식

□ 이차방정식의 근의 공식	• 이차방정식 $ax^2+bx+c=0(a\neq0)$의 근은 $x=\dfrac{-b\pm\sqrt{b^2-4ac}}{2a}$ [GSAT 기출]
□ 이차방정식의 근과 계수와의 관계	이차방정식 $ax^2+bx+c=0(a\neq0)$의 두 근을 α, β라고 하면 • $\alpha+\beta=-\dfrac{b}{a}$ • $\alpha\beta=\dfrac{c}{a}$ 　예 $2x^2+3x+1=0$의 두 근의 합: $-\dfrac{3}{2}$
□ 삼차방정식의 근과 계수와의 관계	삼차방정식 $ax^3+bx^2+cx+d=0(a\neq0)$의 세 근을 α, β, γ라고 하면 • $\alpha+\beta+\gamma=-\dfrac{b}{a}$ • $\alpha\beta+\beta\gamma+\gamma\alpha=\dfrac{c}{a}$ • $\alpha\beta\gamma=-\dfrac{d}{a}$ 　예 $3x^3-7x^2+2x-9=0$의 세 근의 곱: $-\dfrac{-9}{3}=3$

2 방정식의 활용

□ 작업량	• 시간당 작업량$=\dfrac{\text{작업량}}{\text{시간}}$ • 작업량$=$시간당 작업량$\times$시간 • 시간$=\dfrac{\text{작업량}}{\text{시간당 작업량}}$ [GSAT 기출] 　예 3시간 동안 꼬막 165개를 손질하는 윤진이의 시간당 작업량: $\dfrac{165}{3}=55$개
□ 거리·시간·속력	• 거리$=$속력$\times$시간 [GSAT 기출] • 시간$=\dfrac{\text{거리}}{\text{속력}}$ [GSAT 기출] • 속력$=\dfrac{\text{거리}}{\text{시간}}$ [GSAT 기출] • 평균 속력$=\dfrac{\text{총 이동거리}}{\text{총 이동시간}}$ 　예 시속 60km로 달리는 자동차가 20분 동안 이동한 거리: $60\times\dfrac{20}{60}=20$km
□ 소금물 농도	• 소금물의 농도(%)$=\dfrac{\text{소금의 양}}{\text{소금물의 양}}\times100$ [GSAT 기출] • 소금의 양$=$소금물의 양$\times\dfrac{\text{소금물의 농도}}{100}$ [GSAT 기출] • 소금물의 양$=$물의 양$+$소금의 양 [GSAT 기출] 　예 물 80g과 소금 20g을 섞어 만든 소금물의 농도: $\dfrac{20}{80+20}\times100=20\%$

□ 정가·이익· 　할인율·할인가	• 정가=원가×(1 + 이익률) GSAT 기출 • 이익=정가－원가 (정가 > 원가) GSAT 기출 • 할인율(%)=$\left(\dfrac{정가-할인가}{정가}\right)×100$ GSAT 기출 • 할인가=정가×(1－할인율) GSAT 기출 　예 원가가 8만 원인 시계에 35%의 이익을 붙인 정가(판매가): 8×1.35=10.8만 원
□ 시침과 분침의 각도	• 시침이 움직이는 각도: 12시간에 360°, 1시간에 30°, 1분에 0.5° • 분침이 움직이는 각도: 1시간에 360°, 1분에 6° • a시 b분일 때, 시침과 분침이 이루는 각도: $\lvert(30°×a+0.5°×b)-6°×b\rvert=\lvert30°a-5.5°b\rvert$ • 시침과 분침이 겹쳐질 조건: $30°×a+0.5°×b=6°×b$ 　예 10시 30분에 시침과 분침이 이루는 각도: $\lvert30°×10-5.5°×30\rvert=135°$
□ 연속한 수	• 연속한 두 정수: $x, x+1$ • 연속한 세 정수: $x-1, x, x+1$ • 연속한 두 홀수: $2x-1, 2x+1$ • 연속한 세 홀수(짝수): $x-2, x, x+2$ 　예 연속한 두 짝수의 곱이 48일 때, 연속한 두 짝수: $x×(x+2)=48 → x=6$이므로 연속한 두 짝수는 6, 8
□ 간격	• a 길이의 일직선상 도로에 b 간격으로 심을 수 있는 최대 나무의 수: (a÷b)+1 　예 1m 길이의 식탁 위에 20cm 간격으로 컵을 놓으려고 할 때, 놓을 수 있는 컵의 최대 개수: 　　(100÷20)+1=6개

3 부등식

□ 부등식의 정의	• 부등호를 사용하여 두 수 또는 두 식의 대소관계를 나타낸 식이다.
□ 부등식의 성질	• a < b일 때, a+c < b+c, a－c < b－c • a < b, c > 0일 때, ac < bc, $\dfrac{a}{c} < \dfrac{b}{c}$ • a < b, c < 0일 때, ac > bc, $\dfrac{a}{c} > \dfrac{b}{c}$
□ 부등식의 사칙연산	a < x < b, c < y < d일 때, • 덧셈: a+c < $x+y$ < b+d • 뺄셈: a－d < $x-y$ < b－c • 곱셈: 경계값들의 계산 결과, ac, bc, ad, bd 중 가장 큰 값과 가장 작은 값 • 나눗셈: 경계값들의 계산 결과, $\dfrac{a}{c}, \dfrac{b}{c}, \dfrac{a}{d}, \dfrac{b}{d}$ 중 가장 큰 값과 가장 작은 값

3. 도형

1 도형의 기본 성질

□ 평행선의 성질	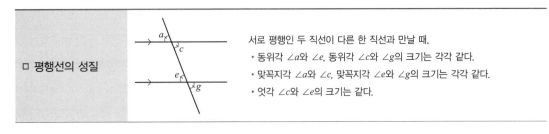	서로 평행인 두 직선이 다른 한 직선과 만날 때, • 동위각 $∠a$와 $∠e$, 동위각 $∠c$와 $∠g$의 크기는 각각 같다. • 맞꼭지각 $∠a$와 $∠c$, 맞꼭지각 $∠e$와 $∠g$의 크기는 각각 같다. • 엇각 $∠c$와 $∠e$의 크기는 같다.

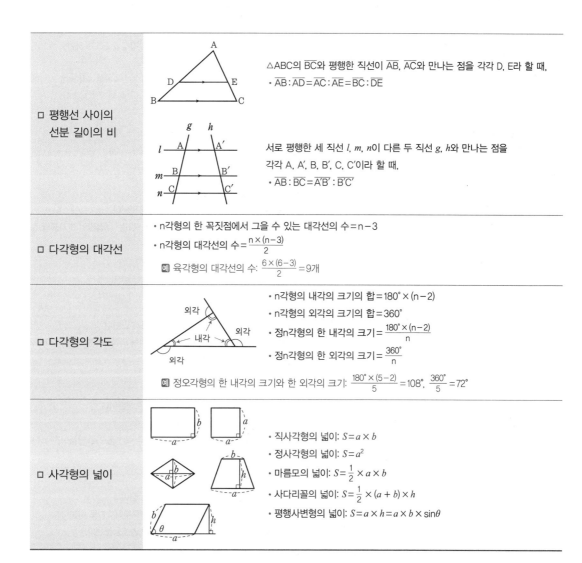

□ 평행선 사이의 선분 길이의 비	△ABC의 $\overline{BC}$와 평행한 직선이 $\overline{AB}$, $\overline{AC}$와 만나는 점을 각각 D, E라 할 때, · $\overline{AB}:\overline{AD}=\overline{AC}:\overline{AE}=\overline{BC}:\overline{DE}$
	서로 평행한 세 직선 l, m, n이 다른 두 직선 g, h와 만나는 점을 각각 A, A′, B, B′, C, C′이라 할 때, · $\overline{AB}:\overline{BC}=\overline{A'B'}:\overline{B'C'}$
□ 다각형의 대각선	· n각형의 한 꼭짓점에서 그을 수 있는 대각선의 수=n−3 · n각형의 대각선의 수=$\dfrac{n\times(n-3)}{2}$ 예 육각형의 대각선의 수: $\dfrac{6\times(6-3)}{2}=9$개
□ 다각형의 각도	· n각형의 내각의 크기의 합=180°×(n−2) · n각형의 외각의 크기의 합=360° · 정n각형의 한 내각의 크기=$\dfrac{180°\times(n-2)}{n}$ · 정n각형의 한 외각의 크기=$\dfrac{360°}{n}$ 예 정오각형의 한 내각의 크기와 한 외각의 크기: $\dfrac{180°\times(5-2)}{5}=108°$, $\dfrac{360°}{5}=72°$
□ 사각형의 넓이	· 직사각형의 넓이: $S=a\times b$ · 정사각형의 넓이: $S=a^2$ · 마름모의 넓이: $S=\dfrac{1}{2}\times a\times b$ · 사다리꼴의 넓이: $S=\dfrac{1}{2}\times(a+b)\times h$ · 평행사변형의 넓이: $S=a\times h=a\times b\times\sin\theta$

2 삼각형

□ 삼각형의 합동조건	두 개의 삼각형이 있을 때, · 대응하는 세 변의 길이가 모두 같을 경우 · 대응하는 두 변의 길이와 그 끼인각의 크기가 같을 경우 · 대응하는 한 변의 길이와 양 끝각의 크기가 각각 같을 경우
□ 삼각형의 닮음조건	두 개의 삼각형이 있을 때, · 세 쌍의 대응변의 길이의 비가 같을 경우 · 두 쌍의 대응변의 길이의 비와 그 끼인각의 크기가 같을 경우 · 두 쌍의 대응각의 크기가 같을 경우
□ 특수한 직각삼각형의 세 변의 길이	· 세 각의 크기가 각각 30°, 60°, 90°인 직각삼각형 $\overline{AB}:\overline{BC}:\overline{CA}=2:1:\sqrt{3}$ · 세 각의 크기가 각각 45°, 45°, 90°인 직각이등변삼각형 $\overline{AB}:\overline{BC}:\overline{CA}=\sqrt{2}:1:1$

□ 피타고라스의 정리		직각삼각형의 빗변이 c이고, 나머지 두 변을 각각 a, b라고 하면 • $a^2 + b^2 = c^2$ **예** 빗변이 아닌 두 변의 길이가 각각 5, 12인 직각삼각형의 빗변의 길이를 제곱한 값: $5^2 + 12^2 = 169 = 13^2$
□ 피타고라스의 정리의 활용		• 직사각형의 대각선의 길이: $l = \sqrt{a^2 + b^2}$ • 정사각형의 대각선의 길이: $l = \sqrt{2}a$
□ 삼각형의 내심의 특징		• 내심이란 삼각형의 내접원의 중심이다. • 삼각형의 세 내각의 이등분선은 내심에서 만난다. • 내심에서 삼각형의 각 변에 내린 수선의 길이는 내접원의 반지름의 길이와 같다. $\overline{OD} = \overline{OE} = \overline{OF} = r$ (내접원의 반지름)
□ 삼각형의 외심의 특징		• 외심이란 삼각형의 외접원의 중심이다. • 삼각형의 세 변의 수직이등분선은 외심에서 만난다. • 외심에서 삼각형의 각 꼭짓점에 이르는 거리는 외접원의 반지름의 길이와 같다. $\overline{OA} = \overline{OB} = \overline{OC} = R$ (외접원의 반지름)
□ 삼각형의 중선의 특징		• 중선이란 한 꼭짓점과 대변의 중점을 이은 선분이다. • 중선은 삼각형의 넓이를 이등분한다. • 중선은 중선 위의 임의의 점 P와 다른 두 꼭짓점으로 만들어진 △PBC의 넓이를 이등분한다.
□ 삼각형의 무게중심의 특징		• 무게중심이란 삼각형의 세 중선이 만나는 점이다. • 삼각형의 무게중심은 각 중선을 꼭짓점으로부터 2:1로 나눈다. • 삼각형의 세 중선에 의하여 삼각형의 넓이가 6등분된다. $\triangle GAF = \triangle GFB = \triangle GBD = \triangle GDC = \triangle GCE = \triangle GEA = \frac{1}{6}\triangle ABC$
□ 삼각형의 중점연결선의 특징		△ABC에서 점 M, N이 각각 $\overline{AB}$와 $\overline{AC}$의 중점이라고 하면 • $\overline{MN}$과 $\overline{BC}$는 평행하다. • $\overline{MN}$의 길이는 $\overline{BC}$의 길이의 절반이다.
□ 정삼각형의 높이와 넓이		한 변의 길이가 a인 정삼각형에서 • 높이: $h = \frac{\sqrt{3}}{2}a$ • 넓이: $S = \frac{\sqrt{3}}{4}a^2$ **예** 한 변의 길이가 4인 정삼각형의 높이와 넓이: $h = \frac{\sqrt{3}}{2} \times 4 = 2\sqrt{3}$, $S = \frac{\sqrt{3}}{4} \times 4^2 = 4\sqrt{3}$

□ 삼각형의 넓이		• 밑변의 길이와 높이를 이용하여 구하는 삼각형의 넓이: $$S = \frac{1}{2}ah$$ • 두 변의 길이와 그 끼인각을 이용하여 구하는 삼각형의 넓이: $$S = \frac{1}{2}ac\sin\theta \text{ (단, } 0° < \theta < 90°)$$ • 세 변의 길이를 이용하여 구하는 삼각형의 넓이: $$S = \sqrt{s(s-a)(s-b)(s-c)} \left(단, s = \frac{a+b+c}{2}\right)$$
□ 삼각비		직각삼각형의 빗변이 c이고 나머지 두 변을 각각 a, b라고 하면 • $\sin\theta = \frac{b}{c}$ • $\sin 30° = \frac{1}{2}$ • $\sin 45° = \frac{\sqrt{2}}{2}$ • $\sin 60° = \frac{\sqrt{3}}{2}$ • $\cos\theta = \frac{a}{c}$ • $\cos 30° = \frac{\sqrt{3}}{2}$ • $\cos 45° = \frac{\sqrt{2}}{2}$ • $\cos 60° = \frac{1}{2}$ • $\tan\theta = \frac{b}{a}$ • $\tan 30° = \frac{\sqrt{3}}{3}$ • $\tan 45° = 1$ • $\tan 60° = \sqrt{3}$

3 원

□ 현의 특징		• 현이란 원 위의 두 점을 직선으로 잇는 선분이다. • 원의 중심에서 현에 내린 수선은 항상 그 현을 이등분한다. • 현의 수직이등분선은 항상 그 원의 중심을 지난다. • 원의 중심에서 같은 거리에 있는 현의 길이는 같다. • 원에서 길이가 같은 두 현은 원의 중심으로부터 같은 거리에 있다.
□ 원의 접선과 반지름의 특징		• 접선이란 원과 한 점에서 만나는 직선이다. • 원 밖의 한 점에서 원에 그은 두 접선의 길이는 서로 같다. • 원 밖의 한 점에서 원의 접선을 그었을 때, 원의 접선은 그 접점을 한 끝점으로 하는 반지름에 수직이다.
□ 원주각의 특징		• 원주각이란 원주 위의 한 점에서 그은 서로 다른 두 현 사이의 각이다. • 반원의 원주각은 90°이다. • 길이가 같은 호에 대한 원주각의 크기는 서로 같다. • 크기가 같은 원주각에 대한 호의 길이는 서로 같다.
□ 원의 내접사각형의 특징		• 원에 내접하는 사각형에서 대각의 합은 180°이다. $\angle A + \angle C = \angle B + \angle D = 180°$
□ 원의 외접사각형의 특징		• 원에 외접하는 사각형에서 두 대변의 길이의 합은 같다. $\overline{AD} + \overline{BC} = \overline{AB} + \overline{DC}$

□ 원의 둘레와 넓이		반지름의 길이가 r인 원에서 • 둘레: $l=2\pi r$ • 넓이: $S=\pi r^2$ 　**예** 반지름의 길이가 2인 원의 둘레: $2\times\pi\times2=4\pi$
□ 부채꼴의 　호의 길이와 넓이		반지름의 길이가 r, 중심각의 크기가 $x°$인 부채꼴에서 • 호의 길이: $l=2\pi r\times\dfrac{x°}{360°}$ • 넓이: $S=\pi r^2\times\dfrac{x°}{360°}=\dfrac{1}{2}rl$ 　**예** 반지름의 길이가 3, 중심각의 크기가 60°인 부채꼴의 넓이: 　$\pi\times3^2\times\dfrac{60°}{360°}=\dfrac{3}{2}\pi$

④ 입체도형

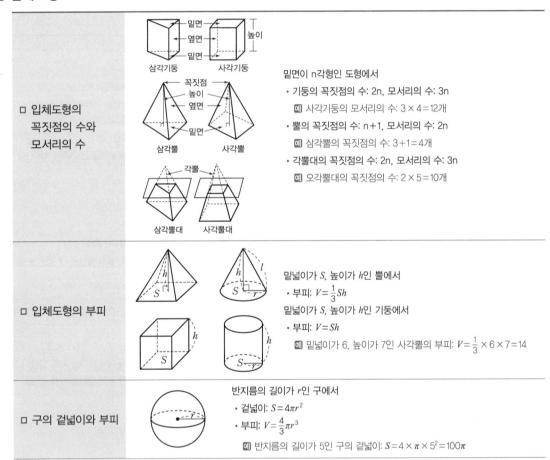

□ 입체도형의 　꼭짓점의 수와 　모서리의 수		밑면이 n각형인 도형에서 • 기둥의 꼭짓점의 수: 2n, 모서리의 수: 3n 　**예** 사각기둥의 모서리의 수: $3\times4=12$개 • 뿔의 꼭짓점의 수: n+1, 모서리의 수: 2n 　**예** 삼각뿔의 꼭짓점의 수: $3+1=4$개 • 각뿔대의 꼭짓점의 수: 2n, 모서리의 수: 3n 　**예** 오각뿔대의 꼭짓점의 수: $2\times5=10$개
□ 입체도형의 부피		밑넓이가 S, 높이가 h인 뿔에서 • 부피: $V=\dfrac{1}{3}Sh$ 밑넓이가 S, 높이가 h인 기둥에서 • 부피: $V=Sh$ 　**예** 밑넓이가 6, 높이가 7인 사각뿔의 부피: $V=\dfrac{1}{3}\times6\times7=14$
□ 구의 겉넓이와 부피		반지름의 길이가 r인 구에서 • 겉넓이: $S=4\pi r^2$ • 부피: $V=\dfrac{4}{3}\pi r^3$ 　**예** 반지름의 길이가 5인 구의 겉넓이: $S=4\times\pi\times5^2=100\pi$

□ 정사면체의 　 높이와 부피		모서리의 길이가 a인 정사면체에서 • 높이: $h = \dfrac{\sqrt{6}}{3} a$ • 부피: $V = \dfrac{\sqrt{2}}{12} a^3$ 　예 모서리의 길이가 3인 정사면체의 높이: $h = \dfrac{\sqrt{6}}{3} \times 3 = \sqrt{6}$
□ 닮은 도형의 비		닮은 도형의 닮음비가 $m:n$이면 • 겉넓이의 비는 $m^2 : n^2$ • 부피의 비는 $m^3 : n^3$ 　예 닮음비가 $1:3$인 정육면체의 겉넓이의 비는 $1:9$ 　　닮음인 두 원뿔의 닮음비가 $2:5$이면 부피의 비는 $2^3 : 5^3 = 8:125$ 　　겉넓이의 비가 $9:16$인 두 원기둥의 부피의 비는 $27:64$

4. 경우의 수와 확률

① 경우의 수

□ 두 사건의 경우의 수	어떤 사건 A가 일어나는 경우의 수를 m, 어떤 사건 B가 일어나는 경우의 수를 n이라고 하면 • 두 사건 A, B가 동시에 일어나지 않을 때, 사건 A 또는 B가 일어나는 경우의 수: $m+n$ [GSAT 기출] • 두 사건 A, B가 서로 영향을 주지 않을 때, 두 사건 A, B가 동시에 일어나는 모든 경우의 수: $m \times n$ [GSAT 기출] 　예 어떤 사건 A가 일어나는 경우의 수는 2가지, 어떤 사건 B가 일어나는 경우의 수는 3가지일 때, 　　두 사건 A, B가 동시에 일어날 수 있는 모든 경우의 수: $2 \times 3 = 6$가지
□ 동전, 주사위를 　 던질 때 경우의 수	• n개의 동전을 던질 때의 경우의 수: 2^n • n개의 주사위를 던질 때의 경우의 수: 6^n
□ 줄 세울 때 　 경우의 수	• n명을 줄 세우는 경우의 수: $n \times (n-1) \times (n-2) \times \cdots \times 2 \times 1 = n!$ [GSAT 기출] • n명 중 k명만 줄 세우는 경우의 수: $n \times (n-1) \times (n-2) \times \cdots \times (n-k+1)$ 　예 여자 5명 중 3명을 줄 세우는 경우의 수: $5 \times 4 \times 3 = 60$가지
□ 대표를 선출할 때 　 경우의 수	• n명 중 자격이 다른 2명의 대표를 선출할 때의 경우의 수: $n \times (n-1)$ • n명 중 자격이 같은 2명의 대표를 선출할 때의 경우의 수: $\dfrac{n \times (n-1)}{2}$ 　예 5명 중 자격이 같은 2명의 대표를 선출할 때의 경우의 수: $\dfrac{5 \times 4}{2} = 10$가지

② 확률

☐ 확률	어떤 사건 A가 일어날 확률을 p, 어떤 사건 B가 일어날 확률을 q라고 하면 • 사건 A가 일어날 확률: $\dfrac{\text{사건 A가 일어날 경우의 수}}{\text{모든 경우의 수}}$ 〔GSAT 기출〕 〔예〕 주사위 한 개를 던졌을 때, 2의 배수가 나올 확률: $\dfrac{3}{6}=\dfrac{1}{2}$ • 두 사건 A, B가 동시에 일어나지 않을 때, 사건 A 또는 B가 일어날 확률: $p+q$ 〔GSAT 기출〕 • 두 사건 A, B가 서로 영향을 주지 않을 때, 두 사건 A, B가 동시에 일어날 확률: $p \times q$ 〔GSAT 기출〕 • 사건 A가 일어나지 않을 확률: $1-p$ • '적어도…'의 확률: $1-(\text{반대 사건의 확률})$ 〔GSAT 기출〕 〔예〕 3개의 동전을 동시에 던졌을 때, 뒷면이 적어도 한 개 나올 확률: $1-(\text{모두 앞면이 나올 확률})=1-\dfrac{1}{8}=\dfrac{7}{8}$
☐ 확률의 기댓값	어떤 사건 A가 일어날 확률을 p, 이때의 상금을 a라고 하면 • 1번 시행할 때, 상금의 기댓값: $p \times a$ • n번 시행할 때, 상금의 기댓값: $\underbrace{(p \times a)+(p \times a)+ \cdots +(p \times a)}_{(p \times a)가 \; n개}=(p \times a) \times n$ 〔예〕 주사위 한 개를 던져서 소수가 나오면 300원을 받게 될 때, 주사위를 3번 던졌을 때의 기댓값: $\left(\dfrac{3}{6} \times 300\right) \times 3 = 450$원
☐ 조건부확률	• 조건부확률이란 두 사건 A, B에 대하여 A가 일어났다고 가정하였을 때, B가 일어날 확률이다. • 사건 A가 일어났을 때의 사건 B의 조건부확률: $P(B|A)=\dfrac{P(A \cap B)}{P(A)}$ (단, $P(A) \neq 0$) 〔GSAT 기출〕
☐ 독립사건의 조건	• 독립사건이란 두 사건 A, B에 대하여 한 사건이 일어날 확률이 다른 사건이 일어날 확률에 영향을 주지 않는 것이다. • 두 사건 A와 B가 서로 독립이기 위한 필요충분조건: $P(A \cap B)=P(A) \times P(B)$

③ 순열과 조합

☐ 순열	• 순열이란 서로 다른 n개에서 중복을 허락하지 않고 r개를 택하여 한 줄로 배열하는 경우의 수이다. $_{n}P_{r}=\underbrace{n \times (n-1) \times (n-2) \times \cdots \times (n-r+1)}_{r개}$ (단, $0 < r \leq n$) 〔GSAT 기출〕 〔예〕 6명의 학생 중 3명을 뽑아서 일렬로 세우는 경우의 수: $6 \times 5 \times 4 = 120$가지
☐ 중복순열	• 서로 다른 n개에서 중복을 허락하여 r개를 택하는 순열: n^{r} 〔예〕 1~9까지의 숫자 중 중복을 허락하여 세 자리 숫자를 만드는 순열: $9^{3}=729$가지
☐ 같은 것이 있는 순열	• n개 중 같은 것이 각각 p개, q개, r개일 때, n개를 모두 사용하여 한 줄로 배열하는 경우의 수: $\dfrac{n!}{p!q!r!}$ (단, $p+q+r=n$) 〔GSAT 기출〕 〔예〕 a, a, b, c, c, c, d를 일렬로 나열하는 경우의 수: $\dfrac{7!}{2!1!3!1!}=420$가지
☐ 원순열	• 서로 다른 n개를 원형으로 배열하는 방법의 수: $\dfrac{_{n}P_{n}}{n}=\dfrac{n!}{n}=(n-1)!$ 〔GSAT 기출〕 〔예〕 네 사람이 원형 모양의 식탁에 둘러앉는 방법의 수: $(4-1)!=3!=6$가지 • 서로 다른 n개에서 r개를 택하여 원형으로 배열하는 경우의 수: $\dfrac{_{n}P_{r}}{r}$
☐ 조합	• 조합이란 서로 다른 n개에서 순서를 고려하지 않고 r개를 뽑는 경우의 수이다. $_{n}C_{r}=\dfrac{n \times (n-1) \times (n-2) \times \cdots \times (n-r+1)}{r!}=\dfrac{n!}{r!(n-r)!}$ (단, $0 < r \leq n$) 〔GSAT 기출〕 〔예〕 동아리 회원 7명 중 2명의 대표를 뽑는 경우의 수: $_{7}C_{2}=\dfrac{7!}{2!5!}=21$가지

5. 통계

	몸무게(kg)	학생 수(명)
	$35^{이상}\sim40^{미만}$	2
	$40\sim45$	3
계급	$45\sim50$	6	도수
	$50\sim55$	8
	$55\sim60$	6
	$60\sim65$	5
	합계	30

□ 도수분포

- 변량: 자료의 특성을 수량으로 나타낸 것
- 도수: 각 계급에 속하는 변량의 수
- 계급: 변량을 일정한 간격으로 나눈 구간
- 계급값: 각 계급의 양 끝값의 합을 2로 나눈 값

□ 평균

- 평균 $= \dfrac{\text{변량의 총합}}{\text{변량의 개수}}$
- 도수분포표 평균 $= \dfrac{(\text{계급값} \times \text{도수})\text{의 총합}}{\text{도수의 총합}}$

  예 A반 학생들의 영어 성적이 각각 60점, 70점, 100점, 50점일 때, A반 영어 성적의 평균:

  $\dfrac{60+70+100+50}{4} = 70$점

□ 표준편차

- 편차 = 변량 − 평균
- 표준편차 $= \sqrt{분산} = \sqrt{\dfrac{(\text{편차})^2\text{의 총합}}{\text{변량의 개수}}}$
- 도수분포표에서 표준편차 $= \sqrt{분산} = \sqrt{\dfrac{\{(\text{편차})^2 \times \text{도수}\}\text{의 총합}}{\text{도수의 총합}}}$

6. 집합

□ 합집합의 원소의 개수

원소의 수가 한정되어 있는 유한집합 A, B, C에서

- A∪B의 원소의 수: $n(A \cup B) = n(A) + n(B) - n(A \cap B)$ [GSAT 기출]
- A∪B∪C의 원소의 수: $n(A \cup B \cup C) = n(A) + n(B) + n(C) - n(A \cap B) - n(B \cap C) - n(A \cap C) + n(A \cap B \cap C)$

  예 $n(A)=3$, $n(B)=5$, $n(A \cup B)=5$일 때, A∩B의 원소의 수는 $5=3+5-n(A \cap B)$이므로 $n(A \cap B)=3$

□ 부분집합의 개수

원소의 수가 n개인 집합 A에서

- A의 부분집합의 수: 2^n

  예 A={1, 2, 3}일 때, A의 부분집합의 수: $2^3 = 8$개

- 특정한 원소 m개를 반드시 포함하는 부분집합의 개수: 2^{n-m}
- 특정한 원소 m개를 포함하지 않는 부분집합의 개수: 2^{n-m}

7. 자료해석

1 빈출 계산 식

□ 변화량	• 기준연도 대비 비교연도 A의 변화량 = 비교연도 A − 기준연도 A [GSAT 기출] 예 2018년 심사 처리 건수가 379,574건이고, 2019년 심사 처리 건수가 433,562건일 때, 2018년 대비 2019년의 심사 처리 건수의 변화량: 433,562 − 379,574 = 53,988건
□ 증감률	• 기준연도 대비 비교연도 A의 증감률(%) = {(비교연도 A − 기준연도 A)/기준연도 A} × 100 [GSAT 기출] 예 2018년 심사 처리 건수가 379,574건이고, 2019년 심사 처리 건수가 433,562건일 때, 2018년 대비 2019년의 심사 처리 건수의 증감률: {(433,562 − 379,574)/379,574} × 100 ≒ 14.2%
□ 비중	• 전체에서 A가 차지하는 비중(%) = (A/전체) × 100 [GSAT 기출] 예 2019년 특허·실용신안의 심사 처리 건수는 193,934건이고, 전체 심사 처리 건수는 433,562건일 때, 전체에서 특허·실용신안의 심사 처리 건수가 차지하는 비중: (193,934/433,562) × 100 ≒ 44.7%
□ 평균	• 산술평균 = 변량의 총합 / 변량의 개수 [GSAT 기출] 예 2019년 특허·실용신안의 심사 처리 건수는 193,934건, 상표 심사 처리 건수는 172,606건일 때, 두 심사 처리 건수의 평균: (193,934 + 172,606) / 2 = 183,270건

2 자료 해석법

□ 자료 해석법	• 문제를 풀기 전 자료의 소재를 미리 확인한다. • 자료의 소재 및 내용을 먼저 확인하면 문제를 미리 추론할 수 있으므로 풀이 시간을 단축할 수 있다. 단, 추론을 하되 제시된 자료 이외에 자신이 알고 있는 지식을 덧붙여 문제를 풀이해서는 안 된다.
	• 문제를 풀기 전 자료의 형태를 파악한다. • 시계열 형태의 자료가 제시된 경우 항목별 추세를 파악한다. • 시계열이 아닌 형태의 자료가 제시된 경우 항목 간의 관계를 파악한다.
	• 자료의 단위가 비율인 경우 문제 풀이에 주의한다. • 제시된 비율을 통해 또 다른 정보를 도출할 수 있음을 명심한다. 예 여성의 비율과 전체 인원수가 제시된 경우 여성의 인원수를 구할 수 있다. • 한정된 정보만으로 문제를 풀이한다는 사실에 명심한다. 예 여성의 비율 이외에 추가 정보가 제시되지 않는 경우 구체적인 수치 즉, 여성의 인원수에 대한 정보는 알 수 없다.
	• 보기를 확인할 때에는 계산이 필요한 보기를 가장 마지막에 확인한다. • 계산이 필요 없는 보기가 정답이 될 수도 있으므로 계산이 필요한 보기를 가장 마지막에 확인하여 문제 풀이 시간을 단축한다.
	• 계산이 필요한 보기는 계산 과정을 최소한으로 줄여서 풀이한다. • 보기에 제시된 숫자의 일의 자리 수가 모두 다를 경우 일의 자리 수만을 계산한다. • 보기에 제시된 숫자 간의 크기 차이가 클 경우 십의 자리 또는 백의 자리에서 반올림하여 근삿값으로 계산한다.

수리 핵심 공략 Quiz

1회

학습날짜: _____
맞힌 개수: _____ /8

01 자연수 36의 약수의 개수를 고르시오.

02 다음 빈칸에 들어갈 알맞은 값을 구하시오.

(1) $x^2-9x+18=(x+\square)(x+\square)$

(2) $x^2+6x-27=(x-\square)(x-\square)$

03 일정한 규칙으로 나열된 수를 통해 빈칸에 들어갈 알맞은 숫자를 고르시오.

2 4 8 14 22 $\square$

[04-08] 다음 물음에 답하시오.

04 갑이 집에서 목적지까지 평균 20km/h의 속력으로 45분 동안 이동하여 목적지에 도착했을 때, 집에서 목적지까지의 거리를 구하시오.

05 원가가 1,000원인 제품에 30% 이익이 남도록 정가를 책정했을 때, 제품의 정가를 구하시오.

06 어떤 일을 정수가 혼자 하면 1시간이 걸리고, 선진이가 혼자 하면 1시간 30분이 걸릴 때, 이 일을 정수와 선진이가 함께 했을 때 걸리는 시간을 구하시오.

07 어느 학교의 남자 선생님은 30명, 여자 선생님은 90명일 때, 전체 선생님에서 여자 선생님이 차지하는 비중을 구하시오.

08 K 지역 세대 수는 2020년에 250가구이고, 2021년에 205가구일 때, 2021년 K 지역 세대 수의 전년 대비 감소율을 구하시오.

정답 p.320

01 다음 빈칸에 들어갈 알맞은 값을 구하시오.

(1) $90 = 2^{\square} \times 3^{\square} \times 5^{\square}$

(2) $765 = 3^{\square} \times 5^{\square} \times \square^{1}$

02 다음 빈칸에 들어갈 알맞은 식을 쓰시오.

- 평균 $= \dfrac{\text{변량의 총합}}{(\qquad)}$
- 편차 $=$ 변량 $-(\qquad)$
- 표준편차 $= \sqrt{(\qquad)} = \sqrt{\dfrac{(\qquad)^2 \text{의 총합}}{\text{변량의 개수}}}$

03 일정한 규칙으로 나열된 수를 통해 빈칸에 들어갈 알맞은 숫자를 고르시오.

14 20 26 32 38 $\square$

[04-08] 다음 물음에 답하시오.

04 농도가 30%인 소금물 300g에 소금을 더 넣었더니 소금물의 농도가 40%가 되었다. 더 넣은 소금의 양을 구하시오.

05 주사위를 3번 던졌을 때, 나온 주사위 눈의 합이 8일 확률을 구하시오.

06 어느 신발 가게에서 50,000원인 A 신발을 37,500원에 할인하여 판매하였다. A 신발의 할인율을 구하시오.

07 어느 매장에서 정가가 6,500원인 H 제품을 300개 판매하여 210,000원의 이익을 보았다. H 제품의 원가를 구하시오.

08 T 서점의 책 판매량은 2019년에 13,200권, 2020년에 16,500권, 2021년에 11,700권일 때, 2019년부터 2021년까지 T 서점의 책 판매량의 평균을 구하시오.

정답 p.320

01 다음 빈칸에 들어갈 알맞은 식을 구하시오.

(1) 서로 다른 n개를 원형으로 배열하는 방법의 수: (   )

(2) 서로 다른 n개에서 r개를 택하여 원형으로 배열하는 경우의 수: (   )

(3) 서로 다른 n개에서 중복을 허락하여 r개를 택하는 순열: (   )

02 등차수열의 합 공식과 등비수열의 합 공식을 완성하시오.

등차수열의 합	등비수열의 합
$S_n = \dfrac{n(\quad)}{2} = \dfrac{n(\quad)}{2}$ (단, 첫째항: a, 끝항: l, 공차: d)	$S_n = na$ (r=1), $S_n = \dfrac{a(\quad)}{1-r}$ (r≠1) (단, 첫째항: a, 공비: r)

03 일정한 규칙으로 나열된 수를 통해 빈칸에 들어갈 알맞은 숫자를 고르시오.

4 2 6 8 14 ☐ 36 58 94

[04-08] 다음 물음에 답하시오.

04 현재 수정이의 나이는 어머니의 나이보다 25살 어리고, 5년 뒤에는 어머니의 나이가 수정이의 나이의 2배일 때, 현재 수정이의 나이를 구하시오.

05 갑은 주사위를 던져서 나온 눈의 수만큼 점수를 얻는다. 갑이 주사위를 한 번 던졌을 때 얻을 수 있는 점수의 기댓값을 구하시오.

06 동전을 세 번 던져서 앞면이 두 번 나올 확률을 구하시오.

07 S 농장 오리 수는 2020년에 87,450마리이고, 2021년에 94,280마리일 때, 2021년 S 농장 오리 수의 전년 대비 증가량을 구하시오.

08 P 지역의 어린이집 수는 45개이고, 어린이집 교사 수는 720명일 때, 어린이집 1개당 어린이집 교사 수를 구하시오.

정답 p.320

01 자연수 24, 60의 최대공약수와 최소공배수를 구하시오.

02 다음 식을 보고 옳은 것은 O, 옳지 않은 것은 X로 표시하시오.

(1) $2^{18} \div 2^3 = 2^6$ (　　　)　　　(2) $(7^2)^3 = 7^5$ (　　　)　　　(3) $\left(\frac{2}{3}\right)^2 \times 3^4 = 6^2$ (　　　)

03 다음 빈칸에 들어갈 알맞은 항을 쓰시오.

(1) $(ax - b)^2 = a^2x^2 + \square x + b^2$　　　　　(2) $acx^2 + (ad + bc)x + bd = (ax - \square)(\square + d)$

04 이차방정식의 근의 공식을 완성하고, 이를 이용하여 제시된 방정식의 근을 도출하시오.

근의 공식	풀이
$x = \dfrac{\pm\sqrt{}}{2a}$	$3x^2 - 15x + 8 = 0$ $\rightarrow x =$

[05-08] 다음 물음에 답하시오.

05 주아와 형진이가 서류를 함께 정리하면 4시간이 걸리고, 형진이가 혼자 정리하면 5시간이 걸린다. 주아가 혼자 서류를 정리할 때 걸리는 시간을 구하시오.

06 영민이가 90km/h의 속력으로 달리는 자동차를 타고 30분간 이동한 후, 6km/h의 속력으로 10분간 걸어서 목적지에 도착하였다. 영민이가 이동한 거리를 구하시오.

07 농도가 20%인 소금물 150g에 물 50g을 추가했을 때의 소금물의 농도를 구하시오.

08 입구부터 직선 거리가 30m인 주차장에 3m 간격으로 자동차를 주차하려고 할 때, 주차할 수 있는 자동차는 최대 몇 대인지 구하시오. (단, 입구에는 주차하지 않는다.)

정답 p.320

01 다음 중 삼각형의 닮음조건에 위배되는 것을 고르시오. (△ABC, △DEF에서)

① $\angle A = \angle D$, $\angle B = \angle E$

② $\overline{AC} : \overline{DF} = \overline{AB} : \overline{DE}$

③ $\overline{AB} : \overline{DE} = \overline{BC} : \overline{EF} = \overline{CA} : \overline{FD}$

④ $\overline{BC} : \overline{EF} = \overline{CA} : \overline{FD}$, $\angle C = \angle F$

02 다음 빈칸에 들어갈 알맞은 식을 쓰시오.

- 한 변의 길이가 a인 정삼각형의 높이는 (   )이고, 넓이는 (   )이다.
- 한 모서리의 길이가 a인 정사면체의 높이는 (   )이고, 부피는 (   )이다.

03 다음 입체도형의 꼭짓점의 수와 모서리의 수를 쓰시오.

	꼭짓점의 수	모서리의 수		꼭짓점의 수	모서리의 수
(1) 삼각기둥			(4) 삼각뿔		
(2) 사각기둥			(5) 사각뿔		
(3) 오각기둥			(6) 오각뿔		

04 다음 식의 값을 구하시오.

(1) $\sin 30°$　　　　　(2) $\tan 45°$　　　　　(3) $3!$　　　　　(4) $_5P_2$

[05-08] 다음 물음에 답하시오.

05 1개의 동전과 서로 다른 2개의 주사위를 던졌을 때 나올 수 있는 경우의 수를 구하시오.

06 6개 팀이 리그전으로 경기를 진행하는 경우의 수를 구하시오.

07 A, B, C, D의 신발 사이즈가 다음과 같을 때, 평균과 분산을 구하시오.

	A	B	C	D
신발 사이즈	235mm	270mm	250mm	245mm

08 X 상품과 Y 상품만 생산하는 Z 회사에서는 올해 X 상품 38만 개와 Y 상품 42만 개를 생산할 예정이다. 올해 Z 회사 생산품 중 Y 상품이 차지하는 비중을 구하시오.

정답 p.320

추리는 최근 출제 유형을 파악한 후, 관련 이론 및 기출 규칙을 학습하여 문제 해결 능력을 향상시켜야 한다.

언어추리는 명제, 삼단논법과 같은 기초적인 논리 이론을 학습한 후, 명제나 조건의 논리 구조를 정확히 이해하고 문제를 빠르게 푸는 연습을 한다.

도형추리는 출제되는 규칙이 다양하므로 기출 규칙을 학습하고 이를 바탕으로 문제 풀이 원리를 익히도록 한다.

도식추리는 출제되는 규칙이 한정적이므로 기출 규칙을 암기하고 문자를 빠르게 숫자로 변환하는 연습을 한다.

문단배열은 선택지를 비교하여 첫 문단을 찾고 글의 전개방식을 유추한 뒤 접속어와 지시어를 통해 문단 간의 순서를 파악하는 연습을 한다.

논리추론은 글의 중심 화제를 찾고 핵심어 위주로 내용을 파악하는 연습을 하면 문제 풀이 속도를 높일 수 있다.

1. 언어추리

1 명제

□ 명제의 정의	• 가정과 결론으로 구성되어 참과 거짓을 명확히 판별할 수 있는 문장이다. 예 독일어를 할 수 있는 사람은 / 스페인어를 할 수 있다. 　　　　　가정　　　　　　　　결론
□ 명제의 '역', '이', '대우'	• 명제: P이면 Q이다. 예 축구를 할 수 있는 사람은 야구도 할 수 있다. • 명제의 '역': Q이면 P이다. 예 야구를 할 수 있는 사람은 축구도 할 수 있다. • 명제의 '이': P가 아니면 Q가 아니다. 예 축구를 할 수 없는 사람은 야구도 할 수 없다. • 명제의 '대우': Q가 아니면 P가 아니다. 예 야구를 할 수 없는 사람은 축구도 할 수 없다.
□ 명제 사이의 관계	• 명제와 '대우' 사이의 관계: 주어진 명제가 참일 때 그 명제의 '대우'만이 참인 것을 알 수 있고, 주어진 명제가 거짓일 때 그 명제의 '대우'만이 거짓인 것을 알 수 있다. • 명제와 '역', '이' 사이의 관계: 주어진 명제의 참과 거짓을 판별할 수 있더라도 그 명제의 '역'과 '이'의 참과 거짓은 판별할 수 없다.

□ 명제의 분리	• 분리된 명제가 참인 경우

(S or P) → Q	S → Q (참)
	P → Q (참)
S → (P and Q)	S → P (참)
	S → Q (참)

• 분리된 명제의 참과 거짓을 판별할 수 없는 경우

S → (P or Q)	S → P (알 수 없음)
	S → Q (알 수 없음)
(S and P) → Q	S → Q (알 수 없음)
	P → Q (알 수 없음)

□ 명제의 집합관계	• 모든 S는 P이다. GSAT 기출 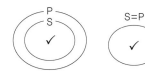 • 어떤 S는 P이다. GSAT 기출  • 모든 S는 P가 아니다. / 어떤 S도 P가 아니다. GSAT 기출 • 어떤 S는 P가 아니다. GSAT 기출 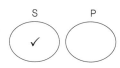

2 삼단논법

□ 삼단논법의 정의	• 명제로 구성된 두 개의 전제로부터 하나의 결론을 도출하는 추리 방법이다. <table><tr><td>대전제</td><td>모든 동물은 잠을 잔다.</td></tr><tr><td>소전제</td><td>모든 다람쥐는 동물이다.</td></tr><tr><td>결론</td><td>모든 다람쥐는 잠을 잔다.</td></tr></table> • 대전제: 결론의 술어 개념인 대개념을 포함한 전제 • 소전제: 결론의 주어 개념인 '소개념'을 포함한 전제 • 매개념: 결론의 중개 역할을 하면서 전제에만 나오는 개념
□ 타당성 증명 규칙	• 긍정명제: 긍정의 관계를 나타내는 명제 　예 모든 동물은 잠을 잔다. • 부정명제: 부정 판단을 나타내는 명제 　예 모든 동물은 다람쥐가 아니다. • 대전제와 소전제 모두 긍정명제라면 결론도 긍정명제여야 한다. • 대전제와 소전제 중 하나라도 부정명제라면 결론은 반드시 부정명제여야 한다. • 삼단논법에서 두 개의 전제가 모두 부정명제일 수는 없다. <table><tr><td>구분</td><td>경우 1</td><td>경우 2</td><td>경우 3</td></tr><tr><td>대전제(전제 1)</td><td>긍정명제</td><td>긍정명제</td><td>부정명제</td></tr><tr><td>소전제(전제 2)</td><td>긍정명제</td><td>부정명제</td><td>긍정명제</td></tr><tr><td>결론</td><td>긍정명제</td><td>부정명제</td><td>부정명제</td></tr></table>

□ 타당한 논증	• 전제를 참으로 받아들일 경우에 결론도 틀림없이 참이 된다면 타당한 논증이다. **예** 1. 전제 1: 모든 정치가는 공무원이다. 　전제 2: 어떤 사업가도 공무원은 아니다. 　결론: 어떤 사업가도 정치가는 아니다. 2. 전제 1: 어떤 정치가도 사업가가 아니다. 　전제 2: 어떤 공무원은 정치가이다. 　결론: 어떤 공무원은 사업가가 아니다. 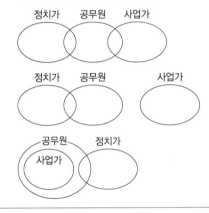
□ 타당하지 않은 　논증	• 반례가 한 가지라도 존재한다면 타당하지 않은 논증이다. **예** 1. 전제 1: 어떤 공무원은 사업가이다. 　전제 2: 모든 정치가는 공무원이다. 　결론: 어떤 정치가는 사업가이다. 　→ 아래의 반례와 같이 모든 정치가는 사업가가 아닐 수도 있으므로 타당하지 않은 결론이다.  2. 전제 1: 모든 정치가는 공무원이다. 　전제 2: 어떤 사업가도 정치가는 아니다. 　결론: 어떤 사업가도 공무원은 아니다. 　→ 아래의 반례와 같이 공무원인 사업가가 존재할 수도 있으므로 타당하지 않은 결론이다.  3. 전제 1: 어떤 공무원도 사업가는 아니다. 　전제 2: 어떤 공무원은 정치가이다. 　결론: 어떤 정치가는 사업가이다. 　→ 아래의 반례와 같이 모든 정치가는 사업가가 아닐 수도 있으므로 타당하지 않은 결론이다.

□ 타당하지 않은 논증	 4. 전제 1: 모든 정치가는 공무원이다. 전제 2: 모든 정치가는 사업가이다. 결론: 모든 사업가는 공무원이다. → 아래의 반례와 같이 공무원이 아닌 사업가가 존재할 수도 있으므로 타당하지 않은 결론이다. 

2. 도형추리

1 도형 변환 규칙

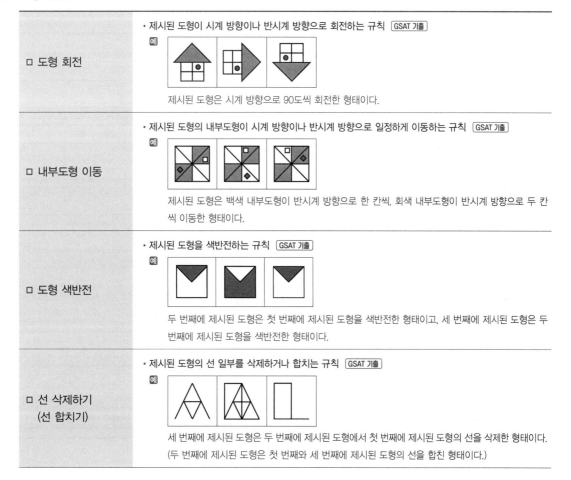

□ 도형 회전	• 제시된 도형이 시계 방향이나 반시계 방향으로 회전하는 규칙 [GSAT 기출] 제시된 도형은 시계 방향으로 90도씩 회전한 형태이다.
□ 내부도형 이동	• 제시된 도형의 내부도형이 시계 방향이나 반시계 방향으로 일정하게 이동하는 규칙 [GSAT 기출] 제시된 도형은 백색 내부도형이 반시계 방향으로 한 칸씩, 회색 내부도형이 반시계 방향으로 두 칸 씩 이동한 형태이다.
□ 도형 색반전	• 제시된 도형을 색반전하는 규칙 [GSAT 기출] 두 번째에 제시된 도형은 첫 번째에 제시된 도형을 색반전한 형태이고, 세 번째에 제시된 도형은 두 번째에 제시된 도형을 색반전한 형태이다.
□ 선 삭제하기 (선 합치기)	• 제시된 도형의 선 일부를 삭제하거나 합치는 규칙 [GSAT 기출] 세 번째에 제시된 도형은 두 번째에 제시된 도형에서 첫 번째에 제시된 도형의 선을 삭제한 형태이다. (두 번째에 제시된 도형은 첫 번째와 세 번째에 제시된 도형의 선을 합친 형태이다.)

□ 면 자르기	• 제시된 도형의 면을 가로 방향이나 세로 방향으로 자르는 규칙
	두 번째에 제시된 도형은 첫 번째에 제시된 도형을 세로 방향으로 자른 후 하나의 모양만 나타낸 형태이고, 세 번째에 제시된 도형은 두 번째에 제시된 도형을 세로 방향으로 자른 후 하나의 모양만 나타낸 형태이다.

3. 도식추리

1 변환 규칙

□ 문자 변환/증감	• 문자의 순서에 따라 문자를 다른 문자로 변환시키는 규칙 [GSAT 기출] 예 abcd → acde (a, b+1, c+1, d+1) • 제시된 각 숫자의 크기를 증가시키거나 감소시키는 규칙 [GSAT 기출] 예 2857 → 1948 (2-1, 8+1, 5-1, 7+1)
□ 자리 변환	• 문자나 숫자를 특정 자리로 이동시키거나 자리를 서로 바꾸는 규칙 [GSAT 기출] 예 abcd → dcba, 1254 → 4521

2 문자 순서

□ 알파벳	• 오름차순에 따른 알파벳 순서 [GSAT 기출]

...	X	Y	Z	A	B	C	D	E	F	G	H	I
...	-2	-1	0	1	2	3	4	5	6	7	8	9
J	K	L	M	N	O	P	Q	R	S	T	U	V
10	11	12	13	14	15	16	17	18	19	20	21	22
W	X	Y	Z	A	B	C	...				
23	24	25	26	27	28	29	...				

□ 한글 자음	• 오름차순에 따른 한글 자음 순서

...	ㅌ	ㅍ	ㅎ	ㄱ	ㄴ	ㄷ	ㄹ	ㅁ	ㅂ	ㅅ
...	-2	-1	0	1	2	3	4	5	6	7
ㅇ	ㅈ	ㅊ	ㅋ	ㅌ	ㅍ	ㅎ	ㄱ	ㄴ	ㄷ	...
8	9	10	11	12	13	14	15	16	17	...

□ 한글 모음	• 오름차순에 따른 한글 모음 순서

...	ㅠ	ㅡ	ㅣ	ㅏ	ㅑ	ㅓ	ㅕ	ㅗ
...	-2	-1	0	1	2	3	4	5
ㅛ	ㅜ	ㅠ	ㅡ	ㅣ	ㅏ	ㅑ	ㅓ	...
6	7	8	9	10	11	12	13	...

4. 문단배열

<table>
<tr>
<td>□ 논리적 구조
파악하기</td>
<td>

- 선택지를 바탕으로 첫 번째 또는 마지막 순서에 올 수 있는 문단을 확인한다.
  - 첫 번째 문단에서는 중심 화제를 포함하는 큰 범주의 내용을 설명하는 경우가 많고, 마지막 문단에서는 글 전체의 내용을 요약 및 마무리하는 경우가 많다.
  - 첫 번째 문단에서는 대부분 흥미를 유발하거나 관심을 유도하는 문장, 문제나 논제를 제시하는 문장, 앞으로의 전개 방법이나 서술 방법을 소개하는 문장 등이 나타난다.
- 중심 화제를 토대로 핵심 문장을 찾고, 핵심 문장을 부연 설명하는 문장을 찾는다.
  - 중심 화제와 관련된 용어의 정의에 해당하는 문장은 첫 문단에 위치할 확률이 높다.
  - 글의 핵심 문장은 대부분 첫 문단 또는 마지막 문단에 위치하며, 핵심 문장을 설명하는 문장은 핵심 문장이 포함된 문단의 뒤 또는 앞에 위치한다.
    - 예 핵심 문장 – 부연 설명 문장: 중심 문장의 진술 – 뒷받침 문장의 진술, 요약 진술 – 부연 진술, 추상적 진술 – 구체적 진술, 포괄적 진술 – 구체적 진술, 단정적 진술 – 비유적 진술
- 상황에 따라 사용되는 접속어를 고려하며 문단 간 순서를 파악한다.
  - 순접: 앞의 내용을 심화하면서 다른 내용을 추가할 때 사용하는 접속어
    - 예 그러나, 그러하니, 그래서, 그러면, 그렇다고 하면, 이리하여, 그리하여, 이러하니, 이와 같이 하여, 그리고는, 그리고서, 그리고 등
  - 역접: 앞의 내용과 뒤의 내용이 상반될 때 사용하는 접속어
    - 예 그러나, 그렇지만, 다만, 그렇더라도, 그렇다고 해서, 하지만, 그렇건마는, 그래도, 그럴지라도, 그러되, 반면에 등
  - 전환: 앞의 내용과 다른 새로운 내용을 전개할 때 사용하는 접속어
    - 예 그런데, 그는 그렇고, 그러면, 다음으로, 각설, 한편, 헌데 등
  - 인과: 앞의 내용과 뒤의 내용이 원인과 결과 관계를 이룰 때 사용하는 접속어
    - 예 그러므로, 따라서, 그렇다면, 드디어, 마침내, 그러니까, 그런즉, 그런 만큼, 그래서, 한즉, 하니까, 그런 고로, 그런 까닭에, 그렇기 때문에, 왜냐하면 등
  - 첨가/보충: 앞의 내용과 관련 있는 내용을 추가할 때 사용하는 접속어
    - 예 오히려, 그리고, 더구나, 그리고는, 그리고서, 또한, 또, 더욱, 그 위에, 및, 게다가, 그뿐 아니라, 다시, 아울러 등
  - 환연/요약: 앞의 내용을 다른 말로 바꾸어 정리할 때 사용하는 접속어
    - 예 바꾸어 말하면, 곧, 즉, 결국, 그것은, 전자는, 후자는, 요컨대, 다시 말하면, 말하자면 등
  - 비유/예시: 앞의 내용에 대한 예시를 들 때 사용하는 접속어
    - 예 이를테면, 예컨대, 비교하건대 등
- 지시어가 가리키는 대상이 무엇인지 찾는다.
  - 이(것), 그(것), 저(것), 이러한, 그러한, 이런 점에서 등과 같은 지시어는 반드시 지시하는 대상이 앞에 있어야 한다.
- 중복 사용되는 핵심어를 찾는다.
  - 같은 어휘를 반복하여 사용하는 문단끼리는 서로 앞뒤로 바로 연결될 확률이 높으므로 배열의 선후 관계가 확실한 문단으로 묶는다.

</td>
</tr>
</table>

□ 시간의 흐름 파악하기	• 제시된 문단별 내용을 통해 글의 전개 과정을 추측한다.
	  – 문단별 내용을 시간의 흐름에 따라 자연스럽게 연결할 수 있는 글의 전개 과정을 파악한다.
	  – 과거형 어휘를 사용하는 문단과 현재형 어휘를 사용하는 문단, 전망 및 바람 등 미래지향적인 내용을 설명하는 문단이 복합적으로 제시돼 있다면, 과거 – 현재 – 미래 순으로 글이 전개될 확률이 높다.
	  – 문제를 다루고 있는 문단과 해결 방안을 다루고 있는 문단이 복합적으로 제시돼 있다면, 문제를 다루고 있는 문단 – 해결 방안을 다루고 있는 문단 순으로 배열한다.
	  – 중심 화제의 원인에 해당하는 문단과 결과에 해당하는 문단이 복합적으로 제시돼 있다면, 원인을 다루는 문단 – 결과를 다루는 문단 순으로 배열한다.
	  – 설명문에 해당한다면, 중심 화제의 정의나 뜻풀이 등이 앞문단에, 중심 화제에 대한 구체적인 설명이 뒷문단에 위치한다.

5. 논리추론

□ 세부 정보 파악하기	• 각 선택지의 핵심어를 찾아 표시하고, 글에서 그 핵심어를 설명하는 문장을 찾는다.
	  – 선택지의 핵심어를 고를 때는 고유명사, 숫자와 같이 글에서 쉽게 찾을 수 있는 말을 우선적으로 고려한다.
	  – 선택지의 핵심어를 고를 때는 글이나 선택지에 자주 반복되는 말을 제외하는 것이 좋다. 왜냐하면 여러 선택지에 공통적으로 나오는 말은 그 선택지만 대표하는 것으로 보기 어렵기 때문이다.
	  – 선택지의 핵심어가 글에 그대로 등장하지 않는다면, 글에 나온 말이 유의어로 바뀐 것은 아닌지, 글에 나온 말의 상위개념을 사용해 일반적인 진술로 바뀐 것은 아닌지 확인해본다.
	• 반드시, 절대, 전혀, 뿐, 만 등과 같이 단정적인 표현이 포함된 선택지는 글의 내용과 일치하지 않을 확률이 높다.
	• 글에 나온 정보를 바탕으로 사실적 태도로 내용 일치 여부를 판단해야 하며, 자기 생각과 주관적 판단이 개입되거나 지나치게 확대 해석하지 않도록 해야 한다.

□ 필자의 주장 파악하기	• 글에 반복적으로 등장하는 어휘에 주목하며 제시된 글의 중심 화제를 찾는다.
	• 중심 화제를 토대로 필자의 주장을 찾는다.
	  – 필자의 주장은 대부분 처음 또는 마지막에 위치하며, 전체 내용을 포괄할 수 있는 일반적이고 추상적인 진술로 표현된다.
	  – 따라서, 그러므로, 요컨대 등과 같이 결론을 제시하거나 요약하는 접속어 뒤에 필자의 주장이 제시되는 경우가 많다.
	  – 예컨대, 왜냐하면, 다시 말해 등과 같이 부연 설명을 덧붙이는 접속어가 나오면 그 앞에 필자의 주장이 제시되는 경우가 많다.

학습날짜: _____
맞힌 개수: _____ /8

[01-03] 다음 중 명제인 것은 O, 명제가 아닌 것은 X로 표시하시오.

01 $x=3$이면 $3x=9$이다. (   )

02 영수는 공부를 잘한다. (   )

03 토마토에는 라이코펜이 함유되어 있다. (   )

04 다음 명제의 '역', '이', '대우'를 구하시오.

체력이 좋은 사람은 오래달리기를 잘한다.

05 다음 삼단논법에서 대개념, 소개념, 매개념을 분리하여 쓰시오.

전제 1	추리 소설을 읽는 모든 사람은 판타지 영화를 좋아한다.
전제 2	판타지 영화를 좋아하는 모든 사람은 마술을 좋아한다.
결론	추리 소설을 읽는 모든 사람은 마술을 좋아한다.

06 다음 명제가 참일 때, 분리된 명제 중 참과 거짓을 판별할 수 있는 명제를 〈보기〉에서 고르시오.

- 긍정적인 사람은 명상을 하고 정직한 사람이다.
- 정직한 사람은 긍정적이거나 봉사 활동을 한다.

─── 〈보기〉 ───
㉠ 봉사 활동을 하는 사람은 명상을 한다.
㉡ 긍정적인 사람은 봉사활동을 한다.
㉢ 정직하지 않은 사람은 긍정적이지 않다.
㉣ 긍정적인 사람은 명상을 한다.

[07-08] 다음 중 타당한 논증은 O, 타당하지 않은 논증은 X로 표시하시오.

07 어떤 공룡은 육식동물이다. 모든 트리케라톱스는 공룡이다. 따라서 트리케라톱스는 육식동물이다. (   )

08 모든 가수는 노래를 잘한다. 어떤 가수는 춤을 잘 춘다. 따라서 어떤 가수는 노래를 잘하면서 춤도 잘 춘다. (   )

정답 p.321

01 제시된 각 문자를 알파벳, 한글 자음 및 한글 모음 순서에 따라 숫자로 변경하시오.

문자	K	ㅍ	F	ㅠ	X	ㅈ	C	ㅕ	R
문자를 변경한 숫자									

[02-04] 다음 각 기호가 나타내는 변환 규칙의 종류를 쓰시오.

02

E54Q → ♡ → F77U

03

89JM → ♤ → 9JM8

04

ㄹㅜㅌㅓ → ♧ → ㄷㅗㅍㅗ

[05-06] 다음 문장을 논리적 순서대로 알맞게 배열하시오.

05

ⓐ 갈변현상은 물질이나 에너지의 형태가 변화하는 현상을 의미한다.

ⓑ 일반적으로 갈변은 감자의 갈변, 사과의 갈변, 육류의 갈변 등 바람직하지 못한 경우가 대부분이다.

ⓒ 이 변화는 일반적으로 온도, 압력, 환경 조건의 변화에 의해 발생한다.

ⓓ 그러나 된장, 간장 등에 나타나는 갈변은 성분의 생성, 착색으로, 식품에 있어서 바람직한 성질을 부여하는 경우도 있다.

06

ⓐ 이 단계에서는 광각 현미경이나 전자선 리소그래피를 사용하여 마스크의 패턴을 웨이퍼에 전사한다.

ⓑ 한편, 체공 단계에서 정확하고 정교하게 형성된 패턴은 반도체 소자의 성능과 품질을 결정하므로 반도체 공정 시 체공 단계는 매우 중요하다.

ⓒ 체공 단계는 반도체 소자의 패턴이 웨이퍼 위에 형성되는 과정에 해당한다.

ⓓ 이는 마스크가 반도체 소자에 적합한 패턴을 담고 있기 때문으로, 웨이퍼의 표면에 노광 또는 감광 과정을 통해 패턴을 형성한다.

정답 p.321

[01-02] 다음 중 명제인 것은 O, 명제가 아닌 것은 X로 표시하시오.

01 개와 고양이는 사이가 나쁘다. (   )

02 서울은 대한민국의 수도이다. (   )

03 다음 명제가 참일 때, 참과 거짓을 판별할 수 있는 명제를 〈보기〉에서 고르시오.

- 봄을 좋아하는 어떤 사람은 겨울을 좋아한다.
- 가을을 좋아하지 않는 모든 사람은 봄을 좋아하지 않는다.

───〈보기〉───
㉠ 봄을 좋아하는 모든 사람은 가을을 좋아한다.
㉡ 겨울을 좋아하는 어떤 사람은 가을을 좋아한다.
㉢ 가을을 좋아하지 않는 어떤 사람은 겨울을 좋아한다.
㉣ 봄을 좋아하면서 가을을 좋아하는 사람이 있다.

04 다음 명제가 참일 때, 분리된 명제 중 항상 참인 명제를 〈보기〉에서 고르시오.

- 한복을 좋아하거나 기모노를 좋아하는 사람은 치파오를 좋아하지 않는다.

───〈보기〉───
㉠ 한복을 좋아하는 사람은 치파오를 좋아하지 않는다.
㉡ 치파오를 좋아하는 사람은 한복을 좋아한다.
㉢ 기모노를 좋아하는 사람은 한복을 좋아한다.
㉣ 치파오를 좋아하는 사람은 기모노를 좋아하지 않는다.

[05-08] 다음 중 타당한 논증은 O, 타당하지 않은 논증은 X로 표시하시오.

05 모든 바이러스는 온도에 약하다. 온도에 약한 어떤 것은 변종이 쉽다. 따라서 모든 바이러스는 변종이 쉽다. (   )

06 심심한 사람만 게임을 한다. 어떤 심심한 사람은 러닝을 한다. 따라서 게임을 하는 어떤 사람은 러닝을 한다. (   )

07 모든 면직물은 약하다. 어떤 지갑은 약하지 않다. 따라서 어떤 지갑은 면직물이 아니다. (   )

08 어떤 유리도 도자기가 아니다. 어떤 유리는 그릇이다. 따라서 어떤 그릇은 도자기이다. (   )

정답 p.321

01 제시된 각 문자를 알파벳, 한글 자음 및 한글 모음 순서에 따라 숫자로 변경하시오.

문자	V	H	ㅅ	P	J	ㅓ	Y	M	ㅜ
문자를 변경한 숫자									

[02-04] 다음 각 기호가 나타내는 변환 규칙의 종류를 쓰시오.

02
4B5N → ☺ → 7D2L

03
CR43 → ● → 34RC

04
ㅁㅣㅋㅑ → △ → ㅂㅡㅌㅏ

[05-06] 다음 문장을 논리적 순서대로 알맞게 배열하시오.

05
㉠ 수박은 박과에 속하는 과일로, 덩굴 식물이다.
㉡ 일반적으로 붉은 수박이 생산되는 시기는 늦은 봄에서 초가을까지로 알려져 있으며, 남쪽 지방에서는 비닐하우스 등에서 주로 재배하고 있다.
㉢ 이처럼 오래전부터 재배가 확산되었던 수박은 다양한 품종으로 생산되지만, 둥글고 표면에 무늬가 넓으며 과육이 붉은 품종이 주로 생산되고 있다.
㉣ 이것이 재배되기 시작한 것은 고대 이집트 시대부터라고 알려져 있으며, 분포되기 시작한 시기는 약 500년 전이다.

06
㉠ 이는 선의 유무에 따라 유선 이어폰과 무선 이어폰으로 나뉜다.
㉡ 이어폰이란 귀의 구멍에 장착이 가능하도록 제작된 소형 수화기를 말한다.
㉢ 반면 선이 존재하지 않는 무선 이어폰은 블루투스 기술을 이용하여 소리를 전달하며, 이것을 사용하기 위해서는 충전이 필수적이라는 특징을 가지고 있다.
㉣ 먼저 유선 이어폰은 선이 존재하는 이어폰으로, 별도의 충전이 필요하지 않고, 기기에 꽂아 연결하면 바로 사용할 수 있다.

정답 p.321

[01-02] 다음 중 명제인 것은 O, 명제가 아닌 것은 X로 표시하시오.

01 하마는 동물이 아니다. (   )

02 백두산은 높다. (   )

03 다음 명제의 '역', '이', '대우'를 구하시오.

수학을 좋아하는 사람은 국어를 좋아하지 않는다.

04 다음 삼단논법에서 대개념, 소개념, 매개념을 분리하여 쓰시오.

전제 1	모든 신입사원은 도전적인 사람이다.
전제 2	도전적인 모든 사람은 성공 가능성이 높다.
결론	모든 신입사원은 성공 가능성이 높다.

05 다음 명제가 참일 때, 분리된 명제 중 참과 거짓을 판별할 수 있는 명제를 〈보기〉에서 고르시오.

- 돈이 많고 시간도 많은 사람은 운동을 한다.
- 건강한 사람은 시간이 많고 운동을 한다.

─── 〈보기〉 ───
㉠ 돈이 많은 사람은 운동을 한다.
㉡ 운동을 하지 않는 사람은 돈이 많지 않다.
㉢ 건강한 사람은 운동을 한다.
㉣ 시간이 많지 않은 사람은 건강하다.

[06-08] 다음 중 타당한 논증은 O, 타당하지 않은 논증은 X로 표시하시오.

06 어떤 과일은 시다. 모든 딸기는 과일이다. 따라서 어떤 딸기는 시다. (   )

07 마스크를 착용하지 않은 모든 사람은 어린이가 아니다. 마스크를 착용한 모든 사람은 바이러스에 감염되지 않는다. 따라서 모든 어린이는 바이러스에 감염되지 않는다. (   )

08 어떤 옷감은 부드럽다. 부드럽지 않은 모든 옷감은 질기다. 따라서 질긴 모든 옷감은 부드럽지 않다. (   )

정답 p.321

핵심 공략 Quiz 정답

수리 1회

01 9개   **02** (1) −3, −6 (2) 3, −9   **03** 32   **04** 15km

05 1,300원   **06** 36분   **07** 75%   **08** 18%

수리 2회

01 (1) 1, 2, 1 (2) 2, 1, 17   **02** 변량의 개수, 평균, 분산, 편차   **03** 44   **04** 50g

05 $\frac{7}{72}$ **06** 25%   **07** 5,800원   **08** 13,800권

수리 3회

01 (1) $\frac{nP_n}{n}(=(n-1)!)$ (2) $\frac{nP_r}{r}$ (3) n^r **02** $2a+(n-1)d$, $a+l$, $1-r^n$ **03** 22   **04** 20살

05 3.5점   **06** $\frac{3}{8}$ **07** 6,830마리   **08** 16명

수리 4회

01 최대공약수: 12, 최소공배수: 120   **02** (1) X (2) X (3) O

03 (1) −2ab (2) −b, cx

04 $x=\dfrac{-b\pm\sqrt{b^2-4ac}}{2a}$, $x=\dfrac{15\pm\sqrt{225-96}}{6}=\dfrac{15\pm\sqrt{129}}{6}$

05 $(\frac{1}{x}+\frac{1}{5})\times 4=1 \rightarrow x=20$시간

06 $90\times\frac{30}{60}+6\times\frac{10}{60}=46$km

07 $\dfrac{150\times 0.20}{150+50}\times 100=15\%$

08 $(30\div 3)=10$대

수리 5회

01 ②

02 $\frac{\sqrt{3}}{2}a$, $\frac{\sqrt{3}}{4}a^2$, $\frac{\sqrt{6}}{3}a$, $\frac{\sqrt{2}}{12}a^3$

03 (1) 6, 9 (2) 8, 12 (3) 10, 15 (4) 4, 6 (5) 5, 8 (6) 6, 10

04 (1) $\frac{1}{2}$ (2) 1 (3) $3\times 2\times 1=6$ (4) $5\times 4=20$

05 $2\times 6\times 6=72$가지

06 $_6C_2=\dfrac{6!}{2!4!}=\dfrac{6\times 5}{2}=15$가지

07 평균$=\dfrac{235+270+250+245}{4}=250$mm, 분산$=\dfrac{(-15)^2+20^2+0+(-5)^2}{4}=162.5$

08 $\dfrac{42}{38+42}\times 100=52.5\%$

추리 1회

01 O   **02** X   **03** O

04 역: 오래달리기를 잘하는 사람은 체력이 좋다.
이: 체력이 좋지 않은 사람은 오래달리기를 잘하지 않는다.
대우: 오래달리기를 잘하지 않는 사람은 체력이 좋지 않다.

05 대개념: 미술을 좋아하는 사람, 소개념: 추리 소설을 읽는 사람, 매개념: 판타지 영화를 좋아하는 사람

06 ©, ®   **07** X   **08** O

추리 2회

01 11, 13, 6, 8, 24, 9, 3, 4, 18   **02** 문자 변환/증감 (abcd → a+1, b+2, c+3, d+4)

03 자리 변환 (abcd → bcda)   **04** 문자 변환/증감 (abcd → a−1, b−2, c+1, d+2)

05 ㉠ → ㉢ → ㉡ → ㉣   **06** ㉢ → ㉠ → ㉣ → ㉡

추리 3회

01 X   **02** O   **03** ㉠, ㉡, ㉣   **04** ㉠, ㉣

05 X   **06** X   **07** O   **08** X

추리 4회

01 22, 8, 7, 16, 10, 3, 25, 13, 7   **02** 문자 변환/증감 (abcd → a+3, b+2, c−3, d−2)

03 자리 변환 (abcd → dcba)   **04** 문자 변환/증감 (abcd → a+1, b−1, c+1, d−1)

05 ㉠ → ㉣ → ㉢ → ㉡   **06** ㉡ → ㉠ → ㉣ → ㉢

추리 5회

01 O   **02** X

03 역: 국어를 좋아하지 않는 사람은 수학을 좋아한다.
이: 수학을 좋아하지 않는 사람은 국어를 좋아한다.
대우: 국어를 좋아하는 사람은 수학을 좋아하지 않는다.

04 대개념: 성공 가능성이 높은 사람, 소개념: 신입사원, 매개념: 도전적인 사람

05 ©, ®   **06** X   **07** O   **08** X

성명: 수험번호:

①

정답

②

정답

③

정답

④

정답

⑤

정답

성명: 수험번호:

⑥

정답

⑦

정답

⑧

정답

⑨

정답

⑩

정답

성명: 수험번호:

⑪

정답

⑫

정답

⑬

정답

⑭

정답

⑮

정답

성명: 수험번호:

⑯

정답

⑰

정답

⑱

정답

⑲

정답

⑳

정답

성명: 수험번호:

①

정답

②

정답

③

정답

④

정답

⑤

정답

⑥

정답

⑦

정답

⑧

정답

성명: 수험번호:

⑨

정답

⑩

정답

⑪

정답

⑫

정답

⑬

정답

⑭

정답

⑮

정답

⑯

정답

성명: 수험번호:

⑰

정답

⑱

정답

⑲

정답

⑳

정답

㉑

정답

㉒

정답

㉓

정답

㉔

정답

성명: 수험번호:

㉕

정답

㉖

정답

㉗

정답

㉘

정답

㉙

정답

㉚

정답

성명: 수험번호:

①

정답

②

정답

③

정답

④

정답

⑤

정답

성명: 수험번호:

⑥

정답

⑦

정답

⑧

정답

⑨

정답

⑩

정답

성명: 수험번호:

⑪

정답

⑫

정답

⑬

정답

⑭

정답

⑮

정답

성명: 수험번호:

⑯

정답

⑰

정답

⑱

정답

⑲

정답

⑳

정답

성명: 수험번호:

①   ②

정답   정답

③   ④

추리

정답   정답

⑤   ⑥

정답   정답

⑦   ⑧

정답   정답

해커스잡

성명: 수험번호:

⑨

정답

⑩

정답

⑪

정답

⑫

정답

⑬

정답

⑭

정답

⑮

정답

⑯

정답

성명: 수험번호:

⑰

정답

⑱

정답

⑲

추리

정답

⑳

정답

㉑

정답

㉒

정답

㉓

정답

㉔

정답

성명: 수험번호:

㉕

정답

㉖

정답

㉗

정답

㉘

정답

㉙

정답

㉚

정답

성명: 수험번호:

①

정답

②

정답

③

정답

④

정답

⑤

정답

자르는 선

성명: 수험번호:

⑥

정답

⑦

정답

⑧

정답

⑨

정답

⑩

정답

성명: 수험번호:

⑪

정답

⑫

정답

⑬

정답

⑭

정답

⑮

정답

성명: 수험번호:

⑯

정답

⑰

정답

⑱

정답

⑲

정답

⑳

정답

성명: 수험번호:

①		②	
	정답		정답

③		④	
	정답		정답

추 리

⑤		⑥	
	정답		정답

⑦		⑧	
	정답		정답

해커스잡

성명: 수험번호:

⑨

정답

⑩

정답

⑪

정답

⑫

정답

⑬

정답

⑭

정답

⑮

정답

⑯

정답

성명: 수험번호:

⑰

정답

⑱

정답

⑲

정답

⑳

정답

㉑

정답

㉒

정답

㉓

정답

㉔

정답

추리

성명: 수험번호:

㉕

정답

㉖

정답

㉗

정답

㉘

정답

㉙

정답

㉚

정답

추리

성명: 수험번호:

①

정답

②

정답

③

정답

④

정답

⑤

정답

성명: 수험번호:

⑥

정답

⑦

정답

⑧

정답

⑨

정답

⑩

정답

성명: 수험번호:

⑪

정답

⑫

정답

⑬

정답

⑭

정답

수리

⑮

정답

자르는 선

성명: 수험번호:

⑯

정답

⑰

정답

⑱

정답

⑲

정답

⑳

정답

성명: 수험번호:

①	②
정답	정답
③	④
정답	정답
⑤	⑥
정답	정답
⑦	⑧
정답	정답

추리

성명: 수험번호:

⑨

정답

⑩

정답

⑪

정답

⑫

정답

⑬

정답

⑭

정답

⑮

정답

⑯

정답

성명: 수험번호:

⑰

정답

⑱

정답

⑲

정답

⑳

정답

㉑

정답

㉒

정답

㉓

정답

㉔

정답

성명:　　　　　　　수험번호:

㉕

정답

㉖

정답

㉗

정답

㉘

정답

㉙

정답

㉚

정답

성명:　　　　　　　　　　수험번호:

①

정답

②

정답

③

정답

④

정답

⑤

정답

수리

성명: 수험번호:

⑥

정답

⑦

정답

⑧

정답

⑨

정답

수리

⑩

정답

성명: 수험번호:

⑪

정답

⑫

정답

⑬

정답

⑭

수리

정답

⑮

정답

성명: 수험번호:

⑯

정답

⑰

정답

⑱

정답

⑲

정답

⑳

정답

성명:　　　　　　　　　　　　　　수험번호:

① 　　　　　　　　　　　　　　　　　②

정답　　　　　　　　　　　정답

③ 　　　　　　　　　　　　　　　　　④

추리

정답　　　　　　　　　　　정답

⑤ 　　　　　　　　　　　　　　　　　⑥

정답　　　　　　　　　　　정답

⑦ 　　　　　　　　　　　　　　　　　⑧

정답　　　　　　　　　　　정답

해커스잡

성명: 수험번호:

⑨

정답

⑩

정답

⑪

정답

⑫

정답

⑬

정답

⑭

정답

⑮

정답

⑯

정답

성명: 수험번호:

⑰

정답

⑱

정답

⑲

정답

⑳

정답

㉑

정답

㉒

정답

㉓

정답

㉔

정답

추리

성명: 수험번호:

㉕

정답

㉖

정답

㉗

정답

㉘

정답

㉙

정답

㉚

정답

성명: 수험번호:

①

정답

②

정답

③

정답

④

정답

⑤

정답

성명: 수험번호:

⑥

정답

⑦

정답

⑧

정답

⑨

정답

⑩

정답

성명: 수험번호:

⑪

정답

⑫

정답

⑬

정답

⑭

수리

정답

⑮

정답

자르는 선

성명: 수험번호:

⑯

정답

⑰

정답

⑱

정답

⑲

정답

⑳

정답

모의고사의 추리 영역 문제풀이 시 본 문제풀이 용지를 이용하여 풀어보세요.

성명:　　　　　　　　　　수험번호:

① 　　　　　　　　　정답

② 　　　　　　　　　정답

③ 　　　　　　　　　정답

④ 　　　　　　　　　정답

⑤ 　　　　　　　　　정답

⑥ 　　　　　　　　　정답

⑦ 　　　　　　　　　정답

⑧ 　　　　　　　　　정답

추리

해커스잡

성명:

수험번호:

⑨

정답

⑩

정답

⑪

정답

⑫

정답

⑬

정답

⑭

정답

⑮

정답

⑯

정답

성명: 수험번호:

⑰

정답

⑱

정답

⑲

정답

⑳

정답

㉑

정답

㉒

정답

㉓

정답

㉔

정답

해커스잡

성명: 수험번호:

㉕

정답

㉖

정답

㉗

정답

㉘

정답

㉙

정답

㉚

정답

2025 최신판

해커스
GSAT
실전모의고사
삼성직무적성검사

개정 20판 1쇄 발행 2025년 1월 7일

지은이	해커스 GSAT 취업교육연구소
펴낸곳	(주)챔프스터디
펴낸이	챔프스터디 출판팀

주소	서울특별시 서초구 강남대로61길 23 (주)챔프스터디
고객센터	02-537-5000
교재 관련 문의	publishing@hackers.com
	해커스잡 사이트(ejob.Hackers.com) 교재 Q&A 게시판
학원 강의 및 동영상강의	ejob.Hackers.com

ISBN	978-89-6965-577-6 (13320)
Serial Number	20-01-01

취업강의 1위,
해커스잡(ejob.Hackers.com)
해커스잡

- GSAT 온라인 모의고사 & 온라인 응시 서비스(교재 내 응시권 수록)
- 내 점수와 석차를 확인하는 무료 바로 채점 및 성적 분석 서비스
- 모의 삼성 인성검사 & 삼성 시사이슈 & GSAT 문제풀이 용지
- 취업 무료강의, 기출면접연습 등 다양한 무료 학습 자료
- 영역별 전문 스타강사의 본 교재 인강(교재 내 할인쿠폰 수록)

"1분 레벨테스트"로
바로 확인하는 내 토익 레벨! ▶

┃ 토익 교재 시리즈

유형+문제

~450점 왕기초	450~550점 입문	550~650점 기본	650~750점 중급	750~900점 이상 정규

현재 점수에 맞는 교재를 선택하세요! ➡ : 교재별 학습 가능 점수대

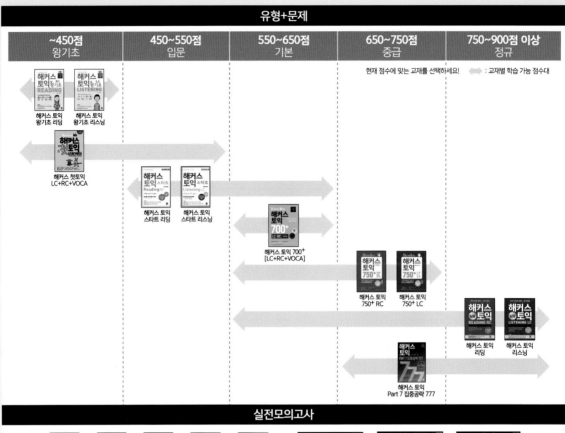

해커스 토익 왕기초 리딩
해커스 토익 왕기초 리스닝

해커스 첫토익 LC+RC+VOCA

해커스 토익 스타트 리딩
해커스 토익 스타트 리스닝

해커스 토익 700+ [LC+RC+VOCA]

해커스 토익 750+ RC
해커스 토익 750+ LC

해커스 토익 리딩
해커스 토익 리스닝

해커스 토익 Part 7 집중공략 777

실전모의고사

해커스 토익 실전 LC+RC 1
해커스 토익 실전 LC+RC 2
해커스 토익 실전 LC+RC 3
해커스 토익 실전 1200제 리딩
해커스 토익 실전 1200제 리스닝
해커스 토익 실전 1000제 1 리딩/리스닝 (문제집+해설집)
해커스 토익 실전 1000제 2 리딩/리스닝 (문제집+해설집)
해커스 토익 실전 1000제 3 리딩/리스닝 (문제집+해설집)

보카	문법 · 독해

해커스 토익 기출 보카

그래머 게이트웨이 베이직
그래머 게이트웨이 베이직 Light Version
그래머 게이트웨이 인터미디엇
해커스 그래머 스타트
해커스 구문독해 100

┃ 토익스피킹 교재 시리즈

해커스 토익스피킹 스타트
만능 템플릿과 위기탈출 표현으로 해커스 토익스피킹 5일 완성
해커스 토익스피킹
해커스 토익스피킹 실전모의고사 15회

┃ 오픽 교재 시리즈

해커스 오픽 스타트 [Intermediate 공략]
서베이부터 실전까지 해커스 오픽 매뉴얼
해커스 오픽 [Advanced 공략]

해커스
GSAT 실전모의고사
삼성직무적성검사

약점 보완 해설집

해커스잡

해커스 GSAT
삼성직무적성검사

실전모의고사

약점 보완 해설집

📖 해커스잡

실전모의고사 1회

정답

I 수리

p.56

번호	답	유형	번호	답	유형	번호	답	유형	번호	답	유형	번호	답	유형
01	④	응용계산	05	③	자료해석	09	①	자료해석	13	⑤	자료해석	17	④	자료해석
02	③	응용계산	06	②	자료해석	10	④	자료해석	14	②	자료해석	18	④	자료해석
03	②	자료해석	07	①	자료해석	11	③	자료해석	15	②	자료해석	19	③	자료해석
04	③	자료해석	08	⑤	자료해석	12	③	자료해석	16	③	자료해석	20	①	자료해석

II 추리

p.75

번호	답	유형	번호	답	유형	번호	답	유형	번호	답	유형	번호	답	유형
01	④	언어추리	07	③	언어추리	13	③	언어추리	19	④	도식추리	25	⑤	논리추론
02	⑤	언어추리	08	④	언어추리	14	③	언어추리	20	②	도식추리	26	③	논리추론
03	③	언어추리	09	①	언어추리	15	②	도형추리	21	⑤	도식추리	27	⑤	논리추론
04	⑤	언어추리	10	③	언어추리	16	③	도형추리	22	④	문단배열	28	④	논리추론
05	⑤	언어추리	11	①	언어추리	17	③	도형추리	23	②	문단배열	29	③	논리추론
06	③	언어추리	12	①	언어추리	18	②	도식추리	24	③	논리추론	30	③	논리추론

취약 유형 분석표

유형별로 맞힌 개수, 틀린 문제 번호와 풀지 못한 문제 번호를 적고 나서 취약한 유형이 무엇인지 파악해 보세요.
취약한 유형은 '기출유형공략'으로 복습하고 틀린 문제와 풀지 못한 문제를 다시 한번 풀어보세요.

수리	유형	맞힌 개수	틀린 문제 번호	풀지 못한 문제 번호
	응용계산	/2		
	자료해석	/18		
	TOTAL	/20		

추리	유형	맞힌 개수	틀린 문제 번호	풀지 못한 문제 번호
	언어추리	/14		
	도형추리	/3		
	도식추리	/4		
	문단배열	/2		
	논리추론	/7		
	TOTAL	/30		

합계	영역	제한 시간 내에 맞힌 문제 수	정답률
	수리	/20	%
	추리	/30	%
	TOTAL	/50	%

해설

I 수리

01 응용계산
정답 ④

작년 A 농가의 사과 재배량을 x, 배 재배량을 y라고 하면 작년 A 농가의 사과와 배 재배량의 합은 총 450kg이었으므로

$x + y = 450$ ⋯ ⓐ

올해 사과 재배량은 전년 대비 15% 증가하였고, 배 재배량은 전년 대비 20% 증가하였으며, 사과와 배 재배량의 합은 전년 대비 70kg 증가하였으므로

$0.15x + 0.2y = 70$ ⋯ ⓑ

0.2ⓐ $-$ ⓑ에서 $0.05x = 20 \rightarrow 1.15x = 460$

따라서 올해 A 농가의 사과 재배량은 460kg이다.

02 응용계산
정답 ③

서로 다른 n개에서 순서를 고려하지 않고 r개를 뽑는 경우의 수 $_nC_r = \dfrac{n!}{r!(n-r)!}$임을 적용하여 구한다.

하루에 최대 2명이 당직을 서므로 5명이 설날 연휴 3일 중 각자 하루를 정해 당직을 서는 경우는 첫째 날, 둘째 날, 셋째 날에 각각 '1명, 2명, 2명' 또는 '2명, 1명, 2명' 또는 '2명, 2명, 1명'이 당직을 서는 것이며, 각 경우에 따른 경우의 수는 다음과 같다.

'1명, 2명, 2명' 순으로 당직을 서는 경우의 수는

$_5C_1 \times {}_4C_2 \times {}_2C_2 = \dfrac{5!}{1!4!} \times \dfrac{4!}{2!2!} \times 1 = 30$가지,

'2명, 1명, 2명' 순으로 당직을 서는 경우의 수는

$_5C_2 \times {}_3C_1 \times {}_2C_2 = \dfrac{5!}{2!3!} \times \dfrac{3!}{1!2!} \times 1 = 30$가지,

'2명, 2명, 1명' 순으로 당직을 서는 경우의 수는

$_5C_2 \times {}_3C_2 \times {}_1C_1 = \dfrac{5!}{2!3!} \times \dfrac{3!}{2!1!} \times 1 = 30$가지이다.

따라서 5명이 3일 동안 당직을 서는 경우의 수는 30+30+30=90가지이다.

03 자료해석
정답 ②

30대 신규 가입자 수는 남자가 $1,450 \times 0.2 = 290$명, 여자가 $1,350 \times 0.4 = 540$명으로 남자가 여자보다 $540 - 290 = 250$명 더 적으므로 옳지 않은 설명이다.

[오답 체크]

① 신규 가입자 수가 많은 경로부터 순서대로 나열하면 그 순서는 남자와 여자 모두 SNS, 전단지, 지인 추천, 기타로 동일하므로 옳은 설명이다.

③ 상반기 전체 신규 가입자 수에서 SNS를 통한 신규 가입자 수가 차지하는 비중은 $\{(560+660)/(1,450+1,350)\} \times 100 ≒ 43.6\%$로 45% 미만이므로 옳은 설명이다.

④ 40대 신규 가입자 수 대비 20대 이하 신규 가입자 수의 비율은 남자가 $(1,450 \times 0.28)/(1,450 \times 0.18) ≒ 1.56$, 여자가 $(1,350 \times 0.26)/(1,350 \times 0.16) ≒ 1.63$으로 여자가 남자보다 크므로 옳은 설명이다.

⑤ 지인 추천을 통한 신규 남자 가입자 수는 395명으로 전단지를 통한 신규 여자 가입자 수의 1.5배인 $260 \times 1.5 = 390$명 이상이므로 옳은 설명이다.

빠른 문제 풀이 Tip

④ 각 성별 내에서의 연령대별 신규 가입자 수는 전체 신규 가입자 수가 동일함을 이용하면 연령대별 신규 가입자 수 구성비만으로 40대 신규 가입자 수 대비 20대 이하 신규 가입자 수의 비율을 구할 수 있다. 이에 따라 40대 신규 가입자 수 대비 20대 이하 신규 가입자 수의 비율은 남자가 $\dfrac{28}{18}$, 여자가 $\dfrac{26}{16}$이다. 이때 $\dfrac{28}{18}$과 $\dfrac{26}{16}$에서 분자의 배율은 $\{(28-26)/26\} \times 100 ≒ 8\%$로 왼쪽 분수가 약 8%만큼 더 크고, 분모의 배율은 $\{(18-16)/16\} \times 100 ≒ 13\%$로 왼쪽 분수가 약 13%만큼 더 크므로 $\dfrac{28}{18}$이 $\dfrac{26}{16}$보다 더 작다. 따라서 40대 신규 가입자 수 대비 20대 이하 신규 가입자 수의 비율은 여자가 남자보다 큼을 알 수 있다.

04 자료해석　　　　　　정답 ③

2022년 사회복무요원 소집 인원의 전년 대비 증가율은 1급이 $\{(1,020-950)/950\} \times 100 \fallingdotseq 7.4\%$, 2급이 $\{(3,200-2,800)/2,800\} \times 100 \fallingdotseq 14.3\%$, 3급이 $\{(1,650-1,400)/1,400\} \times 100 \fallingdotseq 17.9\%$, 4급이 $\{(9,600-8,800)/8,800\} \times 100 \fallingdotseq 9.1\%$로 3급이 가장 크므로 옳지 않은 설명이다.

오답 체크

① 2020년 대비 2023년 4급 사회복무요원 소집 인원은 $10,850-7,250=3,600$명 증가하였으므로 옳은 설명이다.

② 3급 사회복무요원 소집 인원이 다른 해에 비해 두 번째로 적은 해와 4급 사회복무요원 소집 인원이 다른 해에 비해 가장 적은 해는 2020년으로 같으므로 옳은 설명이다.

④ 2022년 이후 사회복무요원 소집 인원이 매년 전년 대비 증가한 1급과 3급의 2024년 사회복무요원 소집 인원의 합은 $1,520+1,880=3,400$명이므로 옳은 설명이다.

⑤ 1급과 3급 사회복무요원 소집 인원의 합은 2020년에 $1,100+1,500=2,600$명, 2021년에 $950+1,400=2,350$명, 2022년에 $1,020+1,650=2,670$명, 2023년에 $1,380+1,750=3,130$명, 2024년에 $1,520+1,880=3,400$명으로 2급 사회복무요원 소집 인원은 1급과 3급 사회복무요원 소집 인원의 합보다 매년 많으므로 옳은 설명이다.

05 자료해석　　　　　　정답 ③

제시된 기간 중 B 지역의 폐기물 재활용량이 다른 해에 비해 가장 많은 2024년에 D 지역의 폐기물 발생량은 A 지역 폐기물 발생량의 $1,040/650=1.6$배이므로 옳은 설명이다.

오답 체크

① 제시된 기간 동안 폐기물 발생량이 매년 증가하는 지역은 A 지역과 C 지역으로 총 2곳이므로 옳지 않은 설명이다.

② E 지역 폐기물 재활용량의 전년 대비 증가율은 2022년이 $\{(360-290)/290\} \times 100 \fallingdotseq 24.1\%$, 2024년이 $\{(410-340)/340\} \times 100 \fallingdotseq 20.6\%$로 2022년이 2024년보다 크므로 옳지 않은 설명이다.

④ 2021년 폐기물 재활용률은 A 지역이 $(355/420) \times 100 \fallingdotseq 84.5\%$, B 지역이 $(285/580) \times 100 \fallingdotseq 49.1\%$, C 지역이 $(75/135) \times 100 \fallingdotseq 55.6\%$, D 지역이 $(665/820) \times 100 \fallingdotseq 81.1\%$, E 지역이 $(290/460) \times 100 \fallingdotseq 63.0\%$로 다른 지역에 비해 가장 작은 지역은 B 지역이므로 옳지 않은 설명이다.

⑤ 2022년 폐기물 재활용량이 다른 지역에 비해 두 번째로 많은 A 지역의 2022년 폐기물 재활용률은 $(390/430) \times 100 \fallingdotseq 90.7\%$로 90% 이상이므로 옳지 않은 설명이다.

빠른 문제 풀이 Tip

② 분자의 값이 동일할 때, 분모의 크기가 작을수록 분수의 크기가 큼을 이용하여 비교한다.
분자에 해당하는 폐기물 재활용량의 전년 대비 증가량은 2022년에 $360-290=70$백 톤, 2024년에 $410-340=70$백 톤으로 동일하고, 분모에 해당하는 폐기물 발생량은 2024년에 더 크므로 증가율은 2022년이 2024년보다 더 큼을 알 수 있다.

④ 2021년 B 지역의 폐기물 재활용량은 285백 톤으로 폐기물 발생량의 50%인 $580 \times 0.5=290$백 톤보다 작으며, B 지역을 제외한 나머지 지역의 폐기물 재활용률은 50% 이상임에 따라 폐기물 재활용률이 가장 작은 지역은 B 지역임을 알 수 있다.

06 자료해석　　　　　　정답 ②

A 지역의 응답인구는 2018년에 $10,665/0.27=39,500$명, 2020년에 $11,438/0.28=40,850$명으로 2020년에 2년 전 대비 증가하였으므로 옳지 않은 설명이다.

오답 체크

① 2022년 A 지역의 비만인구는 2016년 B 지역 비만인구의 $14,200/4,685 \fallingdotseq 3.03$배이므로 옳은 설명이다.

③ 2024년 B 지역 비만인구의 4년 전 대비 증가율은 $\{(5,300-4,250)/4,250\} \times 100 \fallingdotseq 24.7\%$로 20% 이상이므로 옳은 설명이다.

④ 제시된 기간 중 연도별 A 지역의 비만율이 다른 해에 비해 가장 큰 2022년에 B 지역의 응답인구는 $4,760/0.4=11,900$명이므로 옳은 설명이다.

⑤ 제시된 기간 중 연도별 B 지역의 비만율이 다른 해에 비해 두 번째로 작은 2016년에 A 지역과 B 지역의 비만인구 차이는 $9,325-4,685=4,640$명이므로 옳은 설명이다.

07 자료해석　　　　　　정답 ①

인구밀도＝총인구/면적임을 적용하여 구한다.
2023년 인구가 전년 대비 감소한 지역은 A 지역뿐이다.
따라서 2023년 A 지역의 면적은 $9,900,000/16,500=600$km²이다.

08 자료해석 정답 ⑤

제시된 기간 동안 DRAM 공급 대비 NAND 공급의 비율은 2019년에 1,248 / 48 = 26.0, 2020년에 1,340 / 50 = 26.8, 2021년에 1,480 / 50 = 29.6, 2022년에 1,350 / 45 = 30.0, 2023년에 1,416 / 48 = 29.5로 2022년에 가장 크다.

따라서 2022년 NAND 수요의 2년 전 대비 증가율은 {(1,740 − 1,500) / 1,500} × 100 = 16%이다.

09 자료해석 정답 ①

반도체 기업의 직원 1명당 평균 반도체 기업 매출액은 2018년이 850 / 430 ≒ 1.98억 원, 2017년이 670 / 320 ≒ 2.09억 원으로 2018년이 2017년보다 적으므로 옳지 않은 설명이다.

오답 체크

② 2021년 반도체 기업 직원 수의 2년 전 대비 증가율은 {(790 − 610) / 610} × 100 ≒ 29.5%이므로 옳은 설명이다.

③ 반도체 기업 수의 전년 대비 증가율은 2020년이 {(63 − 42) / 42} × 100 = 50%, 2019년이 {(42 − 35) / 35} × 100 = 20%로 반도체 기업 수의 전년 대비 증가율은 2020년이 2019년보다 크므로 옳은 설명이다.

④ 제시된 기간 동안 반도체 기업 수가 가장 많은 해는 63개사인 2020년이고, 2020년에 반도체 기업 매출액은 전년 대비 1,420 − 1,120 = 300억 원 증가하였으므로 옳은 설명이다.

⑤ 반도체 기업 1개사당 평균 반도체 기업 매출액은 2017년이 670 / 21 ≒ 31.9억 원, 2018년이 850 / 35 ≒ 24.3억 원, 2019년이 1,120 / 42 ≒ 26.7억 원, 2020년이 1,420 / 63 ≒ 22.5억 원, 2021년이 1,370 / 60 ≒ 22.8억 원으로 2017년에 가장 높으므로 옳은 설명이다.

빠른 문제 풀이 Tip

② 2019년 반도체 기업 직원 수의 30%에 해당하는 값과 2021년의 반도체 기업 직원 수를 비교한다.

2019년 반도체 기업 직원 수에서 30% 증가한 직원 수는 610 × 1.3 = 793명으로 2021년 반도체 기업 직원 수인 790명보다 많으므로 2021년 반도체 기업 직원 수의 2년 전 대비 증가율은 30% 미만임을 알 수 있다.

[10-11]

10 자료해석 정답 ④

반도체 소재별 수출액이 큰 순서대로 나열하면 2017년이 B 소재, A 소재, G 소재, E 소재, F 소재, C 소재, D 소재이고, 2018년이 B 소재, A 소재, G 소재, D 소재, F 소재, E 소재, C 소재로 그 순서가 서로 다르므로 옳지 않은 설명이다.

오답 체크

① 제시된 기간 동안 F 소재의 수출액이 가장 큰 해는 2019년이고, 2019년 B 소재의 매출액과 A 소재의 수출액 차이는 5,600 − 2,200 = 3,400억 원이므로 옳은 설명이다.

② 2018년 이후 E 소재 매출액의 전년 대비 증감 추이는 감소 − 감소 − 증가 순이고, C 소재 매출액의 전년 대비 증감 추이는 증가 − 증가 − 감소 순이므로 옳은 설명이다.

③ 제시된 기간 동안 B 소재 매출액이 처음으로 수출액의 2배 이상이 된 해는 2017년이 4,970 / 2,600 ≒ 1.9배, 2018년이 5,100 / 2,700 ≒ 1.9배, 2019년이 5,600 / 2,800 = 2배로 2019년이고, 2019년에 G 소재 매출액의 전년 대비 증가율은 {(99,000 − 78,000) / 78,000} × 100 ≒ 26.9%로 25% 이상이므로 옳은 설명이다.

⑤ 2020년 C 소재 매출액은 같은 해 C 소재 수출액의 3,900 / 90 ≒ 43.3배로 40배 이상이므로 옳은 설명이다.

빠른 문제 풀이 Tip

③ 2019년 G 소재 매출액의 천의 자리 이상의 값과 2018년 G 소재 매출액의 천의 자리 이상의 값을 4로 나눈 값을 비교한다.

2018년 G 소재 매출액의 천의 자리 이상의 값의 25% (= 1/4)는 78 / 4 = 19.50이므로 2018년 G 소재의 매출액에서 25% 증가한 액수는 78 + 19.5 = 97.50이다. 이때 2019년 G 소재 매출액의 천의 자리 이상의 값은 99로 2018년 G 소재 매출액에서 25% 증가한 액수보다 크므로 제시된 기간 동안 B 소재의 매출액이 처음으로 수출액의 2배 이상이 된 2019년에 G 소재 매출액의 전년 대비 증가율은 25% 이상임을 알 수 있다.

11 자료해석 정답 ③

a. 제시된 기간 동안 전체 반도체 소재 중 매출액 비중이 가장 작은 반도체 소재는 2017년이 D 소재, 2018년이 E 소재, 2019년이 E 소재, 2020년이 E 소재로 매년 동일하지 않으므로 옳지 않은 설명이다.

c. 2020년 전체 반도체 소재 매출액에서 A 소재의 매출액이 차지하는 비중은 (4,440 / 121,220) × 100 ≒ 3.7%로 4% 미만이므로 옳지 않은 설명이다.

오답 체크

b. 2018년 이후 F 소재의 매출액의 전년 대비 증가액은 2018년이 990 − 990 = 0원, 2019년이 1,300 − 990 = 310억 원, 2020년이 1,350 − 1,300 = 50억 원으로 가장 큰 해는 2019년이고, 2019년에 D 소재 매출액의 전년 대비 증가율은 {(2,300 − 800) / 800} × 100 = 187.5%로 180% 이상이므로 옳은 설명이다.

빠른 문제 풀이 Tip

c. 2020년 A 소재의 매출액과 전체 반도체 소재 매출액의 4%에 해당하는 값을 비교한다.
2020년 A 소재의 매출액인 4,440억 원은 전체 반도체 소재 매출액의 4%인 121,220 × 0.04 = 4,848.8억 원보다 적으므로 2020년 전체 반도체 소재 매출액 중 A 소재의 매출액이 차지하는 비중은 4% 미만임을 알 수 있다.

[12-13]
12 자료해석   정답 ③

2022년 일반냉장고 판매량에서 양문형 냉장고 판매량이 차지하는 비중은 (980/2,800)×100=35%로 40% 미만이므로 옳지 않은 설명이다.

오답 체크

① 연도별 주방가전 총 판매량에서 일반냉장고 판매량이 차지하는 비중은 2021년에 (1,500 / 2,600) × 100 ≒ 57.7%, 2022년에 (2,800 / 4,300) × 100 ≒ 65.1%, 2023년에 (2,400 / 3,700) × 100 ≒ 64.9%, 2024년에 (3,000 / 4,400) × 100 ≒ 68.2%로 매년 50% 이상이므로 옳은 설명이다.
② 2024년 전자레인지 판매량은 전년 대비 {(350 − 250) / 250} × 100 = 40% 증가하였으므로 옳은 설명이다.
④ 2021~2024년 연도별 식기세척기 판매량의 평균은 (100 + 150 + 200 + 250) / 4 = 175천 대이므로 옳은 설명이다.
⑤ 2022~2024년 4도어 냉장고 판매량의 합은 1,680 + 1,440 + 1,800 = 4,920천 대로 5,000천 대 미만이므로 옳은 설명이다.

13 자료해석   정답 ⑤

a. 연도별 일반냉장고 판매량에서 4도어 냉장고 판매량이 차지하는 비중은 2022년에 (1,680 / 2,800) × 100 = 60%, 2023년에 (1,440 / 2,400) × 100 = 60%, 2024년에 (1,800 / 3,000) × 100 = 60%로 2022년 이후 매년 동일하므로 옳은 설명이다.
b. 제시된 기간 중 전자레인지 판매량이 다른 해에 비해 가장 적은 2023년에 업소용 냉장고 판매량은 전년 대비 180 − 140 = 40천 대 증가하였으므로 옳은 설명이다.
c. 식기세척기 판매량의 전년 대비 증가량은 2022년에 150 − 100 = 50천 대, 2023년에 200 − 150 = 50천 대, 2024년에 250 − 200 = 50천 대이므로 옳은 설명이다.

[14-15]
14 자료해석   정답 ②

A 부품의 총 불량품 수에서 파티클로 인한 불량품 수가 차지하는 비중은 2021년에 (75 / 140) × 100 ≒ 53.6%, 2022년에 (90 / 180) × 100 = 50%로 2022년에 전년 대비 감소하였으므로 옳은 설명이다.

오답 체크

① 2024년 C 부품 출고량 대비 A 부품 출고량의 비율은 100 / 250 = 0.4로 2022년 C 부품 출고량 대비 A 부품 출고량의 비율인 120 / 320 = 0.375 대비 증가하였으므로 옳지 않은 설명이다.
③ 2023년 B 부품의 출고량은 220만 개 = 2,200천 개로 2023년 B 부품의 제조량은 2,200 + 250 = 2,450천 개이므로 옳지 않은 설명이다.
④ 제시된 기간 중 A 부품의 총 불량품 수가 다른 해에 비해 가장 적은 2024년의 B 부품 출고량은 C 부품 출고량보다 270 − 250 = 20만 개 더 많으므로 옳지 않은 설명이다.
⑤ 제시된 기간 동안 연도별 C 부품의 장비 이슈로 인한 불량품 수의 평균은 (55 + 85 + 70 + 80) / 4 = 72.5개이므로 옳지 않은 설명이다.

15 자료해석   정답 ②

제조량 = 출고량 + 총 불량품 수임을 적용하여 구한다.
B 부품 제조량은 2021년에 2,800 + 240 = 3,040천 개,
2022년에 2,500 + 200 = 2,700천 개, 2023년에 2,200
+ 250 = 2,450천 개, 2024년에 2,700 + 230 = 2,930천
개로 2022년 이후 B 부품 제조량이 전년 대비 증가
한 해는 2024년이다. 이때 C 부품 제조량은 2022년에
3,200 + 250 = 3,450천 개, 2024년에 2,500 + 260 = 2,760
천 개이다.
따라서 2024년 C 부품 제조량의 2년 전 대비 감소율은
{(3,450 − 2,760) / 3,450} × 100 = 20%이다.

[16-17]
16 자료해석   정답 ③

차종별 자동차 한 대당 탑재되는 반도체 소자 개수 중
두 번째로 많이 탑재되는 소자는 가 자동차와 나 자동차
가 B 소자이고, 다 자동차는 D 소자이므로 옳지 않은 설
명이다.

오답 체크
① 차종별 자동차 한 대당 탑재되는 C 소자의 개수는 나 자동차
　 가 가 자동차의 90 / 50 = 1.8배이므로 옳은 설명이다.
② 2024년 다 자동차의 총 판매 대수는 35 + 45 = 80천 대로
　 같은 해 가 자동차의 총 판매 대수인 85 + 65 = 150천 대의
　 (80 / 150) × 100 ≒ 53.3%이므로 옳은 설명이다.
④ 2024년 판매된 나 자동차에 탑재된 D 소자의 총 개수는
　 (40 + 60) × 150 = 15,000천 개이므로 옳은 설명이다.
⑤ 가 자동차 한 대당 탑재되는 A 소자 개수 대비 다 자동차 한
　 대당 탑재되는 A 소자 개수의 비율은 500 / 60 ≒ 8.3이므로
　 옳은 설명이다.

17 자료해석   정답 ④

b. 2024년 자동차 총 판매 대수는 상반기에 85 + 40 + 35
　 = 160천 대, 하반기에 65 + 60 + 45 = 170천 대로 하
　 반기에 상반기 대비 10천 대 증가하였으므로 옳은 설
　 명이다.
c. 2024년 하반기에 판매된 다 자동차에 탑재된 반도체
　 소자의 총 개수는 C 소자가 D 소자보다 45 × (200 −
　 120) = 3,600천 개 더 적으므로 옳은 설명이다.

오답 체크
a. 나 자동차에 탑재되는 전체 반도체 소자 개수 중 B 소자 개수
　 가 차지하는 비중은 (260 / 800) × 100 = 32.5%로 35% 미만이
　 므로 옳지 않은 설명이다.

18 자료해석   정답 ④

재구매율(%) = $\left(\dfrac{B}{A} - \dfrac{\text{고객 불만 건수} \times A}{\text{주문 건수}} \right) \times 100$임을 적용
하여 구한다.
2021년 주문 건수는 750건, 고객 불만 건수는 150건, 재
구매율은 20%이므로
$20 = \left(\dfrac{B}{A} - \dfrac{150 \times A}{750} \right) \times 100 \rightarrow 0.2 = \dfrac{B}{A} - 0.2A$ … ⓐ
2022년 주문 건수는 760건, 고객 불만 건수는 190건, 재
구매율은 5%이므로
$5 = \left(\dfrac{B}{A} - \dfrac{190 \times A}{760} \right) \times 100 \rightarrow 0.05 = \dfrac{B}{A} - 0.25A$ … ⓑ
ⓐ − ⓑ에서 $0.15 = (0.25 - 0.2) \times A \rightarrow A = \dfrac{0.15}{0.05} \rightarrow A = 3$
이를 ⓐ에 대입하여 풀면
$0.2 = \dfrac{B}{3} - 0.2 \times 3 \rightarrow \dfrac{B}{3} = 0.8 \rightarrow B = 2.4$
따라서 A는 3, B는 2.4인 ④가 정답이다.

19 자료해석   정답 ③

제시된 자료에 따라 A~E 오토바이의 2022년 판매 대수
를 계산하면 다음과 같다.

구분	2022년 판매 대수(대)
A	923 / (1 + 0.3) = 710
B	722 / (1 − 0.05) = 760
C	578 / (1 − 0.15) = 680
D	492 / (1 − 0.2) = 615
E	885 / (1 + 0.25) = 708

따라서 A~E 오토바이의 2022년 판매 대수가 일치하는
③이 정답이다.

사진 용량의 변화를 나타내면 다음과 같다.

2020년	2021년	2022년	2023년	2024년
10	15	20	25	30

+5 +5 +5 +5

사진 용량은 매년 5GB씩 증가함을 알 수 있다.

동영상 용량의 변화를 나타내면 다음과 같다.

2020년	2021년	2022년	2023년	2024년
9	13	18	24	31

+4 +5 +6 +7

+1 +1 +1

동영상 용량의 전년 대비 증가량은 매년 1GB씩 증가함을 알 수 있다.

이에 따라 2025년 이후 사진과 동영상의 용량을 계산하면 다음과 같다.

구분	사진	동영상	합계
2025년	30+5=35GB	31+8=39GB	74GB
2026년	35+5=40GB	39+9=48GB	88GB
2027년	40+5=45GB	48+10=58GB	103GB
2028년	45+5=50GB	58+11=69GB	119GB
2029년	50+5=55GB	69+12=81GB	136GB
2030년	55+5=60GB	81+13=94GB	154GB

따라서 사진과 동영상 용량의 합이 처음으로 150GB 이상이 되는 해는 2030년이다.

01 언어추리 정답 ④

개발팀에 지원한 모든 사람이 코딩교육을 수강하였고, 개발팀에 지원한 모든 사람이 공인 영어 성적을 보유하고 있다면 코딩교육을 수강하였으면서 공인 영어 성적을 보유하고 있는 사람이 반드시 존재하게 된다.

따라서 '공인 영어 성적을 보유하고 있는 어떤 사람은 코딩교육을 수강하였다.'가 타당한 결론이다.

오답 체크

개발팀에 지원한 사람을 '개', 코딩교육을 수강한 사람을 '코', 공인 영어 성적을 보유하고 있는 사람을 '공', 부정형을 'X'라고 하면

① 코딩교육을 수강한 어떤 사람은 공인 영어 성적을 보유하고 있지 않을 수도 있으므로 반드시 참인 결론이 아니다.

②, ③ 코딩교육을 수강한 모든 사람이 공인 영어 성적을 보유하고 있거나 공인 영어 성적을 보유하고 있는 어떤 사람은 코딩교육을 수강하지 않았을 수도 있으므로 반드시 참인 결론이 아니다.

⑤ 공인 영어 성적을 보유하고 있지 않은 모든 지원자는 코딩교육을 수강하였을 수도 있으므로 반드시 참인 결론이 아니다.

02 언어추리 정답 ⑤

기타를 연주하는 모든 사람이 밴드 음악을 좋아한다는 것은 밴드 음악을 좋아하지 않는 모든 사람이 기타를 연주하지 않는다는 것이므로, 피아노를 연주하는 어떤 사람이 밴드 음악을 좋아하지 않으면 피아노를 연주하면서 기타를 연주하지 않는 사람이 반드시 존재하게 된다.

따라서 '피아노를 연주하는 어떤 사람은 기타를 연주하지 않는다'가 타당한 결론이다.

오답 체크

기타를 연주하는 사람을 '기', 밴드 음악을 좋아하는 사람을 '밴', 피아노를 연주하는 사람을 '피'라고 하면

①, ② 기타를 연주하지 않는 어떤 사람은 피아노를 연주하지 않거나 피아노를 연주하는 어떤 사람은 기타를 연주할 수도 있으므로 반드시 참인 결론이 아니다.

③ 피아노를 연주하는 모든 사람이 기타를 연주하지 않을 수도 있으므로 반드시 참인 결론이 아니다.

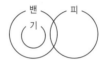

④ 기타를 연주하는 모든 사람이 피아노를 연주할 수도 있으므로 반드시 참인 결론이 아니다.

03 언어추리 정답 ③

추위를 싫어하는 어떤 사람이 스키를 좋아하고, 추위를 싫어하는 모든 사람이 눈을 좋아하면 스키를 좋아하면서 눈을 좋아하는 사람이 반드시 존재하게 된다.

따라서 '추위를 싫어하는 모든 사람은 눈을 좋아한다.'가 타당한 전제이다.

오답 체크

추위를 싫어하는 사람을 '추X', 스키를 좋아하는 사람을 '스', 눈을 좋아하는 사람을 '눈'이라고 하면

① 추위를 싫어하는 어떤 사람이 스키를 좋아하고, 추위를 싫어하는 어떤 사람이 눈을 좋아하면 스키를 좋아하는 모든 사람은 눈을 좋아하지 않을 수도 있으므로 결론이 반드시 참이 되게 하는 전제가 아니다.

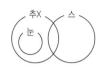

② 추위를 싫어하는 어떤 사람이 스키를 좋아하고, 눈을 좋아하는 모든 사람이 추위를 싫어하면 스키를 좋아하는 모든 사람은 눈을 좋아하지 않을 수도 있으므로 결론이 반드시 참이 되게 하는 전제가 아니다.

④ 추위를 싫어하는 어떤 사람이 스키를 좋아하고, 눈을 좋아하는 모든 사람이 추위를 싫어하지 않으면 스키를 좋아하는 모든 사람은 눈을 좋아하지 않을 수도 있으므로 결론이 반드시 참이 되게 하는 전제가 아니다.

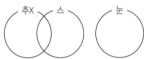

⑤ 추위를 싫어하는 어떤 사람이 스키를 좋아하고, 추위를 싫어하는 모든 사람이 눈을 좋아하지 않으면 스키를 좋아하는 모든 사람은 눈을 좋아하지 않을 수도 있으므로 결론이 반드시 참이 되게 하는 전제가 아니다.

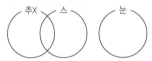

04 언어추리　　　　　　　　　　　　　　정답 ⑤

제시된 조건에 따르면 절전은 취침 바로 아래 행에 이웃하여 배치되고, 공기청정은 취침과 같은 행에 배치되므로 절전은 2행, 공기청정과 취침은 1행에 배치된다. 또한, 제습은 4번에 배치되고, 제습과 예약은 같은 행에 이웃하여 배치되지 않으므로 예약은 5번에 배치되지 않음을 알 수 있다. 절전과 취침이 배치되는 위치에 따라 가능한 경우는 다음과 같다.

경우 1. 절전과 취침이 각각 5번, 2번인 경우

파워냉방 또는 예약	취침	공기청정
제습	절전	파워냉방 또는 예약

공기청정	취침	파워냉방 또는 예약
제습	절전	파워냉방 또는 예약

경우 2. 절전과 취침이 각각 6번, 3번인 경우

공기청정 또는 예약	공기청정 또는 예약	취침
제습	파워냉방	절전

따라서 파워냉방이 배치될 수 있는 버튼의 번호는 1, 3, 5, 6번이다.

05 언어추리　　　　　　　　　　　　　　정답 ⑤

제시된 조건에 따르면 일주일 동안 한 번도 하지 않은 운동은 없으며, 배드민턴은 주 3회 이상 한다. 이때 화요일은 아무런 운동을 하지 않으므로 배드민턴은 주 3회 또는 주 4회한다. 또한 복싱은 금요일 또는 일요일에 하고 클라이밍을 이틀 연속으로 하지 않고 목요일에 하므로 복싱을 하는 요일에 따라 가능한 경우는 다음과 같다.

경우 1. 금요일에 복싱을 하는 경우

월요일	화요일	수요일	목요일	금요일	토요일	일요일
배드민턴		배드민턴				배드민턴
클라이밍		배드민턴	클라이밍	복싱	배드민턴	배드민턴
배드민턴	–	배드민턴				복싱 또는 클라이밍

경우 2. 일요일에 복싱을 하는 경우

월요일	화요일	수요일	목요일	금요일	토요일	일요일
		배드민턴		배드민턴	클라이밍	
배드민턴	–	배드민턴	클라이밍	복싱	배드민턴	복싱
		배드민턴		배드민턴	배드민턴	

따라서 A가 일요일에 할 수 있는 운동으로 가능한 경우는 복싱, 클라이밍, 배드민턴으로 3가지이므로 항상 거짓인 설명이다.

오답 체크
① A가 수요일에 할 수 있는 운동은 배드민턴뿐이므로 항상 참인 설명이다.
② 클라이밍을 주 2회 하는 경우 복싱은 금요일 또는 일요일에 하므로 항상 거짓인 설명은 아니다.

1회 2회 3회 4회 5회 6회

③ 클라이밍을 한 다음날에 복싱 또는 배드민턴을 하므로 항상 거짓인 설명은 아니다.
④ 일요일에 복싱을 한다면 가능한 경우의 수는 3가지이므로 항상 참인 설명이다.

06 언어추리

정답 ③

제시된 조건에 따르면 여수 연구소에 3명, 광양 연구소에 2명, 삼척 연구소에 2명이 방문하고, D는 같은 팀원과 여수 연구소에 방문하며 A와 F는 같은 조이므로 A와 F는 여수, 광양, 삼척 연구소 세 곳 모두 방문할 수 있다. 이때, B는 삼척 연구소에, E는 광양 연구소에 방문하지 않고, 같은 팀원으로만 구성된 조는 없으므로 A와 F가 방문하는 연구소에 따라 가능한 경우는 다음과 같다.

경우 1. A와 F가 여수 연구소에 방문할 경우

여수 연구소	광양 연구소	삼척 연구소
A, D, F	B, G	C, E

경우 2. A와 F가 광양 연구소에 방문할 경우

여수 연구소	광양 연구소	삼척 연구소
B, D, E 또는 G	A, F	C, E 또는 G

경우 3. A와 F가 삼척 연구소에 방문할 경우

여수 연구소	광양 연구소	삼척 연구소
B 또는 C, D, E	B 또는 C, G	A, F

따라서 C와 G가 같은 조이면, B는 여수 연구소에 방문하므로 항상 참인 설명이다.

오답 체크

① E가 삼척 연구소에 방문하면, G는 여수 또는 광양 연구소에 방문하므로 항상 참인 설명은 아니다.
② 각 연구소에 방문하는 조를 편성하는 경우의 수는 A와 F가 방문하는 연구소가 여수일 경우 1가지, 광양일 경우 2가지, 삼척일 경우 2가지로 총 5가지이므로 항상 거짓인 설명이다.
④ A가 광양 연구소에 방문하면, G는 여수 또는 삼척 연구소에 방문하므로 항상 참인 설명은 아니다.
⑤ A와 F가 삼척 연구소에 방문하면, C와 D는 같은 조가 될 수 있으므로 항상 거짓인 설명이다.

07 언어추리

정답 ③

제시된 조건에 따르면 경기를 치르지 않고 부전승을 거둔 사람은 B와 D 2인이므로 5인 중 2인이 부전승을 거둔 토너먼트의 대진표는 부전승이 예선전에 1회, 준결승전에 1회로 구성되는 형태만 가능함을 알 수 있으며, 이와 같은 대진표에서 한 사람당 치를 수 있는 최대 경기 수는 3회가 된다. 이때 가장 많은 경기를 치른 사람은 C이므로 C는 3회의 경기를 치르고 결승전까지 올랐으며, 최종 순위는 B가 C보다 높으므로 B가 1등, C가 2등, 부전승으로 준결승에 올라온 D가 3등임을 알 수 있다. 이에 따라 A, B, C, D, E 5인이 치른 사격 대회의 토너먼트 대진표는 다음과 같다.

따라서 메달을 받은 사람은 B, C, D이므로 항상 거짓인 설명이다.

오답 체크

① 경기를 한 번만 치른 사람은 A, D, E 3인이므로 항상 참인 설명이다.
② B의 예선전 상대는 A 또는 E이므로 항상 거짓인 설명은 아니다.
④ A의 예선전 상대는 B 또는 C이므로 항상 거짓인 설명은 아니다.
⑤ 동메달을 받은 사람은 최종 순위가 3위인 D이므로 항상 참인 설명이다.

08 언어추리

정답 ④

제시된 조건에 따르면 B는 3번 콘센트를 사용하였고, C가 사용한 콘센트의 번호는 E가 사용한 콘센트의 번호보다 1이 더 크므로 C와 E는 각각 2번, 1번 콘센트를 사용하였거나 5번, 4번 콘센트를 사용하였다. 이때 5번 콘센트와 다른 한 개의 콘센트는 작동을 하지 않으며, A와 E가 사용한 콘센트는 작동하지 않았으므로 A 또는 E가 5번 콘센트를 사용하였으므로 C와 E는 각각 2번, 1번 콘센트를 사용하였다. 이에 따라 D는 4번 콘센트를 사용하였고, 1번부터 5번까지 중 작동하지 않는 콘센트는 1번과 5번임을 알 수 있다.

구분	1번	2번	3번	4번	5번
이용자	E	C	B	D	A
작동 여부	X	O	O	O	X

따라서 D가 사용한 콘센트는 4번이고, 바로 옆에 위치한 5번 콘센트가 작동하지 않으므로 항상 참인 설명이다.

오답 체크
① A는 5번 콘센트를 사용하였으므로 항상 거짓인 설명이다.
② 3번 콘센트는 작동하므로 항상 거짓인 설명이다.
③ 작동하지 않는 두 개의 콘센트는 1번, 5번에 위치하므로 항상 거짓인 설명이다.
⑤ C가 사용한 콘센트의 번호는 2번으로 B가 사용한 콘센트의 번호인 3번보다 작으므로 항상 거짓인 설명이다.

09 언어추리   정답 ①

제시된 조건에 따르면 4명의 요리사가 흑팀 2명, 백팀 2명으로 나누어져 각자 1개씩 요리를 만들어 완성한 순서대로 심사를 받았으며, 첫 번째 순서로 심사를 받은 요리사는 흑팀이고, 백팀 요리사는 2명이 연속하여 심사를 받았으므로 백팀 요리사는 '두 번째, 세 번째' 순서 또는 '세 번째, 네 번째' 순서로 심사를 받았음을 알 수 있다. 또한, 가장 마지막으로 심사를 받은 요리사는 A이고, B와 D는 서로 다른 팀이므로 A와 같은 팀인 요리사는 B 또는 D이며, B는 C보다 먼저 심사를 받았으므로 B는 첫 번째 또는 두 번째 순서로 심사를 받았음을 알 수 있다. 백팀 요리사가 심사를 받은 순서에 따라 가능한 경우는 다음과 같다.

경우 1. 백팀 요리사가 '두 번째, 세 번째' 순서일 경우

첫 번째 (흑팀)	두 번째 (백팀)	세 번째 (백팀)	네 번째 (흑팀)
B 또는 D	B 또는 D	C	A
B	C	D	A

경우 2. 백팀 요리사가 '세 번째, 네 번째' 순서일 경우

첫 번째 (흑팀)	두 번째 (흑팀)	세 번째 (백팀)	네 번째 (백팀)
B	C	D	A

따라서 D가 세 번째 순서로 심사를 받았다면, 가능한 경우의 수는 2가지이므로 항상 거짓인 설명이다.

오답 체크
② 네 번째 순서로 심사를 받은 팀이 흑팀이라면, 가능한 경우의 수는 3가지이므로 항상 참인 설명이다.
③ C는 백팀 또는 흑팀이므로 항상 거짓인 설명은 아니다.
④ B는 첫 번째 순서로 심사를 받은 흑팀이거나 두 번째 순서로 심사를 받은 백팀이므로 항상 거짓인 설명은 아니다.
⑤ A와 D는 서로 같은 팀이거나 서로 다른 팀이므로 항상 거짓인 설명은 아니다.

10 언어추리   정답 ③

제시된 조건에 따르면 발표를 하는 사람만 정장을 입었으며 교수는 정장을 입지 않았고 G는 발표를 하지 않으므로 A, B, G는 정장을 입지 않았다. 또한, 정장을 입은 두 사람은 통로 쪽 좌석에 앉았으므로 C, D, E, F 4명 중 정장을 입은 2명이 통로 쪽 좌석인 2번 또는 11번 좌석에 앉는다. 이때 A는 짝수 번 좌석에 앉았으며, E의 좌석번호는 A의 좌석번호보다 1만큼 작으므로 A는 12번, E는 11번 좌석에 앉았고, C와 F는 홀수 번 좌석에 앉았으므로 각각 5번 또는 13번 좌석에 앉았다. 이에 따라 D가 2번 좌석에 앉았음을 알 수 있다.
따라서 정장을 입은 사람은 D와 E이다.

11 언어추리   정답 ①

제시된 조건에 따르면 B와 C의 말이 진실인 경우 빨간색 핸드폰을 구매한 사람이 3명이므로, B와 C 중 한 명은 진실, 다른 한 명은 거짓을 말하거나 둘다 거짓을 말한다. 이때 E의 말이 진실이라는 D의 말이 거짓이면 E의 말도 거짓이 되고, 이는 거짓을 말한 사람이 2명이라는 조건에 모순되므로 D와 E의 말은 진실이다. E의 말에 따라 A와 B는 검은색 핸드폰을 구매했으므로 B의 말은 거짓이다. A의 말이 진실이면 C의 말이 거짓이어야 하지만, C는 빨간색 핸드폰을 구매하여 진실이 되므로 A의 말은 거짓임을 알 수 있다. 이에 따라 5명 중 진실을 말한 사람은 C, D, E이고 거짓을 말한 사람은 A, B이다.

A (거짓)	B (거짓)	C (진실)	D (진실)	E (진실)
검은색	검은색	빨간색	빨간색	파란색

따라서 검은색 핸드폰을 구매한 사람은 A, B이다.

12 언어추리

제시된 조건에 따르면 형길이보다 키가 작은 사람이 있고, 형길이보다 키가 큰 사람 수는 명우보다 키가 작은 사람 수보다 1명 더 많으므로 명우 - □ - □ - 형길 - □ 순으로 줄을 서거나 □ - 명우 - 형길 - □ - □ 순으로 줄을 서거나 □ - 형길 - 명우 - □ - □ 순으로 줄을 섰다. 이때 윤석이와 운호는 인접해서 줄을 섰고, 형길이와 지원이는 인접해서 줄을 서지 않았으므로 지원이는 첫 번째, 명우는 두 번째, 형길이는 세 번째 순서로 줄을 섰음을 알 수 있다. 또한, 윤석이와 명우 사이에 줄을 선 사람은 1명이므로 윤석이는 네 번째, 운호는 다섯 번째 순서로 줄을 섰다.

첫 번째	두 번째	세 번째	네 번째	다섯 번째
지원	명우	형길	윤석	운호

따라서 5명 중 두 번째로 키가 큰 사람은 윤석이다.

13 언어추리

제시된 조건에 따르면 4번 구역에는 전자레인지 또는 청소기가 배치되고, 청소기와 세탁기는 서로 마주보도록 배치되며, TV는 1번 구역 또는 2번 구역에 배치되므로 4번 구역에 전자레인지가 배치된다면 청소기와 세탁기는 각각 2번 구역 또는 5번 구역, TV는 1번 구역, 스타일러는 3번 구역에 배치됨을 알 수 있다. 또한, 4번 구역에 청소기가 배치된다면 1번 구역에는 세탁기가 배치되고, TV는 2번 구역에 배치된다. 이때 스타일러와 청소기는 나란히 붙어 배치될 수 없으므로 스타일러는 3번 구역, 전자레인지는 5번 구역에 배치된다. 4번 구역에 배치되는 가전제품에 따라 가능한 경우는 다음과 같다.

경우 1. 4번 구역에 전자레인지가 배치되는 경우

1번	2번
TV	청소기 또는 세탁기

3번	
스타일러	

4번	5번
전자레인지	청소기 또는 세탁기

경우 2. 4번 구역에 청소기가 배치되는 경우

1번	2번
세탁기	TV

3번	
스타일러	

4번	5번
청소기	전자레인지

따라서 세탁기가 1번 구역에 배치된다면, 가능한 경우의 수는 1가지이므로 항상 거짓인 설명이다.

[오답 체크]

① TV는 전자레인지와 서로 마주보도록 배치되므로 항상 참인 설명이다.

② 청소기는 2번 구역 또는 4번 구역 또는 5번 구역에 배치되므로 항상 거짓인 설명은 아니다.

④ 전자레인지가 4번 구역에 배치된다면, 가능한 경우의 수는 2가지이므로 항상 참인 설명이다.

⑤ 세탁기는 TV 또는 전자레인지와 나란히 붙어 배치되므로 항상 거짓인 설명은 아니다.

14 언어추리

제시된 조건에 따르면 해원이가 진실마을 사람인 경우, 해원이가 거짓마을 사람이라고 한 승아는 거짓마을 사람이며, 승아의 말이 진실이라고 한 소정이도 거짓마을 사람이다. 또한, 소정이가 진실마을 사람이라고 한 경희도 거짓마을 사람이며, 경희가 거짓마을 사람이라고 한 지혜는 진실마을 사람이다. 이에 따라 5명 중 2명이 진실마을 사람임을 알 수 있다. 반대로 해원이가 거짓마을 사람인 경우, 해원이가 거짓마을 사람이라고 한 승아는 진실마을 사람이며, 승아의 말이 진실이라고 한 소정이도 진실마을 사람이다. 또한, 해원이가 진실마을 사람이라고 한 경희는 거짓마을 사람이며, 경희가 거짓마을 사람이라고 한 지혜는 진실마을 사람이다. 이에 따라 5명 중 3명이 진실마을 사람임을 알 수 있다.

따라서 진실마을에 거주하는 사람의 수는 2명 또는 3명임을 알 수 있다.

15 도형추리

각 열에서 다음 행에 제시된 도형은 이전 행에 제시된 도형을 시계 방향으로 90° 회전한 후 색반전한 형태이다.

 시계 90° 색반전

[2행 3열]　　　　　　　　　　　　　　[3행 3열]

따라서 '?'에 해당하는 도형은 ②이다.

16 도형추리
정답 ③

각 행에서 3열에 제시된 도형은 1열과 2열에 제시된 도형의 서로 다른 음영을 나타낸 형태이다.

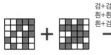

검+검=흰
흰+흰=흰
흰+검=검

[3행 1열]   [3행 2열]   **[3행 3열]**

따라서 '?'에 해당하는 도형은 ③이다.

17 도형추리
정답 ③

각 행에서 3열에 제시된 도형은 1열과 2열에 제시된 도형을 결합한 후 공통되는 음영과 대각선을 삭제한 형태이다.

  대각선 삭제

[2행 1열]   [2행 2열]   **[2행 3열]**

따라서 '?'에 해당하는 도형은 ③이다.

[18-21]

☆ : 문자와 숫자 순서에 따라 두 번째 문자(숫자)를 바로 다음 순서에 오는 문자(숫자)로, 네 번째 문자(숫자)를 바로 이전 순서에 오는 문자(숫자)로 변경한다.
   ex. abcd → accc (a, b+1, c, d−1)

□ : 두 번째, 세 번째 문자(숫자)의 자리를 서로 바꾼다.
   ex. abcd → acbd

△ : 문자와 숫자 순서에 따라 첫 번째, 세 번째 문자(숫자)를 바로 다음 순서에 오는 문자(숫자)로, 두 번째, 네 번째 문자(숫자)를 다음 두 번째 순서에 오는 문자(숫자)로 변경한다.
   ex. abcd → bddf (a+1, b+2, c+1, d+2)

○ : 문자(숫자)의 전체 자리를 역순으로 바꾼다.
   ex. abcd → dcba

18 도식추리
정답 ②

AXNT → ○ → TNXA → △ → UPYC

19 도식추리
정답 ④

B72U → □ → B27U → ☆ → B37T → ○ → T73B

20 도식추리
정답 ②

B16D → ☆ → B26C → △ → C47E

21 도식추리
정답 ⑤

4EB5 → ☆ → 4FB4 → □ → 4BF4 → △ → 5DG6

22 문단배열
정답 ④

이 글은 선거인단의 표를 확보하는 방식으로 진행되는 미국의 대통령 선거 제도의 특징에 대해 설명하는 글이다.
따라서 '(C) 미국의 독특한 대통령 선거 방식 → (B) 선거인단 수와 적용되는 규칙 → (D) 선거인단 확보로 당선된 실제 사례 → (A) 경합주: 승패를 가르는 요소' 순으로 연결되어야 한다.

23 문단배열
정답 ②

이 글은 대륙이동설과 판 구조론으로 이어진 지질학적 연구에 대해 설명하는 글이다.
따라서 '(B) 대륙의 이동에 대한 연구의 시작 → (C) 대륙이동설의 등장 → (D) 판 구조론의 등장과 대륙이동설과의 연관성 → (A) 판 구조론의 원리' 순으로 연결되어야 한다.

24 논리추론
정답 ③

1930년대 유성영화 시대에 접어들면서, 청각적 표현을 통해 특정 인물이 화면 밖에 존재하는 듯한 효과가 사용되었으며 이로 인해 인물 간의 관계나 이야기의 전개가 확장되었다고 하였으므로 유성영화 시대의 외화면은 영화의 서사적 확장성을 높이는 데 기여하였음을 추론할 수 있다.

오답 체크

① 외화면은 장면의 시간적, 심리적 깊이를 더하는 중요한 연출 기법으로 사용되고 있으며 '볼 수 없음'의 미학을 통해 관객의 궁금증과 긴장감을 유발한다고 하였으므로 옳지 않은 내용이다.

② 외화면이 현실적, 사회적 맥락을 전달하는 도구로 사용된 것은 현실주의 영화가 출현하면서라고 하였으므로 옳지 않은 내용이다.

④ 외화면이 기술적 제약으로 인해 간접적인 방식으로 활용된 것은 무성영화가 상영되던 시대라고 하였으므로 옳지 않은 내용이다.

⑤ 영화 기술은 발전을 거듭하며 외화면을 더욱 정교하게 활용하였다고 하였으므로 옳지 않은 내용이다.

25 논리추론
정답 ⑤

실리콘은 고온에서도 안정적인 산화막을 형성할 수 있기 때문에 오늘날 대부분의 반도체 소자 원료로 실리콘이 사용되고 있다고 하였으므로 실리콘의 안정적인 산화막 형성이 낮은 온도에서만 가능하다는 것은 옳지 않은 내용이다.

오답 체크

① 질화갈륨을 실리콘 위에 성장시키는 방식의 내구성이 실리콘 반도체의 내구성보다 좋다고 하였으므로 옳은 내용이다.

② 실리콘에 불순물을 첨가하면 전기 전도율을 높일 수 있다고 하였으므로 옳은 내용이다.

③ 실리콘은 무독성이기 때문에 인체에 가하는 해로움이 없다고 하였으므로 옳은 내용이다.

④ 실리콘은 게르마늄에 비해 순도 및 결정 구조가 우수하다고 하였으므로 옳은 내용이다.

빠른 문제 풀이 **Tip**

제시된 글의 내용과 선택지 내 핵심 키워드를 비교하여 일치 여부를 판단한다.

⑤ 선택지의 핵심 키워드는 '산화막, 안정적, 온도, 낮아야'이며, 제시된 글에서 높은 온도에서도 산화막을 안정적으로 형성할 수 있다고 하였으므로 옳지 않은 내용이다.

26 논리추론
정답 ③

적용 대상에 상관 없이 주어진 문제를 논리적으로 해결하는 데 필요한 절차나 방식 등의 집합인 알고리즘은 수학적인 방법뿐 아니라 비수학적인 방법을 모두 포함한 방식이라고 하였으므로 알고리즘으로 문제를 논리적으로 해결하는 절차 및 방법에 비수학적인 방식은 적용되지 않는다는 것은 옳지 않은 내용이다.

오답 체크

① 코왈스키는 알고리즘을 논리 요소와 통제 요소로 분류했는데, 여기서 통제 요소는 지식을 사용하여 문제를 해결하기 위한 전략을 의미하는 것으로, 알고리즘의 효율성은 논리 요소의 변경 없이 통제 요소만을 개선함으로써 향상시킬 수 있다고 하였으므로 옳은 내용이다.

② 순서도로 알고리즘을 표현하면 문제해결을 위한 전체적인 수행 과정을 직관적으로 파악할 수 있다고 하였으므로 옳은 내용이다.

④ 순서도로 알고리즘을 표현할 때는 일련의 수행 과정을 모든 사람들이 알아볼 수 있는 공통의 약속된 기호로 나타내야 한다고 하였으므로 옳은 내용이다.

⑤ 자연어 알고리즘은 일상적인 언어를 사용하기 때문에 때때로 모호하게 표현될 수도 있다고 하였으므로 옳은 내용이다.

27 논리추론
정답 ⑤

게임의 이스터에그는 재미를 위해 게임 속에 몰래 숨겨놓은 메시지나 기능으로, 정상적인 기능과 관련이 없으며 게임 플레이에 전혀 영향을 주지 않는다고 하였으므로 이스터에그를 찾았다고 해서 게임을 더 쉽고 빠르게 완료할 수 있다는 것은 옳지 않은 내용이다.

오답 체크

① 영화 제작진은 개봉된 영화와 관련된 다른 작품이나 제작 스튜디오의 특징을 이스터에그로 심어 놓는다고 하였으므로 옳은 내용이다.

② 개발자가 의도한 조작을 시행한 게이머는 모두 같은 형태의 이스터에그를 확인할 수 있다고 하였으며, 낮은 난도의 이스터에그는 게임이 출시되자마자 발견되기도 하는 반면 오랜 시간이 지나고 발견되는 이스터에그도 적지 않다고 하였으므로 옳은 내용이다.

③ 부활절에 어린아이들이 숨겨진 계란을 찾는 놀이에서 유래된 이스터에그는 개발자가 재미를 위해 게임 속에 몰래 숨겨놓은 메세지나 기능이라고 하였으므로 옳은 내용이다.

④ 아타리의 경영진이 게이머의 제보로 이스터에그의 존재를 알아차렸을 당시에는 워렌 로비넷이 이미 퇴사한 상태였다고 하였으므로 옳은 내용이다.

28 논리추론
정답 ④

제시된 글의 필자는 마케팅 전략에서 니즈와 원츠를 구분
하고, 원츠를 중심으로 전략을 개발하는 것이 중요하다고
주장하고 있다.

따라서 실제 마케팅 시장에서는 니즈와 원츠의 경계는 모
호하므로 특정 개념에만 적용되는 전략을 수립하는 것은
현실적으로 어렵다는 반박이 타당하다.

29 논리추론
정답 ③

이 글은 미생물의 성장에 있어 온도와 습도의 영향에 대
한 내용이고, 〈보기〉는 식품 보존을 위한 염장법의 원리에
대한 내용이다. 〈보기〉에 따르면 염장법을 통해 식품 내부
의 수분활성도가 낮아지며 미생물의 성장을 억제하는 환
경이 형성된다고 하였으므로 염장법에서 식품의 변질 가
능성을 낮추는 핵심 요인은 식품 외부의 온도 상승이라는
것은 적절하지 않음을 알 수 있다.

오답 체크

① 글에 따르면 미생물의 성장 환경에 대한 이해는 식품의 보존
이나 위생 관리에서 중요한 요소로 작용하며, 〈보기〉에 따르
면 염장법은 식품의 성분 손실을 막기 위한 보관 방법 중 하
나이므로 염장법은 미생물의 성장 환경에 대한 이해를 통해
식품의 성분 손실을 막는 방식이라는 것은 적절한 내용이다.

② 글에 따르면 미생물의 원활한 성장을 위해서는 0.6 이상의
수분활성도가 필요하고, 이보다 낮을 경우 미생물의 성장이
억제되며, 〈보기〉에 따르면 식품 내부의 수분활성도가 낮아지
며 미생물의 성장을 억제하는 환경이 형성된다고 하였으므로
염장법에서 식품 내외부의 염도 차이와 미생물의 자라는 속
도는 상관관계가 있다는 것은 적절한 내용이다.

④ 글에 따르면 수분활성도는 삼투압과 반비례하며, 〈보기〉에 따
르면 상대적으로 농도가 낮은 세포 내부에 존재하는 물은 삼
투압에 의해 세포 밖으로 이동하므로 염장법을 통해 보관한
식품 내부의 삼투압이 식품 외부의 삼투압보다 높다는 것은
적절한 내용이다.

⑤ 글에 따르면 미생물의 영양소 흡수와 대사가 원활하게 이루
어지기 위해서는 0.6 이상의 수분활성도가 필요하며, 〈보기〉
에 따르면 상대적으로 염분이 적은 식품 내부의 수분은 삼투
압에 의해 외부로 이동한다고 하였으므로 염장법이 진행된
후의 식품 내부의 수분활성도는 진행 전의 수분활성도보다
낮다는 것은 적절한 내용이다.

30 논리추론
정답 ③

이 글은 타인과 새로운 관계를 맺고 싶어 하는 사람들의
욕구를 소셜미디어가 일정 부분 해소 시켜준다는 내용이
고, 〈보기〉는 사회적 연결성을 강화해주는 소셜미디어에
사람들은 쉽게 중독되고 이는 사회적 고립과 소외에 대해
공포감으로 연결된다는 내용이다.

따라서 소셜미디어에 과도하게 집착하지 않고 적절한 수
준으로 활용해야 한다는 점을 알 수 있다.

실전모의고사 2회

정답

Ⅰ 수리

p.96

01	②	응용계산	05	⑤	자료해석	09	③	자료해석	13	②	자료해석	17	②	자료해석
02	②	응용계산	06	③	자료해석	10	②	자료해석	14	⑤	자료해석	18	②	자료해석
03	③	자료해석	07	③	자료해석	11	②	자료해석	15	④	자료해석	19	①	자료해석
04	④	자료해석	08	⑤	자료해석	12	④	자료해석	16	②	자료해석	20	②	자료해석

Ⅱ 추리

p.115

01	①	언어추리	07	③	언어추리	13	②	언어추리	19	③	도식추리	25	③	논리추론
02	③	언어추리	08	⑤	언어추리	14	⑤	언어추리	20	④	도식추리	26	②	논리추론
03	③	언어추리	09	⑤	언어추리	15	④	도형추리	21	⑤	도식추리	27	④	논리추론
04	③	언어추리	10	①	언어추리	16	③	도형추리	22	③	문단배열	28	②	논리추론
05	④	언어추리	11	④	언어추리	17	②	도형추리	23	②	문단배열	29	④	논리추론
06	②	언어추리	12	②	언어추리	18	①	도식추리	24	③	논리추론	30	⑤	논리추론

취약 유형 분석표

유형별로 맞힌 개수, 틀린 문제 번호와 풀지 못한 문제 번호를 적고 나서 취약한 유형이 무엇인지 파악해 보세요.
취약한 유형은 '기출유형공략'으로 복습하고 틀린 문제와 풀지 못한 문제를 다시 한번 풀어보세요.

수리	유형	맞힌 개수	틀린 문제 번호	풀지 못한 문제 번호
	응용계산	/2		
	자료해석	/18		
	TOTAL	/20		

추리	유형	맞힌 개수	틀린 문제 번호	풀지 못한 문제 번호
	언어추리	/14		
	도형추리	/3		
	도식추리	/4		
	문단배열	/2		
	논리추론	/7		
	TOTAL	/30		

합계	영역	제한 시간 내에 맞힌 문제 수	정답률
	수리	/20	%
	추리	/30	%
	TOTAL	/50	%

해설

Ⅰ 수리

01 응용계산　　　　　　　　　　정답 ②

업로드 1개월 차에 A 동영상의 조회수를 x, B 동영상의 조회수를 y라고 하면

업로드 1개월 차에 A 동영상과 B 동영상의 조회수 합은 총 8,500회였으므로

$x+y=8,500$ ⋯ ⓐ

2개월 차에 A 동영상의 조회수는 전월 대비 30% 증가하였고, B 동영상의 조회수는 전월 대비 10% 증가하여 A 동영상과 B 동영상의 조회수 합은 전월 대비 총 17% 증가하였으므로

$0.3x+0.1y=8,500\times0.17 \rightarrow 0.3x+0.1y=1,445$ ⋯ ⓑ

0.3ⓐ$-$ⓑ에서 $0.2y=1,105 \rightarrow y=5,525$

따라서 업로드 1개월 차에 B 동영상의 조회수는 5,525회이다.

02 응용계산　　　　　　　　　　정답 ②

빨간색 카드와 노란색 카드 사이에 1장의 카드도 없는 것은 빨간색 카드와 노란색 카드가 연속되게 나열된다는 것이므로 빨간색 카드와 노란색 카드를 한 묶음의 카드 A라고 하면, 빨간색 카드와 노란색 카드의 순서에 따라 A의 가능한 경우의 수는 (빨간색 – 노란색), (노란색 – 빨간색)으로 총 2가지이다. 또한, A와 초록색 카드 1장과 파란색 카드 2장을 일렬로 나열하는 경우의 수는 (A – 초록색 – 파란색 – 파란색), (A – 파란색 – 초록색 – 파란색), (A – 파란색 – 파란색 – 초록색), (초록색 – A – 파란색 – 파란색), (파란색 – A – 초록색 – 파란색), (파란색 – A – 파란색 – 초록색), (초록색 – 파란색 – A – 파란색), (파란색 – 초록색 – A – 파란색), (파란색 – 파란색 – A – 초록색), (초록색 – 파란색 – 파란색 – A), (파란색 – 초록색 – 파란색 – A), (파란색 – 파란색 – 초록색 – A)로 총 12가지이다.

따라서 빨간색 카드와 노란색 카드 사이에 1장의 카드도 없는 경우의 수는 2×12=24가지이다.

빠른 문제 풀이 Tip

서로 다른 n개를 일렬로 나열하는 경우의 수는 n!, n개 중에서 서로 같은 것이 각각 p개, q개, ⋯, r개씩 있을 때, n개를 일렬로 나열하는 경우의 수는 $\frac{n!}{p!\times q!\times\cdots\times r!}$ (단, p+q+⋯ +r=n)임을 적용하여 구한다.

빨간색 카드와 노란색 카드를 한 묶음의 카드 A라고 하면, 빨간색 카드와 노란색 카드의 순서에 따라 A의 가능한 경우의 수는 2!=2가지이고, A와 초록색 카드 1장과 파란색 카드 2장을 일렬로 나열하는 경우의 수는 $\frac{4!}{1!\times1!\times2!}=$ $\frac{4\times3\times2\times1}{2}=$12가지이다.

따라서 빨간색 카드와 노란색 카드 사이에 1장의 카드도 없는 경우의 수는 2×12=24가지이다.

03 자료해석　　　　　　　　　　정답 ③

A 채널 전체 구독자 수는 2분기에 22,380+17,200= 39,580명, 3분기에 25,100+20,080=45,180명으로 3분기에 직전 분기 대비 45,180−39,580=5,600명 증가하였으므로 옳은 설명이다.

오답 체크

① 1분기 대비 4분기 내국인 여자 구독자 수는 {(14,350−12,950) /14,350}×100≒9.8% 감소하였으므로 옳지 않은 설명이다.
② 3분기 외국인 남자 구독자 수 대비 2분기 내국인 남자 구독자 수의 비율은 17,800/5,400≒3.3으로 4.0 미만이므로 옳지 않은 설명이다.
④ 내국인 남자 구독자 수가 가장 많은 분기는 3분기, 외국인 여자 구독자 수가 가장 많은 분기는 4분기로 서로 다르므로 옳지 않은 설명이다.
⑤ 2분기 A 채널 전체 남자 구독자 수에서 외국인 남자 구독자 수가 차지하는 비중은 (4,580/22,380)×100≒20.5%로 20% 이상이므로 옳지 않은 설명이다.

04 자료해석 정답 ④

학생 수=사무직원 1인당 학생 수×사무직원 수임을 적용하여 구한다.

교원 수가 두 번째로 많은 지역은 C 지역이며, C 지역의 사무직원 1인당 학생 수는 200명, 사무직원 수는 532명이다.

따라서 C 지역의 중학생 수는 200×532=106,400명이다.

05 자료해석 정답 ⑤

사업체 1개당 수소 산업 총투자액은 수소 활용 업종이 19,500/1,300=15억 원, 수소 관련 서비스 업종이 7,350/420=17.5억 원으로 수소 활용 업종이 수소 관련 서비스 업종보다 작으므로 옳지 않은 설명이다.

오답 체크

① 전체 사업체 수에서 수소 매출액이 10억 원 미만인 사업체 수가 차지하는 비중은 {(1,260+810)/2,760}×100=75%로 70% 이상이므로 옳은 설명이다.
② 사업체 수가 1,300개로 가장 많은 업종인 수소 활용 업종의 총투자액은 19,500억 원으로 가장 크므로 옳은 설명이다.
③ 연구개발비와 시설투자비의 차이는 중소기업이 2,670−1,430=1,240억 원, 중견기업이 1,150−530=620억 원으로 중소기업이 중견기업의 1,240/620=2배이므로 옳은 설명이다.
④ 수소 매출액이 10억 원 이상 100억 원 미만인 사업체의 연구개발비 대비 시설투자비의 비율은 4,700/950≒4.95로 5.0 미만이므로 옳은 설명이다.

06 자료해석 정답 ③

2020년 생활관 개선 실적의 전년 대비 증가율은 {(24−17)/17}×100≒41.2%로, 2021년 생활관 개선 실적의 전년 대비 증가율인 {(46−24)/24}×100≒91.7%보다 낮으므로 옳지 않은 설명이다.

오답 체크

① 제시된 기간 동안 생활관 개선 사업 예산은 매년 2천억 원 이상이므로 옳은 설명이다.
② 2023년 생활관 개선 사업 예산은 전년 대비 증가하였으나, 생활관 개선 실적은 전년 대비 감소하였으므로 옳은 설명이다.
④ 생활관 개선 사업 예산이 두 번째로 많은 2022년에 생활관 개선 실적이 가장 높으므로 옳은 설명이다.

⑤ 2019년~2023년 연도별 생활관 개선 실적의 평균은 (17+24+46+55+51)/5=38.6개이므로 옳은 설명이다.

07 자료해석 정답 ③

건강상태의 행복지수는 30대, 20대, 40대, 50대, 60대 이상, 10대 순으로 높지만, 가정생활 행복지수는 20대, 40대, 30대, 50대, 60대 이상, 10대 순으로 높으므로 옳지 않은 설명이다.

오답 체크

① 남자와 여자의 행복지수 차이는 건강상태가 7.30−7.21=0.09, 재정상태가 6.12−6.12=0, 인간관계가 6.80−6.78=0.02, 가정생활이 6.90−6.89=0.01, 사회생활이 6.62−6.60=0.02로 건강상태의 행복지수 차이가 가장 크므로 옳은 설명이다.
② 30대의 종합 행복지수는 (7.73+6.08+7.11+7.07+6.91)/5=6.98이고, 40대의 종합 행복지수도 (7.59+6.33+7.00+7.12+6.86)/5=6.98로 같으므로 옳은 설명이다.
④ 제시된 연령대 중 10대의 행복지수는 건강상태, 가정생활, 사회생활 항목에서 6위, 재정상태 항목에서 4위, 인간관계 항목에서 5위이므로 옳은 설명이다.
⑤ 인간관계의 행복지수 대비 사회생활의 행복지수 비율은 20대가 6.85/7.11≒0.96, 50대가 6.68/6.80≒0.98로 20대가 50대보다 작으므로 옳은 설명이다.

08 자료해석 정답 ⑤

2022년 졸업 인원의 전년 대비 증가율을 계산하면 다음과 같다.

공업	{(41,500−38,500)/38,500}}×100≒7.8%
상업	{(29,600−25,000)/25,000}}×100=18.4%
농림업	{(5,100−4,700)/4,700}}×100≒8.5%
가사	{(4,900−4,200)/4,200}}×100≒16.7%
수산	{(630−570)/570}}×100≒10.5%
실업	{(3,000−2,800)/2,800}}×100≒7.1%

이에 따라 2022년 졸업 인원의 전년 대비 증가율이 가장 큰 계열은 상업 계열이고, 상업 계열의 취업률은 2023년에 (6,630/26,000)×100=25.5%, 2024년에 (5,670/31,500)×100=18.0%이다.

따라서 2022년 졸업 인원의 전년 대비 증가율이 가장 큰 상업 계열의 2023년 취업률과 2024년 취업률의 차이는 25.5−18.0=7.5%p이다.

09 자료해석　정답 ③

계열사 매출액 비중(%)=(계열사 매출액/Z 기업 전체 매출액)×100임에 따라 Z 기업의 전체 매출액은 2022년에 2,120/0.2=3,180/0.3=10,600백만 원, 2023년에 2,088/0.18=2,900/0.25=11,600백만 원으로 2023년이 2022년보다 크므로 옳은 설명이다.

오답 체크

① 제시된 기간 중 A 계열사의 매출액 비중이 가장 작은 해는 2021년이고, B 계열사의 매출액이 가장 작은 해는 2023년이므로 옳지 않은 설명이다.
② 2022년 A 계열사의 매출액은 전년 대비 {(2,120−1,680)/1,680}×100 ≒ 26.2% 증가하였으므로 옳지 않은 설명이다.
④ 2021년 A 계열사와 B 계열사의 매출액 합계가 Z 기업 전체 매출액에서 차지하는 비중은 12+27=39%로 40% 미만이므로 옳지 않은 설명이다.
⑤ A 계열사와 B 계열사 매출액의 비중 차이는 2021년에 27−12=15%p, 2022년에 30−20=10%p, 2023년에 25−18=7%p, 2024년에 34−25=9%p로 두 번째로 작은 해는 2024년이고, 2024년에 Z 기업의 전체 매출액은 2,400/0.25=3,264/0.34=9,600백만 원=96억 원이므로 옳지 않은 설명이다.

빠른 문제 풀이 Tip

③ 계열사 매출액 비중(%)=(계열사 매출액/Z 기업 전체 매출액)×100으로 도출되는 연도별 Z 기업 전체 매출액은 A 계열사와 B 계열사 모두 동일하므로 두 계열사 중 하나의 계열사만 선택하여 계산한다.
이때 A 계열사의 매출액 비중은 2022년에 20%, 2023년에 18%로 2023년에 전년 대비 {(20−18)/20}×100=10% 감소하였고, A 계열사의 매출액은 2022년에 2,120백만 원, 2023년에 2,088백만 원으로 2023년에 전년 대비 {(2,120−2,088)/2,120}×100 ≒ 2% 감소하였으므로 (계열사 매출액/계열사 매출액 비중)×100으로 계산하는 Z 기업의 전체 매출액은 2023년이 2022년보다 큼을 알 수 있다.

[10-11]

10 자료해석　정답 ②

a. 여자가 남자보다 이용률이 높은 행정서비스 이용 방법은 직접 방문, 이메일, 전화이므로 옳지 않은 설명이다.

b. 60~74세의 전화 이용률은 4.7%, 모바일 애플리케이션 이용률은 2.3%로 전화 이용률이 더 높으므로 옳지 않은 설명이다.

오답 체크

c. 60~74세 이용자 수를 x명이라고 하면 16~19세 이용자 수는 2x명이다. 16~19세 직접 방문 이용률이 43.3%이므로 이용자 수는 2x×0.433=0.866x명이고, 60~74세 직접 방문 이용률이 77.5%이므로 이용자 수는 0.775x명이다. 이에 따라 직접 방문 이용자 수는 16~19세가 60~74세보다 많으므로 옳은 설명이다.

11 자료해석　정답 ②

행정서비스 이용자 수는 총 2,500명이고 그중 여자가 60% 비중을 차지하므로 여자 이용자 수는 2,500×0.6=1,500명이다. 이때 남자와 여자의 행정서비스 이용률이 같은 모바일 애플리케이션의 이용률은 6.2%이므로 모바일 애플리케이션을 이용하는 여자 이용자 수는 1,500×0.062=93명이다.

[12-13]

12 자료해석　정답 ④

2020년 A 스마트폰 출하량 대비 2020년 C 스마트폰 출하량의 비율은 2,700/7,200=0.375로 0.4 미만이므로 옳지 않은 설명이다.

오답 체크

① DRAM 수요량=출하량×스마트폰 한 대당 DRAM 탑재량임을 적용하며 구하면, 2023년 A 스마트폰의 DRAM 수요량은 8,500×6.0=51,000만 GB로 2022년 A 스마트폰의 DRAM 수요량인 8,300×5.5=45,650만 GB보다 51,000−45,650=5,350만 GB 증가하였으므로 옳은 설명이다.
② 제시된 기간 동안 B 스마트폰의 출하량이 5,400만 대로 세 번째로 많았던 2020년에 H 기업의 DRAM을 탑재하는 스마트폰의 총 출하량은 7,200+5,400+2,700+1,100=16,400만 대이므로 옳은 설명이다.
③ 제시된 기간 동안 A~D 스마트폰 모두 스마트폰 한 대당 DRAM 탑재량이 매년 증가하였으므로 옳은 설명이다.
⑤ B 스마트폰의 스마트폰 한 대당 DRAM 탑재량의 전년 대비 증가율은 2020년에 {(3.2−2.8)/2.8}×100=(1/7)×100%, 2022년에 {(4.5−4.2)/4.2}×100=(1/14)×100%로 2020년이 2022년의 {(1/7)×100}/{(1/14)×100}=2배이므로 옳은 설명이다.

13 자료해석

DRAM 수요량=출하량×스마트폰 한 대당 DRAM 탑재량임을 적용하여 구하면, 2022년 B 스마트폰의 DRAM 수요량은 5,200×4.5=23,400만 GB로 2022년 D 스마트폰의 DRAM 수요량인 1,000×4.2=4,200만 GB의 23,400/4,200≒5.6배이므로 옳은 설명이다.

오답 체크

① 2023년 A~C 스마트폰의 출하량은 모두 전년 대비 증가하였지만, D 스마트폰의 출하량은 전년 대비 감소하였으므로 옳지 않은 설명이다.
③ 2021년 C 스마트폰 출하량의 2년 전 대비 감소량은 2,800−1,500=1,300만 대이므로 옳지 않은 설명이다.
④ 2023년 A 스마트폰의 스마트폰 한 대당 DRAM 탑재량은 전년 대비 {(6.0−5.5)/5.5}×100≒9.1% 증가하여 10% 미만 증가하였으므로 옳지 않은 설명이다.
⑤ 2019년 A~D 스마트폰의 총 출하량인 7,600+5,800+2,800+1,400=17,600만 대에서 A 스마트폰의 출하량이 차지하는 비중은 (7,600/17,600)×100≒43.2%로 40% 이상이므로 옳지 않은 설명이다.

[14-15]
14 자료해석
정답 ⑤

제시된 기간 중 의·약·보건학 전공 연구원 수가 가장 많은 2021년에 직무 교육비의 전년 대비 증가율은 {(8,470−7,690)/7,690}×100≒10.1%이므로 옳은 설명이다.

오답 체크

① 2024년 전체 연구원 수는 전년 대비 증가하였지만 직무 교육비는 전년 대비 감소하였으므로 옳지 않은 설명이다.
② 2024년 전체 연구원 수에서 이학 전공 연구원수가 차지하는 비중은 (85/585)×100≒14.5%이므로 옳지 않은 설명이다.
③ 2024년 직무 교육비는 4년 전 대비 8,685−7,690=995천만 원=99.5억 원 증가하였으므로 옳지 않은 설명이다.
④ 제시된 기간 동안 연도별 공학 전공 연구원 수의 평균은 (242+247+270+245+276)/5=256명이므로 옳지 않은 설명이다.

15 자료해석
정답 ④

b. 전체 연구원 수에서 사회과학 전공 연구원 수가 차지하는 비중은 2022년에 (115/610)×100≒18.9%, 2023년에 (95/540)×100≒17.6%로 2023년에 전년 대비 감소하였으므로 옳은 설명이다.

c. 인문학 전공 연구원 수의 전년 대비 증가 인원이 42−27=15명으로 가장 많은 2022년에 전체 연구원 1명당 직무 교육비는 9,520/610≒15.6천만 원≒1.56억 원이므로 옳은 설명이다.

오답 체크

a. 제시된 기간 동안 연도별로 연구원 수가 많은 전공부터 순서대로 나열하면 2020년부터 2023년까지는 공학, 사회과학, 이학, 의·약·보건학, 인문학 순이지만, 2024년에는 이학 전공 연구원 수가 사회과학 전공 연구원 수보다 많으므로 옳지 않은 설명이다.

[16-17]
16 자료해석
정답 ②

물류산업의 창업 지원금 신청자 수는 3분기에 16,000×0.06=960명, 4분기에 17,500×0.08=1,400명으로 4분기에 직전 분기 대비 1,400−960=440명 증가하였으므로 옳은 설명이다.

오답 체크

① 1~4분기 중 50대 신청자 수와 60대 이상 신청자 수 차이는 1분기에 8,680−5,040=3,640명, 2분기에 6,150−3,850=2,300명, 3분기에 6,260−3,460=2,800명, 4분기에 6,500−3,890=2,610명으로 두 번째로 큰 분기는 3분기이므로 옳지 않은 설명이다.
③ 1~4분기 분기별 30대 창업 지원금 신청자 수의 평균은 (2,900+2,530+2,080+2,350)/4=2,465명으로 2,400명 이상이므로 옳지 않은 설명이다.
④ 2분기 40대 창업 지원금 신청자 수의 직전 분기 대비 감소율은 {(3,800−3,260)/3,800}×100≒14.2%로 15% 미만이므로 옳지 않은 설명이다.
⑤ 2분기에 60대 이상 창업 지원금 신청자 수는 20대 이하 창업 지원금 신청자 수의 6,150/2,210≒2.8배로 3배 미만이므로 옳지 않은 설명이다.

17 자료해석
정답 ②

c. 4분기 기타 업종과 제조업의 창업 지원금 신청자 수 구성비 차이가 44.4−24.4=20%p임에 따라 신청자 수 차이는 17,500×0.2=3,500명이므로 옳은 설명이다.

a. 요식업의 창업 지원금 신청자 수는 2분기에 18,000 × 0.26 = 4,680명, 3분기에 16,000 × 0.28 = 4,480명으로 3분기에 직전 분기 대비 감소하였으므로 옳지 않은 설명이다.

b. 1분기 전체 창업 지원금 신청자 수에서 50대 이상 창업 지원금 신청자 수가 차지하는 비중은 {(5,040 + 8,680) / 22,400} × 100 ≒ 61.3%로 60% 이상이므로 옳지 않은 설명이다.

18 자료해석

평균 판매가 = 최저 판매가 × A + $\left(\dfrac{B}{50}\right)^2$임을 적용하여 구한다.

2020년 자동차 평균 판매가는 2,800만 원, 최저 판매가는 2,000만 원이므로

$2{,}800 = 2{,}000 \times A + \left(\dfrac{B}{50}\right)^2$ ··· ⓐ

2023년 자동차 평균 판매가는 3,400만 원, 최저 판매가는 2,500만 원이므로

$3{,}400 = 2{,}500 \times A + \left(\dfrac{B}{50}\right)^2$ ··· ⓑ

ⓑ − ⓐ에서 500A = 600 → A = 1.2

이를 ⓐ에 대입하여 풀면

$2{,}800 = 2{,}000 \times 1.2 + \left(\dfrac{B}{50}\right)^2 \to \left(\dfrac{B}{50}\right)^2 = 400$

$\to \dfrac{B}{50} = 20 \to B = 1{,}000$

따라서 A는 1.2, B는 1,000인 ②가 정답이다.

19 자료해석

지역별 광산 1개당 광량을 계산하면 다음과 같다.

구분	광산 1개당 광량(천 톤)
A 지역	7,750 / 31 = 250
B 지역	2,125 / 17 = 125
C 지역	5,104 / 22 = 232
D 지역	4,560 / 24 = 190
E 지역	6,216 / 28 = 222

따라서 지역별 광산 1개당 광량이 일치하는 ①이 정답이다.

20 자료해석

공급의 변화를 나타내면 다음과 같다.

	2024년			2025년	
10월	11월	12월	1월	2월
150	250	350	450	550

+100 +100 +100 +100

공급은 매월 100만 개씩 증가함을 알 수 있다.

수요의 변화를 나타내면 다음과 같다.

	2024년			2025년	
10월	11월	12월	1월	2월
20	50	100	170	260

+30 +50 +70 +90

+20 +20 +20

수요의 전월 대비 증가량은 매월 20만 개씩 증가함을 알 수 있다.

이에 따라 2025년 3월 이후 공급과 수요를 계산하면 다음과 같다.

구분	공급	수요
2025년 3월	550 + 100 = 650	260 + 110 = 370
2025년 4월	650 + 100 = 750	370 + 130 = 500
2025년 5월	750 + 100 = 850	500 + 150 = 650
2025년 6월	850 + 100 = 950	650 + 170 = 820
2025년 7월	950 + 100 = 1,050	820 + 190 = 1,010
2025년 8월	1,050 + 100 = 1,150	1,010 + 210 = 1,220

따라서 수요가 처음으로 공급보다 많아지는 달은 2025년 8월이다.

II 추리

01 언어추리 정답 ①

면역력이 강하지 않은 모든 사람이 백신을 맞은 사람이 아니라는 것은 백신을 맞은 모든 사람이 면역력이 강한 사람이라는 것이므로 해열제를 복용한 모든 사람이 백신을 맞은 사람이면 해열제를 복용한 모든 사람은 면역력이 강한 사람이 된다.

따라서 '해열제를 복용한 모든 사람은 면역력이 강한 사람이다.'가 타당한 결론이다.

오답 체크

면역력이 강한 사람을 '면', 백신을 맞은 사람을 '백', 해열제를 복용한 사람을 '해'라고 하면

② 면역력이 강한 사람 중에 해열제를 복용하지 않은 사람이 있을 수도 있으므로 반드시 참인 결론이 아니다.

③ 해열제를 복용한 모든 사람은 면역력이 강한 사람이므로 반드시 거짓인 결론이다.

④ 해열제를 복용하지 않은 사람 중에 면역력이 강하지 않은 사람이 적어도 한 명 존재하므로 반드시 거짓인 결론이다.

⑤ 면역력이 강하지 않은 모든 사람은 해열제를 복용하지 않은 사람이므로 반드시 거짓인 결론이다.

02 언어추리 정답 ③

음료를 마시는 모든 사람이 치킨을 먹는다는 것은 치킨을 먹지 않는 모든 사람이 음료를 마시지 않는다는 것이므로 야구를 보는 사람 중에 치킨을 먹지 않는 사람이 있으면 야구를 보면서 음료를 마시지 않는 사람이 반드시 존재하게 된다.

따라서 '야구를 보는 어떤 사람은 음료를 마시지 않는다.'가 타당한 결론이다.

오답 체크

야구를 보는 사람을 '야', 치킨을 먹는 사람을 '치', 음료를 마시는 사람을 '음'이라고 하면

① 야구를 보는 사람 중에 음료를 마시는 사람이 있을 수도 있으므로 반드시 참인 결론이 아니다.

② 음료를 마시는 모든 사람은 야구를 보지 않을 수도 있으므로 반드시 참인 결론이 아니다.

④ 야구를 보는 모든 사람은 음료를 마시지 않을 수도 있으므로 반드시 참인 결론이 아니다.

⑤ 음료를 마시지 않는 사람 중에 야구를 보는 사람이 적어도 한 명 존재하므로 반드시 거짓인 결론이다.

03 언어추리　　　　　　　　　　　　　정답 ③

SNS를 즐기는 모든 사람이 먹는 것을 좋아하고, 카메라를 가지고 있는 모든 사람이 SNS를 즐기면 먹는 것을 좋아하면서 카메라를 가지고 있는 사람이 반드시 존재하게 된다.

따라서 '카메라를 가지고 있는 모든 사람은 SNS를 즐긴다.'가 타당한 전제이다.

[오답 체크]

SNS를 즐기는 사람을 'S', 먹는 것을 좋아하는 사람을 '먹', 카메라를 가지고 있지 않은 사람을 '카X'라고 하면

①, ④ SNS를 즐기는 모든 사람이 먹는 것을 좋아하고, 카메라를 가지고 있는 어떤 사람이 SNS를 즐기지 않으면 먹는 것을 좋아하는 모든 사람은 카메라를 가지고 있지 않을 수도 있으므로 결론이 반드시 참이 되게 하는 전제가 아니다.

②, ⑤ SNS를 즐기는 모든 사람이 먹는 것을 좋아하고, 카메라를 가지고 있지 않은 어떤 사람이 SNS를 즐기면 먹는 것을 좋아하는 모든 사람은 카메라를 가지고 있지 않을 수도 있으므로 결론이 반드시 참이 되게 하는 전제가 아니다.

04 언어추리　　　　　　　　　　　　　정답 ③

제시된 조건에 따르면 A~D 4명은 서로 다른 종류의 음료를 주문하며, D는 라떼 또는 콜드브루를 주문하고, A 또는 B는 에스프레소를 주문한다. 이때 C가 콜드브루를 주문하면 B는 에스프레소를 주문하지 않으므로 A가 에스프레소를 주문한다. D가 주문하는 음료에 따라 가능한 경우는 다음과 같다.

경우 1. D가 라떼를 주문하는 경우

A	B	C	D
에스프레소	아메리카노 또는 콜드브루	아메리카노 또는 콜드브루	라떼
콜드브루	에스프레소	아메리카노	

경우 2. D가 콜드브루를 주문하는 경우

A	B	C	D
에스프레소	라떼 또는 아메리카노	라떼 또는 아메리카노	콜드브루
라떼 또는 아메리카노	에스프레소	라떼 또는 아메리카노	

따라서 A가 에스프레소를 주문하는 경우의 수는 4가지, B가 에스프레소를 주문하는 경우의 수는 3가지이므로 항상 거짓인 설명이다.

[오답 체크]

① B가 에스프레소를 주문하면, A는 라떼 또는 아메리카노 또는 콜드브루를 주문하므로 항상 거짓인 설명은 아니다.

② C가 콜드브루를 주문하면, B는 아메리카노를 주문하므로 항상 참인 설명이다.

④ C가 주문하는 음료로 가능한 경우는 3가지이므로 항상 참인 설명이다.

⑤ D가 콜드브루를 주문하면, 가능한 경우의 수는 4가지이므로 항상 참인 설명이다.

05 언어추리　　　　　　　　　　　　　정답 ④

제시된 조건에 따르면 기우는 지희가 출근한 후 네 번째로 출근했으므로 기우와 지희 사이에 출근한 사람은 3명이다. 이때 지희는 두 번째로 출근하지 않았으므로 지희는 첫 번째, 기우는 다섯 번째로 출근했다. 이에 따라 지우와 기우는 연속한 순서로 출근했으므로 지우는 네 번째 또는 여섯 번째로 출근했다. 또한, 채희는 민아보다 먼저 출근했고, 희라는 민아보다 늦게 출근했으므로 6명이 출근한 순서로 가능한 경우는 다음과 같다.

구분	첫 번째	두 번째	세 번째	네 번째	다섯 번째	여섯 번째
경우 1	지희	채희	민아	지우	기우	희라
경우 2	지희	채희	민아	희라	기우	지우

따라서 민아와 기우 사이에 출근한 사람이 1명 있으므로 항상 거짓인 설명이다.

[오답 체크]

① 가장 늦게 출근한 사람은 지우 또는 희라이므로 항상 거짓인 설명은 아니다.

② 민아는 세 번째, 지우는 네 번째 또는 여섯 번째로 출근했으므로 항상 참인 설명이다.

③ 세 번째로 출근한 사람은 민아이므로 항상 참인 설명이다.

⑤ 기우는 다섯 번째, 희라는 네 번째 또는 여섯 번째로 출근했으므로 항상 참인 설명이다.

06 언어추리

제시된 조건에 따르면 7명은 각각 인사팀, 홍보팀, 재무팀 중 한 곳에 소속되어 있으며, 윤 사원과 문 사원은 서로 같은 팀에 소속되어 있으므로 문 사원이 소속된 인사팀에 윤 사원도 소속되어 있다. 이때 홍보팀에 소속된 직원 중 재무팀에 소속된 직원과 같은 직급의 직원은 없고, 과장은 서로 다른 팀에 소속되어 있으므로 김 과장과 박 과장 둘 중 한 사람은 홍보팀과 재무팀 중 한 곳에 소속되어 있고, 나머지 한 사람은 인사팀에 소속되어 있다. 또한, 서로 다른 팀에 소속되어 있는 이 대리와 홍 대리 둘 중 한 사람도 홍보팀과 재무팀 중 한 곳에 소속되어 있고, 나머지 한 사람은 인사팀에 소속되어 있다. 이에 따라 인사팀에는 과장 1명과 대리 1명, 사원 2명으로 총 4명이 소속되거나 차장 1명을 포함하여 총 5명이 소속될 수 있고, 재무팀에는 차장, 과장, 대리 중 2명만 소속될 수 있다.

따라서 홍보팀에는 차장, 과장, 대리 중 최대 1명이 소속될 수 있음을 알 수 있다.

07 언어추리

제시된 조건에 따르면 4명이 2명씩 팀을 나눠 5번의 윷놀이를 진행하였으며, 처음 나눈 팀으로 5번의 경기를 모두 진행하였고, B는 두 번째, 세 번째 경기의 승부 결과가 서로 같으므로 A, C, D도 각각 두 번째, 세 번째 경기의 승부 결과가 서로 같다. 또한, D는 첫 번째, 다섯 번째 경기의 승부 결과가 서로 같으므로 A, B, C도 각각 첫 번째, 다섯 번째 경기의 승부 결과가 서로 같다. 이때 A는 첫 번째 경기에서 패배하고, 세 번째 경기에서 승리하였으므로 A는 두 번째 경기에서 승리하고, 다섯 번째 경기에서 패배하였으며, 네 번째 경기가 끝난 후 두 팀의 승리 횟수는 서로 동일하므로 A는 네 번째 경기에서 패배하여 A는 최종 우승하지 못했음을 알 수 있다. C는 네 번째 경기에서 승리하였다는 조건에 따라 A와 C는 다른 팀이었으며, C는 최종 우승을 하였음을 알 수 있다. 이에 따라 가능한 경우는 다음과 같다.

경우 1. 'A와 B', 'C와 D'가 같은 팀인 경우

구분	첫 번째	두 번째	세 번째	네 번째	다섯 번째
A	**패배**	승리	**승리**	패배	패배
B	패배	승리	승리	패배	패배
C	승리	패배	패배	**승리**	승리
D	승리	패배	패배	승리	승리

경우 2. 'A와 D', 'B와 C'가 같은 팀인 경우

구분	첫 번째	두 번째	세 번째	네 번째	다섯 번째
A	**패배**	승리	**승리**	패배	패배
B	승리	패배	패배	승리	승리
C	승리	패배	패배	**승리**	승리
D	패배	승리	승리	패배	패배

따라서 A와 C의 두 번째 경기의 승부 결과는 서로 다르므로 항상 거짓인 설명이다.

오답체크
① A가 두 번째 경기에서 승리하였다면, 가능한 경우의 수는 2가지이므로 항상 참인 설명이다.
② B는 네 번째 경기에서 승리 또는 패배하였으므로 항상 거짓인 설명은 아니다.
④ D는 세 번째 경기에서 승리 또는 패배하였으므로 항상 거짓인 설명은 아니다.
⑤ B가 최종 우승하였다면, B는 C와 같은 팀이므로 항상 참인 설명이다.

08 언어추리

제시된 조건에 따르면 딸기잼이 사용된 빵을 구운 후에는 아몬드가 사용된 빵을 바로 굽고, 아몬드가 사용된 빵을 구운 후에는 다른 종류의 빵을 이어서 구웠으므로 아몬드가 사용된 빵은 다섯 번째로 구워지지 않았다. 또한, 딸기잼이 사용된 빵은 가장 먼저 오븐에 구워지지 않았고, 고구마와 버터가 사용된 빵은 오븐에 굽는 순서가 서로 인접하지 않으며, 버터가 사용된 빵을 두 번째 또는 네 번째 순서로 오븐에 구우므로 가능한 경우는 다음과 같다.

경우 1. 버터가 사용된 빵을 두 번째로 오븐에 굽는 경우

1	2	3	4	5
초콜릿	버터	딸기잼	아몬드	고구마

경우 2. 버터가 사용된 빵을 네 번째로 오븐에 굽는 경우

1	2	3	4	5
고구마	딸기잼	아몬드	버터	초콜릿

따라서 버터가 사용된 빵은 두 번째 또는 네 번째 순서로 오븐에 구워지므로 항상 거짓인 설명이다.

09 언어추리

제시된 조건에 따르면 약속 시각인 9시가 지나서 기차역에 도착한 사람은 2명이며, D는 8시 50분에 도착했다. 이때 D가 기차역에 도착한 순서는 두 번째도, 세 번째도 아니며, C가 D보다 10분 일찍 도착했으므로 D는 네 번째 순서로 도착했음을 알 수 있다. 또한, E는 B와 F보다 늦게 도착하지 않았고, A와 F는 연달아 도착했으므로 E는 첫 번째 또는 두 번째로 도착했다. E가 기차역에 도착하는 순서에 따라 가능한 경우는 다음과 같다.

경우 1. E가 첫 번째로 도착한 경우

첫 번째	두 번째	세 번째	네 번째	다섯 번째	여섯 번째
E	C 또는 B	C 또는 B	D	A 또는 F	A 또는 F

경우 2. E가 두 번째로 도착한 경우

첫 번째	두 번째	세 번째	네 번째	다섯 번째	여섯 번째
C	E	B	D	A 또는 F	A 또는 F

따라서 E가 두 번째로 도착했다면, 가능한 경우의 수는 2가지이므로 항상 참인 설명이다.

오답 체크

① C와 D 사이에 도착한 사람은 0명 또는 1명 또는 2명이므로 항상 참인 설명은 아니다.
② F는 다섯 번째 또는 여섯 번째 순서로 도착했으므로 항상 참인 설명은 아니다.
③ B가 세 번째로 도착했다면, C는 첫 번째 또는 두 번째로 도착했으므로 항상 참인 설명은 아니다.
④ A가 다섯 번째로 도착했다면, 가능한 경우의 수는 3가지이므로 항상 거짓인 설명이다.

10 언어추리

제시된 조건에 따르면 갑은 2행 2열에, 기는 1행 3열에 주차하고, 신의 바로 왼쪽에 주차하는 사람은 을이므로 신이 1행 2열에 주차하면 을은 1행 1열에 주차하고, 신이 2행 4열에 주차하면 을은 2행 3열에 주차한다. 이때 정과 무는 같은 열에 주차하므로 정과 무는 1열 또는 4열에 주차하고, 병의 바로 앞에 주차하는 사람이 존재하며 그 사람은 기가 아니므로 병은 2행 3열에 주차하지 않는다. 이에 따라 을과 신은 1행에, 병은 2행 1열에 주차하고, 정과 무는 4열에 주차함을 알 수 있다.

	1열	2열	3열	4열
1행	을	신	기	정 또는 무
2행	병	갑	경	정 또는 무

따라서 1열에 주차하는 사람은 을, 병이다.

11 언어추리

제시된 조건에 따르면 재직증명서를 제출한 사람은 진실을 말하고, 등기부등본을 제출한 사람은 거짓을 말했으므로 본인이 A와 서로 다른 종류의 서류를 제출했다는 B의 말이 진실이면 B는 재직증명서, A는 등기부등본을 제출했고, B의 말이 거짓이면 A와 B 모두 등기부등본을 제출했으므로 A는 등기부등본을 제출했음을 알 수 있다. 이때 B는 재직증명서를 제출했다는 C의 말이 거짓일 경우 A, B, C는 모두 등기부등본을 제출했으므로 등기부등본을 제출한 사람은 2명이라는 E의 말도 거짓이 되어 E도 등기부등본을 제출했고, A와 E는 서로 같은 서류를 제출했다는 D의 말이 진실이 되어 D는 재직증명서를 제출했음을 알 수 있다. 또한, B는 재직증명서를 제출했다는 C의 말이 진실일 경우 B와 C 모두 재직증명서를 제출했고, A만 등기부등본을 제출했다. 이때 A와 E는 서로 같은 종류의 서류를 제출했다는 D의 말이 진실이면 등기부등본을 제출한 사람은 A와 E뿐이며 E의 말은 거짓이 되지만, 등기부등본을 제출한 사람이 2명이라는 E의 말이 진실이 되어 모순되므로 C의 말이 진실일 경우 D의 말은 거짓이고, D는 등기부등본을 제출했음을 알 수 있다. 이에 따라 가능한 경우는 다음과 같다.

경우 1. C의 말이 거짓일 경우

A	B	C	D	E
등기부등본	등기부등본	등기부등본	재직증명서	등기부등본

경우 2. C의 말이 진실일 경우

A	B	C	D	E
등기부등본	재직증명서	재직증명서	등기부등본	재직증명서

따라서 D가 재직증명서를 제출했다면, 가능한 경우의 수는 1가지이므로 항상 거짓인 설명이다.

오답 체크

① A는 등기부등본을 제출했으므로 항상 참인 설명이다.
② B와 C는 서로 같은 종류의 서류를 제출했으므로 항상 참인 설명이다.
③ E는 재직증명서 또는 등기부등본을 제출했으므로 항상 거짓인 설명은 아니다.
⑤ C와 E가 서로 같은 종류의 서류를 제출했다면, 가능한 경우의 수는 2가지이므로 항상 참인 설명이다.

12 언어추리 정답 ②

제시된 조건에 따르면 8인용 원탁에 5명이 둘러앉으므로 빈자리는 세 자리가 된다. B 과장의 오른쪽 첫 번째 자리에는 아무도 앉지 않았고, A 부장과 B 과장은 이웃하여 앉았으므로 A 부장은 B 과장의 왼쪽에 앉았다. 또한, C 대리와 마주 보는 자리에는 아무도 앉지 않았으므로 A 부장과 B 과장의 맞은편 자리는 C 대리가 앉을 수 없다. 이때 A 부장의 왼쪽 두 번째 자리에는 아무도 앉지 않았고, E 사원은 C 대리의 오른쪽 첫 번째 자리에 앉았으므로 E 사원이 A 부장과 마주 보는 자리에 앉았음을 알 수 있다. 이에 따라 5명이 원탁에 앉는 가능한 경우는 다음과 같다.

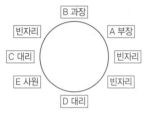

따라서 D 대리와 마주 보고 앉은 사람은 B 과장이다.

13 언어추리 정답 ②

제시된 조건에 따르면 A와 B 사이에 2명이 전시회를 관람했고, C는 A보다 먼저 전시회를 관람했으므로 B, C, A 또는 C, A, B 또는 C, B, A 순서로 전시회를 관람했다. 이때 A와 B 사이에 C가 전시회를 관람하지 않았다면 D, E가 A와 B 사이에 전시회를 관람했고, 이는 D와 E 사이에 1명이 전시회를 관람했다는 조건에 모순되므로 B, C, A 순서로 전시회를 관람했음을 알 수 있다. 이에 따라 C와 D는 연달아 전시회를 관람하지 않았으므로 D가 전시회를 관람한 순서에 따라 가능한 경우는 다음과 같다.

경우 1. D가 첫 번째로 전시회를 관람한 경우

첫 번째	두 번째	세 번째	네 번째	다섯 번째
D	B	E	C	A

경우 2. D가 다섯 번째로 전시회를 관람한 경우

첫 번째	두 번째	세 번째	네 번째	다섯 번째
B	C	E	A	D

따라서 A는 E보다 나중에 전시회를 관람했으므로 항상 거짓인 설명이다.

① D는 첫 번째 또는 다섯 번째로 전시회를 관람했으므로 항상 거짓인 설명은 아니다.
③ C와 D 사이에 2명이 전시회를 관람했으므로 항상 참인 설명이다.
④ E는 세 번째, A는 네 번째 또는 다섯 번째로 전시회를 관람했으므로 항상 거짓인 설명은 아니다.
⑤ E는 세 번째로 전시회를 관람했으므로 항상 참인 설명이다.

14 언어추리 정답 ⑤

제시된 조건에 따르면 4명의 배우 중 2명은 춘향전, 2명은 흥부전 연극에서 각각 1명은 남성, 1명은 여성 배역을 하고 있으며, 남성 배역을 하고 있는 배우는 진실을 말하고, 여성 배역을 하고 있는 배우는 거짓을 말하므로 진실을 말하는 사람은 각 연극에서 1명씩 총 2명임을 알 수 있다. 이때 본인이 D와 함께 춘향전 연극을 하고 있다는 A의 말이 진실이면 A는 춘향전 연극에서 남성 배역을 하고, D는 춘향전 연극에서 여성 배역을 하게 되어 B는 흥부전 연극을 하고 있다는 D의 말은 거짓이 되므로 B는 춘향전 연극을 하고 있어야 하지만, 춘향전 연극을 하는 사람이 A, B, D 총 3명이 되어 모순되므로 A의 말은 거짓이며, A는 여성 배역을 하고 있음을 알 수 있다. 이에 따라 거짓을 말하는 여성 배역을 하는 사람은 B, C, D 중 1명이 된다. 이때 C는 남성 배역을 하고 있고, D는 춘향전 연극을 하고 있다는 B의 말이 진실이면 남성 배역을 하고 있는 C의 말도 진실이 되어 A는 여성 배역을 하고 있고, B와 D는 춘향전 연극, A와 C는 흥부전 연극을 하게 된다. 또한, B의 말이 거짓이면 C와 D의 말은 진실이 되어 B와 D는 흥부전 연극, A와 C는 춘향전 연극을 하게 된다. 이에 따라 가능한 경우는 다음과 같다.

경우 1. B의 말이 진실일 경우

A	B	C	D
흥부전	춘향전	흥부전	춘향전
여성	남성	남성	여성

경우 2. B의 말이 거짓일 경우

A	B	C	D
춘향전	흥부전	춘향전	흥부전
여성	여성	남성	남성

따라서 A가 춘향전 연극을 하고 있다면, 가능한 경우의 수는 1가지이므로 항상 참인 설명이다.

① A가 여성 배역을 하고 있다면, C는 춘향전 또는 흥부전 연극
  을 하고 있으므로 항상 참인 설명은 아니다.
② B와 C가 같은 성별의 배역을 하고 있다면, 가능한 경우의 수
  는 1가지이므로 항상 거짓인 설명이다.
③ D는 춘향전 또는 흥부전 연극을 하고 있으므로 항상 참인 설
  명은 아니다.
④ B는 춘향전 연극에서 남성 배역을 하고 있거나 흥부전 연극
  에서 여성 배역을 하고 있으므로 항상 거짓인 설명이다.

15 도형추리   정답 ④

각 행에서 3열에 제시된 도형은 원의 위치와 관계없이
1열과 2열에 제시된 원의 개수를 합한 형태이다.

[1행 1열]   [1행 2열]   **[1행 3열]**

따라서 '?'에 해당하는 도형은 ④이다.

16 도형추리   정답 ③

각 행에서 다음 열에 제시된 도형은 이전 열에 제시된 도
형의 내부 도형과 외부 도형을 시계 방향으로 90° 회전하
고, 중간 도형을 반시계 방향으로 90° 회전한 형태이다.

[3행 2열]   **[3행 3열]**

따라서 '?'에 해당하는 도형은 ③이다.

17 도형추리   정답 ②

각 열에서 다음 행에 제시된 도형은 이전 행에 제시된 도
형을 반시계 방향으로 90° 회전한 형태이다.

[2행 3열]   **[3행 3열]**

따라서 '?'에 해당하는 도형은 ②이다.

[18-21]

○: 첫 번째, 세 번째 문자(숫자)의 자리를 서로 바꾼다
  ex. abcd → cbad
■: 문자와 숫자 순서에 따라 각 자리의 문자(숫자)를 다음
  두 번째 순서에 오는 문자(숫자)로 변경한다.
  ex. abcd → cdef (a+2, b+2, c+2, d+2)
△: 첫 번째 문자(숫자)를 네 번째 자리로, 두 번째 문자(숫
  자)를 첫 번째 자리로, 세 번째 문자(숫자)를 두 번째 자
  리로, 네 번째 문자(숫자)를 세 번째 자리로 이동시킨다.
  ex. abcd → bcda
★: 문자와 숫자 순서에 따라 첫 번째, 세 번째 문자(숫자)를
  바로 다음 순서에 오는 문자(숫자)로, 두 번째, 네 번째
  문자(숫자)를 바로 이전 순서에 오는 문자(숫자)로 변경
  한다.
  ex. abcd → badc (a+1, b−1, c+1, d−1)

18 도식추리   정답 ①

AZQR → △ → ZQRA → ○ → RQZA

19 도식추리   정답 ③

1364 → ★ → 2273 → ○ → 7223 → ■ →
9445

20 도식추리   정답 ④

KB2S → ■ → MD4U → ★ → NC5T

21 도식추리   정답 ⑤

5E2J → ○ → 2E5J → △ → E5J2 → ★
→ F4K1

22 문단배열

이 글은 노르망디 상륙작전의 배경과 과정 그리고 결과에 대해 설명하는 글이다.

따라서 '(B) 노르망디 상륙작전의 배경 및 디데이의 유래 → (A) 종합적인 전략 수립 및 디데이 설정 → (C) 노르망디 상륙작전의 과정: 악천후에도 불구하고 작전 강행 → (D) 노르망디 상륙작전의 결과 및 의의' 순으로 연결되어야 한다.

23 문단배열
정답 ②

이 글은 반도체 제조 공정에 사용되는 초순수의 역할에 대해 설명하는 글이다.

따라서 '(A) 반도체 제조 공정에 사용되는 초순수의 특징 → (C) 초순수가 반도체 제조 공정에서 하는 역할(1) → (D) 초순수가 반도체 제조 공정에서 하는 역할(2) → (B) 반도체에 초순수를 사용함으로써 얻을 수 있는 효과' 순으로 연결되어야 한다.

24 논리추론
정답 ③

벽면에 다양한 보강 설비를 갖춘 건물은 지진에 대한 저항력을 강화해 내구성을 높였다고 하였으므로 건물을 지을 때 벽면에 충격 완화 자재를 설치할 경우 건물의 내구성을 강화할 것임을 추론할 수 있다.

오답 체크

① 내진 설계는 세 가지 목표 달성을 위한 설계가 이루어지며, 작은 규모의 지진 발생 시에는 구조부재와 비구조부재가 모두 손상받지 않아야 한다고 하였으므로 옳지 않은 내용이다.
② 건축물 내부 구조가 ㄴ자형 또는 T자형인 경우 지진에 대한 저항력을 강화할 수 있다고 하였으므로 지진 취약 지역에 세워질 건물의 내부 구조가 ㅁ자형으로 설계될 필요가 있다는 것은 옳지 않은 내용이다.
④ 내진 설계의 세 가지 목표에 따르면 대규모 지진에서는 구조부재와 비구조부재의 손상은 허용되나 건축물의 붕괴에 따른 인명 피해가 발생하지 않아야 한다고 하였으므로 옳지 않은 내용이다.
⑤ 우리나라의 경우 2층 이상이면서 면적이 200m² 이상인 건축물에는 내진 설계가 의무화된다고 하였으므로 옳지 않은 내용이다.

25 논리추론
정답 ③

오르트 구름은 실제로 관측된 것은 아니나 혜성의 궤도장반경과 궤도경사각의 통계에 따라 추측되는 가설이자 정설이라고 하였으므로 오르트 구름이 가상적인 천체 집단으로 제기된 이론이나 후에 가정된 영역에서 직접 관측된 바 있다는 것은 옳지 않은 내용이다.

오답 체크

① 얀 오르트의 오르트 구름 이론에 따르면 오르트 구름 내에서 부딪힌 먼지와 얼음의 속도가 감소하여 태양계 내부로 들어오면 혜성이 된다고 하였으므로 옳은 내용이다.
② 오르트 구름은 장주기 혜성과 비주기 혜성의 기원으로 발표되었으며, 카이퍼 벨트는 단주기 혜성의 기원으로 여겨진다고 하였으므로 옳은 내용이다.
④ 카이퍼 벨트는 해왕성 궤도 너머에서 태양을 공전하는 얼음 천체 지역이라고 하였으므로 옳은 내용이다.
⑤ 카이퍼 벨트는 소행성대와 유사하나 크기 자체는 훨씬 큰 도넛과 유사한 원반 모양의 영역이라고 하였으므로 옳은 내용이다.

26 논리추론
정답 ②

초기의 HMD보다 더욱 발전된 형태의 HMD 등장에는 디스플레이 기술의 진보와 더불어 광학 렌즈 기술의 발전이 중요한 역할을 했다고 하였으므로 광학 렌즈 기술의 진보는 HMD 발전을 가속화시키는 데 중요한 역할을 했음을 추론할 수 있다.

오답 체크

① 우리는 초기 HMD 모델보다 고해상도의 디스플레이를 즐길 수 있다고 하였으므로 옳지 않은 내용이다.
③ 현재 HMD 모델은 초기 제품보다 더욱 가벼운 무게로 사용할 수 있게 되었다고 하였으므로 옳지 않은 내용이다.
④ 2010년 레티나 디스플레이가 등장하면서 디스플레이 패널 기술이 급속도로 발전하였으며, 이로써 HMD 디스플레이 패널로 LCD와 LED를 채택했다고 하였으므로 옳지 않은 내용이다.
⑤ 초기 HMD는 군수산업이나 시뮬레이션 등이 필요한 산업체 등에서 사용되었으며, 일반 소비자 시장에서의 수요는 거의 없었다고 하였으므로 옳지 않은 내용이다.

27 논리추론 정답 ④

DDoS 공격은 모두 분산된 시스템을 통해 이루어지므로 공격을 예측하거나 공격자의 신원을 추적하기는 어렵지만, 대비할 수 있는 몇 가지 방식이 존재한다고 하였으므로 자원 고갈 방식으로 이루어질 경우 대비가 불가능하다는 것은 옳지 않은 내용이다.

오답 체크

① 침입 차단 시스템을 사용하여 모니터링하고 비정상적인 트래픽을 사전에 차단하는 방식은 DDoS 공격에 대비할 수 있는 몇 가지 방식이므로 옳은 내용이다.
② DDoS 공격의 유형 중 하나인 트래픽 폭주 방식은 과도한 불법 트래픽을 보내 시스템의 대역폭을 소모하게 하여 사이트를 다운시키는 것이므로 옳은 내용이다.
③ DDoS 공격은 주요 정보를 여러 개의 데이터 센터에 분산 배치하고, 네트워크와 분리된 오프라인 백업을 통해 대비할 수 있다고 하였으므로 옳은 내용이다.
⑤ DDoS 공격에 대한 방어를 위해서는 높은 비용과 많은 인력이 소요되지만, 대규모 공격이기에 큰 피해로 이어질 수 있는 만큼 지속적인 대비와 예방 조치가 필요하다고 하였으므로 옳은 내용이다.

28 논리추론 정답 ②

제시된 글의 필자는 국내 기업의 긱 워커 모집 및 활용 사례에 대한 설문 조사 결과를 토대로 근무 연장 여부를 결정하는 것에 대한 부담이 적다는 것이 긱 워커 모집 시 가장 만족스러운 점으로 대답했다고 설명하며, 이는 기업이 세운 근로자 기준에 미치지 못하는 사람들을 가려낼 수 있는 장점이 있으므로 프로젝트 효율을 높이고 싶은 기업은 긱 워커를 고용하는 것이 도움이 될 수 있다고 주장하고 있다.
따라서 짧은 근로 기간 동안에 근로자의 직무 태도를 온전히 평가할 수는 없다는 반박이 타당하다.

29 논리추론 정답 ④

이 글은 온실가스의 배출량만큼 흡수량을 늘려 실질적인 배출량을 제로로 만드는 대책인 탄소 중립과 그에 대한 실행 방안을 설명하는 내용의 글이고, 〈보기〉는 기업들이 감축 여력에 따라 온실가스를 감축하거나 배출권을 매입하는 등 자율적으로 정할 수 있게 해준 탄소배출권 거래제도를 설명하는 내용이다.

따라서 온실가스를 줄이기 어려운 기업은 탄소배출권 거래제도를 이용하여 탄소 중립을 실천할 수 있음을 알 수 있다.

30 논리추론 정답 ⑤

이 글은 다양한 경로에서 유입되는 데이터를 통합적으로 관리하는 소프트웨어인 CDP에 대한 내용이고, 〈보기〉는 기업 내에서 데이터가 공유되지 않은 경우 중복된 데이터로 인해 저장 공간이 낭비되는 문제를 일으키고 이러한 문제를 해결하기 위해서는 데이터를 일관되고 통합적으로 관리하는 CDP가 필요하다는 내용이다.
따라서 CDP가 중복되는 데이터를 유지하여 마케팅, 판매 등 다양한 프로젝트에 적용되는 것은 아님을 알 수 있다.

오답 체크

① 글에 따르면 CDP는 여러 방식으로 유입된 고객 데이터를 표준화하고 중복 데이터를 삭제하여 통일된 양식으로 정리하며, 〈보기〉에 따르면 각 부서가 서로 다른 방식으로 데이터를 관리하면 오류가 발생할 위험이 커지며 이는 결국 신뢰할 수 없는 분석 결과로 이어진다고 하였으므로 CDP가 흩어져 있는 정보를 일관성 있게 관리함으로써 기업 내 정보 접근 격차를 줄인다는 것은 적절한 내용이다.
② 글에 따르면 CDP는 고객의 행동 변화를 실시간으로 반영할 수 있어 즉각적인 대응이 가능하며, 〈보기〉에 따르면 데이터 접근이 제한적이고 다수의 부서가 함께 프로젝트를 진행할 경우 소통 및 의사결정이 비효율적으로 이루어질 수 있다고 하였으므로 CDP가 비즈니스 환경에서의 신속하고 정확한 의사결정이 가능하도록 한다는 것은 적절한 내용이다.
③ 글에 따르면 CDP의 주요 기능 중 하나는 데이터 통합 관리로, 여러 방식으로 유입된 고객 데이터를 표준화하고 중복 데이터를 삭제하여 통일된 양식으로 정리하는 것이며, 〈보기〉에 따르면 데이터가 특정 부서에서만 접근이 가능한 방식으로 운용된다면 서로 다른 부서 간에 데이터를 공유할 수 없어 협업이 어려워진다고 하였으므로 CDP가 데이터 표준화를 통해 부서 간 데이터 공유 및 협업을 원활하게 한다는 것은 적절한 내용이다.
④ 글에 따르면 CDP는 GDPR과 같은 개인 정보 보호 규정 준수를 통해 데이터 관리의 신뢰성과 안전성을 확보하며, 〈보기〉에 따르면 조직의 경쟁력을 높이고 효율적인 업무를 진행하기 위해서는 고객 데이터를 통합 관리하는 시스템이 필요하다고 하였으므로 CDP가 GDPR을 준수하여 고객의 신뢰도와 조직의 경쟁력을 높이는 통합 관리 시스템이라는 것은 적절한 내용이다.

취업강의 1위, 해커스잡

ejob.Hackers.com

GLOBAL SAMSUNG APTITUDE TEST

실전모의고사 3회

정답

I 수리

p.136

01	③	응용계산	05	③	자료해석	09	④	자료해석	13	③	자료해석	17	②	자료해석
02	④	응용계산	06	②	자료해석	10	②	자료해석	14	①	자료해석	18	⑤	자료해석
03	①	자료해석	07	②	자료해석	11	⑤	자료해석	15	⑤	자료해석	19	③	자료해석
04	④	자료해석	08	④	자료해석	12	④	자료해석	16	③	자료해석	20	②	자료해석

II 추리

p.153

01	①	언어추리	07	④	언어추리	13	③	언어추리	19	③	도식추리	25	②	논리추론
02	④	언어추리	08	⑤	언어추리	14	④	언어추리	20	⑤	도식추리	26	④	논리추론
03	④	언어추리	09	②	언어추리	15	②	도형추리	21	②	도식추리	27	①	논리추론
04	③	언어추리	10	②	언어추리	16	②	도형추리	22	⑤	문단배열	28	②	논리추론
05	⑤	언어추리	11	③	언어추리	17	⑤	도형추리	23	④	문단배열	29	④	논리추론
06	④	언어추리	12	④	언어추리	18	④	도식추리	24	⑤	논리추론	30	⑤	논리추론

취약 유형 분석표

유형별로 맞힌 개수, 틀린 문제 번호와 풀지 못한 문제 번호를 적고 나서 취약한 유형이 무엇인지 파악해 보세요.
취약한 유형은 '기출유형공략'으로 복습하고 틀린 문제와 풀지 못한 문제를 다시 한번 풀어보세요.

	유형	맞힌 개수	틀린 문제 번호	풀지 못한 문제 번호
수리	응용계산	/2		
	자료해석	/18		
	TOTAL	/20		

	유형	맞힌 개수	틀린 문제 번호	풀지 못한 문제 번호
추리	언어추리	/14		
	도형추리	/3		
	도식추리	/4		
	문단배열	/2		
	논리추론	/7		
	TOTAL	/30		

	영역	제한 시간 내에 맞힌 문제 수	정답률
합계	수리	/20	%
	추리	/30	%
	TOTAL	/50	%

해설

I 수리

01 응용계산 정답 ③

시간당 작업량$=\dfrac{\text{작업량}}{\text{시간}}$임을 적용하여 구한다.

지우가 1시간 동안 한 일의 양은 $\dfrac{1}{a}$, 지호가 1시간 동안 한 일의 양은 $\dfrac{1}{b}$, 상미가 1시간 동안 한 일의 양은 $\dfrac{1}{c}$, 전체 일의 양을 1이라고 하면

지우, 지호, 상미가 함께 일하면 2시간, 지우와 상미가 함께 일하면 2시간 30분, 지우와 지호가 함께 일하면 2시간 20분이 소요되므로

$\left(\dfrac{1}{a}+\dfrac{1}{b}+\dfrac{1}{c}\right)\times 2=1 \rightarrow \dfrac{1}{a}+\dfrac{1}{b}+\dfrac{1}{c}=\dfrac{1}{2}$ ⋯ ⓐ

$\left(\dfrac{1}{a}+\dfrac{1}{c}\right)\times \dfrac{5}{2}=1 \rightarrow \dfrac{1}{a}+\dfrac{1}{c}=\dfrac{2}{5}$ ⋯ ⓑ

$\left(\dfrac{1}{a}+\dfrac{1}{b}\right)\times \dfrac{7}{3}=1 \rightarrow \dfrac{1}{a}+\dfrac{1}{b}=\dfrac{3}{7}$ ⋯ ⓒ

ⓐ−ⓑ에서 $\dfrac{1}{b}=\dfrac{1}{10}$이고, ⓐ−ⓒ에서 $\dfrac{1}{c}=\dfrac{1}{14}$이다.

이에 따라 $\dfrac{1}{a}=\dfrac{2}{5}-\dfrac{1}{14}=\dfrac{23}{70}$이다. 이때 지우, 지호, 상미가 1시간 동안 일한 후 지우와 상미가 40분 동안 일했으므로 남은 일의 양은 $1-\dfrac{1}{2}-\dfrac{2}{5}\times\dfrac{2}{3}=\dfrac{7}{30}$이다.

따라서 나머지를 다시 지우, 지호, 상미가 함께 일하는 데 소요되는 시간은 $\dfrac{7}{30}\times 2=\dfrac{7}{15}$시간=28분이다.

02 응용계산 정답 ④

서로 다른 n개를 줄 세우는 경우의 수 $n!=n\times(n-1)\times(n-2)\times\cdots\times 2\times 1$, 서로 다른 n개에서 중복을 허락하지 않고 r개를 택하여 한 줄로 배열하는 경우의 수 $_nP_r=n\times(n-1)\times\cdots\times(n-r+1)$, 사건 A가 일어날 확률$=\dfrac{\text{사건 A가 일어날 경우의 수}}{\text{모든 경우의 수}}$임을 적용하여 구한다.

남자 3명과 여자 3명이 한 줄로 서는 모든 경우의 수는 $6!$이고, 여자끼리는 서로 인접하지 않는 경우의 수는 남자 3명이 한 줄로 선 후, 맨 앞쪽, 맨 뒤쪽과 남자 사이사이 총 4곳 중 3곳을 골라 여자 3명이 서는 경우의 수와 같다.

이에 따라 남자 3명이 한 줄로 서는 경우의 수는 $3!=3\times 2\times 1=6$가지이고, 맨 앞쪽, 맨 뒤쪽과 남자 사이사이 총 4곳 중 3곳을 골라 여자 3명이 서는 경우의 수는 $_4P_3=4\times 3\times 2=24$가지이다.

따라서 6명이 한 줄로 섰을 때, 여자끼리는 서로 인접하지 않을 확률은 $\dfrac{6\times 24}{6!}=\dfrac{1}{5}$이다.

03 자료해석 정답 ①

B 기업의 자동차 생산 대수 1천 대당 자동차 산업 매출액은 $900/1,200=0.75$억 원이므로 옳지 않은 설명이다.

오답 체크

② A 기업의 자동차 생산 대수 대비 C 기업의 자동차 생산 대수의 비율은 $3,600/1,600=2.25$이므로 옳은 설명이다.

③ 제시된 4개 기업의 전체 자동차 생산 대수에서 D 기업이 차지하는 비중은 $(1,600/8,000)\times 100=20\%$이므로 옳은 설명이다.

④ A~C 기업 중 자동차 산업 매출액이 D 기업과 가장 많이 차이 나는 기업은 $1,500-900=600$억 원 차이 나는 B 기업이므로 옳은 설명이다.

⑤ 제시된 4개 기업 중 자동차 생산 대수가 가장 많이 차이 나는 B 기업과 C 기업의 자동차 산업 매출액 합은 $900+2,000=2,900$억 원이므로 옳은 설명이다.

04 자료해석 정답 ④

2024년 하반기 구직급여 지급자 수의 전년 동월 대비 증가 인원은 7월에 $731-500=231$천 명, 8월에 $705-473=232$천 명, 9월에 $698-444=254$천 명, 10월에 $643-428=215$천 명, 11월에 $606-412=194$천 명, 12월에 $600-419=181$천 명이므로 9월에 가장 많다. 이에 따라 2024년 9월 구직급여 지급자 천 명당 구직급여 지급액은 $11,517/698=16.5$억 원이다.

따라서 2024년 9월 구직급여 지급자 1명당 평균 구직급여 지급액은 $16.5\times(10,000/1,000)=165$만 원이다.

05 자료해석　정답 ③

19~59세 전체 흡연자 수는 2022년에 9,600+10,400＝20,000백 명, 2023년에 10,400+11,500＝21,900백 명으로 2023년 19~59세 전체 흡연자 수의 전년 대비 증가율은 {(21,900－20,000)/20,000}×100＝9.5%이므로 옳은 설명이다.

오답 체크

① 2023년 19~39세 남성 흡연자 수의 전년 대비 증가율은 {(5,900－5,600)/5,600}×100≒5.4%로 여성 흡연자 수의 전년 대비 증가율인 {(4,500－4,000)/4,000}×100＝12.5%보다 낮으므로 옳지 않은 설명이다.

② 2022년 40~59세 남성 흡연자 수는 전년 대비 감소하였으므로 옳지 않은 설명이다.

④ 19~39세 여성 흡연자 수의 전년 대비 증가 인원은 2022년에 4,000－3,600＝400백 명, 2023년에 4,500－4,000＝500백 명으로 2023년이 2022년보다 크므로 옳지 않은 설명이다.

⑤ 2021년 19~59세 전체 흡연자 수에서 19~59세 남성 흡연자 수가 차지하는 비중은 {(5,200+6,000)/(8,800+9,500)}×100≒61.2%이므로 옳지 않은 설명이다.

06 자료해석　정답 ②

S 사의 전 직원은 5,800명이고, S 사에 재직 중인 20대 직원의 비율은 25%이므로 S 사에 재직 중인 20대 직원 수는 5,800×0.25＝1,450명이고, 20대 직원 중 근무 만족도가 보통인 비율은 18%이다.

따라서 S 사에 재직 중인 20대 직원 중 근무 만족도가 보통인 직원 수는 1,450×0.18＝261명이다.

07 자료해석　정답 ②

2024년 상반기 경제활동인구의 전년 동반기 대비 증가율은 B 지역이 {(130－120)/120}×100≒8.3%, F 지역이 {(580－550)/550}×100≒5.5%로 B 지역이 F 지역보다 크므로 옳은 설명이다.

오답 체크

① 2023년 하반기 경제활동인구가 직전 반기 대비 감소한 A, C, E 지역의 2023년 하반기 경제활동인구의 합은 55+260+475＝790천 명이므로 옳지 않은 설명이다.

③ 2024년 E 지역 경제활동인구는 520+475＝995천 명으로 B 지역 경제활동인구의 4배인 (130+118)×4＝992천 명 이상이므로 옳지 않은 설명이다.

④ 2024년 하반기 C 지역 경제활동인구 대비 A 지역 경제활동인구의 비율은 60/260≒0.23으로 0.25 미만이므로 옳지 않은 설명이다.

⑤ C 지역의 경제활동인구가 2024년 상반기에는 D 지역보다 적고, 2024년 하반기에는 D 지역보다 많으므로 옳지 않은 설명이다.

> **빠른 문제 풀이 Tip**
>
> ③ 상반기와 하반기 경제활동인구를 합하여 연도별 경제활동인구를 계산하는 과정을 거치지 않고, 반기별로 E 지역과 B 지역 경제활동인구를 비교한다.
> B 지역 경제활동인구의 4배는 2023년 상반기에 120×4＝480천 명, 2023년 하반기에 128×4＝512천 명, 2024년 상반기에 130×4＝520천 명, 2024년 하반기에 118×4＝472천 명으로 2023년에는 상반기와 하반기 모두 E 지역 경제활동인구가 B 지역 경제활동인구의 4배 미만이고, 2024년에는 상반기와 하반기 모두 E 지역 경제활동인구가 B 지역 경제활동인구의 4배 이상이므로 2024년 E 지역 경제활동인구는 같은 해 B 지역 경제활동인구의 4배 이상임을 알 수 있다.

08 자료해석　정답 ④

2020년 전기 기술자 수는 1,800+980+420＝3,200명이므로 2021년 이후 전기 기술자 수는 다음과 같다.

2021년	3,200×1.2＝3,840명
2022년	3,840×1.25＝4,800명
2023년	4,800×0.9＝4,320명
2024년	4,320×1.4＝6,048명

따라서 2023년 전기 기술자 수는 2021년 대비 4,320－3,840＝480명 증가하였으므로 옳지 않은 설명이다.

오답 체크

① 2017~2020년 중 연도별 중급 전기 기술자 수와 고급 전기 기술자 수 차이는 2017년에 660－240＝420명, 2018년에 590－350＝240명, 2019년에 810－325＝485명, 2020년에 980－420＝560명으로 2020년에 가장 크므로 옳은 설명이다.

② 2019년 고급 전기 기술자 수 대비 초급 전기 기술자 수의 비율은 1,650/325≒5.1로 5.0 이상이므로 옳은 설명이다.

③ 2017~2020년 연도별 중급 전기 기술자 수의 평균은 (660+590+810+980)/4＝760명이므로 옳은 설명이다.

⑤ 2024년 전기 기술자 수는 2020년 전기 기술자 수의 6,048/3,200＝1.89배로 2배 미만이므로 옳은 설명이다.

09 자료해석 정답 ④

2021년 이후 감전 사고 사상자 수의 전년 대비 증가율은 다음과 같다.

구분	사상자 수(명)	전년 대비 증가율(%)
2020년	57＋278＝335	–
2021년	63＋337＝400	｛(400−335)／335｝×100≒19.4
2022년	87＋393＝480	｛(480−400)／400｝×100＝20.0
2023년	68＋467＝535	｛(535−480)／480｝×100≒11.5
2024년	75＋575＝650	｛(650−535)／535｝×100≒21.5

이에 따라 2021년 이후 감전 사고 사상자 수의 전년 대비 증가율이 가장 큰 해는 2024년이다.

따라서 2024년 누전으로 인한 감전 사고 사상자 수는 650×0.12＝78명이다.

[10-11]
10 자료해석 정답 ②

2020~2023년 연도별 세안제 판매량의 전년 대비 증가율의 평균은 (3.3＋5.7＋7.7＋10.0)／4≒6.7%이므로 옳은 설명이다.

오답 체크

① 2021년 비누의 판매량은 2020년 세안제의 판매량의 32,000／12,300≒2.6배이므로 옳지 않은 설명이다.
③ 2021년 비누의 판매량은 전년 대비 감소하였으므로 옳지 않은 설명이다.
④ 2023년 치약 판매량의 전년 대비 증가량은 38,800−34,600＝4,200개로 2021년 치약 판매량의 전년 대비 증가량인 31,800−27,600＝4,200개와 동일하므로 옳지 않은 설명이다.
⑤ 세안제 판매량의 전년 대비 증가량은 2022년에 14,000−13,000＝1,000개, 2023년에 15,400−14,000＝1,400개로 2022년이 2023년보다 작으므로 옳지 않은 설명이다.

11 자료해석 정답 ⑤

제시된 품목 중 2022년 판매량의 전년 대비 증가량이 가장 큰 품목은 3,000개 이상 증가한 비누이므로 옳지 않은 설명이다.

오답 체크

① 제시된 기간 중 비누의 판매량이 전년 대비 감소한 2021년에 치약과 세안제의 판매량은 전년 대비 증가하였으므로 옳은 설명이다.

② 총판매량에서 치약의 판매량이 차지하는 비중은 2020년에 (27,600／73,600)×100＝37.5%, 2021년에 (31,800／76,800)×100≒41.4%로 2021년에 전년 대비 증가하였으므로 옳은 설명이다.
③ 비누 판매량의 전년 대비 증가율의 전년 대비 변화량이 가장 큰 해는 기울기가 가장 가파른 2022년이므로 옳은 설명이다.
④ 2023년 세안제 판매량의 전년 대비 증가율은 2022년 대비 10.0−7.7＝2.3%p 증가하였으므로 옳은 설명이다.

[12-13]
12 자료해석 정답 ④

2018년 한약재 수입액은 2021년 한약재 수입액의 (60,200／64,100)×100≒93.9%로 95% 미만이므로 옳지 않은 설명이다.

오답 체크

① 제시된 기간 동안 연도별 한약재 수입액의 평균은 (60,200＋52,400＋55,000＋64,100＋70,500)／5＝60,440천 달러로 60,000천 달러 이상이므로 옳은 설명이다.
② 한약재 수입 품목 1개당 수입 물량은 2020년에 15,000／320≒46.9톤, 2021년에 16,300／350≒46.6톤으로 2020년이 2021년보다 많으므로 옳은 설명이다.
③ 제시된 기간 동안 한약재 수입 품목이 가장 적은 해는 한약재 수입 품목이 310개인 2019년이고, 2019년 한약재 수입액은 전년 대비 ｛(60,200−52,400)／60,200｝×100≒13.0% 감소하였으므로 옳은 설명이다.
⑤ 2019년 한약재 수입액 대비 2022년 한약재 수입액의 비율은 70,500／52,400≒1.3으로 1.5 미만이므로 옳은 설명이다.

13 자료해석 정답 ③

a. 한약재 수입 물량 1톤당 수입액은 2019년에 52,400／15,500≒3.4천 달러, 2022년에 70,500／16,200≒4.4천 달러로 2019년이 2022년보다 적으므로 옳은 설명이다.

b. 한약재 수입 물량의 전년 대비 감소량은 2019년에 16,500−15,500＝1,000톤, 2022년에 16,300−16,200＝100톤으로 2019년이 2022년의 1,000／100＝10배이므로 옳은 설명이다.

c. 2018~2022년 한약재 수입액의 합에서 2022년 한약재 수입액이 차지하는 비중은 ｛70,500／(60,200＋52,400＋55,000＋64,100＋70,500)｝×100≒23.3%로 20% 이상이므로 옳은 설명이다.

d. 2020년 한약재 수입액의 전년 대비 증가율은 {(55,000 −52,400)/52,400}×100 ≒ 5.0%이고, 같은 해 한약재 수입 품목의 전년 대비 증가율은 {(320−310)/310}×100 ≒ 3.2% 로 2020년 한약재 수입액의 전년 대비 증가율은 같은 해 한약재 수입 품목의 전년 대비 증가율의 5.0/3.2 ≒ 1.6배이므로 옳지 않은 설명이다.

빠른 문제 풀이 Tip

c. 2018년부터 2022년까지 5년간 한약재 수입액이 매년 동일한 경우, 각 연도의 한약재 수입액이 전체 수입액에서 차지하는 비중은 (1/5)×100=20%로 동일하다. 이때 2022년의 한약재 수입액은 다른 연도에 비해 가장 많으므로 2018~2022년 한약재 수입액의 합에서 2022년 한약재 수입액이 차지하는 비중은 20% 이상임을 알 수 있다.

[14-15]

14 자료해석   정답 ①

a. 2022년 전체 심판 처리 건수에서 특허 심판 처리 건수가 차지하는 비중은 (5,200/11,200)×100 ≒ 46.4%이므로 옳지 않은 설명이다.

c. 2019년부터 2023년까지 특허·실용신안의 연도별 평균 심판 처리 기간의 합인 9.4+7.2+10.0+11.9+15.6= 54.1개월과 디자인·상표의 연도별 평균 심판 처리 기간의 합인 7.3+6.4+8.9+9.1+9.0=40.7개월의 차이는 54.1−40.7=13.4개월이므로 옳지 않은 설명이다.

b. 제시된 기간 중 상표의 심판 청구 건수와 심판 처리 건수가 다른 해에 비해 가장 많은 해는 2023년으로 동일하므로 옳은 설명이다.

d. 2020년 이후 실용신안 심판 청구 건수의 전년 대비 증감 추이는 증가−증가−감소−증가이고, 실용신안 심판 처리 건수의 전년 대비 증감 추이는 감소−감소−증가−감소로 서로 정반대이므로 옳은 설명이다.

15 자료해석   정답 ⑤

전체 심판 청구 건수가 두 번째로 적은 2022년에 특허·실용신안의 평균 심판 처리 기간의 전년 대비 증가율은 {(11.9−10.0)/10.0}×100=19%이므로 옳은 설명이다.

① 실용신안 심판 청구 건수의 전년 대비 증가율은 2021년이 {(300−260)/260}×100 ≒ 15.4%, 2023년이 {(250−200)/200}×100=25%로 2021년이 2023년보다 낮으므로 옳지 않은 설명이다.

② 제시된 기간 동안 디자인 심판 처리 건수의 평균은 (550+400+420+540+550)/5=492건이므로 옳지 않은 설명이다.

③ 제시된 기간 중 특허·실용신안과 디자인·상표의 평균 심판 처리 기간의 차이가 가장 작은 해는 7.2−6.4=0.8개월 차이나는 2020년이므로 옳지 않은 설명이다.

④ 2020년 이후 전체 심판 청구 건수의 전년 대비 변화량이 가장 작은 해는 2023년이고, 전체 심판 처리 건수의 전년 대비 변화량이 가장 작은 해는 2022년이므로 옳지 않은 설명이다.

[16-17]

16 자료해석   정답 ③

2024년 A~J 국 국가별 인구 천 명당 의사 수의 평균은 (2.1+3.9+4.0+3.3+3.3+2.8+2.5+2.2+2.3+3.9)/ 10 ≒ 3.0명으로 전세계 인구 천 명당 의사 수인 3.2명보다 적으므로 옳지 않은 설명이다.

① 2021년 A 국 인구 천 명당 의료인 수에서 간호사가 차지하는 비중은 (5.3/8.4)×100 ≒ 63.1%이므로 옳은 설명이다.

② 2019년 이후 연도별 A 국 인구 천 명당 의료인 수가 많은 의료인부터 순위를 매기면 간호사, 의사, 치과의사, 한의사, 조산사 순으로 매년 동일하므로 옳은 설명이다.

④ 제시된 기간 동안 A 국 인구 천 명당 조산사 수는 매년 0.2명으로 동일하므로 옳은 설명이다.

⑤ 2024년 A~J 국 중 인구 천 명당 의사 수가 4.0명으로 가장 많은 C 국과 2.1명으로 가장 적은 A 국의 인구 천 명당 의사 수의 차이는 4.0−2.1=1.9명이므로 옳은 설명이다.

17 자료해석   정답 ②

인구 천 명당 의료인 수=의료인 수×1,000/전체 인구수임을 적용하여 구한다.

2024년 A 국의 의사 수는 2.1×51,000,000/1,000= 107,100명이므로 2025년 A 국의 의사 수는 107,100+ 13,900=121,000명이고, 2025년 A 국의 전체 인구수는 51,000,000+4,000,000=55,000,000명이다.

따라서 2025년 A 국의 인구 천 명당 의사 수는 121,000 ×1,000/55,000,000=2.2명이다.

18 자료해석 　　　　　　　　　　정답 ⑤

총 수익 $=(원가+a) \times \dfrac{a+b}{b}$ 임을 적용하여 구한다.

A 물품의 원가는 1,640달러, 총 수익은 11,400달러이므로

$11,400 = (1,640+a) \times \dfrac{a+b}{b}$

$\rightarrow 11,400 = (1,640 \times \dfrac{a+b}{b}) + (a \times \dfrac{a+b}{b})$ … ⓐ

B 물품의 원가는 1,420달러, 총 수익은 10,300달러이므로

$10,300 = (1,420+a) \times \dfrac{a+b}{b}$

$\rightarrow 10,300 = (1,420 \times \dfrac{a+b}{b}) + (a \times \dfrac{a+b}{b})$ … ⓑ

ⓐ-ⓑ에서 $1,100 = 220 \times \dfrac{a+b}{b} \rightarrow 5 = \dfrac{a+b}{b} \rightarrow a = 4b$

이를 ⓐ에 대입하여 풀면

$11,400 = (1,640+4b) \times 5 \rightarrow 1,640+4b = 2,280$

$\rightarrow b = 160, \ a = 640$

따라서 a는 640, b는 160인 ⑤가 정답이다.

19 자료해석 　　　　　　　　　　정답 ③

가동률(%) = (생산실적 / 생산능력) × 100임을 적용하여 K 기업의 공장 가동률을 계산하면 다음과 같다.

구분	가동률
2019년	$(861 / 1,050) \times 100 = 82\%$
2020년	$(884 / 1,040) \times 100 = 85\%$
2021년	$(927 / 1,030) \times 100 = 90\%$
2022년	$(909 / 1,010) \times 100 = 90\%$
2023년	$(882 / 1,050) \times 100 = 84\%$

따라서 K 기업의 공장 가동률이 일치하는 ③이 정답이다.

빠른 문제 풀이 Tip

가동률의 분모인 생산능력이 동일한 2019년과 2023년을 우선적으로 비교한다.
가동률의 분자인 생산실적은 2019년이 861만 톤, 2023년이 882만 톤으로 가동률은 2019년보다 2023년이 더 높으므로 ①을 소거한다. 그다음, 계산이 쉬운 수치를 먼저 계산하면, 2019년부터 2023년까지 모든 해의 생산능력은 10의 배수이고, 모든 선택지의 2021년 또는 2022년 가동률은 90%이므로 생산능력에 0.9를 곱하여 생산실적을 계산해 보면, 2021년에 1,030 × 0.9 = 927만 톤, 2022년에 1,010 × 0.9 = 909만 톤으로 제시된 자료의 수치와 동일하므로 2021년과 2022년의 가동률은 모두 90%이다.
따라서 정답은 ③임을 알 수 있다.

20 자료해석 　　　　　　　　　　정답 ②

유소년 인구의 변화를 나타내면 다음과 같다.

2019년	2020년	2021년	2022년	2023년
645	630	615	600	585

−15　−15　−15　−15

유소년 인구는 매년 15만 명씩 감소함을 알 수 있다.
고령 인구의 변화를 나타내면 다음과 같다.

2019년	2020년	2021년	2022년	2023년
780	820	860	900	940

+40　+40　+40　+40

고령 인구는 매년 40만 명씩 증가함을 알 수 있다.
이에 따라 2024년 이후 유소년 인구와 고령 인구를 계산하면 다음과 같다.

구분	유소년 인구	고령 인구	(유소년 인구 +고령 인구) / 유소년 인구
2024년	585 − 15 = 570	940 + 40 = 980	(570 + 980) / 570 ≒ 2.72
2025년	570 − 15 = 555	980 + 40 = 1,020	(555 + 1,020) / 555 ≒ 2.84
2026년	555 − 15 = 540	1,020 + 40 = 1,060	(540 + 1,060) / 540 ≒ 2.96
2027년	540 − 15 = 525	1,060 + 40 = 1,100	(525 + 1,100) / 525 ≒ 3.10

따라서 유소년 인구와 고령 인구의 합이 처음으로 유소년 인구의 3배 이상이 되는 해는 2027년이다.

01 언어추리
정답 ①

예능을 좋아하는 모든 사람이 탁구를 좋아하고, 예능을 좋아하는 모든 사람이 인맥이 넓으면 탁구를 좋아하면서 인맥이 넓은 사람이 반드시 존재하게 된다.

따라서 '인맥이 넓은 어떤 사람은 탁구를 좋아한다.'가 타당한 결론이다.

오답 체크

예능을 좋아하는 사람을 '예', 탁구를 좋아하는 사람을 '탁', 인맥이 넓은 사람을 '인'이라고 하면

② 인맥이 넓은 사람 중에 탁구를 좋아하지 않는 사람이 있을 수도 있으므로 반드시 참인 결론이 아니다.

③ 탁구를 좋아하는 사람 중에 인맥이 넓지 않은 사람이 있을 수도 있으므로 반드시 참인 결론이 아니다.

④ 인맥이 넓은 모든 사람은 탁구를 좋아할 수도 있으므로 반드시 참인 결론이 아니다.

⑤ 인맥이 넓은 사람 중에 탁구를 좋아하는 사람이 적어도 한 명 존재하므로 반드시 거짓인 결론이다.

02 언어추리
정답 ④

실전 경험이 풍부한 모든 사람이 실수를 많이 하지 않고, 사전 준비를 철저히 하는 어떤 사람이 실전 경험이 풍부하면 사전 준비를 철저히 하면서 실수를 많이 하지 않는 사람이 반드시 존재하게 된다.

따라서 '사전 준비를 철저히 하면서 실수를 많이 하지 않는 사람이 있다.'가 타당한 결론이다.

오답 체크

실전 경험이 풍부한 사람을 '경', 실수를 많이 하지 않는 사람을 '실X', 사전 준비를 철저히 하는 사람을 '사'라고 하면

① 사전 준비를 철저히 하는 사람 중에 실수를 많이 하는 사람이 있을 수도 있으므로 반드시 참인 결론이 아니다.

② 실수를 많이 하는 모든 사람은 사전 준비를 철저히 하지 않을 수도 있으므로 반드시 참인 결론이 아니다.

③ 실수를 많이 하지 않는 사람 중에 사전 준비를 철저히 하지 않는 사람이 있을 수도 있으므로 반드시 참인 결론이 아니다.

⑤ 실수를 많이 하지 않는 모든 사람은 사전 준비를 철저히 할 수도 있으므로 반드시 참인 결론이 아니다.

03 언어추리 정답 ④

경제에 관심이 없는 모든 사람이 투자를 하지 않는다는 것은 투자를 하는 모든 사람이 경제에 관심이 있다는 것이므로 경제에 관심이 있는 모든 사람이 위험을 감수하면 투자를 하는 모든 사람은 위험을 감수하게 된다.
따라서 '경제에 관심이 있는 모든 사람은 위험을 감수한다.'가 타당한 전제이다.

오답 체크

경제에 관심이 있는 사람을 '경', 투자를 하는 사람을 '투', 위험을 감수하는 사람을 '위'라고 하면

①, ② 투자를 하는 모든 사람이 경제에 관심이 있고, 경제에 관심이 있는 어떤 사람이 위험을 감수하거나 경제에 관심이 없는 어떤 사람이 위험을 감수한다면 투자를 하는 모든 사람은 위험을 감수하지 않을 수도 있으므로 결론이 반드시 참이 되게 하는 전제가 아니다.

③ 투자를 하는 모든 사람이 경제에 관심이 있고, 위험을 감수하는 모든 사람이 경제에 관심이 있다면 투자를 하는 모든 사람은 위험을 감수하지 않을 수도 있으므로 결론이 반드시 참이 되게 하는 전제가 아니다.

⑤ 투자를 하는 모든 사람이 경제에 관심이 있고, 위험을 감수하지 않는 어떤 사람이 경제에 관심이 있다면 투자를 하는 모든 사람은 위험을 감수하지 않을 수도 있으므로 결론이 반드시 참이 되게 하는 전제가 아니다.

04 언어추리 정답 ③

제시된 조건에 따르면 아무도 하지 않는 운동은 없고, 요가와 필라테스를 모두 하는 사람은 없으며, A와 D는 수영을 하지 않으므로 A와 D는 헬스와 요가 또는 헬스와 필라테스를 한다. 또한, B는 헬스와 필라테스 중 한 종류의 운동만 하므로 B는 수영과 헬스 또는 수영과 필라테스 또는 헬스와 요가를 한다. 이때 C는 수영을 하고, C와 D가 하는 두 종류의 운동 중 한 종류가 같으므로 C는 수영

과 헬스 또는 수영과 요가 또는 수영과 필라테스를 한다. 따라서 A와 D는 헬스와 요가 또는 헬스와 필라테스를 하므로 항상 참인 설명이다.

오답 체크

① C는 수영과 헬스 또는 수영과 요가 또는 수영과 필라테스를 하므로 항상 참인 설명은 아니다.
② 수영을 하는 사람은 1명 또는 2명이므로 항상 참인 설명은 아니다.
④ B가 필라테스를 할 때, 가능한 B의 운동 조합은 수영과 필라테스 1가지뿐이므로 항상 거짓인 설명이다.
⑤ A와 B가 둘 다 헬스와 요가를 할 때, 아무도 하지 않는 운동은 없고 C와 D가 하는 두 종류의 운동 중 한 종류가 같아 D는 헬스와 필라테스를 하고 C는 수영과 헬스 또는 수영과 필라테스를 하여 가능한 경우의 수는 2가지이므로 항상 거짓인 설명이다.

05 언어추리 정답 ⑤

제시된 조건에 따르면 갑은 을보다 먼저 등교했으며, 갑과 을 사이에 등교한 사람은 2명이고, 을은 병보다 먼저 등교했으므로 갑과 을은 각각 '첫 번째, 네 번째' 또는 '두 번째, 다섯 번째'로 등교했음을 알 수 있다. 또한, 무는 첫 번째 또는 세 번째로 등교했으므로 갑이 첫 번째로 등교한 경우 무는 세 번째로 등교했고, 갑이 두 번째로 등교한 경우 무는 첫 번째 또는 세 번째로 등교했다. 이때 정은 무보다 늦게 등교했으므로 갑이 등교한 순서에 따라 가능한 경우는 다음과 같다.

경우 1. 갑이 첫 번째로 등교한 경우

첫 번째 (8시 30분)	두 번째 (8시 40분)	세 번째 (8시 50분)	네 번째 (9시 00분)	다섯 번째 (9시 10분)	여섯 번째 (9시 20분)
갑	기	무	을	병 또는 정	병 또는 정

경우 2. 갑이 두 번째로 등교한 경우

첫 번째 (8시 30분)	두 번째 (8시 40분)	세 번째 (8시 50분)	네 번째 (9시 00분)	다섯 번째 (9시 10분)	여섯 번째 (9시 20분)
무	갑	정 또는 기	정 또는 기	을	병
기	갑	무	정	을	병

따라서 9시 정각에 등교한 사람으로 가능한 것은 을, 정, 기이다.

06 언어추리

제시된 조건에 따르면 다형이는 1일, 나연이는 2일, 라진이는 7일에 출장을 가고, 가장 마지막 날 출장을 가는 사람은 라진이므로 라진이는 10일에 출장을 간다. 이에 따라 마리가 출장을 가는 두 날짜의 차이는 3일이므로 마리는 (3일, 6일) 또는 (5일, 8일) 또는 (6일, 9일)에 출장을 간다. 이때 가희가 출장을 가는 날짜는 모두 짝수일이고, 다형이가 두 번째로 출장을 가는 날짜보다 모두 늦으므로 마리는 3일, 6일에 출장을 가지 않음을 알 수 있다. 마리가 출장을 가는 날짜에 따라 가능한 경우는 다음과 같다.

경우 1. 마리가 5일, 8일에 출장을 가는 경우

1일	2일	3일	4일	5일	6일	7일	8일	9일	10일
다형	나연	다형	가희	마리	가희	라진	마리	나연	라진

경우 2. 마리가 6일, 9일에 출장을 가는 경우

1일	2일	3일	4일	5일	6일	7일	8일	9일	10일
다형	나연	다형	가희	나연	마리	라진	가희	마리	라진

따라서 마리가 6일에 출장을 가면, 나연이는 2일, 5일에 출장을 가고, 출장을 가는 두 날짜의 차이는 3일이므로 항상 거짓인 설명이다.

오답 체크
① 가희는 4일에 출장을 가므로 항상 참인 설명이다.
② 다형이는 3일에 출장을 가므로 항상 참인 설명이다.
③ 나연이는 2일, 5일에 출장을 가거나 2일, 9일에 출장을 가므로 항상 거짓인 설명은 아니다.
⑤ 나연이와 라진이가 연이어 9일, 10일에 출장을 가면, 5일에 출장을 가는 사람은 마리이므로 항상 참인 설명이다.

07 언어추리

제시된 조건에 따르면 A는 2행 2열에 들어있으며, 1행 2열에는 LED 전구가 들어있지 않다. 이때 1열에 들어있는 3개의 LED 전구는 모두 꺼져 있고, B와 C는 1행에 들어있으며, C는 켜져 있으므로 B는 1행 1열에, C는 1행 3열에 들어있다. 또한, 3열에 들어있는 LED 전구 중 2개의 LED 전구만 켜져 있고 E와 G는 같은 열에 들어있으며, 둘 중 하나만 켜져 있으므로 E와 G는 3열에 들어있다. E가 들어있는 위치에 따라 가능한 경우는 다음과 같다.

경우 1. E가 2행 3열에 들어있는 경우

B(꺼짐)	비어 있음	C(켜짐)
D(꺼짐) 또는 F(꺼짐)	A(켜짐)	E(켜짐 또는 꺼짐)
D(꺼짐) 또는 F(꺼짐)	비어 있음	G(켜짐 또는 꺼짐)

경우 2. E가 3행 3열에 들어있는 경우

B(꺼짐)	비어 있음	C(켜짐)
D(꺼짐) 또는 F(꺼짐)	A(켜짐)	G(켜짐 또는 꺼짐)
D(꺼짐) 또는 F(꺼짐)	비어 있음	E(켜짐 또는 꺼짐)

따라서 F는 꺼져 있으므로 항상 거짓인 설명이다.

오답 체크
① F와 같은 행에 들어있는 LED 전구는 F를 제외하고 1개 또는 2개이므로 항상 거짓인 설명은 아니다.
② 3행에는 0개 또는 1개의 LED 전구가 켜져 있으므로 항상 거짓인 설명은 아니다.
③ 총 3개의 LED 전구가 켜져 있으므로 항상 참인 설명이다.
⑤ 2열에는 1개의 LED 전구가 들어있으므로 항상 참인 설명이다.

08 언어추리

제시된 조건에 따르면 갑, 을, 병, 정 각각의 두 가지 진술 중 한 가지 진술은 진실, 다른 한 가지 진술은 거짓이다. 먼저 갑의 첫 번째 진술을 진실이라고 가정했을 경우, 갑의 두 번째 진술은 거짓이 되고 서로 모순되는 진술을 통해 을, 병, 정 모두 첫 번째 진술이 진실이고, 두 번째 진술이 거짓임을 알 수 있다. 이에 따라 현직 야구선수는 을, 정임을 알 수 있다.

두 번째로 갑의 첫 번째 진술을 거짓이라고 가정했을 경우, 갑의 두 번째 진술은 진실이 되고 서로 모순되는 진술을 통해 을, 병, 정 모두 첫 번째 진술이 거짓이고, 두 번째 진술이 진실임을 알 수 있다. 이에 따라 현직 야구선수는 갑, 병임을 알 수 있다.

따라서 첫 번째 경우와 두 번째 경우에서 서로 다른 결과가 나왔기 때문에 갑, 을, 병, 정 중 현직 야구선수인 사람은 알 수 없다.

1회 2회 3회 4회 5회 6회

09 언어추리 정답 ②

제시된 조건에 따르면 첫 번째로 열어야 하는 자물쇠는 F이고, B는 D 바로 다음으로 열어야 하며, C와 D 사이에 열어야 하는 자물쇠는 하나이다. 이때 C를 D보다 먼저 열어야 할 경우 B, C, D의 순서는 'C - ( ) - D - B'가 되고, D를 C보다 먼저 열어야 할 경우 'D - B - C'가 됨을 알 수 있다. 또한, A는 세 번째로 열면 안 되고, E보다는 나중에 열어야 하므로 C와 D를 여는 순서에 따라 가능한 경우는 다음과 같다.

구분	첫 번째	두 번째	세 번째	네 번째	다섯 번째	여섯 번째
경우 1	F	C	E	D	B	A
경우 2	F	D	B	C	E	A
경우 3	F	E	C	A	D	B
경우 4	F	E	D	B	C	A

따라서 A를 열어야 하는 순서가 다섯 번째일 수 없으므로 항상 거짓인 설명이다.

오답 체크
① E가 두 번째로 열어야 할 자물쇠일 때, 마지막으로 열어야 하는 자물쇠는 A 또는 B이므로 항상 거짓인 설명은 아니다.
③ 환희가 조건을 바르게 적용했을 때, 방을 탈출할 수 있는 경우의 수는 4가지이므로 항상 참인 설명이다.
④ C가 두 번째로 열어야 할 자물쇠일 때, 마지막으로 열어야 하는 자물쇠는 A이므로 항상 참인 설명이다.
⑤ D를 열어야 하는 순서는 두 번째 또는 세 번째 또는 네 번째 또는 다섯 번째이므로 항상 거짓인 설명은 아니다.

10 언어추리 정답 ②

제시된 조건에 따르면 6명은 3명씩 나뉘어 서로 다른 시각에 출발하고 B가 출발할 때 E는 출발하지 않고, E가 출발할 때 C는 출발하지 않으므로 B와 C가 함께 출발한다. 이때 A와 D 중 1명이 출발하면 나머지 1명도 반드시 출발하므로 A와 D가 함께 출발한다. 이에 따라 A, D, E가 함께 출발하고, B, C, F가 함께 출발한다.
따라서 B는 F와 함께 출발하므로 항상 참인 설명이다.

11 언어추리 정답 ③

제시된 조건에 따르면 내과에 3명, 정형외과에 2명이 대기하고 있고, C가 대기하고 있는 과에서 C보다 늦은 순서의 대기자는 없으므로 C는 내과에서 번호표 3번을 뽑아 대기하고 있거나 정형외과에서 번호표 2번을 뽑아 대기하

고 있음을 알 수 있다. 또한, A와 B의 번호표 순서는 같고, B가 대기하고 있는 과에서 B보다 늦은 순서의 대기자는 1명 있으며, E의 번호표는 1번이 아니므로 A는 내과에서 번호표 1번을 뽑아 대기하고 있고, B는 정형외과에서 번호표 1번을 뽑아 대기하고 있음을 알 수 있다. 이때 A와 D는 같은 과에서 대기하고 있으므로 C가 대기하고 있는 과에 따라 가능한 경우는 다음과 같다.

경우 1. C가 내과에서 대기하고 있는 경우

구분	1번	2번	3번
내과	A	D	C
정형외과	B	E	

경우 2. C가 정형외과에서 대기하고 있는 경우

구분	1번	2번	3번
내과	A	D 또는 E	D 또는 E
정형외과	B	C	

따라서 A는 내과, B는 정형외과에서 대기하고 있으므로 항상 참인 설명이다.

오답 체크
① 정형외과에는 B와 E가 대기하고 있거나 B와 C가 대기하고 있으므로 항상 참인 설명은 아니다.
② D의 번호표는 2번 또는 3번이므로 항상 참인 설명은 아니다.
④ A는 D, C와 같은 과에서 대기하고 있거나 D, E와 같은 과에서 대기하고 있으므로 항상 참인 설명은 아니다.
⑤ C는 내과에서 번호표 3번을 뽑아 대기하고 있거나 정형외과에서 번호표 2번을 뽑아 대기하고 있으므로 항상 참인 설명은 아니다.

12 언어추리 정답 ④

제시된 조건에 따르면 기획 1팀과 4팀에 배정되는 인턴사원은 여자이며, 석사학위를 취득한 사람은 기획 3팀에 배정된다. 또한, 석사학위를 취득한 사람은 남자가 아닌 여자이므로 기획 1팀, 3팀, 4팀에 배정되는 인턴사원은 모두 여자이다. 이때 B는 남자이므로 기획 2팀에 배정된다.

구분	기획 1팀	기획 2팀	기획 3팀	기획 4팀
인턴사원		B		
최종학위	학사	학사	석사	학사
성별	여자	남자	여자	여자

따라서 A가 기획 4팀에 배정되면, 가능한 경우의 수는 2가지이므로 항상 거짓인 설명이다.

오답 체크
① 석사학위를 취득한 사람이 D라면, A는 기획 1팀 또는 기획 4팀에 배정되므로 항상 거짓인 설명은 아니다.
② B는 기획 2팀에 배정되므로 항상 참인 설명이다.
③ A와 B의 최종학위는 동일하거나 동일하지 않으므로 항상 거짓인 설명은 아니다.
⑤ C가 기획 3팀에 배정되면, 기획 1팀에 배정될 가능성이 있는 사람은 2명이므로 항상 참인 설명이다.

13 언어추리
정답 ③

제시된 조건에 따르면 재혁이는 5과목의 프로그래밍 시험에서 각각 서로 다른 점수를 받았으며, 시험 점수는 최소 1점, 최대 5점이고, 루비 과목과 HTML 과목의 점수 합은 6점이므로 루비와 HTML 과목의 점수는 각각 (1점, 5점) 또는 (5점, 1점) 또는 (2점, 4점) 또는 (4점, 2점)이다. 이때 루비와 HTML 과목의 점수가 (1점, 5점) 또는 (5점, 1점)이라면 C++ 과목과 루비 과목의 점수 차이는 3점이므로 C++ 과목의 점수는 4점 또는 2점이 되어야 하지만, 파이썬 과목과 HTML 과목의 점수 차이는 1점이므로 파이썬 과목의 점수도 4점 또는 2점이 되어 모순된다. 이에 따라 루비와 HTML 과목의 점수는 각각 (2점, 4점) 또는 (4점, 2점)이며 C++ 과목의 점수는 5점 또는 1점, 파이썬 과목의 점수는 3점, 자바 과목의 점수는 1점 또는 5점임을 알 수 있다.
따라서 세 번째로 높은 점수의 과목은 3점을 받은 파이썬이다.

14 언어추리
정답 ④

제시된 조건에 따르면 자신의 국적이 한국이 아니라는 A의 말과 자신과 D의 국적이 한국이 아니라는 C의 말이 모두 진실일 경우 B의 국적은 한국이어야 한다. 이때 자신의 국적이 일본 또는 캐나다라는 B의 말과 B의 국적이 일본이라는 D의 말이 모두 거짓이 되어, 4명 중 1명만 거짓을 말한다는 조건에 모순되므로 A와 C 중 1명이 거짓을 말하고 있음을 알 수 있다. 또한, D의 국적이 한국이 아니라는 C의 말과 자신의 국적이 한국이라는 D의 말은 서로 모순되므로 C와 D 중 1명이 거짓을 말하고 있음을 알 수 있다. 이에 따라 C의 말이 거짓이고, 나머지 A, B, D의 말은 진실이며, D의 말에 따라 B의 국적은 일본, D의 국적은 한국이므로 A와 C의 국적은 각각 미국 또는 캐나다이다.

따라서 B와 D는 진실을 말하고 있으므로 항상 참인 설명이다.

오답 체크
① A의 국적은 미국 또는 캐나다이므로 항상 참인 설명은 아니다.
② C는 거짓을 말하고 있으므로 항상 거짓인 설명이다.
③ C의 국적은 미국 또는 캐나다이므로 항상 참인 설명은 아니다.
⑤ D의 국적은 한국이므로 항상 거짓인 설명이다.

15 도형추리
정답 ②

각 행에서 3열에 제시된 도형은 1열과 2열에 제시된 도형의 서로 다른 음영을 나타낸 형태이다.

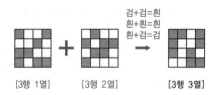

[3행 1열] [3행 2열] **[3행 3열]**

검+검=흰
흰+흰=흰
흰+검=검

따라서 '?'에 해당하는 도형은 ②이다.

16 도형추리
정답 ②

1행을 기준으로 다음 행에 제시된 도형은 이전 행에 제시된 도형을 상하 대칭한 후 왼쪽으로 한 칸씩 이동한 형태이다.

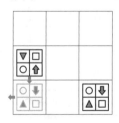

따라서 '?'에 해당하는 도형은 ②이다.

17 도형추리 정답 ⑤

각 열에서 나음 행에 제시된 도형은 이전 행에 제시된 도형의 외부 원을 반시계 방향으로 90° 회전하고, 내부 원을 시계 방향으로 90° 회전한 형태이다.

 외부 반시계 90° 회전 내부 시계 90° 회전

[2행 3열]   [3행 3열]

따라서 '?'에 해당하는 도형은 ⑤이다.

[18-21]

▼: 문자와 숫자 순서에 따라 첫 번째 문자(숫자)를 바로 다음 순서에 오는 문자(숫자)로, 두 번째 문자(숫자)를 이전 두 번째 순서에 오는 문자(숫자)로, 세 번째 문자(숫자)를 다음 세 번째 순서에 오는 문자(숫자)로, 네 번째 문자(숫자)를 이전 네 번째 순서에 오는 문자(숫자)로 변경한다.
ex. abcd → bzfz (a+1, b−2, c+3, d−4)

◎: 첫 번째 문자(숫자)를 네 번째 자리로, 두 번째 문자(숫자)를 세 번째 자리로, 세 번째 문자(숫자)를 첫 번째 자리로, 네 번째 문자(숫자)를 두 번째 자리로 이동시킨다.
ex. abcd → cdba

◈: 문자와 숫자 순서에 따라 각 자리의 문자(숫자)를 바로 다음 순서에 오는 문자(숫자)로 변경한다.
ex. abcd → bcde (a+1, b+1, c+1, d+1)

▨: 문자와 숫자 순서에 따라 두 번째 문자(숫자)를 바로 이전 순서에 오는 문자(숫자)로, 네 번째 문자(숫자)를 바로 다음 순서에 오는 문자(숫자)로 변경한다.
ex. abcd → aace (a, b−1, c, d+1)

18 도식추리 정답 ④

5F3W → ◈ → 6G4X → ▼ → 7E7T

19 도식추리 정답 ③

T4K5 → ▼ → U2N1 → ▨ → U1N2

20 도식추리 정답 ⑤

83RY → ▨ → 82RZ → ◈ → 93SA → ◎ → SA39

21 도식추리 정답 ②

HV26 → ◈ → IW37 → ▨ → IV38

22 문단배열 정답 ⑤

이 글은 에드윈 허블에 의해 발견된 허블의 법칙 이론과 의의에 대해 설명하는 글이다.
따라서 '(B) 허블 법칙의 발견 → (D) 도플러 효과와 적색편이 → (A) 허블 법칙과 우주 팽창 → (C) 허블 법칙의 의의' 순으로 연결되어야 한다.

23 문단배열 정답 ④

이 글은 모나리자 작품에 사용된 스푸마토 기법에 대해 설명하는 글이다.
따라서 '(C) 레오나르도 다빈치의 대표작인 모나리자 → (B) 레오나르도 다빈치가 작품 모나리자에 사용한 스푸마토 기법 → (D) 모나리자 작품의 배경에서도 느낄 수 있는 스푸마토 기법 → (A) 레오나르도 다빈치가 작품에 스푸마토 기법을 녹여낸 방법' 순으로 연결되어야 한다.

24 논리추론 정답 ⑤

과거 우리나라에서는 하수 오니를 바다 속에 매립하거나 건조 후 소각하는 방식을 택하였으나, 현재 오니의 직매립 및 해양 배출은 전면 금지되었다고 하였으므로 오늘날 우리나라에서 수처리 과정에서 발생한 오니를 해양 직매립을 통해 해결하고 있다는 것은 옳지 않은 내용이다.

오답 체크
① 일부 오니는 시멘트의 원료로 사용되기도 한다고 하였으므로 옳은 내용이다.
② 배출된 하수와 폐수에 대한 수처리는 생물학적 처리와 응집 침전 등을 시행해 오니를 빠르게 만들어 낸 뒤 이를 처리하여 물을 정화한다고 하였으므로 옳은 내용이다.
③ 오니는 바다 및 하천 등에서 오염 물질이 중력의 영향을 받아 자연스럽게 만들어지기도 한다고 하였으므로 옳은 내용이다.
④ 오니는 다양하게 재활용되고 있으며, 오니를 숙성시켜 퇴비로 활용하기도 한다고 하였으므로 옳은 내용이다.

25 논리추론 정답 ②

사물인터넷의 발전과 활용에 따라 개인정보 보호 문제가 중요한 사안으로 떠오르고 있다고 하므로 사물인터넷의 발전으로 인한 편리함과 개인정보 유출 위험성은 밀접하게 연결되어 있음을 추론할 수 있다.

오답체크

① 사물인터넷은 사물에 센서와 프로세서를 장착하여 정보를 수집하고, 이를 제어 및 관리할 수 있도록 인터넷으로 연결하는 시스템이라고 하였으므로 옳지 않은 내용이다.

③ 가정에서의 자동화 시스템은 온도, 조명, 보안 시스템을 원격으로 조정할 수 있도록 하여 사용자 맞춤형 서비스를 제공한다고 하였으므로 옳지 않은 내용이다.

④ 의료 분야에서는 환자의 건강 상태를 실시간으로 체크하고 이를 전문가에게 전송하여 빠른 대응이 가능하도록 하고 있다고 하였으므로 옳지 않은 내용이다.

⑤ 사물인터넷의 개인정보 보호 문제는 기기 측면에서 보안 프로그램 업데이트가 부족하거나 제조사 측면에서의 보안 취약점이 존재할 경우 해킹에 노출될 수 있다고 하였으므로 옳지 않은 내용이다.

26 논리추론 정답 ④

3D 바이오 프린팅 기술을 이용하면 피부 손상은 물론 의수나 간, 각막, 혈관까지 만들어 이식할 수 있다고 하였으므로 3D 바이오 프린팅 기술을 활용하더라도 망가진 혈관을 고치기 어렵다는 것은 옳지 않은 내용이다.

오답체크

① 3D 바이오 프린터기는 헬기, 구급차 등 응급 이송 시에도 활용할 수 있어 응급 구호나 오지 의료 활동에 도움이 된다고 하였으므로 옳은 내용이다.

② 3D 바이오 프린팅으로 만든 첨단 의수는 내부 센서가 팔의 미세 근육에서 나오는 전기 신호를 파악해 물건을 집거나 악수를 할 수 있다고 하였으므로 옳은 내용이다.

③ 의료계 외에 식품 업계에서도 3D 바이오 프린팅에 관심을 두고 있으며, 이는 환경 문제와 동물 복지 등이 중요한 사회 문제로 떠오른 것이 영향을 미쳤다고 하였으므로 옳은 내용이다.

⑤ 3D 바이오 프린팅 기술을 활용하면 장기 기증자를 찾고 기증자의 유전자가 적합한지 확인하는 과정이 생략된다고 하였으므로 옳은 내용이다.

27 논리추론 정답 ①

저전력 반도체는 데이터 센터의 전력 소비량을 줄이고 발열량을 감소시켜 데이터 관리 시 전체적인 전력 효율을 최적화할 수 있는 방법이라고 하였으므로 데이터 센터에서 데이터를 저장할 때 저전력 반도체를 적용하더라도 발열량을 줄일 수 없다는 것은 옳지 않은 내용이다.

오답체크

② 데이터 센터에서 처리해야 하는 데이터의 양이 늘어나면서 데이터 센터를 운영하는 데 사용되는 전력 또한 증가하고 있다고 하였으므로 옳은 내용이다.

③ 전 세계 데이터 센터 서버의 HDD를 모두 SSD로 교체하면, 연간 3TWh의 전력을 절약할 수 있으며, 여기에 더해 D램을 DDR4에서 최신 DDR5로 업그레이드하면 연간 약 1TWh의 전력량을 줄일 수 있고, 결과적으로 데이터 센터 운영에 필요한 전력 3TWh를 추가로 절감할 수 있다고 하였으므로 옳은 내용이다.

④ 데이터 센터는 안정적인 데이터 환경을 제공하는 시설이라고 하였으므로 옳은 내용이다.

⑤ 데이터 센터 운영에 필요한 전력량이 증가하면서 지구 온난화의 원인이 되는 온실가스 배출량이 함께 늘어나고 있지만, 저전력 반도체를 적용한다면 에너지 절약 및 온실가스 배출량을 줄이는 데 큰 도움이 될 수 있다고 하였으므로 옳은 내용이다.

28 논리추론 정답 ②

제시된 글의 필자는 시장에서 성공한 퍼스트 무버의 제품을 벤치마킹하는 패스트 팔로워 전략은 카피캣이라는 오명을 쓰기도 하지만, 시장 내 리스크 감소 및 빠른 성장이 보장되므로 기업 입장에서 차용해야만 하는 전략이라고 주장하고 있다.

따라서 장기적인 관점에서 보면 퍼스트 무버를 벤치마킹하는 패스트 팔로워 전략은 오히려 소비자들에게 창의성이 부족하다는 비판을 받아 외면받을 수 있다는 반박이 타당하다.

29 논리추론

정답 ④

이 글은 에어컨이 제습 운전을 하면 증발기를 거쳐 차가워진 건조한 공기가 그대로 실내로 유입된다는 내용의 글이고, <보기>는 제습기 중에서도 수증기를 액체로 변화시켜 습기를 제거하는 방식의 냉각식 제습기는 제습된 건조한 공기를 재가열하여 실내로 방출하기 때문에 실내 온도가 높아진다는 내용이다.

따라서 실내 습도와 온도를 동시에 낮추기 위해서는 제습기보다 에어컨을 사용하는 것이 좋음을 알 수 있다.

30 논리추론

정답 ⑤

이 글은 DNA 메틸화, 히스톤 수정과 같은 후성유전학적 작용을 통해 염기 서열의 변화 없이 유전자의 활성 조절이 이루어진다는 내용이고, <보기>는 유전자 구조가 동일하게 태어난 일란성 쌍둥이더라도 외부 환경에 따라 유전자가 변화할 수 있다는 내용이다.

따라서 DNA 염기 서열 변형 현상을 통해 일란성 쌍둥이의 신체적, 심리적 차이에 대한 과학적 설명이 가능한 것은 아님을 알 수 있다.

오답 체크

① 글에 따르면 DNA 메틸화는 DNA의 특정 부위에 메틸기가 첨가되어 해당 유전자가 비활성화되거나 억제되는 과정이며, <보기>에 따르면 흡연을 한다면 발암 유전자가 촉진되거나 종양 억제 유전자가 비활성화될 수 있다고 하였으므로 흡연자에게 종양 억제 유전자가 비활성화되는 현상은 후성유전학적 작용 중 DNA 메틸화에 해당한다는 것은 적절한 내용이다.

② 글에 따르면 후성유전학은 다양한 생물학적 과정이 염기 서열의 변화 없이 유전자의 활성 조절을 통해 세대를 넘어 변화된다는 유전학 변혁의 핵심이 되며, <보기>에 따르면 유전자 자체가 변한 것이 아니라 환경 요인이나 생활 습관이 각 쌍둥이의 유전자에 영향을 미친 것이라고 해석할 수 있으므로 유전자의 활성 조절은 유전자 자체가 변하지 않더라도 세대를 넘어 진행될 수 있다는 것은 적절한 내용이다.

③ 글에 따르면 후성유전학적 작용들은 염기 서열의 변화를 일으키지 않고 외부 환경, 생활 습관, 스트레스 수준, 영양 상태 등 다양한 요인들의 영향으로 유전자 발현의 양상을 변화시킬 수 있으며, <보기>에 따르면 일란성 쌍둥이는 하나의 수정란이 분열하여 두 개의 배아로 성장하며 염기 서열과 유전자 구성이 동일하므로 일란성 쌍둥이는 유전자 구성이 동일하게 태어나더라도 유전자가 다르게 활성화될 수 있다는 것은 적절한 내용이다.

④ 글에 따르면 히스톤 수정은 DNA가 감겨 있는 히스톤 단백질에 화학적 변형이 가해져 유전자 발현을 촉진하는 방식으로 유전자 조절이 이루어지며, <보기>에 따르면 스트레스를 더 많이 받는다면 스트레스 반응에 중요한 유전자 발현이 증가하여 민감도가 높아지는 현상이 발생할 수도 있으므로 스트레스 반응에 중요한 유전자 발현이 증가하는 것은 후성유전학적 작용 중 히스톤 수정에 해당한다는 것은 적절한 내용이다.

실전모의고사 4회

정답

I 수리

p.174

01	①	응용계산	05	①	자료해석	09	①	자료해석	13	⑤	자료해석	17	②	자료해석
02	③	응용계산	06	③	자료해석	10	③	자료해석	14	②	자료해석	18	②	자료해석
03	⑤	자료해석	07	③	자료해석	11	⑤	자료해석	15	③	자료해석	19	④	자료해석
04	②	자료해석	08	④	자료해석	12	②	자료해석	16	①	자료해석	20	②	자료해석

II 추리

p.193

01	④	언어추리	07	④	언어추리	13	⑤	언어추리	19	②	도식추리	25	②	논리추론
02	④	언어추리	08	①	언어추리	14	④	언어추리	20	③	도식추리	26	③	논리추론
03	③	언어추리	09	①	언어추리	15	②	도형추리	21	①	도식추리	27	④	논리추론
04	③	언어추리	10	②	언어추리	16	②	도형추리	22	②	문단배열	28	②	논리추론
05	①	언어추리	11	①	언어추리	17	②	도형추리	23	③	문단배열	29	②	논리추론
06	④	언어추리	12	②	언어추리	18	④	도식추리	24	③	논리추론	30	③	논리추론

취약 유형 분석표

유형별로 맞힌 개수, 틀린 문제 번호와 풀지 못한 문제 번호를 적고 나서 취약한 유형이 무엇인지 파악해 보세요.
취약한 유형은 '기출유형공략'으로 복습하고 틀린 문제와 풀지 못한 문제를 다시 한번 풀어보세요.

수리	유형	맞힌 개수	틀린 문제 번호	풀지 못한 문제 번호
	응용계산	/2		
	자료해석	/18		
	TOTAL	/20		

추리	유형	맞힌 개수	틀린 문제 번호	풀지 못한 문제 번호
	언어추리	/14		
	도형추리	/3		
	도식추리	/4		
	문단배열	/2		
	논리추론	/7		
	TOTAL	/30		

합계	영역	제한 시간 내에 맞힌 문제 수	정답률
	수리	/20	%
	추리	/30	%
	TOTAL	/50	%

해커스 GSAT 삼성직무적성검사 실전모의고사

I 수리

01 응용계산   정답 ①

작년 S 회사의 20대 사원 수를 x, 30대 사원 수를 y라고 하면

작년 대비 올해 S 회사의 20대 사원 수는 20% 감소하였고, 30대 사원 수는 20% 증가하였으므로 올해 S 회사의 20대 사원 수는 $0.8x$, 30대 사원 수는 $1.2y$이다. 이때 S 회사의 20대 사원 수와 30대 사원 수의 합은 작년에 400명이고 작년 대비 올해에는 6% 증가한 $400 \times 1.06 = 424$명이므로

$x + y = 400$ ··· ⓐ

$0.8x + 1.2y = 424$ ··· ⓑ

1.2ⓐ$-$ⓑ에서 $0.4x = 56 \rightarrow x = 140$

따라서 올해 S 회사의 20대 사원 수는 $140 \times 0.8 = 112$명이다.

02 응용계산   정답 ③

서로 다른 n개에서 순서를 고려하지 않고 r개를 뽑는 경우의 수 $_nC_r = \frac{n!}{r!(n-r)!}$임을 적용하여 구한다.

기술팀 3명, 인사팀 3명, 장비팀 2명 총 8명 중 2명이 출장을 갈 때 장비팀 중 적어도 1명이 출장을 가는 경우의 수는 8명 중 2명이 출장을 가는 전체 경우의 수에서 기술팀과 인사팀 6명 중 2명이 출장을 가는 경우의 수를 뺀 것과 같다. 이때 8명 중 2명이 출장을 가는 경우의 수는 $_8C_2 = \frac{8!}{2!6!} = 28$가지이고, 6명 중 2명이 출장을 가는 경우의 수는 $_6C_2 = \frac{6!}{2!4!} = 15$가지이다.

따라서 장비팀 중 적어도 1명이 출장을 가는 경우의 수는 $28 - 15 = 13$가지이다.

03 자료해석   정답 ⑤

시청률(%)=(특정 채널 시청 가구수 / TV 보유 가구수) × 100임을 적용하여 구한다.

B 채널의 시청률은 2020년에 $(2,870 / 20,500) \times 100 = 14\%$, 2021년에 $(3,180 / 21,200) \times 100 = 15\%$, 2022년에 $(3,276 / 23,400) \times 100 = 14\%$, 2023년에 $(3,888 / 24,300) \times 100 = 16\%$로 2023년에 가장 높다.

따라서 2023년 A 채널 시청 가구수의 전년 대비 증가율은 $\{(2,044 - 1,825) / 1,825\} \times 100 = 12\%$이다.

04 자료해석   정답 ②

제시된 기간 동안 국악 활동 건수가 다른 해에 비해 가장 많은 2022년에 전체 공연예술 활동 건수에서 국악 활동 건수가 차지하는 비중은 $\{700 / (700 + 3,000 + 1,400 + 500)\} \times 100 = 12.5\%$로 15% 미만이므로 옳지 않은 설명이다.

[오답 체크]

① 제시된 기간 동안 양악 활동 건수가 가장 많은 해와 무용 공연 횟수가 가장 적은 해는 모두 2024년으로 같으므로 옳은 설명이다.

③ 무용 공연 횟수의 전년 대비 감소량은 2021년에 $1,560 - 1,490 = 70$회, 2022년에 $1,490 - 1,380 = 110$회, 2023년에 $1,380 - 1,260 = 120$회, 2024년에 $1,260 - 1,170 = 90$회로 2023년에 가장 크므로 옳은 설명이다.

④ 2021년 연극 공연 횟수는 국악 공연 횟수의 $53,200 / 860 ≒ 61.9$배로 60배 이상이므로 옳은 설명이다.

⑤ 연극의 활동 건수 1건당 평균 공연 횟수는 2023년에 $51,000 / 1,900 ≒ 26.8$회, 2024년에 $58,000 / 2,100 ≒ 27.6$회로 2024년에 전년 대비 증가하였으므로 옳은 설명이다.

05 자료해석   정답 ①

a. 제시된 기간 동안 연도별 40~49세 퇴직연금 가입 근로자 수의 평균은 남자가 $(10,280 + 10,650 + 10,930 + 11,200) / 4 = 10,765$백 명, 여자가 $(5,240 + 5,640 + 5,990 + 6,330) / 4 = 5,800$백 명으로 남자가 여자의 $10,765 / 5,800 ≒ 1.9$배이므로 옳은 설명이다.

b. 2023년 전체 퇴직연금 가입 근로자 수의 2년 전 대비 증가 인원은 남자가 35,420−33,230=2,190백 명, 여자가 22,540−19,800=2,740백 명으로 남자가 여자보다 적으므로 옳은 설명이다.

오답 체크

c. 2024년 전체 남자 퇴직연금 가입 근로자 수에서 30~39세 남자가 차지하는 비중은 (11,200/35,000)×100=32%로 전체 여자 퇴직연금 가입 근로자 수에서 30~39세 여자가 차지하는 비중인 (6,050/24,200)×100=25%보다 크므로 옳지 않은 설명이다.

d. 2022년 이후 남자와 여자의 퇴직연금 가입 근로자 수가 모두 매년 전년 대비 증가한 연령대는 40~49세, 50~59세, 60세 이상으로 총 3개이므로 옳지 않은 설명이다.

빠른 문제 풀이 Tip

a. 연도별 남자와 여자의 퇴직연금 가입 근로자 수의 배수를 비교한다.
2021년부터 2024년까지 매년 40~49세 퇴직연금 가입 근로자 수는 남자가 여자의 2배 미만이므로 제시된 기간 동안 연도별 40~49세 퇴직연금 가입 근로자 수의 평균도 남자가 여자의 2배 미만임을 알 수 있다.

06 자료해석 정답 ③

정부재정 비용의 전년 대비 증가액은 2018년에 30,100−27,500=2,600백억 원, 2019년에 33,200−30,100=3,100백억 원, 2020년에 35,700−33,200=2,500백억 원, 2021년에 38,000−35,700=2,300백억 원으로 2019년에 가장 크다.
따라서 2019년 국방비의 전년 대비 증가율은 {(4,716−4,500)/4,500}×100=4.8%이다.

빠른 문제 풀이 Tip

정부재정 비용의 전년 대비 증가액은 그래프 기울기와 같음을 활용한다.
제시된 자료에서 2018년~2019년 사이 그래프의 기울기가 가장 가파르므로 정부재정 비용의 전년 대비 증가액이 가장 큰 해는 2019년임을 알 수 있다.

07 자료해석 정답 ③

2022년 A 직무의 경쟁률은 3,300/110=30.0으로, C 직무의 경쟁률의 2배인 (680/45)×2≒30.2보다 작으므로 옳은 설명이다.

오답 체크

① B 직무의 경쟁률은 2020년에 200/75≒2.7, 2021년에 310/80≒3.9, 2022년에 340/85=4.0, 2023년에 330/90≒3.7로 2023년에 전년 대비 감소하였으므로 옳지 않은 설명이다.

② 2021년 지원자 수의 전년 대비 증가율은 A 직무가 {(3,400−3,200)/3,200}×100≒6.3%, D 직무가 {(3,800−3,500)/3,500}×100≒8.6%로 A 직무가 D 직무보다 작으므로 옳지 않은 설명이다.

③ 제시된 기간 동안 D 직무의 지원자 수가 3,800명으로 가장 많은 2021년에 S 기업의 채용 인원은 120+80+45+300=545명으로, 2020년 S 기업의 채용 인원은 150+75+40+270=535명보다 증가하였으므로 옳지 않은 설명이다.

⑤ 2023년 C 직무의 지원자 수 대비 B 직무의 지원자 수의 비율은 330/700≒0.47이므로 옳지 않은 설명이다.

08 자료해석 정답 ④

B 대학교에서 대중교통 이용 횟수가 1~3회인 학생수는 3,300×0.24=792명으로, C 대학교에서 대중교통 이용 횟수가 4~6회인 학생수 2,400×0.34=816명보다 적으므로 옳지 않은 설명이다.

오답 체크

① A 대학교에서 대중교통 이용 횟수가 7회 이상인 학생수는 A 대학교 전체 학생수의 (18+16)%인 3,000×0.34=1,020명이므로 옳은 설명이다.

② 대중교통 이용 횟수가 7~9회인 학생수 대비 0회인 학생수의 비율은 B 대학교가 (3,300×0.11)/(3,300×0.19)≒0.58, D 대학교가 (1,500×0.09)/(1,500×0.16)≒0.56으로 B 대학교가 D 대학교보다 크므로 옳은 설명이다.

③ 대학교별 대중교통 이용 횟수 비중이 높은 순서대로 대중교통 이용 횟수를 나열하면 그 순위는 A~D 대학교 모두 4~6회, 1~3회, 7~9회, 10회 이상, 0회로 동일하므로 옳은 설명이다.

⑤ C 대학교에서 대중교통 이용 횟수가 10회 이상인 학생수는 2,400×0.14=336명, D 대학교에서 대중교통 이용 횟수가 10회 이상인 학생수는 1,500×0.15=225명으로 총 336+225=561명이므로 옳은 설명이다.

09 자료해석 정답 ①

사업체 수 1개당 출하액은 전문 서비스용 로봇이 5,400 / 450 = 12억 원, 로봇 시스템이 8,100 / 675 = 12억 원으로 서로 같으므로 옳은 설명이다.

오답 체크

② 사업체 수가 가장 적은 업종은 개인 서비스용 로봇이며, 출하액이 가장 적은 업종은 로봇 임베디드이므로 옳지 않은 설명이다.

③ 수출액 대비 내수액의 비율은 로봇 임베디드가 3,600 / 150 = 24, 로봇 서비스가 12,600 / 450 = 28로 가장 큰 업종은 로봇 임베디드가 아니므로 옳지 않은 설명이다.

④ 제시된 업종별 내수액의 평균인 73,800 / 7 ≒ 10,543억 원보다 내수액이 큰 업종은 제조업용 로봇, 로봇 부품 및 소프트웨어, 로봇 서비스로 총 3개이므로 옳지 않은 설명이다.

⑤ 전체 수출액에서 제조업용 로봇의 수출액이 차지하는 비중은 (9,300 / 15,000) × 100 = 62%로 65% 미만이므로 옳지 않은 설명이다.

[10-11]
10 자료해석 정답 ③

댐의 물 유입량과 방류량의 차이는 2021년에 25,867 − 25,711 = 156백만 m³이고, 2024년에 11,598 − 11,329 = 269백만 m³로 가장 작은 해는 2021년이므로 옳지 않은 설명이다.

오답 체크

① 댐의 평균 저수율이 64%로 가장 높은 2021년과 40%로 가장 낮은 2019년의 댐의 물 유입량의 합은 25,867 + 12,854 = 38,721백만 m³이므로 옳은 설명이다.

② 댐 유역의 강수량이 전년 대비 증가한 2020년과 2021년에 댐의 물 유입량은 방류량보다 많으므로 옳은 설명이다.

④ I국 댐의 저수용량 합계 = (평균 저수량 / 평균 저수율) × 100임을 적용하여 구하면, 댐의 평균 저수율이 두 번째로 높은 2022년에 I국 댐의 저수용량 합계는 (7,200 / 60) × 100 = 12,000백만 m³이므로 옳은 설명이다.

⑤ 댐의 평균 저수량과 평균 저수율은 2021년까지 매년 전년 대비 증가하다가 2022년부터 매년 전년 대비 감소하여 같은 증감 추이를 보이므로 옳은 설명이다.

11 자료해석 정답 ⑤

a. 2021년부터 2023년까지 연도별 I국 댐의 물 방류량의 평균은 (25,711 + 18,640 + 15,985) / 3 = 20,112백만 m³로 20,000백만 m³ 이상이므로 옳은 설명이다.

b. 2023년 댐 유역의 강수량의 전년 대비 감소율은 (1,400 − 1,200) / 1,400 ≒ 14.3%로 15% 미만이므로 옳은 설명이다.

d. 2021년 I국 댐의 저수용량 합계는 (7,600 / 64) × 100 = 11,875백만 m³로 2020년 I국 댐의 저수용량 합계인 (6,300 / 56) × 100 = 11,250백만 m³ 대비 11,875 − 11,250 = 625백만 m³ 증가하였으므로 옳은 설명이다.

오답 체크

c. I국의 댐의 물 유입량이 19,000 백만 m³ 미만인 2019년, 2023년, 2024년에 평균 저수량의 합은 총 5,600 + 7,000 + 5,700 = 18,300백만 m³이므로 옳지 않은 설명이다.

[12-13]
12 자료해석 정답 ②

b. 융복합 부문 연구개발비는 중견기업이 400 × 0.045 = 18십억 원, 중소기업이 1,200 × 0.005 = 6십억 원으로 중견기업이 중소기업보다 18 − 6 = 12십억 원 더 크므로 옳지 않은 설명이다.

오답 체크

a. 기업 종류별 전체 연구개발비가 두 번째로 많은 대기업의 적응 부문 매출액은 105,000 × 0.06 = 6,300십억 원이므로 옳은 설명이다.

c. 기업 종류별 적응 부문 매출액 구성비가 가장 큰 기업과 기업 종류별 적응 부문 연구개발비 구성비가 가장 큰 기업 모두 중소기업이므로 옳은 설명이다.

13 자료해석 정답 ⑤

중견기업과 중소기업의 융복합 부문 매출액의 합은 (46,000 × 0.05) + (21,000 × 0.03) = 2,930십억 원으로 3,000십억 원 미만이므로 옳은 설명이다.

오답 체크

① 융복합 부문 매출액은 대기업이 105,000 × 0.01 = 1,050십억 원, 중소기업이 21,000 × 0.03 = 630십억 원으로 대기업이 중소 기업보다 크므로 옳지 않은 설명이다.

② 전체 연구개발비에서 중소기업 연구개발비가 차지하는 비중은 (1,200 / 2,000) × 100 = 60%로 전체 매출액에서 중소기업 매출액이 차지하는 비중인 (21,000 / 172,000) × 100 ≒ 12.2%의 60.0 / 12.2 ≒ 4.9배이므로 옳지 않은 설명이다.

③ 중견기업의 적응 부문과 융복합 부문의 연구개발비 합은 400 × (0.015 + 0.045) = 400 × 0.06 = 24십억 원이므로 옳지 않은 설명이다.

④ 대기업의 적응 부문 연구개발비는 500×0.016=8십억 원으로 비영리기관의 적응 부문 연구개발비인 100×0.002=0.2 십억 원의 8/0.2=40배이므로 옳지 않은 설명이다.

빠른 문제 풀이 Tip

④ 연구개발비의 적응 부문 구성비는 대기업이 비영리기관의 1.6/0.2=8배이고, 연구개발비는 대기업이 비영리기관의 500/100=5배이므로 대기업의 적응 부문 연구개발비는 비영리기관의 적응 부문 연구개발비의 8×5=40배임을 알 수 있다.

[14-15]

14 자료해석
정답 ②

제시된 기간 중 전체 관제탑 관제량이 처음으로 50,000대를 넘은 3월에 H 지역의 관제탑 관제량은 전체 관제탑 관제량의 (8,600/58,000)×100≒14.8%이므로 옳지 않은 설명이다.

오답 체크

① 전체 관제탑 관제량과 전체 항로 관제량은 4월까지 매달 전월 대비 증가하다가 5월 이후 매달 전월 대비 감소하였으므로 옳은 설명이다.
③ 4월 전체 관제탑 관제량의 1월 대비 증가율은 {(61,200−40,000)/40,000}×100=53%이므로 옳은 설명이다.
④ 전체 관제탑 관제량에서 E 지역의 관제탑 관제량이 차지하는 비중은 1월에 (1,000/40,000)×100=2.5%, 2월에 (1,500/44,600)×100≒3.4%로 2월에 전월 대비 증가하였으므로 옳은 설명이다.
⑤ 6월 관제탑 관제량 하위 3개 지역인 F, C, E 지역의 6월 관제탑 관제량의 합은 1,300+1,500+1,600=4,400대이므로 옳은 설명이다.

15 자료해석
정답 ③

전체 항로 관제량의 전월 대비 변화량은 2월에 29,800−25,000=4,800대, 3월에 36,700−29,800=6,900대, 4월에 42,500−36,700=5,800대, 5월에 42,500−41,600=900대, 6월에 41,600−40,100=1,500대로 두 번째로 큰 달은 4월이다.
따라서 4월 전체 항로 관제량 대비 전체 관제탑 관제량의 비율은 61,200/42,500=1.44이다.

[16-17]

16 자료해석
정답 ①

2020년 전체 대학교의 과학기술 분야 총연구실 수에서 건축·환경 연구실 수가 차지하는 비중은 {(130+18+290)/(1,780+53+3,170)}×100≒8.8%로 10% 미만이므로 옳은 설명이다.

오답 체크

② 2020년 과학기술 분야 연구실 보유 대학교 1개당 보유 과학기술 분야 총연구실 수는 국립이 공립의 (1,780/46)/(53/8)≒5.8배로 5배 이상이므로 옳지 않은 설명이다.
③ 2021년 국립 대학교의 의학·생물 연구실 수는 전년 대비 {(500−470)/470}×100≒6.4% 증가하였으므로 옳지 않은 설명이다.
④ 2020년 과학기술 분야 연구실 보유 국립 대학교의 수는 2021년 과학기술 분야 연구실 보유 사립 대학교 수의 (46/283)×100≒16.3%로 20% 미만이므로 옳지 않은 설명이다.
⑤ 2021년 국립 대학교의 전기·전자 연구실 수 대비 2021년 사립 대학교의 에너지·자원 연구실 수의 비율은 90/260≒0.3으로 0.5 미만이므로 옳지 않은 설명이다.

17 자료해석
정답 ②

b. 2021년 과학기술 분야 연구실 보유 전체 대학교 1개당 과학기술 분야 총연구실 수는 (1,830+50+3,210)/(45+8+283)≒15.1십 개≒151개로 150개 이상이므로 옳지 않은 설명이다.

오답 체크

a. 전체 대학교의 기계·물리 연구실 수는 2020년에 300+8+490=798십 개, 2021년에 290+8+490=788십 개로 2021년에 전년 대비 {(798−788)/798}×100≒1.3% 감소하였으므로 옳은 설명이다.
c. 2020년 국립 대학교와 사립 대학교의 과학기술 분야별 연구실 수 차이는 전기·전자가 600−240=360십 개, 에너지·자원이 90−60=30십 개로, 전기·전자가 에너지·자원의 360/30=12배이므로 옳은 설명이다.

빠른 문제 풀이 Tip

a. 공립 대학교와 사립 대학교의 기계·물리 연구실 수는 2020년과 2021년이 동일하며, 국립 대학교의 기계·물리 연구실 수만 2021년에 2020년 대비 300−290=10십 개 감소하였으므로 2021년 전체 대학교의 기계·물리 연구실 수는 전년 대비 {10/(300+8+490)}×100≒1.3% 감소하였음을 알 수 있다.

18 자료해석 정답 ②

막 두께(Å)=$\left(\dfrac{\text{A}}{\text{공정 온도}}\right)^2$+B임을 적용하여 구한다.

a 소자의 공정 온도는 250℃, 막 두께는 87Å이므로

$87=\left(\dfrac{\text{A}}{250}\right)^2+\text{B}$ ··· ⓐ

b 소자의 공정 온도는 100℃, 막 두께는 108Å이므로

$108=\left(\dfrac{\text{A}}{100}\right)^2+\text{B}$ ··· ⓑ

ⓑ−ⓐ에서 $21=\left(\dfrac{\text{A}}{100}\right)^2-\left(\dfrac{\text{A}}{250}\right)^2 \rightarrow 21\times62,500=6.25\text{A}^2-\text{A}^2$

$\rightarrow 5.25\text{A}^2=21\times62,500 \rightarrow \text{A}^2=\dfrac{21\times62,500}{5.25}$

$\rightarrow \text{A}^2=250,000 \rightarrow \text{A}=500$ 또는 A=−500

이때 A는 양수임에 따라 A=500

이를 ⓐ에 대입하여 풀면

$87=\left(\dfrac{500}{250}\right)^2+\text{B} \rightarrow \text{B}=87-2^2 \rightarrow \text{B}=83$

따라서 A는 500, B는 83인 ②가 정답이다.

빠른 문제 풀이 Tip

선택지의 수치를 막 두께(Å)=$\left(\dfrac{\text{A}}{\text{공정 온도}}\right)^2$+B에 대입하여
계산한다.
선택지 제시된 A는 500 또는 1,000이므로 이를 a 소자
에 대입하면,
A=500일 경우 $87=\left(\dfrac{500}{250}\right)^2+\text{B} \rightarrow \text{B}=83$이고,
A=1,000일 경우 $87=\left(\dfrac{1,000}{250}\right)^2+\text{B} \rightarrow \text{B}=71$이므로 정답은
② 또는 ④가 된다.
b 소자에 A=500 또는 1,000을 대입하면,
A=500일 경우 $108=\left(\dfrac{500}{100}\right)^2+\text{B} \rightarrow \text{B}=83$이고,
A=1,000일 경우 $108=\left(\dfrac{1,000}{100}\right)^2+\text{B} \rightarrow \text{B}=8$이므로 ②가 정
답임을 알 수 있다.

---

19 자료해석 정답 ④

A 방송 프로그램과 B 방송 프로그램의 전체 수출액에서
A 방송 프로그램의 수출액이 차지하는 비중을 계산하면
다음과 같다.

구분	비중
2019년	{240 / (240+360)} × 100=40%
2020년	{320 / (320+320)} × 100=50%
2021년	{225 / (225+275)} × 100=45%
2022년	{270 / (270+330)} × 100=45%
2023년	{385 / (385+315)} × 100=55%

따라서 A 방송 프로그램과 B 방송 프로그램의 전체 수출
액에서 A 방송 프로그램의 수출액이 차지하는 비중이 일
치하는 ④가 정답이다.

---

20 자료해석 정답 ②

A 미생물 크기의 변화를 나타내면 다음과 같다.

1주 차	2주 차	3주 차	4주 차	5주 차
10	11	12	13	14

+1 +1 +1 +1

A 미생물 크기는 매주 1nm씩 증가함을 알 수 있다.

B 미생물 크기의 변화를 나타내면 다음과 같다.

1주 차	2주 차	3주 차	4주 차	5주 차
5	7	11	19	35

+2 +4 +8 +16

×2 ×2 ×2

B 미생물 크기의 전주 대비 증가량은 매주 2배씩 증가함
을 알 수 있다.

이에 따라 6주차 이후 A 미생물과 B 미생물의 크기를 계
산하면 다음과 같다.

구분	A 미생물	B 미생물
6주 차	14+1=15	35+(16×2)=67
7주 차	15+1=16	67+(32×2)=131
8주 차	16+1=17	131+(64×2)=259
9주 차	17+1=18	259+(128×2)=515
10주 차	18+1=19	515+(256×2)=1,027
11주 차	19+1=20	1,027+(512×2)=2,051

따라서 B 미생물의 크기가 처음으로 A 미생물의 크기의
100배 이상이 되는 주 차는 11주 차이다.

II 추리

01 언어추리 정답 ④

꼼꼼한 모든 사람이 공부를 잘하지 못하고, 시간 관리를 잘하는 모든 사람이 공부를 잘하면, 시간 관리를 잘하는 모든 사람은 꼼꼼하지 않아 시간 관리를 잘하지 못하는 사람 중에 꼼꼼한 사람이 반드시 존재한다.

따라서 '시간 관리를 잘하지 못하는 어떤 사람은 꼼꼼하다.'가 타당한 결론이다.

오답 체크

시간 관리를 잘하는 사람을 '시', 공부를 잘하는 사람을 '공', 꼼꼼한 사람을 '꼼'이라고 하면

① 꼼꼼한 모든 사람은 시간 관리를 잘하지 못하므로 반드시 거짓인 결론이다.
② 시간 관리를 잘하는 모든 사람은 꼼꼼하지 않으므로 반드시 거짓인 결론이다.
③ 꼼꼼하지 않은 사람 중에 시간 관리를 잘하지 못하는 사람이 존재할 수도 있으므로 반드시 참인 결론이 아니다.
⑤ 꼼꼼하지 않은 사람 중에 시간 관리를 잘하는 사람도 존재하므로 반드시 거짓인 결론이다.

02 언어추리 정답 ④

볼링을 좋아하는 모든 사원이 테니스를 좋아하고, 볼링을 좋아하는 모든 사원이 탁구를 좋아하면 테니스를 좋아하면서 탁구를 좋아하는 사원이 반드시 존재하게 된다.

따라서 '탁구를 좋아하는 어떤 사원은 테니스를 좋아한다.'가 타당한 결론이다.

오답 체크

볼링을 좋아하는 사원을 '볼', 테니스를 좋아하는 사원을 '테', 탁구를 좋아하는 사원을 '탁', 부정형을 X라고 하면
① 테니스를 좋아하는 사원 중에 탁구를 좋아하지 않는 사원이 있을 수도 있으므로 반드시 참인 결론이 아니다.

② 테니스를 좋아하는 모든 사원은 탁구를 좋아할 수도 있으므로 반드시 참인 결론이 아니다.

③ 탁구를 좋아하는 사원 중에 테니스를 좋아하지 않는 사원이 있을 수도 있으므로 반드시 참인 결론이 아니다.

⑤ 탁구를 좋아하지 않는 모든 사원은 테니스를 좋아할 수도 있으므로 반드시 참인 결론이 아니다.

03 언어추리 정답 ③

뉴스를 매일 보는 모든 사람이 상식이 풍부하고, 상식이 풍부한 모든 사람이 책을 즐겨 읽지 않는다면 뉴스를 매일 보는 모든 사람도 책을 즐겨 읽지 않으므로 책을 즐겨 읽는 모든 사람은 뉴스를 매일 보지 않게 된다.

따라서 상식이 풍부한 모든 사람이 책을 즐겨 읽지 않는다는 의미의 '책을 즐겨 읽는 모든 사람은 상식이 풍부하지 않다.'가 타당한 전제이다.

오답 체크

뉴스를 매일 보는 사람을 '뉴', 상식이 풍부한 사람을 '상', 책을 즐겨 읽는 사람을 '책'이라고 하면
①, ⑤ 뉴스를 매일 보는 모든 사람이 상식이 풍부하고, 상식이 풍부한 어떤 사람이 책을 즐겨 읽거나 책을 즐겨 읽는 어떤 사람이 상식이 풍부하면 책을 즐겨 읽으면서 뉴스를 매일 보는 사람이 존재할 수도 있으므로 결론이 반드시 참이 되게 하는 전제가 아니다.

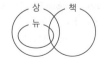

② 뉴스를 매일 보지 않는 어떤 사람이 책을 즐겨 읽는다면 책을
즐겨 읽으면서 뉴스를 매일 보는 사람이 존재할 수도 있으므
로 결론이 반드시 참이 되게 하는 전제가 아니다.

④ 뉴스를 매일 보는 모든 사람이 상식이 풍부하고, 상식이 풍부
한 모든 사람이 책을 즐겨 읽는다면 뉴스를 매일 보는 모든
사람은 책을 즐겨 읽어, 책을 즐겨 읽으면서 뉴스를 매일 보
는 사람이 존재하므로 결론이 반드시 참이 되게 하는 전제가
아니다.

04 언어추리   정답 ③

제시된 조건에 따르면 4명의 볼링 게임 점수는 모두 동점
없이 90점 이상 100점 미만이고, 4명의 평균 점수는 94
점이며, 4명의 점수는 모두 홀수이거나, 모두 짝수이므로
평균이 94점이 되는 4개의 서로 다른 홀수 조합은 91점,
93점, 95점, 97점뿐이고, 짝수 조합은 90점, 92점, 96점,
98점뿐이다. 또한, 희진이와 민수의 평균 점수는 대현이의
점수와 같으므로 4명의 점수는 홀수 조합인 91점, 93점,
95점, 97점이고, 4명 중 지아의 점수가 가장 낮으므로 대
현이의 점수는 95점임을 알 수 있다. 희진이의 점수에 따
라 가능한 경우는 다음과 같다.

경우 1. 희진이의 점수가 93점인 경우

희진	대현	민수	지아
93점	95점	97점	91점

경우 2. 희진이의 점수가 97점인 경우

희진	대현	민수	지아
97점	95점	93점	91점

따라서 지아와 희진이의 점수 차이는 93-91=2점 또는
97-91=6점이므로 항상 거짓인 설명이다.

오답 체크

① 민수와 지아의 점수 합은 97+91=188점 또는 93+91=184
점이므로 항상 거짓인 설명은 아니다.
② 대현이의 점수는 95점이므로 항상 참인 설명이다.

④ 희진이의 점수가 가장 높거나 민수의 점수가 가장 높으므로
항상 거짓인 설명은 아니다.
⑤ 민수의 점수는 대현이의 점수보다 2점 높거나 2점 낮으므로
항상 참인 설명이다.

05 언어추리   정답 ①

제시된 조건에 따르면 갑은 201호에 거주하고, 병은 갑과
같은 층에 거주하지 않으므로 1층 또는 3층에 거주한다.
이때 을과 정이 3층에 거주하므로 병은 1층에 거주한다.
병이 거주하는 호수에 따라 가능한 경우는 다음과 같다.

경우 1. 병이 101호에 거주하는 경우

을 또는 정	을 또는 정
갑	무 또는 기
병	무 또는 기

경우 2. 병이 102호에 거주하는 경우

을 또는 정	을 또는 정
갑	무 또는 기
무 또는 기	병

따라서 갑과 을이 위아래로 인접하여 거주하면, 가능한
경우의 수는 4가지이므로 항상 거짓인 설명이다.

오답 체크

② 기가 202호에 거주하면, 가능한 경우의 수는 4가지이므로 항
상 참인 설명이다.
③ 정이 301호에 거주하면, 병은 101호 또는 102호에 거주하므로
항상 거짓인 설명은 아니다.
④ 갑과 무가 같은 층에 거주하지 않으면, 기는 2층에 거주하므
로 항상 참인 설명이다.
⑤ 병과 무가 같은 층에 거주하면, 을은 301호 또는 302호에 거
주하므로 항상 거짓인 설명은 아니다.

06 언어추리   정답 ④

제시된 조건에 따르면 B의 순위는 짝수이며 6위가 아니므로
B의 순위는 2위 또는 4위이고, F의 순위는 홀수이며 1위
가 아니므로 3위 또는 5위이다. 이때, D의 순위는 B의 순
위 바로 다음이므로 B가 2위일 때에는 F는 3위가 될 수
없고, B가 4위일 때에는 F는 5위가 될 수 없다. 또한, A의
순위는 F의 순위보다 높고 C의 순위는 E의 순위보다 낮
으므로 C가 6위임을 알 수 있다. B의 순위에 따라 가능한
경우는 다음과 같다.

경우 1. B가 2위인 경우

1위	2위	3위	4위	5위	6위
A 또는 E	B	D	A 또는 E	F	C

경우 2. B가 4위인 경우

1위	2위	3위	4위	5위	6위
A 또는 E	A 또는 E	F	B	D	C

따라서 1위가 될 수 있는 사람은 A, E 2명이므로 항상 거짓인 설명이다.

오답 체크
① A가 1위이면, E는 2위 또는 4위이므로 항상 거짓인 설명은 아니다.
② B가 2위이면 F는 5위이고, B가 4위이면 F는 3위이므로 항상 거짓인 설명은 아니다.
③ C는 6위이므로 항상 참인 설명이다.
⑤ F가 5위이면, D는 3위이므로 항상 참인 설명이다.

07 언어추리   정답 ④

제시된 조건에 따르면 B와 D는 서로 다른 장비를 타고 있고, C와 E는 같은 장비를 타고 있다. 이때 3명이 스키를 타고 있으므로 C와 E는 스키, A는 보드를 타고 있음을 알 수 있다. 또한, A 혼자 초급 코스에 있고, B와 D는 서로 다른 코스, C와 E는 서로 다른 코스에 있으므로 B와 D가 있는 코스는 중급 코스 1명, 상급 코스 1명이고, C와 E가 있는 코스도 중급 코스 1명, 상급 코스 1명이다. 상급 코스에서는 보드를 탈 수 없으므로 B가 있는 코스에 따라 가능한 경우는 다음과 같다.

경우 1. B가 중급 코스에 있을 경우

A	B	C	D	E
초급	중급	중급 또는 상급	상급	중급 또는 상급
보드	보드	스키	스키	스키

경우 2. B가 상급 코스에 있을 경우

A	B	C	D	E
초급	상급	중급 또는 상급	중급	중급 또는 상급
보드	스키	스키	보드	스키

따라서 D는 상급 코스에서 스키를 타고 있거나 중급 코스에서 보드를 타고 있으므로 항상 거짓인 설명이다.

오답 체크
① A는 보드, D는 스키 또는 보드를 타고 있으므로 항상 거짓인 설명은 아니다.
② B와 E는 모두 중급 또는 상급 코스에 있으므로 항상 거짓인 설명은 아니다.
③ C는 중급 또는 상급 코스에서 스키를 타고 있으므로 항상 거짓인 설명은 아니다.
⑤ E가 상급 코스에 있다면 C는 중급 코스에 있고, B는 중급 또는 상급 코스에 있으므로 항상 거짓인 설명은 아니다.

08 언어추리   정답 ①

제시된 조건에 따르면 90점 이상은 2명, 80점 이상은 5명, 70점 이상은 7명이므로 90점대 점수는 2명, 80점대 점수는 3명, 70점대 점수는 2명임을 알 수 있다. 또한, 보미는 6위이고, 점수가 같은 사람은 없었으므로 90점인 용준이는 2위이다. 이때 수영이의 점수는 80점대이며 민석이 바로 다음 순위이므로 수영이는 4위 또는 5위임을 알 수 있다. 수영이가 4위일 경우, 수영이보다 순위가 높은 규환이가 1위이며, 창욱이는 5위가 아니므로 유라가 5위이다. 수영이가 5위일 경우, 유라의 점수는 90점 미만이므로 유라는 3위 또는 7위이다.

경우 1. 수영이가 4위일 경우

1위	2위	3위	4위	5위	6위	7위
규환	용준	민석	수영	유라	보미	창욱

경우 2. 수영이가 5위일 경우

1위	2위	3위	4위	5위	6위	7위
규환 또는 창욱	용준	유라 또는 규환 또는 창욱	민석	수영	보미	유라 또는 창욱

따라서 유라의 순위는 3위 또는 5위 또는 7위로 홀수이므로 항상 거짓인 설명이다.

오답 체크
② 보미의 순위는 6위이고, 수영이의 순위는 4위 또는 5위이므로 항상 거짓인 설명은 아니다.
③ 창욱이는 보미 또는 용준이 바로 다음 순위이거나 1위이므로 항상 거짓은 설명이 아니다.
④ 규환이의 순위는 1위 또는 3위이므로 항상 거짓인 설명은 아니다.
⑤ 보미의 순위는 6위이고 유라의 순위는 3위 또는 5위 또는 7위이므로 항상 거짓인 설명은 아니다.

09 언어추리

제시된 조건에 따르면 미영이가 놓은 자수는 새 모양이고, 형민이가 놓은 자수는 별 모양이므로 수빈, 영채, 유아가 놓은 자수는 꽃, 해, 달 모양 중 하나이다. 이때 유아가 놓은 자수는 꽃과 달 모양이 아니므로 해 모양이다. 이에 따라 영채가 놓은 자수는 달 모양이므로 수빈이가 놓은 자수는 꽃 모양이 된다.

미영	수빈	영채	형민	유아
새 모양	꽃 모양	달 모양	별 모양	해 모양

따라서 수빈이가 놓은 자수는 꽃 모양이다.

10 언어추리

제시된 조건에 따르면 교육은 매달 한 번만 진행되며, C 사는 3월에 교육을 진행하고, B 사는 두 번 연이어 교육을 진행하지 않으므로 B 사는 1~2월 중 한 번, 4~6월 중 한 번 교육을 진행하거나 4월, 6월에 교육을 진행한다. 이때 A 사는 두 달 연속으로 교육을 진행하므로 가능한 경우는 아래와 같다.

구분	1월	2월	3월	4월	5월	6월
경우 1	A	A	C	B	C	B
경우 2	B	C	C	A	A	B
경우 3	C	B	C	A	A	B
경우 4	B	C	C	B	A	A
경우 5	C	B	C	B	A	A

따라서 A 사가 마지막으로 교육을 진행하면, 4월에 교육을 진행하는 회사는 B 사이므로 항상 거짓인 설명이다.

오답 체크
① 4월에 A 사 또는 B 사가 교육을 진행하므로 항상 참인 설명이다.
③ C 사가 두 달 연속으로 교육을 진행하면, A 사는 4월 이후에 교육을 진행하므로 항상 참인 설명이다.
④ 1월에 A 사가 교육을 진행하면, 5월에는 C 사가 교육을 진행하므로 항상 참인 설명이다.
⑤ 2월에 B 사가 교육을 진행하면, B 사는 4월 또는 6월에 두 번째 교육을 진행하므로 항상 거짓인 설명은 아니다.

11 언어추리

제시된 조건에 따르면 바이올린을 연습한 사람은 진실을 말하고, 플루트를 연습한 사람은 거짓을 말했으므로 B는 플루트를 연습했다는 D의 말이 진실이면 D는 바이올린을 연습했고, B는 플루트를 연습했다. 이에 따라 B의 말은 거짓이 되어 C는 플루트를 연습했으므로 C의 말도 거짓이 되고, C의 말에 따라 E는 바이올린을 연습했다. 이때 B와 C는 같은 악기를 연습했으므로 A의 말은 거짓이 되어 A는 플루트를 연습했다. 또한, B는 플루트를 연습했다는 D의 말이 거짓이면 D는 플루트를 연습했고, B는 바이올린을 연습했다. 이에 따라 B의 말이 진실이 되어 C는 바이올린을 연습했으므로 C의 말도 진실이 되고, C의 말에 따라 E는 바이올린을 연습했다. 이때 B와 C는 같은 악기를 연습했으므로 A의 말은 거짓이 되어 A는 플루트를 연습했다. D의 말에 따라 가능한 경우는 다음과 같다.

경우 1. D의 말이 진실인 경우

A	B	C	D	E
거짓	거짓	거짓	진실	진실
플루트	플루트	플루트	바이올린	바이올린

경우 2. D의 말이 거짓인 경우

A	B	C	D	E
거짓	진실	진실	거짓	진실
플루트	바이올린	바이올린	플루트	바이올린

따라서 A는 플루트를 연습했으므로 항상 거짓인 설명이다.

오답 체크
② B와 C는 서로 같은 악기를 연습했으므로 항상 참인 설명이다.
③ D는 바이올린 또는 플루트를 연습했으므로 항상 거짓인 설명은 아니다.
④ B는 플루트 또는 바이올린을 연습했고, E는 바이올린을 연습했으므로 항상 거짓인 설명은 아니다.
⑤ C가 플루트를 연습했다면, D는 바이올린을 연습했으므로 항상 참인 설명이다.

12 언어추리

제시된 조건에 따르면 사원 3명은 같은 줄에 옆으로 나란히 앉고, 가장 뒷 좌석에는 한 명만 앉으며, C의 좌석 번호는 D의 좌석 번호보다 3만큼 크므로 A 사원, B 사원, C 사원은 두 번째 줄에 앉음을 알 수 있다. 이때 B가 1인석에 앉으므로 B는 4번 좌석에 앉으며, 부장은 1인석에 앉으므로 F 부장은 1번 또는 7번 좌석에 앉는다. F가 앉는 좌석에 따라 가능한 경우는 다음과 같다.

경우 1. F가 1번 좌석에 앉는 경우

빈자리
B
F

E 또는 빈자리	E 또는 빈자리
A	C
빈자리	D

빈자리
B
F

E 또는 빈자리	E 또는 빈자리
C	A
D	빈자리

경우 2. F가 7번 좌석에 앉는 경우

F
B
빈자리

빈자리	빈자리
A	C
E	D

F
B
빈자리

빈자리	빈자리
C	A
D	E

따라서 E가 9번 좌석에 앉는다면, F는 1번 좌석에 앉으므로 항상 참인 설명이다.

오답 체크
① 대리 2명은 같은 줄에 옆으로 나란히 앉거나 다른 줄에 앉으므로 항상 참인 설명은 아니다.
③ D가 3번 좌석에 앉는다면, 2번 좌석에는 E가 앉거나 아무도 앉지 않으므로 항상 참인 설명은 아니다.
④ F가 7번 좌석에 앉는다면, 가능한 경우의 수는 2가지이므로 항상 거짓인 설명이다.
⑤ F가 1번 좌석에 앉는다면, 가능한 경우의 수는 4가지이므로 항상 거짓인 설명이다.

13 언어추리
정답 ⑤

제시된 조건에 따르면 이사 전과 이사 후 모두 건물의 각 층에는 1개 부서만 근무하고, 인사부는 1층에서 근무하다가 두 층 더 높은 3층으로 이사하며, 이사 전 영업부와 재무부가 근무하는 층수는 3층 차이가 나고, 영업부가 재무부보다 높은 층에서 근무하므로 이사 전 영업부는 5층, 재무부는 2층에서 근무하는 것을 알 수 있다. 이때 관리부는 한 층 더 낮은 층으로 이사하므로 이사 전 3층에서 근무하고, 이사 후 2층에서 근무한다. 또한, 한 부서를 제외한 각 부서는 이사 전과 이사 후에 근무하는 층수가 다르므로 이사 전과 이사 후 같은 층에서 근무하는 부서에 따라 가능한 경우는 다음과 같다.

경우 1. 영업부가 이사 전/후에 같은 층에서 근무하는 경우

구분	이사 전	이사 후
5층	영업부	영업부
4층	기획부	재무부
3층	관리부	인사부
2층	재무부	관리부
1층	인사부	기획부

경우 2. 기획부가 이사 전/후에 같은 층에서 근무하는 경우

구분	이사 전	이사 후
5층	영업부	재무부
4층	기획부	기획부
3층	관리부	인사부
2층	재무부	관리부
1층	인사부	영업부

따라서 이사 후 관리부는 2층에서 근무하므로 항상 참인 설명이다.

오답 체크
① 이사 전 영업부는 5층에서 근무하므로 항상 거짓인 설명이다.
② 이사 후 기획부는 1층 또는 4층에서 근무하므로 항상 거짓인 설명이다.
③ 이사 후 인사부는 3층에서 근무하고, 재무부는 4층 또는 5층에서 근무하므로 항상 거짓인 설명이다.
④ 이사 전 기획부는 4층에서 근무하므로 항상 거짓인 설명이다.

14 언어추리
정답 ④

제시된 조건에 따르면 수근이가 거짓말을 하고 있다는 규현이의 말이 거짓이면, 수근이의 말은 진실이 되고, 반대로 규현이의 말이 진실이면, 수근이의 말은 거짓이 되므로 규현이와 수근이 중 한 사람이 거짓말을 하고 있음을 알 수 있다. 이때 규현이와 수근이가 모두 거짓말을 하고 있다는 지원이의 말은 거짓이 되고, 지원이가 거짓말을 하고 있다는 호동이의 말은 진실이 된다. 또한, 호동이가 진실을 말하고 있다는 재현이의 말은 진실이며, 재현이와 지원이가 모두 진실을 말하고 있다는 수근이의 말은 거짓이므로 규현이의 말은 진실이 된다. 이때 거짓말을 하는 사람은 수근이와 지원이이므로 거짓말을 하는 사람은 한 명뿐이라는 민호의 말도 거짓이 된다.
따라서 거짓말을 하고 있는 사람은 민호, 수근, 지원이다.

15 도형추리
정답 ②

각 열에시 다음 행에 세시된 도형은 이전 행에 제시된 도형의 외부 음영은 시계 방향으로 한 칸씩 이동하고, 내부 도형은 반시계 방향으로 한 칸씩 이동한 형태이다.

 외부 음영 시계
한 칸씩 이동 내부 도형 반시계
한 칸씩 이동

[1행 2열] [2행 2열]

따라서 '?'에 해당하는 도형은 ②이다.

16 도형추리
정답 ②

각 열에서 2행에 제시된 도형은 1행과 3행에 제시된 도형을 결합한 형태이다.

 + 결합

[1행 2열] [3행 2열] [2행 2열]

따라서 '?'에 해당하는 도형은 ②이다.

17 도형추리
정답 ③

각 열에서 다음 행에 제시된 도형은 이전 행에 제시된 도형을 색반전한 후 반시계 방향으로 90° 회전한 형태이다.

 색반전 반시계 90°

[1행 3열] [2행 3열]

따라서 '?'에 해당하는 도형은 ③이다.

[18-21]

▲: 문자와 숫자 순서에 따라 첫 번째, 세 번째 문자(숫자)를 다음 두 번째 순서에 오는 문자(숫자)로, 두 번째, 네 번째 문자(숫자)를 이전 두 번째 순서에 오는 문자(숫자)로 변경한다.
ex. abcd → czeb (a+2, b−2, c+2, d−2)

☆: 문자와 숫자 순서에 따라 첫 번째, 세 번째 문자(숫자)를 바로 이전 순서에 오는 문자(숫자)로, 두 번째, 네 번째 문자(숫자)를 바로 다음 순서에 오는 문자(숫자)로 변경한다.
ex. abcd → zcbe (a−1, b+1, c−1, d+1)

○: 두 번째, 네 번째 문자(숫자)의 자리를 서로 바꾼다.
ex. abcd → adcb

■: 세 번째, 네 번째 문자(숫자)의 자리를 서로 바꾼다.
ex. abcd → abdc

18 도식추리
정답 ④

4JA4 → ▲ → 6HC2 → ○ → 62CH

19 도식추리
정답 ②

PYFC → ■ → PYCF → ☆ → OZBG → ○ → OGBZ

20 도식추리
정답 ③

ㄱㅋㅊㅕ → ▲ → ㄷㅈㅌㅑ → ■ → ㄷㅈㅑㅌ

21 도식추리
정답 ①

F742 → ☆ → E833 → ○ → E338 → ■ → E383

22 문단배열

정답 ②

이 글은 원뿔세포의 역할 및 원뿔세포 기능의 이상 시 나타날 수 있는 현상에 대해 설명하는 글이다.

따라서 '(C) 원뿔세포의 역할 → (D) 색 구분에 영향을 미치는 원뿔세포 → (A) 원뿔세포 부족으로 색을 구분하지 못하는 황소 → (B) 원뿔세포 기능 이상 시 나타날 수 있는 색각이상' 순으로 연결되어야 한다.

23 문단배열

정답 ③

이 글은 달 표면에 존재하는 달 먼지와 달 먼지가 인류에 미치는 영향에 대해 설명하는 글이다.

따라서 '(D) 달 표면에 존재하는 달 먼지의 특징 → (B) 인체에 유해한 달 먼지(1): 폐 및 뇌세포를 파괴하는 달 먼지 → (A) 인체에 유해한 달 먼지(2): 기관지 염증 및 폐의 상처 유발 → (C) 달 먼지의 긍정적 영향: 달에 건물을 지을 수 있는 달 먼지' 순으로 연결되어야 한다.

24 논리추론

정답 ③

뇌의 신경계가 환경, 경험, 자극에 의해 재조직되고 일생 동안 발달 및 성장이 진행된다는 사실이 밝혀졌다고 하였으므로 노화가 진행됨에 따라 신경가소성은 점차 감소하며, 완전히 소멸되는 시기가 존재한다는 것은 옳지 않은 내용이다.

오답 체크

① 신경 가소성은 대뇌의 시냅스에서 뉴런 간 연결을 강화하거나 약화하거나 혹은 새로운 연결을 형성하는 방식으로 이루어진다고 하였으므로 옳은 내용이다.

② 신경 가소성은 노화나 뇌 손상 후에도 지속적으로 일어날 수 있다고 하였으므로 옳은 내용이다.

④ 스트레스에 대항하기 위한 호르몬인 코르티솔이 과다하게 분비되면 해마의 기능이 저하되어 새로운 기억을 형성하는 능력이 감소한다고 하였으므로 옳은 내용이다.

⑤ 반복적인 학습이나 훈련은 뇌의 특정 영역에서 시냅스를 증가시키고, 장기 기억 형성의 기능을 하는 해마나 전두엽의 활동을 촉진시킨다고 하였으므로 옳은 내용이다.

25 논리추론

정답 ②

양자 컴퓨터는 복잡하고 방대한 문제를 동시다발적으로 처리함으로써 기존에는 수백 년이 걸릴 일을 몇 초 안에 처리할 수 있을 것이라고 하였으므로 동일한 시간에 처리하는 데이터의 양은 큐비트를 사용하는 양자 컴퓨터가 비트를 사용하는 기존 컴퓨터 보다 더 많음을 추론할 수 있다.

오답 체크

① 양자 컴퓨터가 상용화되기 위해서는 해결해야 할 문제가 있다고 하였으므로 옳지 않은 내용이다.

③ 물리학의 양자역학 원리를 기반으로 작동한다고 하였으므로 옳지 않은 내용이다.

④ 큐비트의 상태는 매우 불안정하고 민감해 온도, 전자파, 소음 등의 외부환경에 의해 쉽게 오류가 발생한다고 하였으므로 옳지 않은 내용이다.

⑤ n개의 큐비트로는 2의 n 제곱만큼의 상태를 표현할 수 있음에 따라 5개의 큐비트를 사용하는 경우 $2^5 = 32$가지의 상태를 표현할 수 있으므로 옳지 않은 내용이다.

26 논리추론

정답 ③

노로 바이러스는 60도에서 30분 이상 가열하더라도 감염성이 감소하지 않을뿐더러 수돗물의 염소 농도에서도 불활성화되지 않는 등 저항성이 강하다고 하였으므로 노로 바이러스의 저항성이 강한 편이지만 수돗물의 염소 농도에서 불활성화된다는 것은 옳지 않은 내용이다.

오답 체크

① 노로 바이러스는 별다른 치료 없이도 48시간 이내에 자연 치유되며, 항바이러스제가 존재하지 않아 항생제 치료는 행하지 않지만 탈수 증상이 발생할 수 있어 수분 보충의 보존적 치료가 이루어진다고 하였으므로 옳은 내용이다.

② 노로 바이러스에 감염될 경우 이틀 간의 잠복기를 거친 뒤 오한, 구토, 설사 등의 증상이 나타난다고 하였으므로 옳은 내용이다.

④ 노로 바이러스는 60도에서 30분 이상 가열해도 감염성이 감소하지 않으며, 노로 바이러스를 피하기 위해서는 철저한 위생 관리는 물론 오염된 물이나 해산물을 먹지 않도록 주의해야 한다고 하였으므로 옳은 내용이다.

⑤ 노로 바이러스에 감염될 경우 보통 소아에게서는 구토 증상이, 성인에게서는 설사 증상이 흔하게 나타난다고 하였으므로 옳은 내용이다.

27 논리추론   정답 ④

우리나라의 한 연구팀에서 두께가 250μm인 최적의 복사 냉각 페인트를 제작했으며, 공정이 어렵지 않고 가격 역시 저렴하다고 하였으므로 최고의 효과를 낼 수 있는 복사 냉각 페인트 제작에는 큰 비용이 소모되어 쉽게 상용화되기는 어렵다는 것은 옳지 않은 내용이다.

오답체크
① 가을철에는 구름이 없는 청명한 날씨가 이어져 낮에는 지표면에서 흡수하는 태양 복사 에너지가 증가한다고 하였으므로 옳은 내용이다.
② 복사 냉각 페인트는 주위의 온도보다 9.1도를 낮춰주며, 건물 외벽이나 비행기 등에 적용할 수 있다고 하였으므로 옳은 내용이다.
③ 복사 냉각이란 낮 시간 동안 지표면에 가해진 태양광선이 밤 시간에 열 에너지를 적외선 형태로 방출함에 따라 냉각되는 현상이라고 하였으므로 옳은 내용이다.
⑤ 복사 냉각이 잘 발생하는 밤 시간대라도 구름이 많을 경우 구름에서 방출된 복사 에너지가 지표면에 흡수되어 잘 발생하지 않는다고 하였으므로 옳은 내용이다.

28 논리추론   정답 ②

제시된 글의 필자는 코로나19 시기에 시작된 펀플레이션은 현재까지도 지속적으로 관련 비용을 상승시키고 있으며, 이미 상승한 관련 물가는 내려가기 어려우므로 정부의 강력한 통화 정책만이 유일한 해법이 됨을 주장하고 있다. 따라서 이미 물가가 오른 상태에서 강력한 통화 정책은 해결책이 될 수 없으므로 규모의 경제가 가능한 대기업 중심으로 인상 자제가 시행되어야 한다는 반박이 타당하다.

29 논리추론   정답 ②

이 글은 사람들이 경쟁에서 열세에 몰린 약자 언더독에게 심리적 애착을 느끼며 아낌없는 응원을 보낸다는 내용이고, 〈보기〉는 트루먼이 듀이에게 밀려 승리할 기미를 보이지 못하다가 막판에 동정표를 받으며 당선되었다는 내용이다.
따라서 트루먼이 사전 여론 조사에 뒤처지면서 대중에게 언더독 이미지가 형성되었다는 것을 알 수 있다.

30 논리추론   정답 ③

이 글은 테이프의 접착력을 이용하여 흑연으로부터 그래핀을 얻어낼 수 있으며, 그래핀을 얻어내는 데 필요한 에너지는 적지만 대량 생산이 어려운 기계적 박리법을 설명하는 내용의 글이고, 〈보기〉는 강산과 산화제를 이용하여 흑연으로부터 그래핀을 얻어낼 수 있으며, 간단한 방법으로 많은 양의 그래핀을 생산할 수 있는 화학적 박리법을 설명하는 내용이다.
따라서 화학적 박리법은 기계적 박리법 대비 그래핀을 대량으로 생산할 수 있는 방법임을 알 수 있다.

실전모의고사 5회_고난도

정답

I 수리
p.214

01	①	응용계산	05	③	자료해석	09	③	자료해석	13	④	자료해석	17	④	자료해석
02	②	응용계산	06	③	자료해석	10	⑤	자료해석	14	④	자료해석	18	③	자료해석
03	⑤	자료해석	07	④	자료해석	11	③	자료해석	15	③	자료해석	19	②	자료해석
04	②	자료해석	08	①	자료해석	12	②	자료해석	16	④	자료해석	20	②	자료해석

II 추리
p.233

01	③	언어추리	07	⑤	언어추리	13	①	언어추리	19	④	도식추리	25	②	논리추론
02	⑤	언어추리	08	⑤	언어추리	14	④	언어추리	20	③	도식추리	26	⑤	논리추론
03	③	언어추리	09	③	언어추리	15	②	도형추리	21	③	도식추리	27	⑤	논리추론
04	④	언어추리	10	④	언어추리	16	①	도형추리	22	②	문단배열	28	③	논리추론
05	⑤	언어추리	11	④	언어추리	17	②	도형추리	23	③	문단배열	29	④	논리추론
06	⑤	언어추리	12	①	언어추리	18	④	도식추리	24	①	논리추론	30	③	논리추론

취약 유형 분석표

유형별로 맞힌 개수, 틀린 문제 번호와 풀지 못한 문제 번호를 적고 나서 취약한 유형이 무엇인지 파악해 보세요.
취약한 유형은 '기출유형공략'으로 복습하고 틀린 문제와 풀지 못한 문제를 다시 한번 풀어보세요.

수리	유형	맞힌 개수	틀린 문제 번호	풀지 못한 문제 번호
	응용계산	/2		
	자료해석	/18		
	TOTAL	/20		

추리	유형	맞힌 개수	틀린 문제 번호	풀지 못한 문제 번호
	언어추리	/14		
	도형추리	/3		
	도식추리	/4		
	문단배열	/2		
	논리추론	/7		
	TOTAL	/30		

합계	영역	제한 시간 내에 맞힌 문제 수	정답률
	수리	/20	%
	추리	/30	%
	TOTAL	/50	%

해설

Ⅰ 수리

01 응용계산   정답 ①

2023년 S 기업의 바형 스마트폰 판매량을 x, 폴더블형 스마트폰 판매량을 y라고 하면

2023년 폴더블형 스마트폰 판매량은 600십만 대였으므로

$y = 600$ ⋯ ⓐ

2024년 S 기업의 바형 스마트폰 판매량은 전년 대비 25% 증가하였고, 폴더블형 스마트폰 판매량은 전년 대비 20% 감소하여 2024년 S 기업의 바형과 폴더블형 스마트폰 판매량의 총합은 전년 대비 10% 증가하였으므로

$0.25x - 0.2y = 0.1(x+y) \rightarrow x = 2y$ ⋯ ⓑ

ⓑ에 ⓐ를 대입하면 $x = 1,200 \rightarrow 1.25x = 1,500$

따라서 2024년 S 기업의 바형 스마트폰 판매량은 1,500십만 대이다.

02 응용계산   정답 ②

서로 다른 n개에서 순서를 고려하지 않고 r개를 뽑는 경우의 수 $_nC_r = \dfrac{n!}{r!(n-r)!}$임을 적용하여 구한다.

은지는 총 8개의 랜덤 박스 중 3개를 구매하였으므로 은지가 구매할 수 있는 랜덤 박스의 조합으로 가능한 경우의 수는 $_8C_3 = \dfrac{8!}{3!(8-3)!} = 56$가지이다. 또한, 은지가 구매한 랜덤 박스 중 2개의 랜덤 박스에 과일이 들어있는 경우의 수는 5개의 과일 중 2개의 과일을 고르고, 3개의 과자 중 1개의 과자를 고르는 경우의 수와 동일하므로 $_5C_2 \times {}_3C_1 = \dfrac{5!}{2!(5-2)!} \times \dfrac{3!}{1!(3-1)!} = 10 \times 3 = 30$가지이다.

따라서 은지가 구매한 랜덤 박스 중 2개의 랜덤 박스에 과일이 들어있을 확률은 $\dfrac{30}{56} = \dfrac{15}{28}$이다.

> **빠른 문제 풀이 Tip**
>
> 랜덤 박스를 고른 순서를 고려하여 확률을 구한다.
> 첫 번째, 두 번째 순서에 고른 랜덤 박스에 과일이 들어있고, 세 번째 순서에 고른 랜덤 박스에 과자가 들어있을 확률은 $\dfrac{5}{8} \times \dfrac{4}{7} \times \dfrac{3}{6} = \dfrac{5}{28}$이다. 이때 과자가 든 랜덤 박스를 고른 순서는 첫 번째, 두 번째, 세 번째 총 3가지가 가능하므로 은지가 구매한 랜덤 박스 중 2개의 랜덤 박스에 과일이 들어있을 확률은 $\dfrac{5}{28} \times 3 = \dfrac{15}{28}$임을 알 수 있다.

03 자료해석   정답 ⑤

제시된 기간 중 항공 운항 건수가 가장 적은 3월에 지연율은 $(13,600 / 68,000) \times 100 = 20\%$로 2월의 지연율인 $(16,060 / 73,000) \times 100 = 22\%$ 대비 감소하였으므로 옳지 않은 설명이다.

오답 체크

① 제시된 기간 중 연결로 인한 지연 건수가 다른 달에 비해 두 번째로 많은 4월에 항공 운항 건수는 70,500건으로 7만 건 이상이므로 옳은 설명이다.

② 항공 교통 흐름으로 인한 지연 건수는 1분기에 $1,430 + 1,380 + 1,300 = 4,110$건, 2분기에 $950 + 1,450 + 1,800 = 4,200$건으로 2분기가 1분기보다 많으므로 옳은 설명이다.

③ 월별로 지연 건수가 많은 순서대로 지연 원인을 나열하면 그 순서는 2월과 3월 모두 연결, 공항 및 출입국절차, 항공 교통 흐름, 정비, 기타, 기상으로 동일하므로 옳은 설명이다.

④ 기상으로 인한 지연 건수의 전월 대비 증가율은 4월에 $\{(390 - 360) / 360\} \times 100 = (1/12) \times 100\%$, 6월에 $\{(490 - 420) / 420\} \times 100 = (1/6) \times 100\%$로 6월이 4월의 $\{(1/6) \times 100\} / \{(1/12) \times 100\} = 2$배이므로 옳은 설명이다.

04 자료해석　　　　　　　정답 ②

F 국가의 냉장고 판매량 대비 B 국가의 냉장고 판매량의 비율은 2023년에 2,000 / 1,800 ≒ 1.1, 2024년에 2,700 / 2,250 = 1.2로 2024년이 2023년보다 크므로 옳은 설명이다.

오답 체크

① 2024년 냉장고 판매량의 전년 대비 증가율이 35%로 가장 큰 B 국가의 2024년 냉장고 판매량은 전년 대비 2,700 − 2,000 = 700만 대 증가하였으므로 옳지 않은 설명이다.

③ 제시된 6개 국가의 2023년 전체 냉장고 판매량에서 A 국가의 냉장고 판매량이 차지하는 비중은 (1,550 / 12,500) × 100 = 12.4%이므로 옳지 않은 설명이다.

④ 2023년 E 국가의 인구수가 2억 명이면 2023년 E 국가의 인구수 대비 냉장고 판매율은 (3,000 / 20,000) × 100 = 15%이므로 옳지 않은 설명이다.

⑤ 2024년 냉장고 판매량의 전년 대비 변화량이 가장 큰 국가는 2024년 냉장고 판매량이 전년 대비 2,700 − 2,000 = 700만 대 증가한 B 국가이므로 옳지 않은 설명이다.

05 자료해석　　　　　　　정답 ③

분쟁 해결률(%) = {(초심처리건수 − 행정소송제기건수) / 초심처리건수} × 100임을 적용하여 구한다.

Z 지역의 2019년 초심처리건수는 10,750건, 행정소송제기건수는 344건이므로 분쟁 해결률은 {(10,750 − 344) / 10,750} × 100 = 96.8%이고, 2024년 초심처리건수는 14,125건, 행정소송제기건수는 565건이므로 분쟁 해결률은 {(14,125 − 565) / 14,125} × 100 = 96.0%이다.

따라서 Z 지역의 2019년 분쟁 해결률과 2024년 분쟁 해결률의 차이는 96.8 − 96.0 = 0.8%p이다.

06 자료해석　　　　　　　정답 ③

2021년 하반기 근로 손실일수의 전년 대비 감소율은 {(47 − 34) / 47} × 100 ≒ 27.7%로 25% 이상이므로 옳지 않은 설명이다.

오답 체크

① 제시된 기간 동안 연도별 전체 근로 손실일수의 평균은 {(28 + 27) + (12 + 28) + (9 + 47) + (13 + 34) + (15 + 19)} / 5 = 46.4만 일로 45만 일 이상이므로 옳은 설명이다.

② 제시된 기간 동안 상반기와 하반기 노사분규 발생 건수의 차이는 2018년에 94 − 40 = 54건, 2019년에 90 − 51 = 39건, 2020년에 81 − 24 = 57건, 2021년에 77 − 42 = 35건, 2022년에 90 − 42 = 48건으로 2020년에 가장 크므로 옳은 설명이다.

④ 2019년 상반기 노사분규 발생 건수 1건당 근로 손실일수는 120,000 / 51 ≒ 2,353일로 2,400일 미만이므로 옳은 설명이다.

⑤ 2022년 전체 노사분규 발생 건수에서 하반기 노사분규 발생 건수가 차지하는 비중은 {90 / (42 + 90)} × 100 ≒ 68.2%로 60% 이상이므로 옳은 설명이다.

07 자료해석　　　　　　　정답 ④

2024년 기관 수의 전년 대비 증가율은 A 기관이 {(168 − 120) / 120} × 100 = 40%, B 기관이 {(240 − 150) / 150} × 100 = 60%, C 기관이 {(290 − 200) / 200} × 100 = 45%, D 기관이 {(510 − 340) / 340} × 100 = 50%, E 기관이 {(363 − 220) / 220} × 100 = 65%, F 기관이 {(648 − 400) / 400} × 100 = 62%이다. 이에 따라 2024년 기관 수의 전년 대비 증가율이 가장 큰 기관은 E 기관이다.

따라서 E 기관의 2024년 연구원 수의 전년 대비 증가율은 {(2,080 − 1,300) / 1,300} × 100 = 60%이다.

08 자료해석　　　　　　　정답 ①

역사 내 형사사건의 전체 검거율은 2020년에 (2,000 / 2,200) × 100 ≒ 90.9%, 2021년에 (1,800 / 2,100) × 100 ≒ 85.7%로 2021년에 전년 대비 90.9 − 85.7 ≒ 5.2%p 감소하였으므로 옳은 설명이다.

오답 체크

② 2020년 검거되지 않은 역사 내 폭행 건수는 480 − 450 = 30건으로 같은 해 역사 내 횡령 발생 건수의 (30 / 380) × 100 ≒ 7.9%이므로 옳지 않은 설명이다.

③ 2022년 역사 내 절도 검거 건수 대비 손괴 발생 건수의 비율은 53 / 270 ≒ 0.20으로 0.25 미만이므로 옳지 않은 설명이다.

④ 2022년 역사 내 형사사건 검거율은 사기가 (19 / 24) × 100 ≒ 79.2%, 철도안전법 위반이 (200 / 220) × 100 ≒ 90.9%로 사기가 철도안전법 위반보다 낮으므로 옳지 않은 설명이다.

⑤ 제시된 기간 동안 역사 내 성폭력 검거 건수의 평균은 (680 + 600 + 880) / 3 = 720건이므로 옳지 않은 설명이다.

2024년 연령대별 평균 성과금과 연령대별 평균 성과금의 전년 대비 증감률을 이용하여 2021~2023년 연령대별 평균 성과금을 계산하면 다음과 같다.

구분	2024년	2023년	2022년	2021년
20대	5,280	5,280/1.6=3,300	3,300/1.5=2,200	2,200/1.1=2,000
30대	6,930	6,930/1.5=4,620	4,620/1.4=3,300	3,300/1.1=3,000
40대	9,180	9,180/1.7=5,400	5,400/1.2=4,500	4,500/0.9=5,000
50대	3,600	3,600/1.5=2,400	2,400/0.5=4,800	4,800/1.2=4,000
60대	7,920	7,920/1.5=5,280	5,280/0.8=6,600	6,600/1.1=6,000

따라서 2024년 평균 성과금의 2021년 대비 증가액이 가장 큰 연령대는 40대이다.

[10-11]

10 자료해석   정답 ⑤

제시된 기간 동안 풍력과 수력 전력 거래량의 차이는 2019년에 2,740－2,670＝70GWh, 2020년에 3,810－3,130＝680GWh, 2021년에 3,170－3,000＝170GWh, 2022년에 3,490－3,360＝130GWh로 2020년에 가장 크고, 풍력과 수력 전력 거래비의 차이는 2019년에 2,850－2,770＝80억 원, 2020년에 3,020－2,290＝730억 원, 2021년에 3,140－3,130＝10억 원, 2022년에 7,210－6,430＝780억 원으로 2022년에 가장 크므로 옳지 않은 설명이다.

오답 체크

① 제시된 기간 동안 재생에너지의 전력 거래량이 다른 연료원에 비해 가장 적은 연료원은 매년 해양으로 동일하므로 옳은 설명이다.

② 2019년~2022년 연도별 IGCC 전력 거래비의 평균은 (640＋1,250＋1,580＋2,900)/4＝1,592.5억 원으로 1,600억 원 미만이므로 옳은 설명이다.

③ 2021년 재생에너지의 전체 전력 거래비에서 바이오 전력 거래비가 차지하는 비중은 {8,810/(5,970＋3,140＋3,130＋420＋8,810)}×100 ≒ 41.0%로 45% 미만이므로 옳은 설명이다.

④ 2020년 IGCC 전력 거래량의 전년 대비 증가율은 {(3,430－2,230)/2,230}×100 ≒ 53.8%로 2021년 태양광 전력 거래비의 전년 대비 증가율인 {(5,970－3,570)/3,570}×100 ≒ 67.2%보다 작으므로 옳은 설명이다.

빠른 문제 풀이 **Tip**

③ 2021년 신재생에너지의 전체 전력 거래비에서 신에너지의 전체 전력 거래비를 뺀 값을 구한다.
2021년 신재생에너지의 전체 전력 거래비는 27,450억 원, 신에너지의 전체 전력 거래비는 4,400＋1,580＝5,980억 원으로 같은 해 재생에너지의 전체 전력 거래비는 27,450－5,980＝21,470억 원이다. 이에 따라 2021년 재생에너지의 전체 전력 거래비에서 바이오 전력 거래비가 차지하는 비중은 (8,810/21,470)×100 ≒ 41.0%임을 알 수 있다.

---

11 자료해석   정답 ③

a. 신에너지의 전체 전력 거래량에서 IGCC 전력 거래량이 차지하는 비중은 2021년에 {4,660/(25,800＋4,660)}×100 ≒ 15.3%, 2022년에 {5,270/(31,400＋5,270)}×100 ≒ 14.4%로 2021년이 2022년보다 크므로 옳은 설명이다.

c. 제시된 연료원 중 2022년 재생에너지 전력 거래비의 3년 전 대비 증가율은 태양광이 {(15,980－3,610)/3,610}×100 ≒ 342.7%, 풍력이 {(6,430－2,770)/2,770}×100 ≒ 132.1%, 수력이 {(7,210－2,850)/2,850}×100 ≒ 153.0%, 해양이 {(780－420)/420}×100 ≒ 85.7%, 바이오가 {(20,880－5,030)/5,030}×100 ≒ 315.1%로 태양광이 가장 크므로 옳은 설명이다.

오답 체크

b. 2019년 태양광 전력 거래비는 같은 해 해양 전력 거래비의 3,610/420 ≒ 8.6배로 10배 미만이므로 옳지 않은 설명이다.

빠른 문제 풀이 **Tip**

c. 2022년 태양광과 바이오의 전력 거래비는 2019년 대비 각각 3배 이상씩 증가하였고, 풍력, 수력, 해양의 전력 거래비는 2019년 대비 각각 3배 미만씩 증가하였음을 알 수 있다. 이에 따라 2022년 태양광과 바이오 전력 거래비의 3년 전 대비 증가율만 비교하여 구한다.

[12-13]

12 자료해석
정답 ②

1일 B 영화의 관객 수는 21.7천 명으로 C~F 영화의 관객 수 합인 4.9+6.0+6.9+3.8=21.6천 명보다 많고, 2일 B 영화의 관객 수는 17.6천 명으로 C~F 영화의 관객 수 합인 4.7+4.8+4.6+3.3=17.4천 명보다 많으므로 옳은 설명이다.

오답 체크

① 좌석판매율(%)=(관객 수/배정 좌석 수)×100임을 적용하여 구하면, 2일 D 영화의 좌석판매율은 (4.8/96)×100=5%로, 1일 D 영화의 좌석판매율인 (6.0/96)×100=6.25% 대비 6.25-5=1.25%p 감소하였으므로 옳지 않은 설명이다.

③ 1일 A 영화의 매출액 대비 B 영화의 매출액 비율은 191/1,283≒0.15로, 1일 B 영화의 매출액 대비 F 영화의 매출액 비율인 35/191≒0.18보다 작으므로 옳지 않은 설명이다.

④ 2일 E 영화 관객 수의 전일 대비 감소율은 {(6.9-4.6)/6.9}×100≒33.3%로 30% 이상이므로 옳지 않은 설명이다.

⑤ 제시된 영화의 관객 수는 1일에 A 영화, B 영화, E 영화, D 영화, C 영화, F 영화 순으로 많고, 2일에 A 영화, B 영화, D 영화, C 영화, E 영화, F 영화 순으로 많아 관객 수의 순위는 서로 다르므로 옳지 않은 설명이다.

13 자료해석
정답 ④

2일 A 영화 관객 수의 전일 대비 증가율은 {(142.5-135.8)/135.8}×100≒4.9%로, 매출액의 전일 대비 증가율인 {(1,357-1,283)/1,283}×100≒5.8%보다 작으므로 옳지 않은 설명이다.

오답 체크

① A 영화의 2일 관객 수는 전일 대비 증가하였고, B~F 영화의 2일 관객 수는 모두 전일 대비 감소하였으므로 옳은 설명이다.

② 좌석판매율(%)=(관객 수/배정 좌석 수)×100임을 적용하여 구하면, 1일 F 영화의 좌석판매율은 (3.8/60)×100≒6.3%이므로 옳은 설명이다.

③ 국내 영화관 좌석 수=(배정 좌석 수/좌석점유율)×100임을 적용하여 구하면, A 영화의 국내 영화관 좌석 수는 1일에 (1,368/57.0)×100=2,400천 개, 2일에 (1,404/58.5)×100=2,400천 개로 서로 동일하므로 옳은 설명이다.

⑤ 2일 B 영화의 좌석점유율은 전일 대비 11.5-10.5=1.0%p 감소하였으므로 옳은 설명이다.

빠른 문제 풀이 Tip

③ F 영화의 좌석점유율과 배정 좌석 수가 1일과 2일에 서로 동일하므로 1일과 2일의 국내 영화관 좌석 수는 서로 동일함을 알 수 있다. 이에 따라 1일과 2일 중 하나의 계산값만 확인한다.

[14-15]

14 자료해석
정답 ④

전체 개인 토지 소유 인원수에서 60대 이상이 차지하는 비중은 2019년에 {(35,500+21,300+13,600)/176,700}×100≒39.8%, 2021년에 {(40,800+22,200+15,500)/185,000}×100≒42.4%로 2019년이 2021년보다 작으므로 옳은 설명이다.

오답 체크

① 2019~2021년 중 50대와 70대 개인 토지 소유 인원수의 차이는 2019년에 44,900-21,300=23,600백 명, 2020년에 45,100-21,900=23,200백 명, 2021년에 45,700-22,200=23,500백 명으로 2019년에 가장 크므로 옳지 않은 설명이다.

② 2020년 20대 개인 토지 소유 인원수의 전년 대비 증가율은 {(3,600-3,400)/3,400}×100≒5.9%로 5% 이상이므로 옳지 않은 설명이다.

③ 2021년 40대 개인 토지 소유 인원수는 2년 전 대비 37,900-37,600=300백 명=3만 명 감소하였으므로 옳지 않은 설명이다.

⑤ 2021년 50대 개인 토지 소유 인원수의 2년 전 대비 증가율은 {(45,700-44,900)/44,900}×100≒1.8%로 같은 해 남성 개인 토지 소유 인원수의 2년 전 대비 증가율인 {(102,200-98,900)/98,900}×100≒3.3%보다 작으므로 옳지 않은 설명이다.

15 자료해석
정답 ③

a. 제시된 기간 동안 70대 개인 토지 소유 인원수는 매년 50대 개인 토지 소유 인원수의 50% 미만이므로 옳지 않은 설명이다.

b. 2021년 60대 개인 토지 소유 인원수는 같은 해 20대 미만 개인 토지 소유 인원수의 40,800/500=81.6배로 80배 이상이므로 옳지 않은 설명이다.

c. 제시된 기간 중 남성과 여성 개인 토지 소유 인원수의
   차이는 2019년에 98,900−77,800=21,100백 명, 2020년
   에 100,400−80,100=20,300백 명, 2021년에 102,200
   −82,800=19,400백 명으로 2020년에 두 번째로 크고,
   2020년 30대 개인 토지 소유 인원수는 전년 대비 19,700
   −19,200=500백 명 감소하였으므로 옳은 설명이다.

[16-17]

16 자료해석   정답 ④

b. 2024년 E 지역의 주민등록인구수가 2021년 대비 60천
   명 증가하였다면 2021년 E 지역의 주민등록인구수는
   1,460−60=1,400천 명이고, 전체 자동차등록 대수는
   2021년에 1,400×0.4=560천 대, 2024년에 1,460×
   0.5=730천 대로 2024년에 2021년 대비 730−560=
   170천 대 증가하였으므로 옳지 않은 설명이다.

d. 2024년 D 지역의 전체 자동차등록 대수는 2,960×
   0.6=1,776천 대로 E 지역의 전체 자동차등록 대수인
   1,460×0.5=730천 대보다 1,776−730=1,046천 대
   더 많으므로 옳지 않은 설명이다.

a. 2020년부터 2024년까지 제시된 지역 중 1인당 자동차등록 대
   수가 가장 많은 지역은 매년 I 지역이므로 옳은 설명이다.

c. 제시된 지역 중 2024년 주민등록인구수가 가장 많은 H 지역
   의 1인당 자동차등록 대수는 0.4대로, 2024년 주민등록인구수
   가 다섯 번째로 많은 C 지역의 1인당 자동차등록 대수인 0.5
   대의 0.4/0.5=0.8배이므로 옳은 설명이다.

17 자료해석   정답 ④

지역별 1인당 자동차등록 대수=지역별 전체 자동차등록
대수/지역별 주민등록인구수임을 적용하여 구한다.
B 지역과 H 지역 두 지역의 1인당 자동차등록 대수는
2022년과 2024년에 각각 모두 0.4대로 동일하므로 2022
년과 2024년 B 지역과 H 지역 각 지역의 전체 자동차등
록 대수는 해당 지역의 주민등록인구수에 0.4를 곱한 값
이다. 이때 2024년 두 지역의 전체 자동차등록 대수의 합
이 2022년 대비 총 100천 대 증가하였으므로 두 지역에
서 증가한 주민등록인구수에 0.4를 곱한 값이 100천 대임
을 알 수 있다. 이에 따라 2024년 B 지역과 H 지역의 주
민등록인구수의 2022년 대비 증가 인원이 서로 같으므로
2022년 대비 2024년 B 지역과 H 지역 주민등록인구수의
증가 인원은 각각 (100/0.4)/2=125천 명이다.

따라서 2022년 H 지역의 주민등록인구수는 13,240−125
=13,115천 명이다.

18 자료해석   정답 ③

차량 평균 속도=$A \times \left(1-\dfrac{교통량}{B}\right)$임을 적용하여 구한다.
평일의 교통량은 5,200대, 차량 평균 속도는 28km/h이므로
$28=A \times \left(1-\dfrac{5,200}{B}\right) \rightarrow 28=A-\dfrac{5,200A}{B}$ ⋯ ⓐ
주말의 교통량은 7,200대, 차량 평균 속도는 8km/h이므로
$8=A \times \left(1-\dfrac{7,200}{B}\right) \rightarrow 8=A-\dfrac{7,200A}{B}$ ⋯ ⓑ
ⓐ−ⓑ에서 $20=\dfrac{2,000A}{B} \rightarrow B=100A$
이를 ⓐ에 대입하여 풀면
$28=A-\dfrac{5,200A}{100A} \rightarrow 28=A-52 \rightarrow A=80, B=8,000$
따라서 A는 80, B는 8,000인 ③이 정답이다.

19 자료해석   정답 ②

제시된 자료에 따르면 C 국, D 국, E 국 반도체 특허 출원
건수의 총합은 2018년에 5+15+175=195건, 2019년에
30+40+305=375건, 2020년에 270+75+450=795
건, 2021년에 210+70+430=710건, 2022년에 145+
10+600=755건, 2023년에 75+20+195=290건으로
2020년에 가장 크다. 이에 따라 2020년 국가별 반도체
특허 출원 건수 비중을 계산하면 다음과 같다.

구분	반도체 특허 출현 건수 비중
A 국	(480/1,500)×100=32%
B 국	(195/1,500)×100=13%
C 국	(270/1,500)×100=18%
D 국	(75/1,500)×100=5%
E 국	(450/1,500)×100=30%
기타	(30/1,500)×100=2%

따라서 2020년 국가별 반도체 특허 출원 건수 비중이 일
치하는 ②가 정답이다.

20 자료해석

인사팀 직원 수의 변화를 나타내면 다음과 같다.

2015년	2016년	2017년	2018년	2019년	2020년
25	31	37	43	49	55

+6 +6 +6 +6 +6

인사팀 직원 수는 매년 6명씩 증가함을 알 수 있다.

재무팀 직원 수의 변화를 나타내면 다음과 같다.

2015년	2016년	2017년	2018년	2019년	2020년
7	8	10	13	17	22

+1 +2 +3 +4 +5

+1 +1 +1 +1

재무팀 직원 수의 전년 대비 증가한 직원 수는 매년 1명씩 증가함을 알 수 있다.

이에 따라 인사팀과 재무팀의 2021~2026년 직원 수를 계산하면 다음과 같다.

구분	인사팀	재무팀
2021년	55+6=61	22+6=28
2022년	61+6=67	28+7=35
2023년	67+6=73	35+8=43
2024년	73+6=79	43+9=52
2025년	79+6=85	52+10=62
2026년	85+6=91	62+11=73

따라서 직원 1명당 회식비는 인사팀이 3만 원, 재무팀이 4만 원이므로 2026년 인사팀과 재무팀의 회식비의 합은 $(91 \times 3) + (73 \times 4) = 273 + 292 = 565$만 원이다.

Ⅱ 추리

01 언어추리

정답 ③

심장박동이 느린 모든 사람이 긴장을 하지 않는다는 것은 긴장을 하는 모든 사람이 심장박동이 느리지 않다는 것이므로, 긴장을 하는 어떤 사람이 다리를 떨면 심장박동이 느리지 않으면서 다리를 떠는 사람이 반드시 존재하게 된다.

따라서 '심장박동이 느리지 않은 어떤 사람은 다리를 떤다.'가 타당한 결론이다.

오답 체크

긴장을 하는 사람을 '긴', 다리를 떠는 사람을 '다', 심장박동이 느리지 않은 사람을 '심X'라고 하면

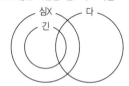

① 다리를 떠는 어떤 사람은 긴장을 하지 않을 수도 있으므로 반드시 참인 결론이 아니다.
② 다리를 떨지 않는 어떤 사람은 심장박동이 느리지 않을 수도 있으므로 반드시 참인 결론이 아니다.
④ 긴장을 하는 모든 사람은 심장박동이 느리지 않으므로 반드시 거짓인 결론이다.
⑤ 다리를 떨지 않는 어떤 사람은 심장박동이 느릴 수도 있으므로 반드시 참인 결론이 아니다.

02 언어추리

정답 ⑤

반도체 회사를 다니는 모든 사람이 영어를 잘한다는 것은 영어를 잘하지 못하는 사람이 반도체 회사를 다니지 않는다는 것이고, 중국어를 잘하는 모든 사람이 영어를 잘한다는 것은 영어를 잘하지 못하는 사람이 중국어를 잘하지 못한다는 것이므로 반도체 회사를 다니지 않으면서 중국어를 잘하지 못하는 사람이 반드시 존재하게 된다.

따라서 '반도체 회사를 다니지 않는 어떤 사람은 중국어를 잘하지 못한다.'가 타당한 결론이다.

오답 체크

반도체 회사를 다니는 사람을 '반', 영어를 잘하는 사람을 '영', 중국어를 잘하는 사람을 '중'이라고 하면

①, ② 반도체 회사를 다니는 모든 사람은 중국어를 잘하지 못할 수도 있으므로 반드시 참인 결론이 아니다.

③ 중국어를 잘하는 모든 사람은 반도체 회사를 다니지 않을 수도 있으므로 반드시 참인 결론이 아니다.

④ 중국어를 잘하지 못하는 사람 중에 반도체 회사를 다니는 사람이 있을 수도 있으므로 반드시 참인 결론이 아니다.

03 언어추리

정답 ③

휴가를 가지 않는 어떤 사람도 직장인이 아니라는 것은 모든 직장인은 휴가를 간다는 것이고, 휴가를 가는 어떤 직장인이 국내여행을 간다면 휴가를 가는 사람 중에서 국내여행을 가는 사람이 반드시 존재하게 된다.

따라서 '국내여행을 가는 어떤 사람은 직장인이다.'가 타당한 전제이다.

오답 체크

휴가를 가는 사람을 '휴', 직장인을 '직', 국내여행을 가는 사람을 '국', 해외여행을 가는 사람을 '해'라고 하면

①, ②, ④ 모든 직장인이 휴가를 가고, 직장인 중에서 국내여행을 가는 사람이 존재하지 않으면 휴가를 가는 모든 사람이 국내여행을 가지 않을 수도 있으므로 결론이 반드시 참이 되게 하는 전제가 아니다.

⑤ 모든 직장인이 휴가도 가고, 해외여행도 가면 휴가를 가는 사람 중에서 국내여행을 가는 사람의 존재 여부는 알 수 없으므로 결론의 참/거짓을 판단할 수 없는 전제이다.

04 언어추리
정답 ④

제시된 조건에 따르면 먼저 출근한 3명은 아메리카노를 마시고, 나머지 3명은 카페라테를 마시며, C와 E는 아메리카노를 마셨으므로 첫 번째 또는 두 번째 또는 세 번째로 출근했다. 이때 A와 C 사이에 출근한 사람은 1명이므로 C가 첫 번째로 출근했다면 A는 세 번째로 출근했고, C가 두 번째로 출근했다면 A는 네 번째로 출근했으며, C가 세 번째로 출근했으면 A는 첫 번째 또는 다섯 번째로 출근했다. 이때 A는 F보다 먼저 출근했고, 가장 늦게 출근한 사람은 B이므로 A는 다섯 번째로 출근하지 않았음을 알 수 있다. C가 출근한 순서에 따라 가능한 경우는 다음과 같다.

구분	첫 번째 (아메리카노)	두 번째 (아메리카노)	세 번째 (아메리카노)	네 번째 (카페라테)	다섯 번째 (카페라테)	여섯 번째 (카페라테)
경우 1	C	E	A	D 또는 F	D 또는 F	
경우 2	D 또는 E	C	D 또는 E	A	F	B
경우 3	A	E	C	D 또는 F	D 또는 F	

따라서 C가 첫 번째로 출근했다면, 가능한 경우의 수는 2가지이므로 항상 거짓인 설명이다.

오답 체크

① D가 네 번째로 출근했다면, E는 두 번째, A는 첫 번째 또는 세 번째로 출근했으므로 항상 거짓인 설명은 아니다.
② C가 D보다 먼저 출근했다면, C는 아메리카노, D는 아메리카노 또는 카페라테를 마셨으므로 항상 거짓인 설명은 아니다.
③ A가 카페라테를 마셨다면, 가능한 경우의 수는 2가지이므로 항상 참인 설명이다.
⑤ D와 F가 같은 음료를 마셨다면, 가능한 경우의 수는 4가지이므로 항상 참인 설명이다.

05 언어추리
정답 ⑤

제시된 조건에 따르면 홀수 점수를 획득한 사람은 거짓을 말했고, 짝수 점수를 획득한 사람은 진실을 말했다. C는 짝수 점수를 획득했다는 B의 말이 진실이면 C의 말도 진실이고, C의 말에 따라 A의 말도 진실이 되며 B의 말이 거짓이면 C의 말도 거짓이고, C의 말에 따라 A의 말도 거짓이 되므로 A, B, C의 말은 모두 진실이거나 모두 거짓이다. 이때 A, B, C의 말이 모두 거짓이면, D와 E의 말은 진실이고 짝수 점수를 획득했으므로 D와 E의 말에 따라 D와 E가 획득한 점수는 모두 4점이 되므로 모두 서로 다른 점수를 획득했다는 조건에 모순된다. 이에 따라 A, B, C의 말은 모두 진실이고, D와 E의 말은 거짓임을 알 수 있다. A의 말에 따라 A가 획득한 점수는 6점이고, B와 C는 각각 2점 또는 4점을 획득했다. 또한, D의 말에 따라 D가 획득한 점수는 1점 또는 3점이고, E의 말에 따라 E가 획득한 점수는 3점 또는 5점이다.
따라서 A가 획득한 점수는 6점이다.

06 언어추리
정답 ⑤

제시된 조건에 따르면 첫 번째 중국 출장에서 돌아온 바로 다음 날 미국으로 출장을 가고, 4월 3주 차에 미국 출장에서 돌아오면 돌아온 다음 날의 이틀 후 바로 일본으로 출장을 가며 일본 출장에서 4월 3주 차에 돌아오므로 중국이 첫 출장지임을 알 수 있다. 이에 따라 4월 2주 차 월요일에 첫 출장지로 출발하므로 4월 2주 차 월요일부터 수요일까지 중국으로 출장을 다녀오고, 4월 2주 차 목요일부터 4월 3주 차 월요일까지 미국으로 출장을 다녀온다. 미국 출장에서 돌아온 다음 날의 이틀 후인 4월 3주 차 목요일부터 토요일까지 일본으로 출장을 다녀온다. 또한, 최소 2일의 간격을 두고 출장을 가고 4월 4주 차 토요일에는 한국 본사에서 진행하는 회의에 참석하므로 두 번째 중국 출장은 4월 4주 차 화요일 또는 수요일에 출발한다. 두 번째 중국 출장을 가는 요일에 따라 가능한 경우는 아래와 같다.

경우 1. 두 번째 중국 출장을 4월 4주 차 화요일에 가는 경우

구분	월	화	수	목	금	토	일
4월 2주 차		중국			미국		
4월 3주 차	미국				일본		
4월 4주 차			중국				

1회 2회 3회 4회 5회 6회

해커스 GSAT 삼성직무적성검사 실전모의고사

경우 2. 두 번째 중국 출장을 4월 4주 차 수요일에 가는
　　　　경우

구분	월	화	수	목	금	토	일
4월 2주 차		중국			미국		
4월 3주 차	미국				일본		
4월 4주 차			중국				

따라서 일본 출장에서 4월 3주 차 토요일에 돌아오므로
항상 거짓인 설명이다.

오답 체크
① 미국 출장은 4월 2주 차 목요일에 출발하고, 일본 출장은 4월
　3주 차 목요일에 출발하므로 항상 참인 설명이다.
② 4월 3주 차 수요일에는 한국에 있으므로 항상 참인 설명이다.
③ 4월 4주 차 목요일 또는 금요일에 중국 출장에서 돌아오므로
　항상 거짓인 설명은 아니다.
④ 4월 2주 차 일요일에는 미국에, 4월 3주 차와 4월 4주 차 일
　요일에는 한국에 있으므로 항상 참인 설명이다.

07　언어추리　　　　　　　　　　　정답 ⑤

제시된 조건에 따르면 5명 중 회전목마를 탄 사람은 2명
이고, 상혁이는 회전목마를 탔으며, 우제와 현준이는 같
은 놀이 기구를 탔으므로 우제와 현준이는 바이킹을 탔음
을 알 수 있다. 또한, 핫도그를 먹은 사람은 1명이고, 상혁
이와 민형이는 같은 음식을 먹었으며, 떡볶이를 먹은 사람
은 바이킹을 탔으므로 회전목마를 탄 상혁이는 민형이와
아이스크림을 먹었음을 알 수 있다. 이때 민석이는 아이스
크림을 먹었으므로 민형이가 탄 놀이 기구에 따라 가능한
경우는 다음과 같다.

경우 1. 민형이가 회전목마를 탄 경우

상혁	민형	현준	민석	우제
회전목마	회전목마	바이킹	바이킹	바이킹
아이스크림	아이스크림	떡볶이 또는 핫도그	**아이스크림**	떡볶이 또는 핫도그

경우 2. 민형이가 바이킹을 탄 경우

상혁	민형	현준	민석	우제
회전목마	바이킹	바이킹	회전목마	바이킹
아이스크림	아이스크림	떡볶이 또는 핫도그	**아이스크림**	떡볶이 또는 핫도그

따라서 우제는 바이킹을 타고 핫도그 또는 떡볶이를 먹었
으므로 항상 거짓인 설명이다.

오답 체크
① 현준이는 바이킹을 타고 떡볶이 또는 핫도그를 먹었으므로
　항상 거짓인 설명은 아니다.
② 5명 중 아이스크림을 먹은 사람은 상혁, 민형, 민석 총 3명이
　므로 항상 참인 설명이다.
③ 바이킹을 탄 사람은 각각 아이스크림, 떡볶이, 핫도그를 먹었
　으므로 항상 참인 설명이다.
④ 민형이가 바이킹을 탔다면, 상혁이와 민석이는 회전목마를 타
　고 아이스크림을 먹었으므로 항상 참인 설명이다.

08　언어추리　　　　　　　　　　　정답 ⑤

제시된 조건에 따르면 김 씨인 조원이 맡은 역할은 PPT
제작이고, 발표는 학점이 가장 낮은 조원이 맡았으며 자
료 준비는 기계과인 조원이 맡았다. 이때 정 씨인 조원의
학점이 두 번째로 높으므로 맡은 역할은 자료 준비이고,
전공은 기계과이다. 이에 따라 발표를 맡은 조원은 한 씨
이고, 한 씨의 학점이 가장 낮으므로 김 씨인 조원의 학점
이 가장 높음을 알 수 있다.

구분	정	김	한
전공	기계과	국어국문학과 또는 아동교육학과	국어국문학과 또는 아동교육학과
역할	자료 준비	PPT 제작	발표
학점 순위	2	1	3

따라서 학점이 가장 높은 조원인 김 씨가 PPT 제작을 맡
았으므로 항상 거짓인 설명이다.

오답 체크
① 정 씨인 조원이 맡은 역할은 자료 준비이므로 항상 참인 설명
　이다.
② 전공이 아동교육학과인 조원이 맡은 역할은 PPT 제작 또는 발
　표이므로 항상 거짓인 설명은 아니다.
③ 발표를 맡은 조원의 성은 한 씨이므로 항상 참인 설명이다.
④ 학점이 가장 높은 조원은 김 씨이며, 김 씨의 전공은 국어국문
　학과 또는 아동교육학과이므로 항상 거짓인 설명은 아니다.

제시된 조건에 따르면 가위바위보 게임은 리그전으로 진행되고 무승부인 경우가 없었으므로 한 명당 4번씩 게임을 하였다. A의 총점은 10점이므로 3승 1패를 기록했고, A는 E에게 졌으며, B, C, D에게는 모두 이겼음을 알 수 있다. B의 게임 기록은 1승 3패이므로 총점은 6점이고, B는 D를 이겼으며, A, C, E에게는 모두 졌음을 알 수 있다. E의 총점은 8점이므로 2승 2패를 기록했고, E는 A와 B에게는 모두 이겼으며, C와 D에게는 모두 졌음을 알 수 있다. C와 D의 게임 기록에 따라 가능한 경우는 다음과 같다.

경우 1. C가 D를 이긴 경우

구분	A	B	C	D	E
게임 기록	3승 1패	1승 3패	3승 1패	1승 3패	2승 2패
총점	10점	6점	10점	6점	8점

경우 2. C가 D에게 진 경우

구분	A	B	C	D	E
게임 기록	3승 1패	1승 3패	2승 2패	2승 2패	2승 2패
총점	10점	6점	8점	8점	8점

따라서 C가 D에게 졌다면, D의 게임 기록은 2승 2패이므로 항상 참인 설명이다.

오답 체크

① D와 E의 총점이 같다면, C는 D에게 졌으므로 항상 거짓인 설명이다.
② 게임 기록이 3승 1패로 A와 C가 같고 1승 3패로 B와 D가 같거나 2승 2패로 C, D, E가 같으므로 항상 참인 설명은 아니다.
④ E는 C에게 졌으므로 항상 거짓인 설명이다.
⑤ C의 총점은 8점 또는 10점이므로 항상 참인 설명은 아니다.

제시된 조건에 따르면 단면으로 인쇄한 사람은 진실을 말했고, 양면으로 인쇄한 사람은 거짓을 말했다.
미정이 진실을 말하고 있다는 동욱의 말이 진실이면 동욱은 단면으로 인쇄하였으므로 동욱이 양면으로 인쇄했다는 자혁의 말은 거짓이고, 자신과 경만이 같은 종류의 인쇄를 했다는 미정의 말이 진실이므로 양면으로 인쇄한 사람은 2명이라는 경만의 말도 진실이 되어 양면으로 인쇄한 사람은 지수와 자혁임을 알 수 있다. 또한, 미정이 진실을 말하고 있다는 동욱의 말이 거짓이면 미정의 말도 거짓이고, 자신과 경만이 같은 종류의 인쇄를 했다는 미정의 말이 거짓이므로 경만의 말은 진실이 되며, 양면으로

인쇄한 사람은 2명이라는 경만의 말이 진실이므로 양면으로 인쇄한 사람은 동욱과 미정임을 알 수 있다. 이에 따라 가능한 경우는 다음과 같다.

경우 1. 동욱이의 진술이 진실인 경우

지수	동욱	자혁	경만	미정
거짓	진실	거짓	진실	진실
양면	단면	양면	단면	단면

경우 2. 동욱이의 진술이 거짓인 경우

지수	동욱	자혁	경만	미정
진실	거짓	진실	진실	거짓
단면	양면	단면	단면	양면

따라서 자혁이와 미정이는 다른 종류의 인쇄를 하였으므로 항상 거짓인 설명이다.

오답 체크

① 경만이는 단면으로 인쇄했으므로 항상 참인 설명이다.
② 자혁이는 양면 또는 단면으로 인쇄했으므로 항상 거짓인 설명은 아니다.
③ 지수는 양면 또는 단면으로 인쇄했으므로 항상 거짓인 설명은 아니다.
⑤ 동욱이와 같은 종류의 인쇄를 한 사람은 1명 또는 2명이므로 항상 거짓인 설명은 아니다.

제시된 조건에 따르면 민규와 진우는 서로 다른 서점에 방문하고, 민규가 방문한 서점은 B 서점이 아니므로 민규는 A 서점, 진우는 B 서점을 방문하며, B 서점을 방문하는 사람은 단어장을 구매하지 않으므로 참고서 또는 연습장을 구매한다. 이때 호규는 참고서를 구매하며, 찬호와 호규는 서로 다른 서점에 방문하므로 찬호가 방문하는 서점에 따라 가능한 경우는 아래와 같다.

경우 1. 찬호가 A 서점을 방문하는 경우

구분	찬호	호규	진우	민규
서점	A 서점	B 서점	B 서점	A 서점
상품	참고서 또는 단어장 또는 연습장	참고서	참고서 또는 연습장	참고서 또는 단어장 또는 연습장

경우 2. 찬호가 B 서점을 방문하는 경우

구분	찬호	호규	진우	민규
서점	B 서점	A 서점	B 서점	A 서점
상품	참고서 또는 연습장	참고서	참고서 또는 연습장	단어장

따라서 민규와 찬호가 단어장을 구매하면, 진우는 연습장을 구매하므로 항상 거짓인 설명이다.

[오답 체크]
① 진우가 참고서를 구매하면, 민규는 단어장 또는 연습장을 구매하므로 항상 거짓인 설명은 아니다.
② 호규가 A 서점, 진우가 B 서점을 방문하면, 호규는 참고서를 구매하고, 진우는 참고서 또는 연습장을 구매하므로 항상 거짓인 설명은 아니다.
③ 민규가 참고서를 구매하면, 진우는 연습장을 구매하므로 항상 참인 설명이다.
⑤ 찬호와 진우가 B 서점을 방문하면, 찬호가 참고서를 구매할 때 진우는 연습장을 구매하고, 찬호가 연습장을 구매할 때 진우는 참고서 또는 연습장을 구매하므로 항상 거짓인 설명은 아니다.

12 언어추리
정답 ①

제시된 조건에 따르면 5명이 받은 쿠폰 개수는 총 12개이고, 한 명이 받을 수 있는 쿠폰은 최대 6개이며, C는 D보다 쿠폰을 1개 더 많이 받았으므로 C와 D는 각각 (6개, 5개) 또는 (5개, 4개) 또는 (4개, 3개) 또는 (3개, 2개) 또는 (2개, 1개)를 받았다. 이때 5명은 쿠폰을 최소 1개 이상씩 받았으므로 C가 받은 쿠폰 개수는 5개 이하이다. 또한, B와 E가 받은 쿠폰 개수는 같고, 짝수 개의 쿠폰을 받은 사람은 총 3명이므로 C와 D 둘 중 한 명과 B, E가 짝수 개의 쿠폰을 받았다. 이에 따라 C가 받은 쿠폰 개수는 4개 이하이고, B가 받은 쿠폰 개수는 A보다 많으므로 가능한 경우는 다음과 같다.

구분	A	B	C	D	E
경우 1	1개	2개	4개	3개	2개
경우 2	1개	4개	2개	1개	4개

따라서 D는 1개 또는 3개의 쿠폰을 받았으므로 항상 참인 설명이다.

[오답 체크]
② A와 B가 받은 쿠폰 개수의 차이는 1개 또는 3개이므로 항상 참인 설명은 아니다.
③ C가 받은 쿠폰 개수는 B보다 많거나 적으므로 항상 참인 설명은 아니다.
④ 쿠폰을 가장 많이 받은 사람은 4개를 받았으므로 항상 거짓인 설명이다.
⑤ A와 D가 받은 쿠폰 개수는 같거나 다르므로 항상 참인 설명은 아니다.

13 언어추리
정답 ①

제시된 조건에 따르면 각 자리의 숫자는 모두 다르며, 숫자 0은 사용할 수 없다. 또한, 천의 자리와 백의 자리 숫자의 합은 14이므로 가능한 경우는 (5, 9), (6, 8), (8, 6), (9, 5)이고, 십의 자리와 일의 자리 숫자의 합은 12이므로 가능한 경우는 (3, 9), (4, 8), (5, 7), (7, 5), (8, 4), (9, 3)이다. 이때 십의 자리 숫자는 천의 자리 숫자보다 작으므로 가능한 경우는 다음과 같다.

구분	천의 자리	백의 자리	십의 자리	일의 자리
경우 1	5	9	4	8
경우 2	6	8	3	9
경우 3	6	8	5	7
경우 4	8	6	3	9
경우 5	8	6	5	7
경우 6	8	6	7	5
경우 7	9	5	4	8
경우 8	9	5	8	4

따라서 천의 자리와 십의 자리 숫자의 차이는 1 또는 3 또는 5이므로 항상 거짓인 설명이다.

[오답 체크]
② 백의 자리와 일의 자리 숫자의 차이는 1 또는 3이므로 항상 거짓인 설명은 아니다.
③ 백의 자리와 십의 자리 숫자의 합은 9 또는 11 또는 13이므로 항상 거짓인 설명은 아니다.
④ 일의 자리 숫자가 7 이하인 경우의 수는 '6857', '8657', '8675', '9584' 4가지이므로 항상 참인 설명이다.
⑤ 십의 자리 숫자가 일의 자리 숫자보다 큰 경우의 수는 '8675', '9584' 2가지이므로 항상 참인 설명이다.

14 언어추리
정답 ④

제시된 조건에 따르면 월요일에 연차를 사용한 사람은 진실을 말했고, 금요일에 연차를 사용한 사람은 거짓을 말했다. C가 거짓을 말하고 있다는 E의 말이 진실이면 B가 금요일에 연차를 사용했다는 C의 말이 거짓이므로 B는 월요일에 연차를 사용했으며, D와 같은 요일에 연차를 사용했다는 B의 말이 진실이므로 A와 C가 같은 요일에 연차를 사용했다는 D의 말도 진실이 되어 A는 금요일에 연차를 사용했음을 알 수 있다. 또한, C가 거짓을 말하고 있다는 E의 말이 거짓이면 B가 금요일에 연차를 사용했다는 C의 말은 진실이므로 B는 금요일에 연차를 사용했고, D와 같은 요일에 연차를 사용했다는 B의 말이 거짓이므로 A와 C가 같은 요일에 연차를 사용했다는 D의 말은 진실이 되어 A는 월요일에 연차를 사용했음을 알 수 있다. 이에 따라 가능한 경우는 다음과 같다.

경우 1. E의 말이 진실인 경우

A	B	C	D	E
거짓	진실	거짓	진실	진실
금요일	월요일	금요일	월요일	월요일

경우 2. E의 말이 거짓인 경우

A	B	C	D	E
진실	거짓	진실	진실	거짓
월요일	금요일	월요일	월요일	금요일

따라서 항상 진실만을 말하는 사람은 D이다.

15 도형추리 정답 ②

각 행에서 3열에 제시된 도형은 1열과 2열에 제시된 도형의 공통되는 음영을 색칠한 형태이다.

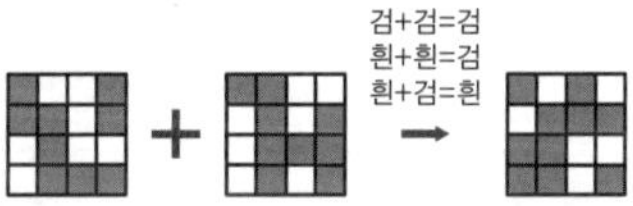

검+검=검
흰+흰=검
흰+검=흰

[3행 1열] [3행 2열] **[3행 3열]**

따라서 '?'에 해당하는 도형은 ②이다.

16 도형추리 정답 ①

각 열에서 다음 행에 제시된 도형은 이전 행에 제시된 도형의 1열 내부 도형을 반시계 방향으로 90° 회전하고, 2열 내부 도형을 시계 방향으로 90° 회전한 형태이다.

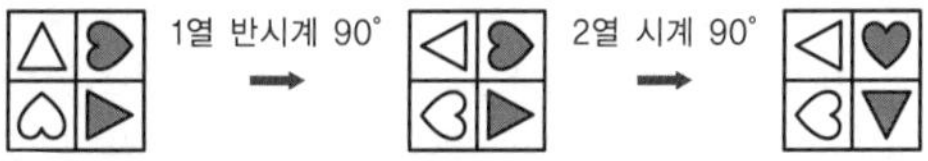

1열 반시계 90°
2열 시계 90°

[2행 3열] **[3행 3열]**

따라서 '?'에 해당하는 도형은 ①이다.

17 도형추리 정답 ②

각 행에서 다음 열에 제시된 도형은 이전 열에 제시된 도형에서 내부 도형을 시계 방향으로 1칸씩 이동하면서 반시계 방향으로 45° 회전한 후 색반전한 형태이다.

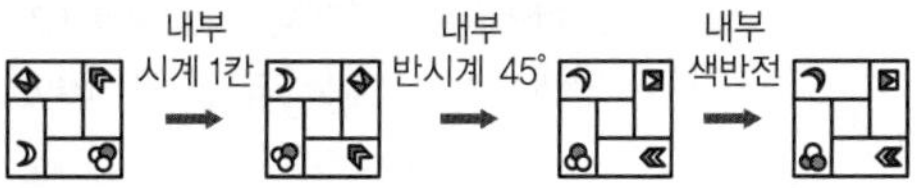

내부 시계 1칸
내부 반시계 45°
내부 색반전

[2행 2열] **[2행 3열]**

따라서 '?'에 해당하는 도형은 ②이다.

[18-21]

◆: 문자와 숫자 순서에 따라 첫 번째 문자(숫자)를 바로 다음 순서에 오는 문자(숫자)로, 세 번째 문자(숫자)를 바로 이전 순서에 오는 문자(숫자)로 변경한다.
ex. abcd → bbbd (a+1, b, c−1, d)

■: 첫 번째, 두 번째 문자(숫자)의 자리를 서로 바꾼다.
ex. abcd → bacd

△: 문자와 숫자 순서에 따라 첫 번째 문자(숫자)를 바로 이전 순서에 오는 문자(숫자)로, 두 번째, 네 번째 문자(숫자)를 다음 두 번째 순서에 오는 문자(숫자)로, 세 번째 문자(숫자)를 이전 두 번째 순서에 오는 문자(숫자)로 변경한다.
ex. abcd → zdaf (a−1, b+2, c−2, d+2)

○: 두 번째, 네 번째 문자(숫자)의 자리를 서로 바꾼다.
ex. abcd → adcb

18 도식추리 정답 ④

Y2C1 → △ → X4A3 → ◆ → Y4Z3

19 도식추리 정답 ④

3KU7 → ■ → K3U7 → ○ → K7U3 → △ → J9S5

20 도식추리 정답 ③

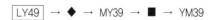

LY49 → ◆ → MY39 → ■ → YM39

21 도식추리 정답 ③

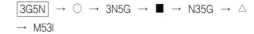

3G5N → ○ → 3N5G → ■ → N35G → △ → M53I

22 문단배열   정답 ②

이 글은 사이토카인의 역할과 과도 분비 시 나타날 수 있는 사이토카인 폭풍 현상에 대해 설명하는 글이다.

따라서 '(B) 사이토카인의 역할 → (A) 사이토카인 과다 분비 시 나타날 수 있는 사이토카인 폭풍 → (D) 사이토카인 폭풍 현상 발현 시 나타나는 증상 → (C) 사이토카인 폭풍 사례인 스페인 독감과 경각심의 필요성' 순으로 연결되어야 한다.

23 문단배열   정답 ③

이 글은 프루스트 현상의 의미와 그에 대한 실험 결과를 통해 알 수 있는 프루스트 현상의 원리에 대해 설명하는 글이다.

따라서 '(A) 마르셀 프루스트의 작품에서 출발한 '프루스트 현상' → (D) 다양한 실험과 연구를 통해 증명된 프루스트 현상 → (C) 프루스트 현상의 원리 → (B) 냄새와 함께한 경험이 오랜 시간 기억되는 이유' 순으로 연결되어야 한다.

24 논리추론   정답 ①

광섬유는 유리나 플라스틱으로 만들어진 가늘고 긴 실로 금속에 비해 신호 감쇠가 적다는 장점을 가진다고 하였으므로 금속이 유리나 플라스틱보다 신호 전달성이 우수하다는 것은 옳지 않은 내용이다.

오답 체크

② 광섬유는 외부 간섭에 강하고 도청이 어려워 보안성이 높다고 하였으므로 옳은 내용이다.
③ 광섬유의 특징을 살린 광 네트워크 기술은 장거리 및 대용량의 정보를 효율적으로 전송하는 시스템이라고 하였으므로 옳은 내용이다.
④ 광통신망이 미래의 고속 인터넷과 통신 기술 발전에 중요한 기반이 된다고 하였으므로 옳은 내용이다.
⑤ 광 통신망은 해외와 국내를 연결하는 주요 통신 수단으로도 활용된다고 하였으므로 옳은 내용이다.

25 논리추론   정답 ②

자동차 제조 기업들이 차체의 무게를 줄이기 위해 알루미늄을 사용하고 있으며, 자동차의 강철 부품을 알루미늄으로 대체해 무게를 줄이면 연비가 향상될 수 있다고 하였으므로 알루미늄이 자동차의 연비 개선을 위한 수단으로 이용됨을 추론할 수 있다.

오답 체크

① 알루미늄은 지구상에서 가장 흔한 금속이며, 원소 중에서는 세 번째로 많다고 하였으므로 옳지 않은 내용이다.
③ 철보다 무게가 약 1/3 가벼운 알루미늄을 사용하면 그만큼 차체 무게를 줄일 수 있다고 하였으므로 옳지 않은 내용이다.
④ 대부분은 알루미늄에 다양한 원소를 첨가해 합금으로 만들어 강도를 높여 사용한다고 하였으므로 옳지 않은 내용이다.
⑤ 알루미늄을 재생할 때 필요로 하는 에너지는 신규 생산의 약 5%이며, 재생 과정에서 발생하는 폐기물도 15% 수준에 불과하다고 하였으므로 옳지 않은 내용이다.

26 논리추론   정답 ⑤

폰 노이만 방식은 연산과 저장 등의 처리장치가 구분되어 있어 데이터를 직렬로 처리하기 때문에 처리해야 할 데이터가 많아지면 병목현상이 발생하지만 뉴로모픽 칩은 데이터를 병렬구조로 처리하여 연산, 저장, 인식, 분석 등을 하나의 반도체로 빠르게 처리할 수 있고 전력소모량도 적다고 하였으므로 뉴로모픽 칩이 데이터를 직렬로 처리하여 적은 전력으로도 다양한 기능을 수행할 수 있다는 것은 옳지 않은 내용이다.

오답 체크

① 폰 노이만 방식이 적용된 보통의 컴퓨터는 연산과 저장 등의 처리장치가 구분되어 있어 데이터가 순차적으로 CPU, 메모리, 하드웨어를 거치고, 네트워크가 이들을 연결하는 직렬 처리 과정으로 되어 있기 때문에 처리해야 할 데이터가 많아지면 CPU와 메모리 사이에 병목현상이 발생한다고 하였으므로 옳은 내용이다.
② 현재 뉴로모픽 반도체는 연산 성능과 에너지 효율이 높은 반면 가격이 비싸 범용성은 낮다고 하였으므로 옳은 내용이다.
③ 폰 노이만 방식의 한계를 극복하기 위해 반도체 업계에서 인간의 뇌 신경을 모방한 차세대 반도체인 뉴로모픽 칩을 개발하고 있다고 하였으므로 옳은 내용이다.
④ 폰 노이만 방식이 적용된 보통의 컴퓨터는 연산과 저장 등의 처리장치가 구분되어 있다고 하였으므로 옳은 내용이다.

27 논리추론 정답 ⑤

EDS 공정의 첫 단계는 반도체 집적회로 작동에 필요한 개별 소자들의 전기적 직류 전압과 전류 특성을 가진 파라미터를 테스트함으로써 정상적으로 작동하는지 확인하는 단계라고 하였으므로 EDS 공정의 첫 단계에서 개별 소자들의 전기적 교류 전압의 파라미터를 테스트한다는 것은 옳지 않은 내용이다.

오답 체크

① EDS 공정은 FAB 공정 및 설계에서 확인된 문제점을 수정함으로써 전체적인 품질 향상을 꾀한다고 하였으므로 옳은 내용이다.
② EDS 공정을 거치면 사전에 불량 칩을 선별할 수 있어 추후 진행되는 패키지 공정 및 테스트 작업의 효율성을 높인다고 하였으므로 옳은 내용이다.
③ EDS 공정의 마지막 단계에서는 전기 신호를 통해 불량으로 확인된 칩, 최종 테스트에서 다시 불량 판정을 받은 칩, 웨이퍼 상에서 제조가 완료되지 않은 반도체 칩 등을 식별하는 과정이 진행된다고 하였으므로 옳은 내용이다.
④ EDS 공정은 웨이퍼 상에 전자회로를 그려내는 FAB 공정과 제품이 최종적인 형태를 갖추게 되는 패키지 공정 사이에 이뤄진다고 하였으므로 옳은 내용이다.

28 논리추론 정답 ③

제시된 글의 필자는 소비자 선호도 조사는 소비자가 타인을 의식한 대답을 내놓을 수 있어 신뢰도가 떨어지므로 소비자의 뇌 분석을 통해 소비자의 심리 및 행동을 분석하는 뉴로 마케팅이 기존의 소비자 선호도 조사를 대신할 수 있는 성공적인 마케팅 방법이라고 주장하고 있다.
따라서 소비자의 뇌 기능이 활성화되어 있는지 파악하지 않은 채 얻은 소비자의 뇌 반응 결과를 신뢰성이 높은 연구 결과라고 보기 어렵다는 반박이 타당하다.

29 논리추론 정답 ④

이 글은 9마리의 실험 쥐를 대상으로 죽기 전 뇌파를 측정한 결과 인간이 명상이나 꿈을 꿀 때 관찰되는 감마파가 확인되었다는 내용이고, 〈보기〉는 죽음에 임박했거나 혼수상태인 사람 4인에게 동일한 실험을 진행한 결과 전체의 50%가 죽기 전 감마파가 폭발했음을 확인할 수 있어 인간이 죽기 전 의식 활동을 했을 것임을 추측 가능하다는 내용이다.
따라서 쥐와 인간이 죽기 전 포착된 감마파로 인해 쥐와 인간 모두 죽기 전 의식 활동이 있었다는 것을 추측할 수 있음을 알 수 있다.

30 논리추론 정답 ③

이 글은 비행체의 비행에 부정적인 영향을 줄 수 있는 기상 현상인 난기류와 윈드시어의 특징과 발생 원인에 대해 설명하는 내용이고, 〈보기〉는 상승기류에서는 날씨가 안 좋아지고, 하강기류에서는 날씨가 맑아진다는 내용이다.
따라서 강한 하강기류가 발생하면 날씨가 맑아도 윈드시어가 발생할 수 있어 드론과 같은 비행체가 추락하는 사고가 발생할 수 있음을 알 수 있다.

실전모의고사 6회_고난도

정답

I 수리

p.254

01	③	응용계산	05	②	자료해석	09	④	자료해석	13	⑤	자료해석	17	③	자료해석
02	⑤	응용계산	06	②	자료해석	10	④	자료해석	14	③	자료해석	18	③	자료해석
03	②	자료해석	07	④	자료해석	11	③	자료해석	15	④	자료해석	19	③	자료해석
04	④	자료해석	08	④	자료해석	12	④	자료해석	16	⑤	자료해석	20	②	자료해석

II 추리

p.270

01	⑤	언어추리	07	③	언어추리	13	②	언어추리	19	④	도식추리	25	①	논리추론
02	⑤	언어추리	08	②	언어추리	14	①	언어추리	20	①	도식추리	26	②	논리추론
03	②	언어추리	09	⑤	언어추리	15	③	도형추리	21	①	도식추리	27	②	논리추론
04	②	언어추리	10	④	언어추리	16	①	도형추리	22	②	문단배열	28	⑤	논리추론
05	⑤	언어추리	11	②	언어추리	17	③	도형추리	23	②	문단배열	29	②	논리추론
06	④	언어추리	12	⑤	언어추리	18	④	도식추리	24	①	논리추론	30	①	논리추론

취약 유형 분석표

유형별로 맞힌 개수, 틀린 문제 번호와 풀지 못한 문제 번호를 적고 나서 취약한 유형이 무엇인지 파악해 보세요.
취약한 유형은 '기출유형공략'으로 복습하고 틀린 문제와 풀지 못한 문제를 다시 한번 풀어보세요.

수리	유형	맞힌 개수	틀린 문제 번호	풀지 못한 문제 번호
	응용계산	/2		
	자료해석	/18		
	TOTAL	/20		

추리	유형	맞힌 개수	틀린 문제 번호	풀지 못한 문제 번호
	언어추리	/14		
	도형추리	/3		
	도식추리	/4		
	문단배열	/2		
	논리추론	/7		
	TOTAL	/30		

합계	영역	제한 시간 내에 맞힌 문제 수	정답률
	수리	/20	%
	추리	/30	%
	TOTAL	/50	%

I 수리

01 응용계산   정답 ③

작년 TV 생산량을 x, 냉장고 생산량을 y라고 하면
공장에서 작년 한 해 동안 생산한 TV와 냉장고는 총 3,600대이므로
$x + y = 3,600$ ⋯ ⓐ
올해 TV와 냉장고의 생산량은 작년보다 각각 50%, 40% 만큼 증가했고, 그 증가량의 비가 5:2이므로
$0.5x : 0.4y = 5 : 2 \rightarrow x = 2y$ ⋯ ⓑ
ⓑ를 ⓐ에 대입하여 풀면
$3y = 3,600 \rightarrow y = 1,200,\ x = 2,400$
따라서 올해 TV의 생산량은 $2,400 \times 1.5 = 3,600$대이다.

02 응용계산   정답 ⑤

어떤 사건 A가 일어났을 때, 사건 B가 일어날 조건부확률은 $P(B|A) = \frac{P(A \cap B)}{P(A)}$임을 적용하여 구한다.
전체 직원이 200명이고 남자와 여자의 성비가 3:2이므로 여자 직원은 $200 \times \frac{2}{5} = 80$명이고, 안경을 쓰고 있지 않은 여자 직원은 $80 - 20 = 60$명이다.
전체 직원 중 여자 직원을 택할 사건을 A, 안경을 쓰고 있지 않은 직원을 택할 사건을 B라고 하면
안경을 쓰고 있지 않은 여자 직원을 택할 사건은 A∩B이다.
$P(A) = \frac{80}{200}$, $P(A \cap B) = \frac{60}{200}$

$P(B|A) = \frac{P(A \cap B)}{P(A)} = \frac{\frac{60}{200}}{\frac{80}{200}} = \frac{60}{80} = \frac{3}{4}$

따라서 여자 직원 한 명을 뽑았을 때, 그 사람이 안경을 쓰고 있지 않을 확률은 $\frac{3}{4}$이다.

03 자료해석   정답 ②

2021년 국선 법률구조 40대 인원수는 같은 해 국선 법률구조 여자 인원수의 $\{400 / (4,000 \times 0.47)\} \times 100 ≒ 21.3\%$로 20% 이상이므로 옳지 않은 설명이다.

오답 체크

① 2020년 국선 법률구조 남자 인원수는 $4,600 \times 0.51 = 2,346$명으로 2019년 $4,400 \times 0.42 = 1,848$명 대비 $2,346 - 1,848 = 498$명 증가하였으므로 옳은 설명이다.
③ 2019년 국선 법률구조 남자 인원수와 여자 인원수의 차이는 $4,400 \times (0.58 - 0.42) = 704$명이므로 옳은 설명이다.
④ 제시된 기간 중 국선 법률구조 남자 인원수가 처음으로 국선 법률구조 여자 인원수보다 많아진 해는 2020년이고, 2020년 국선 법률구조 30대 인원수는 전년 대비 $\{(600 - 400) / 600\} \times 100 ≒ 33.3\%$ 감소하였으므로 옳은 설명이다.
⑤ 제시된 연령 중 2022년 국선 법률구조 인원수가 두 번째로 많은 연령은 60대 이상이고, 2021년 국선 법률구조 60대 이상 인원수 대비 2021년 전체 국선 법률구조 인원수의 비율은 $4,000 / 600 ≒ 6.7$로 6 이상이므로 옳은 설명이다.

04 자료해석   정답 ④

2021년 A 제품 판매량은 $345 + 180 + 460 + 215 = 1,200$천 대, B 제품 판매량은 $525 + 1,080 + 1,250 + 645 = 3,500$천 대이므로 2022년 A 제품 판매량은 $1,200 \times 0.75 = 900$천 대, 2024년 B 제품 판매량은 $3,500 \times 0.9 \times 1.2 \times 1.25 = 4,725$천 대이다.
따라서 2022년 A 제품 판매량 대비 2024년 B 제품 판매량의 비율은 $4,725 / 900 = 5.25$이다.

05 자료해석   정답 ②

2019년에 일반건강검진 수검률이 가장 높은 지역구는 A 구이고, A 구의 2018년 일반건강검진 수검률은 전년 대비 $\{(78 - 68) / 68\} \times 100 ≒ 14.7\%$ 증가하였으므로 옳지 않은 설명이다.

오답 체크

① 2018~2021년 4년 동안 일반건강검진 수검자 수가 매년 전년 대비 증가한 지역구는 B 구, E 구로 2곳이므로 옳은 설명이다.

③ E 구의 2019년 전체 일반건강검진 수검 대상자 수는 (118,800 × 100) / 36 = 330,000명, 2020년 전체 일반건강검진 수검 대상자 수는 (128,000 × 100) / 40 = 320,000명임에 따라 E 구의 2020년 전체 일반건강검진 수검 대상자 수는 전년 대비 330,000 − 320,000 = 10,000명 감소하였으므로 옳은 설명이다.

④ 2021년 C 구의 일반건강검진 수검자 수는 전년 대비 128,000 − 96,000 = 32,000명 증가하였으므로 옳은 설명이다.

⑤ 2020년 B 구의 일반건강검진 수검자 수 대비 D 구의 일반건강검진 수검자 수의 비율은 106,000 / 42,500 ≒ 2.49이므로 옳은 설명이다.

06 자료해석
정답 ②

조정성립률(%) = {조정성립건수 / (조정성립건수 + 조정불성립건수)} × 100 = (조정성립건수 / 조정신청건수) × 100, 조정신청건수 = 조정성립건수 + 조정불성립건수임을 적용하여 구한다.

A 지역의 2018년 조정신청건수는 7,620건, 조정성립률은 65.0%이므로 조정성립건수는 7,620 × 0.65 = 4,953건이고, 2020년 조정신청건수는 11,600건, 조정성립률은 49.0%이므로 조정성립건수는 11,600 × 0.49 = 5,684건이다. 이에 따라 A 지역의 조정불성립건수는 2018년에 7,620 − 4,953 = 2,667건, 2020년에 11,600 − 5,684 = 5,916건이다.

따라서 A 지역의 2018년 조정불성립건수와 2020년 조정불성립건수의 합은 2,667 + 5,916 = 8,583건이다.

07 자료해석
정답 ④

자가 아파트 거주 가구 수 = 총가구 수 × 자가주택 거주율 × 아파트 거주율임을 적용하여 구한다.

2000년 자가 아파트에 거주하는 가구 수는 3,000 × 0.5 × 0.35 = 525만 가구이다.

08 자료해석
정답 ④

국가별 2023년 총예산은 A 국이 7,200 / 1.2 = 6,000억 원, C 국이 4,050 / 1.125 = 3,600억 원으로 A 국이 C 국의 6,000 / 3,600 ≒ 1.7배로 2배 미만이므로 옳지 않은 설명이다.

오답 체크

① 2024년 제시된 A~D 국 모두 국방부의 예산이 다른 부처의 예산에 비해 가장 많으므로 옳은 설명이다.

② 2024년 B 국 환경부 예산 대비 2024년 D 국 환경부 예산의 비율은 45 / 130 ≒ 0.35로 0.4 미만이므로 옳은 설명이다.

③ 제시된 국가 중 2024년 총예산이 전년 대비 감소한 B 국의 2023년 총예산은 456 / 0.95 = 480억 원이므로 옳은 설명이다.

⑤ 2024년 D 국의 총예산에서 과학기술부의 예산이 차지하는 비중은 (105 / 340) × 100 ≒ 30.9%로 30% 이상이므로 옳은 설명이다.

09 자료해석
정답 ④

제시된 기간 중 A 산업의 투자 건수 1건당 투자 금액이 가장 작은 해는 80 / 15 ≒ 5.3억 원인 2018년이므로 옳지 않은 설명이다.

오답 체크

① 2020년 투자 금액의 전년 대비 증가액은 A 산업이 300 − 240 = 60억 원, B 산업이 200 − 150 = 50억 원으로 A 산업이 B 산업보다 크므로 옳은 설명이다.

② A 산업의 투자 건수 1건당 투자 금액은 2020년이 300 / 10 = 30억 원, 2016년이 150 / 10 = 15억 원으로, 2020년이 2016년의 30 / 15 = 2배이므로 옳은 설명이다.

③ B 산업의 투자 금액의 전년 대비 증가율은 2017년이 {(300 − 250) / 250} × 100 = 20%, 2019년이 {(150 − 120) / 120} × 100 = 25%이므로 옳은 설명이다.

⑤ 제시된 기간 중 B 산업의 투자 건수 1건당 투자 금액이 가장 큰 해는 250 / 15 ≒ 16.7억 원인 2016년이므로 옳은 설명이다.

[10-11]
10 자료해석
정답 ④

2020년 메밀 구매 금액의 전년 대비 감소율은 {(870 − 800) / 870} × 100 ≒ 8.0%로 같은 해 보리가루 구매 금액의 전년 대비 감소율인 {(400 − 350) / 400} × 100 = 12.5%보다 작으므로 옳은 설명이다.

오답 체크

① 2018년부터 2021년까지 구매 금액이 매년 전년 대비 증가한 곡류 및 곡분은 옥수수, 쌀가루, 소맥분 총 3개이므로 옳지 않은 설명이다.

② 2020년 옥수수의 구매 금액은 2년 전 대비 {(79,500 − 70,400) / 70,400} × 100 ≒ 12.9% 증가하였으므로 옳지 않은 설명이다.

③ 2019년 쌀 구매 금액의 전년 대비 증가량은 71,100 − 68,700 = 2,400천만 원으로 2021년 소맥분 구매 금액의 전년 대비 증가량인 121,000 − 117,100 = 3,900천만 원보다 적으므로 옳지 않은 설명이다.

⑤ 2018년과 2020년 메밀가루의 구매 금액은 옥수가루 구매 금액의 50% 이상이므로 옳지 않은 설명이다.

11 자료해석　　　　　　　　　　　정답 ③

b. 제시된 기간 동안 구매 금액이 많은 상위 3개 곡류 및 곡분은 2017년에 쌀, 밀, 소맥분이고, 2018~2021년에 옥수수, 밀, 소맥분이므로 옳지 않은 설명이다.

c. 2020년 쌀가루 구매 금액의 2년 전 대비 증가율은 $\{(8,300-5,600)/5,600\} \times 100 ≒ 48.2\%$로 2021년 보리 구매 금액의 4년 전 대비 증가율인 $\{(25,900-17,800)/17,800\} \times 100 ≒ 45.5\%$보다 크므로 옳지 않은 설명이다.

오답 체크

a. 2017년 전체 곡류 및 곡분 구매 금액은 $62,200+17,800+57,000+277,200+740+4,400+250+3,100+93,300+1,300=517,290$천만 원으로 520,000천만 원 미만이므로 옳은 설명이다.

d. 2018년 전체 곡류 및 곡분 구매 금액에서 밀 구매 금액이 차지하는 비중은 $\{221,900/(68,700+12,800+70,400+221,900+900+5,600+300+3,000+98,300+1,800)\} \times 100 ≒ 45.9\%$로 45% 이상이므로 옳은 설명이다.

빠른 문제 풀이 Tip

c. 비교하는 두 분수의 분자와 분모를 각각 비교한다.
2020년 쌀가루 구매 금액의 2년 전 대비 증가율은 $\frac{2,700}{5,600} \times 100$이고, 2021년 보리 구매 금액의 4년 전 대비 증가율은 $\frac{8,100}{17,800} \times 100$이다. 공통되는 부분을 제거해 보면 $\frac{27}{56}$과 $\frac{81}{178}$이고, 분자는 3배 차이 나지만 분모는 3배 이상 차이 나므로 $\frac{27}{56}$이 더 큼을 알 수 있다.

[12-13]
12 자료해석　　　　　　　　　　　정답 ④

경상남도의 지원 복구비에서 국고가 차지하는 비중은 2020년에 $(22,000/27,800) \times 100 ≒ 79.1\%$, 2021년에 $(400/940) \times 100 ≒ 42.6\%$로 $79.1-42.6 ≒ 36.5\%$p 차이 나므로 옳지 않은 설명이다.

오답 체크

① 2021년 지원 복구비가 전년 대비 감소한 지역은 경기도, 강원도, 충청북도, 충청남도, 전라북도, 전라남도, 경상남도 총 7개 이므로 옳은 설명이다.

② 2020년 자체 복구비는 전라북도가 $47,100-43,100=4,000$천만 원, 경상남도가 $31,500-27,800=3,700$천만 원으로 경상남도가 전라북도보다 $4,000-3,700=300$천만 원 더 적으므로 옳은 설명이다.

③ 2021년 전라남도의 지원 복구비에서 지방비가 차지하는 비중은 $(3,400/12,800) \times 100 ≒ 26.6\%$로 25% 이상이므로 옳은 설명이다.

⑤ 제시된 지역 중 지원 복구비의 지방비가 세 번째로 많은 지역은 2020년과 2021년 모두 충청남도로 동일하므로 옳은 설명이다.

13 자료해석　　　　　　　　　　　정답 ⑤

a. 2021년 지원 복구비의 국고가 전년 대비 감소한 지역은 경기도, 강원도, 충청북도, 충청남도, 전라북도, 전라남도, 경상남도 총 7개이며, 2021년 국고의 전년대비 감소량은 경기도가 $17,300-0=17,300$천만 원, 강원도가 $35,400-0=35,400$천만 원, 충청북도가 $55,200-0=55,200$천만 원, 충청남도가 $23,600-2,600=21,000$천만 원, 전라북도가 $34,100-420=33,680$천만 원, 전라남도가 $79,500-9,400=70,100$천만 원, 경상남도가 $22,000-400=21,600$천만 원으로 국고 감소량이 가장 적은 경기도와 가장 많은 전라남도의 2020년 총복구비의 합은 $29,200+107,500=136,700$천만 원이므로 옳은 설명이다.

c. 2021년 전라북도 지원 복구비의 지방비는 전년 대비 $\{(9,000-520)/9,000\} \times 100 ≒ 94.2\%$, 경상남도 지원 복구비의 지방비는 전년 대비 $\{(5,800-540)/5,800\} \times 100 ≒ 90.7\%$ 감소하여 모두 90% 이상 감소하였으므로 옳은 설명이다.

d. 2020년 경기도의 지원 복구비에서 지방비가 차지하는 비중은 $(6,300/23,600) \times 100 ≒ 26.7\%$로 2021년 경상북도의 지원 복구비에서 지방비가 차지하는 비중인 $(18,000/67,800) \times 100 ≒ 26.5\%$보다 크므로 옳은 설명이다.

오답 체크

b. 제시된 지역 중 2020년 지원 복구비의 국고가 두 번째로 많은 지역은 충청북도이고, 2020년 충청북도의 총복구비에서 자체 복구비가 차지하는 비중은 $\{(70,900-66,600)/70,900\} \times 100 ≒ 6.1\%$로 10% 미만이므로 옳지 않은 설명이다.

14 자료해석
정답 ③

2021년 C 지역 민간 아파트 신규 분양 세대 수는 11월에 570−30=540백 세대, 12월에 440−50=390백 세대로 2021년 12월 C 지역 민간 아파트 신규 분양 세대 수의 전월 대비 감소율은 {(540−390)/540}×100≒27.8%로 30% 미만이므로 옳지 않은 설명이다.

오답 체크

① 2022년 8월 이후 B 지역의 민간 아파트 신규 분양 세대 수가 처음으로 전월 대비 증가한 달은 10월이고, 10월 A 지역의 민간 아파트 신규 분양 세대 수는 전년 동월 대비 30백 세대 증가하였으므로 옳은 설명이다.

② 2022년 7월 A 지역의 민간 아파트 신규 분양 세대 수 대비 2022년 8월 B 지역의 민간 아파트 신규 분양 세대 수의 비율은 90/120=0.75이므로 옳은 설명이다.

④ 2021년 4분기 B 지역의 평균 민간 아파트 신규 분양 세대 수는 {(130−10)+(60+20)+(50+40)}/3≒96.7백 세대로 100백 세대 미만이므로 옳은 설명이다.

⑤ A 지역의 민간 아파트 신규 분양 세대 수는 2022년 8월이 100백 세대로 2021년 10월의 110−30=80백 세대보다 100−80=20백 세대=2천 세대 더 많으므로 옳은 설명이다.

15 자료해석
정답 ④

b. A, B, C 지역의 2021년 4분기 민간 아파트 신규 분양 세대 수는 10월에 (110−30)+(130−10)+(520+20)=740백 세대, 11월에 (120−40)+(60+20)+(570−30)=700백 세대, 12월에 (100+10)+(50+40)+(440−50)=590백 세대로 A, B, C 지역의 2021년 4분기 전체 민간 아파트 신규 분양 세대 수에서 2021년 10월 전체 민간 아파트 신규 분양 세대 수가 차지하는 비중은 {740/(740+700+590)}×100≒36.5%이므로 옳지 않은 설명이다.

c. 2022년 A, B, C 지역의 평균 민간 아파트 신규 분양 세대 수는 8월에 (100+90+130)/3≒106.7백 세대, 11월에 (120+60+570)/3=250백 세대로 11월이 8월의 250/106.7≒2.3배이므로 옳지 않은 설명이다.

오답 체크

a. 2021년 12월 B 지역의 민간 아파트 신규 분양 세대 수는 같은 해 11월 C 지역의 민간 아파트 신규 분양 세대 수의 {(50+40)/(570−30)}×100≒16.7%로 20% 미만이므로 옳은 설명이다.

16 자료해석
정답 ⑤

과장이 일주일 주급만 사용하여 해당 연도에 한식을 120회 구매하고 남은 금액은 2020년에 770,000−(5,000×120)=170,000원, 2022년에 850,000−(6,000×120)=130,000원으로 2022년이 2020년보다 적으므로 옳은 설명이다.

오답 체크

① 과장 주급의 전년 대비 증가율은 2021년에 {(81−77)/77}×100≒5.2%, 2022년에 {(85−81)/81}×100≒4.9%로 2021년이 2022년보다 높으므로 옳지 않은 설명이다.

② 제시된 구내식당 메뉴별 2020년 대비 2022년 이용금액 인상률은 한식이 {(6,000−5,000)/5,000}×100=20%, 양식이 {(8,100−6,000)/6,000}×100=35%, 분식이 {(4,100−3,500)/3,500}×100≒17%로 양식이 가장 높으므로 옳지 않은 설명이다.

③ 2022년 과장 주급의 2년 전 대비 증가율은 {(85−77)/77}×100≒10.4%이므로 옳지 않은 설명이다.

④ 2020년 사원의 주급은 60만 원, 양식 이용금액은 6,000원으로 2020년 사원이 일주일 주급만 사용하여 구내식당에서 양식을 구매할 수 있는 최대 횟수는 600,000/6,000=100회이므로 옳지 않은 설명이다.

빠른 문제 풀이 Tip

① 과장 주급의 전년 대비 증가액은 2022년과 2021년 모두 4만 원이므로 증가율의 분자는 동일하다. 증가율의 분모인 2020년 주급과 2021년 주급을 비교하면 2021년 주급이 더 많으므로 2021년의 증가율이 더 높음을 알 수 있다.

17 자료해석
정답 ③

2021년 부장의 주급은 99만 원이므로 2주 동안의 주급은 99×2=198만 원이고, 2021년 한식 이용금액은 5,500원이므로 2021년 부장이 2주 동안 주급만 사용하여 같은 해 구내식당에서 한식을 구매할 수 있는 최대 횟수는 1,980,000/5,500=360회이다. 또한, 2021년 대리의 주급은 70만 원이므로 2주 동안의 주급은 70×2=140만 원이고, 2021년 양식 이용금액은 7,000원이므로 2021년 대리가 2주 동안 주급만 사용하여 같은 해 구내식당에서 양식을 구매할 수 있는 최대 횟수는 1,400,000/7,000=200회이다.

따라서 2021년 부장이 2주 동안 주급만 사용하여 같은 해 구내식당에서 한식을 구매할 수 있는 최대 횟수는 2021년 대리가 2주 동안 주급만 사용하여 같은 해 구내식당에서 양식을 구매할 수 있는 최대 횟수의 360 / 200 = 1.8배이다.

18 자료해석

수율(%) $= \left(\dfrac{a}{\text{진행 공정 수}} + b \right) \times 100$임을 적용하여 구한다.

A 소자의 진행 공정 수는 80가지, 수율은 92.0%이므로

$92.0 = \left(\dfrac{a}{80} + b \right) \times 100 \rightarrow \dfrac{a}{80} + b = 0.92$ ··· ⓐ

B 소자의 진행 공정 수는 100가지, 수율은 90.0%이므로

$90.0 = \left(\dfrac{a}{100} + b \right) \times 100 \rightarrow \dfrac{a}{100} + b = 0.90$ ··· ⓑ

ⓐ－ⓑ에서 $\dfrac{a}{80} - \dfrac{a}{100} = 0.02 \rightarrow \dfrac{a}{400} = 0.02 \rightarrow a = 8$

이를 ⓐ에 대입하여 풀면

$92.0 = \left(\dfrac{8}{80} + b \right) \times 100 \rightarrow \dfrac{1}{10} + b = 0.92 \rightarrow b = 0.82$

㉠ C 소자의 진행 공정 수는 ㉠, 수율은 84.5%이므로

$84.5 = \left(\dfrac{8}{㉠} + 0.82 \right) \times 100 \rightarrow \dfrac{8}{㉠} + 0.82 = 0.845$

$\rightarrow ㉠ = 320$

㉡ D 소자의 진행 공정 수는 160가지, 수율은 ㉡이므로

$㉡ = \left(\dfrac{8}{160} + 0.82 \right) \times 100 \rightarrow \dfrac{1}{20} + 0.82 = \dfrac{㉡}{100}$

$\rightarrow ㉡ = 87.0$

따라서 ㉠은 320, ㉡은 87.0인 ③이 정답이다.

19 자료해석

제시된 자료에 따르면 A 기계와 B 기계 제품 생산량의 평균＝(A 기계의 제품 생산량＋B 기계의 제품 생산량)/2이므로 연도별 A 기계와 B 기계 제품 생산량의 평균과 평균의 전년 대비 증감률을 계산하면 다음과 같다.

구분	제품 생산량의 평균(개)	평균의 전년 대비 증감률(%)
2016년	(1,500＋2,500)/2＝2,000	－
2017년	(1,450＋1,750)/2＝1,600	{(1,600－2,000)/2,000} × 100＝-20
2018년	(2,200＋1,800)/2＝2,000	{(2,000－1,600)/1,600} × 100＝25
2019년	(1,950＋2,050)/2＝2,000	{(2,000－2,000)/2,000} × 100＝0
2020년	(2,650＋2,750)/2＝2,700	{(2,700－2,000)/2,000} × 100＝35
2021년	(3,580＋2,900)/2＝3,240	{(3,240－2,700)/2,700} × 100＝20

따라서 2017년 이후 A 기계와 B 기계 제품 생산량의 평균의 전년 대비 증감률이 일치하는 ③이 정답이다.

20 자료해석

제품 A의 판매량 변화를 나타내면 다음과 같다.

1일 차	2일 차	3일 차	4일 차	5일 차
4	4	8	12	20

제품 A의 판매량은 3일 차부터 1일 전 판매량과 2일 전 판매량의 합임을 알 수 있다.

제품 B의 판매량 변화를 나타내면 다음과 같다.

1일 차	2일 차	3일 차	4일 차	5일 차
6	7	9	12	16

+1 +2 +3 +4

+1 +1 +1

제품 B의 판매량의 전일 대비 증가량은 매일 1개씩 증가함을 알 수 있다.

이에 따라 6일 차부터 10일 차까지 제품 A와 제품 B의 판매량을 계산하면 다음과 같다.

구분	제품 A	제품 B
6일 차	20＋12＝32	16＋5＝21
7일 차	32＋20＝52	21＋6＝27
8일 차	52＋32＝84	27＋7＝34
9일 차	84＋52＝136	34＋8＝42
10일 차	136＋84＝220	42＋9＝51

이때 제품 1개를 만들 때 필요한 밀가루의 양은 제품 A가 24g, 제품 B가 60g이므로 10일 차에 제품 A를 만드는 데 사용한 밀가루의 양은 220 × 24＝5,280g이고, 제품 B를 만드는 데 사용한 밀가루의 양은 51 × 60＝3,060g이다.

따라서 10일 차에 제품 A, B를 만드는 데 사용한 밀가루의 양은 총 5,280＋3,060＝8,340g이다.

88 온/오프라인 취업강의·무료 취업자료 ejob.Hackers.com

II 추리

01 언어추리
정답 ⑤

클라리넷을 연주하는 모든 사람이 대회를 나간다는 것은 대회를 나가지 않는 모든 사람이 클라리넷을 연주하지 않는다는 것이므로, 대회를 나가지 않는 어떤 사람이 전자 드럼을 치면 클라리넷을 연주하지 않으면서 전자 드럼을 치는 사람이 반드시 존재하게 된다.

따라서 '클라리넷을 연주하지 않는 어떤 사람은 전자 드럼을 친다.'가 타당한 결론이다.

오답 체크

클라리넷을 연주하는 사람을 '클', 대회를 나가는 사람을 '대', 전자 드럼을 치는 사람을 '전'이라고 하면

①, ③, ④ 클라리넷을 연주하는 모든 사람이 대회를 나가고, 대회를 나가지 않는 어떤 사람이 전자 드럼을 치면 클라리넷을 연주하지 않는 어떤 사람은 전자 드럼을 치지 않을 수도 있고 클라리넷을 연주하는 모든 사람은 전자 드럼을 치지 않거나 전자 드럼을 치는 모든 사람은 클라리넷을 연주하지 않을 수도 있으므로 반드시 참인 결론이 아니다.

② 클라리넷을 연주하는 모든 사람이 대회를 나가고, 대회를 나가지 않는 어떤 사람이 전자 드럼을 치면 전자 드럼을 치는 어떤 사람은 클라리넷을 연주할 수도 있으므로 반드시 참인 결론이 아니다.

02 언어추리
정답 ⑤

친화력이 좋은 모든 사람이 인기가 많고, SNS를 좋아하지 않는 어떤 사람이 친화력이 좋으면 SNS를 좋아하지 않는 사람 중에 친화력이 좋으면서 인기가 많은 사람이 반드시 존재하게 된다.

따라서 '인기가 많은 어떤 사람은 SNS를 좋아하지 않는다.'가 타당한 결론이다.

오답 체크

친화력이 좋은 사람을 '친', 인기가 많은 사람을 '인', SNS를 좋아하지 않는 사람을 'SX'라고 하면

① SNS를 좋아하지 않는 사람 중에 인기가 많지 않은 사람이 있을 수도 있으므로 반드시 참인 결론이 아니다.

② SNS를 좋아하는 모든 사람은 인기가 많지 않을 수도 있으므로 반드시 참인 결론이 아니다.

③ 인기가 많은 모든 사람은 SNS를 좋아하지 않을 수도 있으므로 반드시 참인 결론이 아니다.

④ 인기가 많은 사람 중에 SNS를 좋아하는 사람이 있을 수도 있으므로 반드시 참인 결론이 아니다.

03 언어추리
정답 ②

자전거를 잘 타는 모든 아이가 키가 크다는 것은 키가 크지 않은 모든 아이가 자전거를 잘 타지 못한다는 것이므로, 키가 크지 않은 모든 아이가 운동을 좋아하면 운동을 좋아하면서 자전거를 잘 타지 못하는 아이가 반드시 존재하게 된다.

따라서 '키가 크지 않은 모든 아이는 운동을 좋아한다.'가 타당한 전제이다.

자전거를 잘 타는 아이를 '자', 키가 큰 아이를 '키', 운동을 좋아하는 아이를 '운'이라고 하면

① 자전거를 잘 타는 모든 아이가 키가 크고, 키가 큰 어떤 아이가 운동을 좋아하지 않으면 운동을 좋아하는 모든 아이는 자전거를 잘 탈 수도 있으므로 결론이 반드시 참이 되게 하는 전제가 아니다.
③ 자전거를 잘 타는 모든 아이가 키가 크고, 키가 크지 않은 어떤 아이가 운동을 좋아하지 않으면 운동을 좋아하는 모든 아이는 자전거를 잘 탈 수도 있으므로 결론이 반드시 참이 되게 하는 전제가 아니다.
④, ⑤ 자전거를 잘 타는 모든 아이가 키가 크고, 운동을 좋아하는 모든 아이가 키가 크면 운동을 좋아하는 모든 아이는 자전거를 잘 탈 수도 있으므로 결론이 반드시 참이 되게 하는 전제가 아니다.

04 언어추리   정답 ②

제시된 조건에 따르면 D는 설계팀이며 1위이고, E와 F는 같은 팀이며 F는 E보다 순위가 높으므로 E와 F는 연구팀 또는 개발팀이다. 먼저, E와 F가 연구팀이라면 순위가 가장 낮은 사람은 연구팀이므로 E가 6위가 되고, B의 순위는 C의 순위보다 3만큼 낮으므로 B와 C의 순위는 각각 (5위, 2위), 남은 A와 F의 순위는 각각 (3위, 4위) 또는 (4위, 3위)가 된다. 또한, 개발팀의 순위는 나란히 붙어 있고, 연구팀의 순위는 나란히 붙어 있지 않으므로 A와 F의 순위에 따라 가능한 경우의 수는 다음과 같다.

경우 1. A와 F의 순위가 각각 (3위, 4위)인 경우

1위	2위	3위	4위	5위	6위
D	C	A	F	B	E
설계	개발	개발	연구	설계	**연구**

경우 2. A와 F의 순위가 각각 (4위, 3위)인 경우

1위	2위	3위	4위	5위	6위
D	C	F	A	B	E
설계	설계	연구	개발	개발	**연구**

다음으로, E와 F가 개발팀이라면 A, B, C 중 2명이 연구팀이 되고, B의 순위는 C의 순위보다 3만큼 낮고, 순위가 낮은 사람은 연구팀이므로 A와 B 중 한 명의 순위가 6위가 된다. 이때 A의 순위가 6위인 경우 B와 C의 순위는 각각 (5위, 2위), E와 F의 순위는 각각 (4위, 3위)가 되고, B의 순위가 6위인 경우 C의 순위는 3위, E와 F의 순위는 각각 (5위, 4위)가 된다. 또한, 개발팀의 순위는 나란히 붙어 있고, 연구팀의 순위는 나란히 붙어 있지 않으므로 순위가 6위인 신입사원에 따라 가능한 경우는 다음과 같다.

경우 3. A의 순위가 6위인 경우

1위	2위	3위	4위	5위	6위
D	C	F	E	B	A
설계	연구	개발	개발	설계	**연구**

경우 4. B의 순위가 6위인 경우

1위	2위	3위	4위	5위	6위
D	A	C	F	E	B
설계	설계 또는 연구	설계 또는 연구	개발	개발	**연구**

따라서 3위에 해당하는 사람과 소속 부서의 조합으로 가능하지 않은 것은 A, 연구팀이다.

05 언어추리   정답 ⑤

제시된 조건에 따르면 사진 파일은 동영상 파일보다 1개 더 많으므로 동영상 파일이 1개이면 사진 파일은 2개, 동영상 파일이 2개이면 사진 파일은 3개이다. 이때 맨 앞에 배열되어 있는 파일은 동영상 파일이고, 맨 뒤에 배열되어 있는 파일은 문서 파일이므로 동영상 파일이 1개, 사진 파일이 2개, 문서 파일이 2개임을 알 수 있다. 또한, B와 D는 같은 종류의 파일이고 A와 종류가 같은 파일은 없으므로 C와 E가 같은 종류의 파일이며, A는 동영상 파일이다. 같은 종류의 파일은 연달아 배열되어 있지 않으므로 B와 D 파일의 종류에 따라 가능한 경우는 다음과 같다.

경우 1. B와 D가 사진 파일인 경우

첫 번째	두 번째	세 번째	네 번째	다섯 번째
A	B 또는 D	C 또는 E	B 또는 D	C 또는 E
동영상	사진	문서	사진	문서

경우 2. B와 D가 문서 파일인 경우

첫 번째	두 번째	세 번째	네 번째	다섯 번째
A	C 또는 E	B 또는 D	C 또는 E	B 또는 D
동영상	사진	문서	사진	문서

따라서 C가 앞에서 세 번째 순서로 배열되어 있다면, E는 앞에서 다섯 번째 순서로 배열되어 있으므로 항상 거짓인 설명이다.

오답 체크

① 5개의 파일이 배열되는 위치로 가능한 경우의 수는 총 8가지이므로 항상 참인 설명이다.
② A는 동영상 파일이므로 항상 참인 설명이다.
③ B가 앞에서 두 번째 순서로 배열되어 있다면, C는 앞에서 세 번째 또는 다섯 번째 순서로 배열되어 있으므로 항상 거짓인 설명은 아니다.
④ C는 문서 파일 또는 사진 파일이므로 항상 거짓인 설명은 아니다.

06 언어추리 정답 ④

제시된 조건에 따르면 신입사원 5명은 각자 선호하는 메뉴를 한 가지씩 주문했으며, 신입사원 5명 중 2명은 튀김을 선호하고, 튀김을 선호하는 사람을 제외한 나머지는 서로 다른 메뉴를 선호하므로 나머지 3명은 각각 라면, 만두, 김밥을 주문했음을 알 수 있다. 또한, 남자는 라면을 선호하지 않으므로 라면을 주문한 사람은 여자이며, 만두를 선호하는 사람은 남자이므로 만두를 주문한 사람은 남자이다. 이때, 남자와 여자는 각각 1명 이상이고, 남자가 여자보다 더 많으므로 신입사원의 성별은 남자 3명, 여자 2명인 경우와 남자 4명 여자 1명인 경우가 있다. 김밥을 주문한 사람의 성별에 따라 가능한 경우는 다음과 같다.

경우 1. 김밥을 주문한 사람이 남자인 경우

튀김	튀김	라면	만두	김밥
남자	남자 또는 여자	여자	남자	남자

경우 2. 김밥을 주문한 사람이 여자인 경우

튀김	튀김	라면	만두	김밥
남자	남자	여자	남자	여자

따라서 남자가 주문한 메뉴가 3개이면, 가능한 경우는 2가지이므로 항상 거짓인 설명이다.

오답 체크

① 여자가 2명인 경우, 김밥을 주문한 사람은 여자일 수도 있으므로 항상 거짓인 설명은 아니다.
② 김밥을 주문한 사람이 남자인 경우, 튀김을 주문한 사람이 남자 2명 또는 남자 1명, 여자 1명이므로 항상 참인 설명이다.
③ 남자가 4명인 경우, 튀김을 주문한 사람은 모두 남자이므로 항상 참인 설명이다.

⑤ 튀김을 주문한 사람의 성별이 다른 경우, 남자가 여자보다 1명 더 많으므로 항상 참인 설명이다.

07 언어추리 정답 ③

제시된 조건에 따르면 진욱이의 순위는 3위도, 4위도 아니며, 재진이가 가지고 있는 카드에는 짝수인 2 또는 4가 적혀있다. 또한, 진욱이와 재진이의 카드에 적힌 숫자의 합은 6 이하이므로 진욱이의 순위는 1위도 아니다. 이때 은지와 진욱이의 카드에 적힌 숫자의 차는 1로 연속된 순위이므로 은지와 진욱이의 순위는 각각 1위와 2위 또는 3위와 2위 또는 4위와 5위이다. 이에 따라 5명의 순위와 카드에 적힌 숫자로 가능한 경우는 다음과 같다.

경우 1. 은지가 1위일 경우

구분	1위	2위	3위	4위	5위
카드의 숫자	5	4	3	2	1
사람	은지	진욱	혜지	재진	지환

경우 2. 은지가 3위일 경우

구분	1위	2위	3위	4위	5위
카드의 숫자	5	4	3	2	1
사람	혜지	진욱	은지	재진	지환

경우 3. 은지가 4위일 경우

구분	1위	2위	3위	4위	5위
카드의 숫자	5	4	3	2	1
사람	혜지	재진	지환	은지	진욱

경우 1, 2에 따르면 진욱이와 재진이의 카드에 적힌 숫자의 합은 6이고, 경우 3에 따르면 진욱이와 재진이의 카드에 적힌 숫자의 합은 5이다.
따라서 진욱이와 재진이의 카드에 적힌 숫자의 합으로 나올 수 있는 경우는 2가지이므로 항상 거짓인 설명이다.

오답 체크

① 1위는 은지 또는 혜지이므로 항상 참인 설명이다.
② 지환이가 은지보다 더 높은 숫자가 적힌 카드를 가지고 있다면, 가능한 경우의 수는 1가지이므로 항상 참인 설명이다.
④ 재진이의 카드에 적힌 숫자가 2이면, 지환이의 카드에 적힌 숫자는 1이므로 항상 참인 설명이다.
⑤ 혜지가 3위이면, 재진이는 4위이므로 항상 참인 설명이다.

08 언어추리

정답 ②

제시된 조건에 따르면 다섯 가지 음식 중 커피보다 먼저 먹은 음식은 없고, 샐러드는 식사 가장 중간에 먹었으므로 첫 번째로 먹은 음식이 커피, 세 번째로 먹은 음식이 샐러드임을 알 수 있다. 또한, 파스타는 샐러드보다 나중에 먹었으므로 파스타는 네 번째 또는 다섯 번째로 먹었다. 이에 따라 다섯 가지 음식을 먹는 순서로 가능한 경우는 다음과 같다.

경우 1. 파스타를 네 번째로 먹었을 경우

첫 번째	두 번째	세 번째	네 번째	다섯 번째
커피	스테이크 또는 아이스크림	샐러드	파스타	스테이크 또는 아이스크림

경우 2. 파스타를 다섯 번째로 먹었을 경우

첫 번째	두 번째	세 번째	네 번째	다섯 번째
커피	스테이크 또는 아이스크림	샐러드	스테이크 또는 아이스크림	파스타

따라서 아이스크림을 두 번째, 파스타를 네 번째, 스테이크를 다섯 번째로 먹었을 경우, 스테이크를 파스타보다 나중에 먹게 되므로 항상 거짓인 설명이다.

오답 체크

① 스테이크를 두 번째, 파스타를 네 번째로 먹었을 경우, 아이스크림을 다섯 번째로 먹게 되므로 항상 거짓인 설명은 아니다.
③ 스테이크를 두 번째, 파스타를 다섯 번째로 먹었을 경우, 아이스크림을 네 번째로 먹게 되므로 항상 거짓인 설명은 아니다.
④ 파스타를 네 번째, 아이스크림을 다섯 번째로 먹었을 경우, 스테이크를 두 번째로 먹게 되므로 항상 거짓인 설명은 아니다.
⑤ 스테이크를 네 번째 또는 다섯 번째로 먹었을 경우, 샐러드는 스테이크보다 먼저 먹게 되므로 항상 거짓인 설명은 아니다.

09 언어추리

정답 ⑤

제시된 조건에 따르면 수납장의 1층과 2층에는 각각 한 칸씩 비어있고, 1층에 수납하는 초록색 모자의 오른쪽 칸과 1층에 수납하는 검은색 모자의 왼쪽 칸은 비어있으므로 초록색 모자 – 빈칸 – 검은색 모자 순으로 수납된다. 이때 2층에 수납하는 갈색 모자의 아래 칸은 비어있으므로 1층의 빈칸 위쪽에 갈색 모자가 수납된다. 또한, 분홍색 모자와 보라색 모자는 위, 아래로 이웃하고, 흰색 모자는 검은색 모자와 상하좌우로 이웃하지 않으므로 분홍색 또는 보라색 모자의 수납 위치에 따라 가능한 경우는 다음과 같다.

경우 1. 분홍색 또는 보라색 모자가 첫 번째 칸에 수납되는 경우

구분	첫 번째	두 번째	세 번째	네 번째
2층	분홍색 또는 보라색	흰색	갈색	빈칸
1층	분홍색 또는 보라색	초록색	빈칸	검은색

경우 2. 분홍색 또는 보라색 모자가 네 번째 칸에 수납되는 경우

구분	첫 번째	두 번째	세 번째	네 번째
2층	흰색	갈색	빈칸	분홍색 또는 보라색
1층	초록색	빈칸	검은색	분홍색 또는 보라색

따라서 갈색 모자를 두 번째 칸에 수납하면, 분홍색 모자는 네 번째 칸에 수납하므로 항상 참인 설명이다.

오답 체크

① 분홍색 모자를 2층에 수납하면, 가능한 경우의 수는 2가지이므로 항상 거짓인 설명이다.
② 보라색 모자를 초록색 모자와 이웃하게 수납하면, 검은색 모자는 1층 네 번째 칸에 수납하므로 항상 거짓인 설명이다.
③ 1층과 2층의 네 번째 칸에 모두 모자를 수납하면, 가능한 경우의 수는 2가지이므로 항상 거짓인 설명이다.
④ 흰색 모자를 첫 번째 칸에 수납하면, 1층 세 번째 칸에는 검은색 모자를 수납하므로 항상 거짓인 설명이다.

10 언어추리

정답 ④

제시된 조건에 따르면 각 자리 숫자는 1~9 중 하나이고, 만의 자리 숫자와 천의 자리 숫자의 합은 5이므로 (만의 자리 숫자, 천의 자리 숫자)로 가능한 경우는 (1, 4), (2, 3), (3, 2), (4, 1)이다. 이때 백의 자리 숫자는 만의 자리 숫자와 일의 자리 숫자의 합의 두 배이므로 (4, 1)인 경우는 불가능하다. 이에 따라 십의 자리 숫자는 나머지 모든 자리의 숫자 중 가장 작은 숫자보다 작거나 같으므로 가능한 경우는 다음과 같다.

구분	만의 자리	천의 자리	백의 자리	십의 자리	일의 자리	총합
경우 1	1	4	4	1	1	11
경우 2	1	4	6	1	2	14
경우 3	1	4	8	1	3	17
경우 4	2	3	6	1	1	13
경우 5	2	3	8	1	2	16
경우 6	2	3	8	2	2	17
경우 7	3	2	8	1	1	15

따라서 일의 자리 숫자가 십의 자리 숫자보다 크면, 가능한 경우의 수는 3가지이므로 항상 참인 설명이다.

오답 체크
① 내선번호 다섯 자리 중 가장 큰 숫자는 4 또는 6 또는 8이므로 항상 참인 설명은 아니다.
② 내선번호에 같은 숫자가 2개 또는 3개 존재하므로 항상 참인 설명은 아니다.
③ 내선번호의 각 자리 숫자의 합이 15 이상이면, 가능한 경우의 수는 4가지이므로 항상 거짓인 설명이다.
⑤ 백의 자리 숫자가 5 이하이면, 만의 자리 숫자와 일의 자리 숫자는 같으므로 항상 거짓인 설명이다.

11 언어추리
정답 ②

제시된 조건에 따르면 국문 명함을 선택한 신입사원은 진실을 말하고, 영문 명함을 선택한 신입사원은 거짓을 말했으므로 A의 말이 거짓이면 B의 말도 거짓이다. 이때 자신이 A와 같은 종류의 명함을 선택했다는 E의 말이 진실이면 E도 영문 명함을 선택했어야 하지만, 진실을 말한 사람은 국문 명함을 선택했으므로 모순이 되고, E의 말이 거짓이면 A와 E는 서로 다른 종류의 명함을 선택했어야 하지만, 둘 다 영문 명함을 선택했으므로 모순이 된다. 이에 따라 A의 말은 진실임을 알 수 있다. A의 말이 진실이면 B의 말도 진실이고, B의 말에 따라 진실을 말한 사람은 3명이 된다. 이에 따라 C와 D의 말은 거짓이므로 E의 말은 진실이 된다.

A	B	C	D	E
진실	진실	거짓	거짓	진실
국문 명함	국문 명함	영문 명함	영문 명함	국문 명함

따라서 영문 명함을 선택한 신입사원은 C, D이다.

12 언어추리
정답 ⑤

제시된 조건에 따르면 여자 직원 H는 E보다 층수가 4층 높은 층에 거주하고 있고, 1층에는 남자 직원이 거주하므로 여자 직원 E는 2층 또는 4층에 거주하고 있음을 알 수 있다. 이때 B는 E 바로 아래층에 거주하고 있고, 남자 직원 C와 D가 거주하는 층 사이에 거주하고 있는 남자 직원은 A 한 명이므로 C와 D는 3층 또는 7층, A는 5층에 거주하고 있음을 알 수 있다.

8층	F 또는 G
7층	C 또는 D
6층	H
5층	A
4층	F 또는 G
3층	C 또는 D
2층	E
1층	B

따라서 B와 C가 거주하고 있는 층수의 차이는 최대 6개이므로 항상 거짓인 설명이다.

13 언어추리
정답 ②

제시된 조건에 따르면 특식은 화요일 점심과 목요일 점심에만 제공되며, 특식이 제공되는 바로 전날 아침에는 중식이 제공되므로 월요일 아침과 수요일 아침에는 중식이 제공됨을 알 수 있다. 또한, 한식은 월요일부터 금요일까지 매일 제공되며, 한식이 제공되는 날의 이틀 후 같은 시간대에는 일식이 제공된다. 이때, 한식이 월요일 점심 또는 저녁에 제공될 가능성이 있지만 한식이 월요일 점심과 화요일 아침에 제공될 경우 수요일 저녁과 목요일 저녁에 한식이 연달아 제공되어야 하므로 이틀 연속으로 같은 시간대에 같은 메뉴가 제공되지 않는다는 조건을 만족하지 않는다. 또한, 한식이 월요일 점심과 화요일 저녁에 제공될 경우 수요일 저녁에도 한식이 제공되어야 하므로 조건을 만족하지 않는다. 이에 따라 한식은 월요일 저녁에 제공된다.

구분	월	화	수	목	금
아침	중식	한식	중식	일식	한식
점심	양식 또는 일식	특식	한식	특식	일식
저녁	한식	중식 또는 양식	일식	한식	중식 또는 양식

따라서 화요일 저녁에는 한식이 제공되지 않으므로 항상 거짓인 설명이다.

오답 체크
① 월요일 점심에는 양식 또는 일식이 제공되므로 항상 거짓인 설명은 아니다.
③ 수요일 점심에는 한식이 제공되므로 항상 참인 설명이다.
④ 목요일 아침에는 일식이 제공되므로 항상 참인 설명이다.
⑤ 금요일 저녁에는 중식 또는 양식이 제공되므로 항상 참인 설명이다.

14 언어추리　　　　　　　　정답 ①

제시된 조건에 따르면 세 번째로 휴가를 가는 1명만 거짓을 말한다. 이때 D의 말이 거짓인 경우 세 번째로 휴가를 가는 사람은 D이지만 자신이 첫 번째로 휴가를 가는 사람이 아니라는 D의 말이 진실이 되어 모순되므로 D의 말은 진실이다. 또한, B의 말이 거짓인 경우 세 번째로 휴가를 가는 사람은 B이고, 자신이 D 바로 다음에 휴가를 간다는 A의 말과 자신이 첫 번째로 휴가를 가는 사람이 아니라는 D의 말이 진실이 되어 D는 네 번째, A는 다섯 번째로 휴가를 가지만 이는 자신이 A보다 늦게 휴가를 간다는 E의 말에 모순되므로 B의 말은 진실이다. C의 말이 거짓인 경우에도 마찬가지로 A와 D의 진술에 의해 D는 네 번째, A는 다섯 번째로 휴가를 가지만 이는 자신이 C보다 늦게 휴가를 간다는 B의 진술에 모순되므로 C의 말은 진실이다. 거짓을 말하는 사람에 따라 가능한 경우는 다음과 같다.

경우 1. A의 말이 거짓인 경우

첫 번째	두 번째	세 번째	네 번째	다섯 번째
C	B	A	D 또는 E	D 또는 E

경우 2. E의 말이 거짓인 경우

첫 번째	두 번째	세 번째	네 번째	다섯 번째
C	B	E	D	A

따라서 A는 세 번째 또는 다섯 번째로 휴가를 가므로 항상 거짓인 설명이다.

오답 체크
② B는 C 바로 다음 순서로 휴가를 가므로 항상 참인 설명이다.
③ D는 E보다 먼저 휴가를 가거나 E보다 늦게 휴가를 가므로 항상 거짓인 설명은 아니다.
④ A가 세 번째로 휴가를 간다면, 가능한 경우의 수는 2가지이므로 항상 참인 설명이다.

⑤ C가 첫 번째로 휴가를 간다면, 가능한 경우의 수는 3가지이므로 항상 참인 설명이다.

15 도형추리　　　　　　　　정답 ③

각 행에서 다음 열에 제시된 도형은 이전 열에 제시된 도형의 외부 도형을 시계 방향으로 한 칸씩 이동하고, 내부 도형을 반시계 방향으로 한 칸씩 이동한 형태이다.

[3행 2열]　　　　　　　　　　　　　　　　[3행 3열]

따라서 '?'에 해당하는 도형은 ③이다.

16 도형추리　　　　　　　　정답 ①

각 행에서 2열에 제시된 도형은 1열에 제시된 도형에서 내부 음영을 시계 방향으로 3칸씩 이동, 외부 도형을 반시계 방향으로 2칸씩 이동한 형태이고, 3열에 제시된 도형은 1열과 2열에 제시된 도형의 공통되는 내부 음영과 같은 위치에 있는 외부 도형을 나타낸 형태이다.

[3행 1열]　　　　　　　[3행 2열]　　　　　[3행 3열]

따라서 '?'에 해당하는 도형은 ①이다.

17 도형추리　　　　　　　　정답 ②

각 행에 제시된 내부 도형은 다음 행에서 반시계 방향으로 90° 회전하면서 삼각형은 원으로, 원은 사각형으로, 사각형은 삼각형으로 바꾼 형태이다.

[1행 2열]　　　　　　　　　　[2행 2열]

따라서 '?'에 해당하는 도형은 ②이다.

[18-21]

★: 문자와 숫자 순서에 따라 첫 번째 문자(숫자)를 바로 다음 순서에 오는 문자(숫자)로, 두 번째 문자(숫자)를 다음 두 번째 순서에 오는 문자(숫자)로, 세 번째 문자(숫자)를 다음 세 번째 순서에 오는 문자(숫자)로, 네 번째 문자(숫자)를 다음 네 번째 순서에 오는 문자(숫자)로 변경한다.
ex. abcd → bdfh (a+1, b+2, c+3, d+4)

●: 문자와 숫자 순서에 따라 첫 번째 문자(숫자)를 이전 두 번째 순서에 오는 문자(숫자)로, 두 번째 문자(숫자)를 다음 두 번째 순서에 오는 문자(숫자)로, 세 번째 문자(숫자)를 바로 이전 순서에 오는 문자(숫자)로, 네 번째 문자(숫자)를 바로 다음 순서에 오는 문자(숫자)로 변경한다.
ex. abcd → ydbe (a-2, b+2, c-1, d+1)

■: 첫 번째, 세 번째 문자(숫자)의 자리를 서로 바꾸고, 두 번째, 네 번째 문자(숫자)의 자리를 서로 바꾼다.
ex. abcd → cdab

▲: 문자와 숫자의 전체 자리를 역순으로 바꾼다.
ex. abcd → dcba

18 도식추리 　　　　　정답 ④

S2W2 → ★ → T4Z6 → ▲ → 6Z4T

19 도식추리 　　　　　정답 ④

7FV5 → ● → 5HU6 → ▲ → 6UH5 → ■ → H56U

20 도식추리 　　　　　정답 ①

CA34 → ■ → 34CA → ★ → 46FE

21 도식추리 　　　　　정답 ①

X12R → ★ → Y35V → ● → W54W → ■ → 4WW5

22 문단배열 　　　　　정답 ②

이 글은 디지털 전환 가속화 시대에 개발된 CXL 기반 D램 모듈의 특징에 대해 설명하는 글이다.

따라서 '(A) CXL 기반 D램 모듈이 주목받게 된 배경 → (D) 디지털 전환 가속화 시대에서 기존 컴퓨팅의 한계점 → (B) 기존 컴퓨팅의 한계를 보완하는 CXL 메모리 → (C) 차세대 인터페이스로서 CXL 메모리의 가능성' 순으로 연결되어야 한다.

23 문단배열 　　　　　정답 ②

이 글은 무선랜, 즉 와이파이의 변천 과정에 따라 달라지는 전송 속도에 대해 설명하는 글이다.

따라서 '(C) 무선랜(와이파이)의 시대에 따른 변화 양상에 대한 궁금증 → (A) 1세대 와이파이의 등장 → (D) 1세대 와이파이에 이어 개발된 IEEE 802.11b와 IEEE 802.11g의 전송 속도 → (B) 현재 사용되고 있는 6세대 와이파이와 개발 중에 있는 7세대 와이파이' 순으로 연결되어야 한다.

24 논리추론 　　　　　정답 ①

크롤링이 주로 웹 페이지를 순차적으로 탐색하면서 데이터의 위치나 구조를 파악하는 과정인 반면, 스크래핑은 이미 식별된 데이터 소스에서 원하는 정보를 추출하는 과정에 집중한다고 하였으므로 크롤링이 웹사이트를 탐색하지 않고, 이미 식별된 데이터 소스에서만 작동한다는 것은 옳지 않은 내용이다.

오답 체크

② 크롤링은 대량의 정보를 빠르게 처리할 수 있지만, 불법적인 데이터 수집이나 서버에 과부하를 일으킬 위험이 있어 법적 및 윤리적 고려가 필요하다고 하였으므로 옳은 내용이다.
③ 빅데이터 분석에서는 두 기술을 결합하여 활용하는 경우가 많으며 먼저 크롤링을 통해 어떤 웹사이트나 온라인 플랫폼에서 필요한 데이터가 존재하는지 파악하고, 이후 스크래핑을 통해 해당 데이터를 수집하여 분석용 데이터셋으로 변환한다고 하였으므로 옳은 내용이다.
④ 효율적인 크롤링을 위해서는 데이터 전처리와 후처리 기술이 필수적이라고 하였으므로 옳은 내용이다.
⑤ 스크래핑은 웹사이트나 다른 데이터 소스에서 필요한 정보를 자동으로 추출하여 구조화된 형태로 저장하는 작업을 의미한다고 하였으므로 옳은 내용이다.

25 논리추론
정답 ①

포토레지스드는 빛에 보이는 반응에 따라 빛을 받지 않은 부분이 남는 양성형과 빛을 받은 부분이 남는 음성형으로 구분된다고 하였으므로 포토레지스트가 빛에 노출된 부분이 남는 양성형과 노출되지 않은 부분이 남는 음성형으로 구분된다는 것은 옳지 않은 내용이다.

오답 체크

② 회로 패턴이 새겨진 웨이퍼에는 용해되거나 응고되지 않은 부분이 존재하는데, 이를 선택적으로 제거하는 과정을 거쳐 포토 공정이 마무리된다고 하였으므로 옳은 내용이다.

③ 포토레지스트는 반도체 공정 과정에서 미세 회로의 기본적인 패턴이 새겨지는 데 주요 역할을 담당한다고 하였으므로 옳은 내용이다.

④ 반도체 공정 과정에서 사용되는 포토레지스트는 웨이퍼에 얇은 두께로 고르게 도포된다고 하였으므로 옳은 내용이다.

⑤ 포토레지스트에 빛을 조사하면 용해와 응고와 같은 반응이 나타나고 이로 인한 빛의 접촉 여부를 기준으로 분리되는 영역을 형성한다고 하였으므로 옳은 내용이다.

26 논리추론
정답 ②

높은 주사율은 주로 TV보다는 온라인 게임과 같이 많은 이미지를 불러오는 경우에 유용하다고 하였으므로 60Hz의 주사율을 가진 디스플레이는 144Hz의 주사율을 가진 디스플레이보다 온라인 게임에 적합하지 않음을 추론할 수 있다.

오답 체크

① 고주사율 화면은 전력 소모가 많다고 하였으므로 옳지 않은 내용이다.

③ GPU 성능이 주사율에 맞춰 동작하지 않아 화면 찢어짐이나 프레임 드랍이 발생할 수 있으며 이 문제를 해결하기 위해 등장한 것이 가변주사율 기술이라고 하였으므로 옳지 않은 내용이다.

④ 가변주사율 기술은 탄력적인 주사율의 적용으로 화질을 선명하게 유지하면서 소비 전력을 최적화한다는 효율성을 가진다고 하였으므로 옳지 않은 내용이다.

⑤ 고주사율 디스플레이는 GPU의 성능이 주사율 속도에 맞춰 동작해야 효과를 볼 수 있다고 하였으므로 옳지 않은 내용이다.

27 논리추론
정답 ②

게이트 드라이버 IC는 신호를 변환하는 역할을 담당하고, 소스 드라이버 IC는 색상을 제어하는 역할을 담당한다고 하였으므로 게이트 드라이버 IC가 컬러를 조절하고, 소스 드라이버 IC가 신호를 변환한다는 것은 옳지 않은 내용이다.

오답 체크

① 디스플레이 픽셀은 RGB의 서브픽셀로 이루어져 있으며, TFT가 이를 직접 제어한다고 하였으므로 옳은 내용이다.

③ DDI는 최종적으로 픽셀을 제어함으로써 화면에 색상을 표시하는 데 중요한 역할을 한다고 하였으며, 화면에 표시되는 삼원색은 각각 0~255단계까지 세밀하게 조절하여 다양한 색상으로 표현될 수 있다고 하였으므로 옳은 내용이다.

④ 디스플레이가 화면에 정보를 표시하기 위해서는 사용자가 터치나 리모컨 등을 사용하여 기기를 조작해야 한다고 하였으므로 옳은 내용이다.

⑤ 사용자의 명령은 AP 또는 CPU의 중앙처리장치에서 신호로 처리되어 전달되며, 이 신호는 PCB 회로 기판을 거쳐 DDI로 전송된다고 하였으므로 옳은 내용이다.

28 논리추론
정답 ⑤

제시된 글의 필자는 클라우스 콘라트가 정신분열증 환자에게서 망상이 시작되는 상황에 대해 '아포페니아'라고 명명하였으며, 연관성 없는 현상들 사이에 가치를 부여하는 아포페니아는 창의성의 원천이 되므로 창의력이 필요한 사람은 아포페니아적인 성향을 끌어올려야 한다고 주장하고 있다.

따라서 아포페니아는 환각과 망상의 원인이 될 수도 있으므로 지나친 아포페니아 성향은 오히려 정신 이상을 유발할 수 있다는 반박이 타당하다.

29 논리추론

정답 ②

이 글은 설탕은 섭취 시 슈크라제에 의해 포도당과 과당이라는 두 개의 단당류로 쉽게 분해되고 체내에 흡수되어 체내에서 에너지를 생산하는 데도 사용되는데, 최근 설탕을 포함한 식품의 섭취가 증가하면서 각종 건강상의 문제와 더불어 당뇨병 발병에 악영향을 미치고 있다는 내용의 글이고, 〈보기〉는 스테비아는 체내에 흡수되지 않으며, 인슐린 분비 세포를 자극하는 데 도움을 주는 성분이 포함되어 있어 당뇨 환자, 당뇨 발병 위험군에 있는 사람을 포함하여 많은 사람들에게 설탕 대체품으로서 인기가 많다는 내용이다.

따라서 설탕을 섭취할 경우 체내에서 에너지를 생산하는 데는 효과적이나 건강을 위해서는 스테비아를 대체품으로 사용할 필요가 있음을 알 수 있다.

30 논리추론

정답 ①

이 글은 식각 공정 중에서도 건식 식각은 플리즈마를 활용하여 감광액 보호막이 없는 영역을 제거하는 방식으로, 플리즈마 상태로부터 떨어져 나온 반응성 원자가 웨이퍼의 막질 원자와 부딪치면 강한 휘발성을 보인다는 내용의 글이고, 〈보기〉는 플리즈마는 전기 에너지로 형성된 큰 자기장이 기체에 가해질 때 이온화된 기체로 구성되는데, 이때 플리즈마 상태는 추가적인 전자 생성으로 연쇄 반응을 일으켜 이온의 수가 기하급수적으로 증가하는 현상을 일컫는다는 내용이다.

따라서 이온화된 기체가 기하급수적으로 많아지는 상황으로부터 해리된 원자가 막질 원자와 부딪히면 휘발성이 강해짐을 알 수 있다.

삼성 최종 합격 비결이 궁금하다면?

해커스잡

삼성 합격 커리큘럼
해커스잡 ejob.Hackers.com에서 확인!

GSAT 단기 합격을 위한
해커스잡만의 추가 학습자료

 온라인 GSAT 대비 실전 연습!

 GSAT 온라인 모의고사
4회분 무료 응시권

 교재 수록 모의고사
온라인 응시 서비스 [교재 수록 1~3회]

* 본 서비스는 교재에 수록된 동일한 문제를 온라인 환경으로 풀이해 볼 수 있는 서비스입니다.

이용방법 해커스잡 사이트(ejob.Hackers.com) 접속 후 로그인 ▶ 사이트 메인 우측 상단 [나의정보] 클릭 ▶ [나의 쿠폰 - 쿠폰/수강권 등록]에 위 쿠폰번호 입력 ▶ [마이클래스 - 모의고사]에서 응시 가능

* 본 쿠폰은 한 ID당 1회에 한해 등록 및 사용 가능하며, 쿠폰 등록 시점 직후부터 30일 이내 PC에서 응시 가능합니다.
* 쿠폰 유효기간: 2026년 12월 31일까지

 본 교재 인강
2만원 할인쿠폰

K7ADA3F5K0KE6000

 모의 삼성 인성검사 [PDF]
삼성 시사이슈[PDF]
GSAT 문제풀이 용지[PDF]

E8246246A2T5034A

이용방법 해커스잡 사이트(ejob.Hackers.com) 접속 후 로그인 ▶
사이트 메인 우측 상단 [나의정보] 클릭 ▶
[나의 쿠폰 - 쿠폰/수강권 등록]에 해당 쿠폰번호 입력 후
강의 결제 시 사용

* 본 교재 인강 외 이벤트 강의 및 프로모션 강의에는 적용 불가,
  쿠폰 중복 할인 불가합니다.
* 쿠폰 유효기간: 2026년 12월 31일까지(ID당 1회에 한해 등록 가능)

이용방법 해커스잡 사이트(ejob.Hackers.com) 접속 후 로그인 ▶
사이트 메인 상단 [교재정보 - 교재 무료자료] 클릭 ▶
교재 확인 후 이용하길 원하는 무료자료의 [다운로드] 버튼 클릭 ▶
해당 쿠폰번호 입력 후 다운로드

* 쿠폰 유효기간: 2026년 12월 31일까지(ID당 1회에 한해 등록 가능)

 FREE **무료 바로 채점 및 성적 분석 서비스**

▲ 바로 이용

이용방법 해커스잡 사이트(ejob.Hackers.com) 접속 후 로그인 ▶ 사이트 메인 상단 [교재정보 - 교재 채점 서비스] 클릭 ▶ 교재 확인 후 채점하기 버튼 클릭

* 사용 기간: 2026년 12월 31일까지(ID당 1회에 한해 등록 가능)